媒体融合与传播

主编 顾 洁

中国传媒大学出版社
·北京·

目 录

推动新时期媒体融合纵深发展
　　——基于媒体融合与传播国家重点实验室建设　　陈文申 / 1
试论我国智能全媒体传播体系建设的实践路径：内容、框架与模式　　段　鹏 / 8
媒体融合质变的关键问题研究
　　——基于2019年中国媒体融合发展的分析　　曾祥敏　刘日亮 / 20
中国媒体融合的本质、使命与道路选择
　　——从数字传播理论看中国媒体融合的新思维　　方兴东　钟祥铭 / 28
媒体融合的本质与驱动范式的选择　　龙小农　陈林茜 / 40

短视频助力深度融合的关键机制
　　——以融合出版为视角　　王晓红 / 54
讲好中国共产党故事的短视频叙事效果与提升策略　　陈先红　袁文霞 / 62
新系统与新动能：我国地市级媒体融合发展的态势研究　　赵淑萍　吴　昊 / 80
社交媒体大V营销的价值与传播路线图
　　——基于大众人际传播模型的分析与探讨　　喻国明　牛星慧 / 92

抖音"出海"与中国互联网平台的逆向扩散　　张志安　潘曼琪 / 104

不对称性依赖与链接报酬：数媒时代欧洲传媒业研究　　陈文沁　刘　昶 / 116

论互联网平台治理的现代化转型
　　——以腾讯为例的考察　　朱春阳　毛天婵 / 129

网络文明建设的逻辑体系、发展方向与实践路径　　张晓锋　江小轩 / 138

再造现代性：风险社会的媒体传播与社会治理　　秦瑜明　周晓萌 / 153

AI时代媒介治理的伦理体系内涵、特征及实践原则　　龙　耘　吕　山 / 163

互联网媒体平台企业履责实践与社会期望差距研究　　邓理峰　谷素梅 / 174

新闻生产中算法运用的技术路径与价值逻辑　　陈昌凤　张舒媛 / 194

新媒体技术下传播可供性的变化及其影响　　彭　兰 / 206

逻辑与场域：透视信息传播新秩序　　黄升民　刘　晓 / 223

人工智能技术驱动传媒业发展的三个维度　　黄楚新　许　可 / 235

社交媒体空间的著作权：西方的研究视角　　朱鸿军　彭桂兵 / 245

当阅读遇上智能技术：数字时代内容出版机遇与挑战　　沈　浩　元　方 / 258

加速与离散：数字时代的广播生态考察
　　——基于时间的视角　　张红军　刘　煜 / 269

"城市即平台"：城市生活经验的数字生产　　姬德强　蒋效妹 / 279

从媒体融合与传播主体多元化共构看传播学本科课程改革　　杨　帆　隋　岩 / 293

从翻页电子书到融媒体出版物
　　——后接受美学视野下融媒体编创的跨界探索　　程素琴　郑志亮 / 302

推动新时期媒体融合纵深发展*
——基于媒体融合与传播国家重点实验室建设

◎ 陈文申**

摘要:移动互联网、大数据、人工智能等媒介技术的更迭推动媒体融合不断深入发展,全媒体格局建设和现代传播体系构建的重要性日益突出,也是当代信息技术变革和新时代中国社会发展的必然要求。本文以新时期媒体融合研究为基础,结合媒体融合与传播国家重点实验室建设,探讨其对媒体融合发展的促进作用,展望媒体融合与传播国家重点实验室的研究领域和方向。

关键词:媒体融合;服务模式;传播形态;人才培养;国际合作

当前,我国媒体融合事业已经从全面铺开步入向纵深推进的关键时期,全程媒体、全息媒体、全员媒体、全效媒体的传播环境已经初步形成③,与此同时,媒体融合发展进入深水区,新型主流媒体打造进入攻坚期。值此关键之际,中国传媒大学于2019年11月正式被批准为"媒体融合与传播国家重点实验室"(以下简称实验室)建设的依托单位,既得以助业界以一臂,亦堪称学界之首举。在中宣部和科技部的大力推动下,学界应响应党中央号召与国家战略的需要,紧跟世界科技前沿,紧扣媒体融合与学科创新发展的新态势,以中国传媒大学国家重点实验室为依托,开展前瞻性基础研究和应用基础研究,以实现引领性原创成果的重大突破,这不仅具有十分重要的现实意义与深远影响,还是我国新闻传播学界的紧迫课题和重大使命。本文拟简述实验室建立的时代意义并未来之研究方向,为我国新时期新闻传播学研究打开新场域,引领新方向。

---

* 本文原载于《现代出版》2019年第6期,收入本书时有改动。
** 陈文申,中国传媒大学党委书记。
③ 习近平.加快推动媒体融合发展 构建全媒体传播格局[J].前线,2019(4):4-7.

一、推进媒体融合纵深发展的时代意义

如何理解媒介和传播？人类从诞生起既要与物打交道，又要与人打交道——前者产生技术，后者形成社会关系。一方面，人类自远古便与技术伴生共存，没有什么无技术的伊甸园[1]，从发明衣服、篝火、语言、文字开始，技术就成为人的外在身体，而不仅是召之即来挥之即去的工具。另一方面，从原始部落到当今社会，人在与他人的交流中产生和完善心智，得以成之为人；且人结群而居，彼此交互联系而形成团体、组织、国家乃至世界。[2] 由此便可发现：媒介与传播依赖于特定物质技术，来聚集、转换和生成各种关系，从而能够塑造人类的社会形态。伊尼斯用媒介的透镜来探视世界文明史，认为微小的纸张和石头会与庞大帝国的命运兴衰相连。媒介与传播乃是塑造人类文明的一大动力，不可轻视。

如今，新媒介与新传播兴起，深刻改变了人的定义和社会的形态。当5G技术使得医生能够远程操作机械手臂进行手术，"我"在此处而"我"的行为发生在彼处，预示着人类将可以实现其他时空的远程数字在场(digital present)；"我"不再是此时此刻的唯一肉身，还分裂为其他时空的数字分身。更甚者，随着可穿戴设备的发展普及，芯片植入人体的赛博想象也并不再是科幻小说里的场景。如果技术与人融合而出现"后人类"，且数字信息与意识直接联通，那么现有的物质与精神、身体与心灵、传播内容与媒介载体的二元分立，都将被抹平和消解。就社会来说，如果媒介遍布到了各个生活场景，人或将每时每刻都能进行具身传播，万物皆媒，万物互联。[3] 我们并非置身历史之外，而是存在于波澜壮阔的历史之中；既处在历史的风口浪尖上，中国的新闻传播学科与高校院系，当有何作为？党中央审时度势，提出有前瞻性的国家战略，在传媒领域处于全国顶尖行列的中国传媒大学，当响应党中央号召，为中国社会和中华文明作出应有之贡献，实验室之成立，就是要回答时代的命题。

(一) 建设全媒体布局与现代传播体系是国家的战略需求

媒体融合发展已上升至国家战略层面，是党中央着眼巩固宣传思想文化阵地、壮大主流思想舆论以及维护意识形态安全与政治安全作出的重大战略部署，对媒体融合与传播领域的基础理论研究，符合构建新型主流媒体、全媒体传播格局与现代传播体系这一国家重大需求。自党的十八大以来，以习近平同志为核心的党中央高度重视

---

[1] 伊德.技术与生活世界：从伊甸园到尘世[M].韩连庆,译.北京：北京大学出版社,2012.
[2] CHARLES H C.Social organization：a study of the larger mind[M].New York：Charles Scribner's Sons,1983.
[3] 蓝江.5G、数字在场与万物互联——通信技术变革的哲学效应[J].探索与争鸣,2019(9)：37-40.

媒体融合发展。从党和国家工作全局来认识新闻舆论工作，推动媒体融合发展、建设全媒体已经成为我们面临的一项紧迫课题。要运用信息革命成果，推动媒体融合向纵深发展。这些重要论述，不仅为推进媒体深度融合指明了方向，也意味着媒体融合已成为国家发展战略议题，成为中央层面部署推进深化文化体制改革的重大举措。因此，对媒体融合与传播的基础性理论建构，有助于从长远规划上持续推动媒体融合纵深发展。建设媒体融合与传播的基础理论体系并开展相关应用性基础研究，是巩固宣传思想文化阵地、壮大主流思想舆论、关乎治国理政和定国安邦、关乎党和国家前途命运的重大战略举措。

（二）建立完善的基于跨学科视野的新闻传播学研究体系

构建跨学科媒体融合与传播基础理论体系，目的是顺应世界科技前沿与信息传播行业变革的需要，其中建设国家重点实验室正是学界顺应这一潮流的关键性一步。近年来全球新一轮科技革命和产业变革蓄势待发，颠覆性技术和理论不断涌现，在以5G现代通信技术为核心的新一代移动网络、大数据科学与技术、新一代人工智能与人机混合智能等新理论与新兴科学技术的驱动下，媒体融合驱动传播主体走向多元、下沉和智能化，曾经单一而垄断的专业化、组织化和建制化的传播生态逐渐让位于多元化、智能化的新传播生态[①]，媒体融合与传播相关领域正在不断催生新技术、新产品、新业态、新模式，并将强力驱动媒体形态、服务模式以及传播模式变革。在新的时代条件下，要进一步研究相关理论和实践问题，强化互联网思维，形成学术研究体系，为媒体融合实践提供理论保障。

（三）创新公共服务模式是媒体融合纵深发展的重要环节

从国家重点实验室面向国民经济主战场的关键定位出发，开展媒体融合与传播基础理论研究是新时代提升公共服务和社会治理水平的紧要需求，更是满足我国最广大人民群众多样化需求的基础与重点。媒体深度融合发展是当代信息技术变革和新时代中国社会发展的必然要求。信息技术的快速发展推动社会信息化不断升级，互联网新媒介成为当代社会发展的基础性、结构性支柱，是社会运作不可或缺的"引擎"和"基础设施"。媒体深度融合是传统媒体与新媒体、媒体与社会、媒体与人之间的高层次融合，全媒体的发展根植于当代社会的信息化过程，满足新时代中国社会治理的基本要求。因此，要站在时代和全局的高度，在新时代社会发展和治理的过程中把握媒体融合发展的基本定位和公共服务功能。

---

① 喻国明,耿晓梦.智能算法推荐：工具理性与价值适切——从技术逻辑的人文反思到价值适切的优化之道[J].全球传媒学刊,2018,5(4):13-23.

二、新时期媒体融合纵深发展与传播学基础研究方向

新媒体环境下,"传播"不再是受制于人的工具,其本身就悄无声息地改变着社会与人类的发展。经典传播学基础研究的理论成果都是在大众传播时代形成的,即使其中仍有不少理论经久不衰,依然部分适用于当今社会,但现有的于传统媒体时代建立的传播学理论已是强弩之末,无法为今天的融媒体社会指引方向。发展新时期传播学研究,重点在于基础研究的突破。实验室是国家组织开展基础研究和应用基础研究、聚集和培养优秀科技人才、开展高水平学术交流、具备先进科研装备的重要科技创新基地,是国家创新体系的重要组成部分。其中,基础研究和应用基础研究是提升媒体融合能力与传播领域原始创新能力的关键。当今学界研究皆旨在解决媒体融合领域存在的关键基础性问题,实现前瞻性基础研究和应用基础研究、引领性原创成果的重大突破,进而加大科研成果应用转化力度,其总体目标是创新媒体融合与传播理论及服务模式。新时期媒体融合纵深发展与传播学基础研究的具体思路和方向应该包括如下几个领域。

(一)媒体融合和未来传播形态

以媒介学的视野来看,所谓媒介,当是物质技术、文本符号和组织架构的三位一体;延森也认为媒介应被理解为具有物质、话语和机构三个层面。[①] "媒体融合"或"融媒体"也不应仅停留在物质技术层面。把新媒介当作一种新的内容生产工具,在组织上另立"新媒体"部门,是目前大部分传统媒体的做法。问题在于:第一,媒介不是一个静止不动的物件,而是生生不息的传播场景和事件。第二,掌握和使用新技术易,但媒体融合不是新瓶装旧酒,还涉及新技术下文本符号样态的创造尝试、组织内部架构的变革。近年来各种别开生面的新闻样态和"新媒体"部门的设立,是值得肯定的开端。但是,深入的尝试和变革即使不打破既有规则和秩序,也难免阵痛,可以说媒体融合无成规可循、无坦途可走——既定的规则是以往实践的沉淀,已有的道路来自先行者的步步摸索。学界与业界,都是在筚路蓝缕以启山林。中国传媒大学作为中国广播电视界的摇篮,与媒体业一向联系紧密,实验室应在探索媒体融合的道路上与业界携手、砥砺共进,发挥在该领域研究的带头作用,真正实现引领新媒体、融媒体的发展,指引业界进行真正的探索实践。

---

① 延森.媒介融合:网络传播、大众传播和人际传播的三重维度[M].刘君,译.上海:复旦大学出版社,2018.

(二)智媒体时代舆论发展规律与舆论引导能力建设

随着用户自制内容(UGC)、机器自制内容(MGC)以及算法推荐技术的兴起和繁荣,媒体融合驱动传播主体走向多元、下沉和智能化,曾经单一而垄断的专业化、组织化和建制化的传播主体逐渐让位于多元化、智能化的新传播主体生态。多元主体的复杂互动成为媒体融合的新常态,也影响着社会舆论格局的分化与重组。在传播主体的多元化进程中,传统的新闻传播秩序和舆论格局也出现分化和重组,并呈现两个方面的鲜明特征:第一,多元主体导致的舆论高度不确定性和政府、企业危机应对的常态化;第二,舆论场的分化,即传统媒体权威性和把关力的下降,以及社交媒体驱动的多元表达生态。媒体信息传播智能处理研究主要解决国家媒体内容生产的"四力",即传播力、引导力、影响力、公信力提升的问题。信息传播已经从文本、音频、图像、视频等单一媒体形态过渡到相互融合的跨媒体形态。海量媒体数据快速增长的环境下,融媒体与传播研究亟须探索研究面向未来媒体的信息智能处理关键技术,提高内容生成速度和质量,推动公信力的快速建立、舆论的正确引导、内容的精准传播和影响力的迅速提升。面向新时代的新特征、新任务,如何壮大主流媒体、有效有力地传递党和政府的主流声音,是媒体深度融合发展的重点和难点;而面对日趋复杂的社会舆论场域,传播途径和模式的创新应用为主流媒体影响力建设提供了新的思路。更好地发挥出媒体融合传播的潜力,强化主流融合媒体在社会舆论中的传播力、引导力、影响力、公信力,在互联网上做大做强正面宣传,让党的创新理论"飞入寻常百姓家",让网络空间的主旋律更响亮、正能量更强劲应是新时期融媒体研究的落脚点。

(三)媒介文化与数字技术

艺术创作离不开媒介和技术。中国商周时期的造型和文字依附于青铜器,古希腊的"艺术"一词也属于"技艺"的领域。艺术和其他符号及知识,依凭特定媒介进行的传播,便形成文化。因文化艺术与媒介传播的密切关系,新媒介和传播方式的出现,每每衍生出新的文化艺术形态,同时改变旧有的文化艺术。欧洲近代的谷登堡印刷术带来了报纸、期刊、图书的印刷文化;19世纪摄影和电影的机械复制技术改变了传统艺术的定义[①],标志着现代视觉文化的开端。如今,我们又面临一个虚拟现实的、边界越发模糊的新时代:这不但指难以计数、无处不在的技术性影像深刻地构建了现实,还指字面意义上VR、AR等技术直接让我们体验到了一种全新的现实。如果说,20世纪是电视、电影的百年,21世纪将有基于数字互联网媒介的动画、游戏等来丰富和改变人

---

① 本雅明.机械复制时代的艺术作品[M].王才勇,译.北京:中国城市出版社,2001.

类文化艺术的生态。同时值得关注的是，上述领域都是中国传媒大学的王牌专业，依靠深厚的历史积淀、雄厚的师资力量、丰富的实践经验和先进的研究理念，国家重点实验室也应在媒介文化和数字艺术方面进行深入研究，旨在为业界提供强有力的理论和学术支撑，为学界在该领域下一阶段的研究提供新视野，共同引领研究，不断积累，使该领域形成质的突破。

（四）社会治理与智慧城市建设

新时期媒体融合纵深发展与传播学基础研究的初衷之一就是助益社会治理。"社会"之概念具化到现实生活中，往往落实在"城市"场景。现代化进程除了市场化、工业化和民主化等，也包括城市化。21世纪以来，中国城市化速度迅猛，城市问题浮现；而城市从起源上就与传播有关，古希腊城邦有着繁盛的交流[1]，商周王朝的国都更是天人交流与四方汇聚的中心[2]。早期社会学家强调现代城市以一种关系的形式或心理状态[3]存在，城市不仅有实体的人和建筑，还有由报纸等媒介凝聚起来的社会关系。近年来的移动互联网，又创造出数字城市和智慧城市。当今的中国大城市如北京、上海等，个人移动终端与公共屏幕无处不在，无形的数字传播实践与有形的建筑实体，一起组成了中国当代城市。此外，社会治理之不同于社会管理，在于政府和企业、公民等各方力量协商和沟通，这也关系到新闻传播学。

（五）人才培养模式与国际合作

媒体业日新月异，业界实践与高校教育如何同步共进，是人才培养的当务之急。中宣部和科技部创立国家重点实验室，就是依靠中国传媒大学的国家一流学科，兼纳新闻传播学、信息与通信工程、戏剧与影视学、设计学、互联网信息等，以搭建融媒体"高、精、尖"人才培养体系。习近平总书记在党的新闻舆论工作座谈会上强调，媒体竞争关键是人才竞争，媒体优势核心是人才优势。要提高业务能力，勤学习、多锻炼，努力成为全媒型、专家型人才。媒体融合领域高精尖人才培养模式研究应紧扣融媒体领域的创新发展情况和行业需求变化，注意动态调整学术方向，大力推动科教融合、产学结合。培养方案要与时俱进，创新机制，积极推进个性化培养和国内外联合培养模式，全面提升人才综合素质。

现阶段传播学研究更要力求以全球视野，聚天下英才，风云际会，共襄盛事。作为阵前先锋，国家级实验室将与国际著名媒体机构、互联网公司、媒体教育研究机构展开

---

[1] 库蕾.古希腊的交流[M].邓丽丹，译.桂林：广西师范大学出版社，2005.
[2] 张光直.中国青铜时代[M].北京：生活·读书·新知三联书店，2013.
[3] 帕克，等.城市社会学[M].宋俊岭，吴建华，王登斌，译.北京：华夏出版社，1987.

合作,并为国际学者和学生提供高端国际交流平台,建立成熟的国际学者和学生驻校合作研究制度,并通过开放课题申请、合作研究和主办系列国际学术活动等方式,吸引国内外高水平研究人员来华开展合作研究,共同发表具有国际学术影响力和引领力的学术成果,帮助我国新闻传播学研究与世界接轨,响应国家打造人类命运共同体的号召,助力国际合作与人才培养。

三、结语

媒介之力与传播之网,将要或已经改变人的定义和人类社会形态,关乎21世纪中国乃至人类世界的共同命运,当真带来了"三千年未有之大变局"。从行业变革的实践需求来看,我国的媒体融合正在全方位深入展开和持续进行创新变革,已经积累了丰富的经验,但也存在不少问题,亟须从更为广阔的前瞻视角,进行媒体融合与传播基础理论的研究,为构建强大的新型主流媒体、全媒体传播格局与现代传播体系提供关键理论指导和核心技术支撑;为实现"两个一百年"奋斗目标、实现中华民族伟大复兴,媒体融合与传播国家重点实验室将与学界勠力同心、秉烛先行、洞照未来——路漫漫其修远兮,吾将上下而求索。

试论我国智能全媒体传播体系建设的实践路径：内容、框架与模式*

◎ 段　鹏**

摘要：党的十九大以来，"全媒体""人工智能""智能媒体"成为媒体和社会所关注的热点议题，建立健全"四全"媒体体系成为我国媒体融合进程向纵深发展的方向。媒体信息技术的革新是与国家政策、技术、社会需求和全球传播话语环境等因素密切相关的，智能互联时代，如何契合媒体融合的发展趋势，建立"资源集约、结构合理、差异发展、协同高效"的全媒体传播体系需要理论结合实践，以跨学科视角多维度、多方位地推进。本文在前期相关研究的基础上，大体上从宏观、中观、微观三个层面对全媒体传播体系实践路径的内容、框架和模式进行了初步的探索与设计，以期为全媒体更好更快发展提供参考。

关键词：全媒体；智能化；媒体融合；实践路径；人工智能

2019年1月，中共中央总书记习近平在十九届中央政治局第十二次集体学习中明确指出，要构建"资源集约、结构合理、差异发展、协同高效的全媒体传播体系"。同年10月，党的十九届四中全会通过的《中共中央关于坚持和完善中国特色社会主义制度、推进国家治理体系和治理能力现代化若干重大问题的决定》更进一步表明，要"建立以内容建设为根本、先进技术为支撑、创新管理为保障的全媒体传播体系"。

毋庸讳言，现有大多相关研究都能够从不同的维度和视角对全媒体传播做出总体

---

* 本文原载于《现代出版》2020年第3期，收入本书时有改动。
　　课题：研究阐释党的十九届四中全会精神国家社科基金重大项目"智能化背景下全媒体传播体系建设的理论与实践路径研究"（20ZDA058）、北京市社会科学基金重大项目"习近平总书记关于意识形态与新闻传播工作的重要论述研究"（19ZDA07）。
** 段鹏，媒体融合与传播国家重点实验室（中国传媒大学）常务副主任，中国传媒大学副校长，教授、博士生导师。

性的蓝图勾勒和前景展望,其中一些研究结合媒体融合、人工智能、全媒体、智能媒体等重要概念的前沿理论,从不同层面建构了全媒体传播的理论框架。然而,有关全媒体传播体系建设的实践性和策略性研究在国内尚处于起步阶段,相关文献主要分为实践策略规划型与案例研究型。首先,实践策略规划层面,支庭荣提出,全媒体传播不是单一的内容或介质体系,需要从微观、中观和宏观三个维度进行多视角一体化的分析。① 赵子忠和郭好通过梳理媒体融合发展阶段,结合社会现实需求,提出全媒体传播体系应遵循科学发展、创新发展和持续发展的路径。② 张志安和李宜乔指出,在构建全媒体传播体系的过程中要处理好大众化媒体和专业性媒体的关系。③ 其次,具体案例研究层面,学界和业界人士对如何构建全媒体传播体系也进行了贴近当前实际的分析和规划,如:陈旭东以东方网为分析案例,提出可以从转企改制、开设移动业务以及建立新型主流媒体集团三个维度构建全媒体传播体系。④ 唐维红等学者以人民网为案例,探索传统媒体和新兴媒体融合的发展潜能。⑤ 叶蓁蓁围绕人民日报融媒体中心"中央厨房",深度分析了人民日报全媒体生产机制。⑥ 由此可见,移动互联网已经全面向智能互联网发展,媒体融合的重点已从增量经营转变为存量改革,全媒体传播体系建设是应时应势所需的,它需要在不同层级上构建,需要不同媒体对于媒体融合发展的参与,在媒体融合思维、业态、用户、技术、产品、体制机制的基础上建设智慧型全媒体生态系统⑦是其目标。在新的发展机遇期,为更好地响应国家建立全媒体传播体系号召,需要理论结合实践,以跨学科视角多维度、多方位地推进。本文拟在相关研究的基础上,分别从宏观、中观、微观三个维度出发,全面探讨具体化、落地化、策略化的智能全媒体传播体系建设的实践路径,以期为全媒体更好更快发展提供参考。

一、宏观层面:智能全媒体传播体系的整体架构

宏观层面,智能全媒体传播体系的整体架构应从纵向、横向两个维度进行搭建,旨

---

① 支庭荣.全媒体传播体系的全息透视:系统建构、功能耦合与目标优化[J].西北师大学报(社会科学版),2019,56(6):32-39.
② 赵子忠,郭好.构建全媒体传播体系的路径和关键[J].新闻与写作,2019(8):5-11.
③ 张志安,李宜乔.公共传播领域中的媒体协同发展:论大众化媒体、专业性媒体与全媒体传播体系构建[J].新闻与写作,2019(8):20-25.
④ 陈旭东.构建全媒体传播体系:东方网深度融合、整体转型的实践与思考[J].传播评论,2017(8):17-20.
⑤ 唐维红,王韬,邹菁.导向为魂内容为王创新为要:人民网构建全媒体传播体系的探索与实践[J].新闻与写作,2019(8):12-19.
⑥ 叶蓁蓁."中央厨房"的数据化采编与传播体系构建:人民日报全媒体生产机制探索[J].传媒评论,2017(7):16-18.
⑦ 胡正荣.打造智慧全媒体生态体系[EB/OL].(2020-01-15)[2020-08-11].https://xw.qq.com/cmsid/20200115A07IQP00.

在建构全方位、立体化、体系化、科学化的传播路径体系。从纵向建设维度看,应对全媒体传播体系中的中央媒体、省市级媒体、县级融媒体等多元主体进行层次性、针对性和类型化的建设路径阐释;从横向建设维度看,应从传播流程、平台搭建、传播资源、信息内容、技术应用、管理手段等多重维度进行专门化的策略探讨,以期形成多元合力,在把握智能化大势的前提下实现全媒体传播体系的宏观构建。

(一)智能全媒体传播体系的纵向建设

1. 打造旗舰媒体:中央级媒体的转型

当前,探索智能全媒体体系的建设路径,构筑具有传播力、引导力、影响力、公信力的旗舰型中央级媒体传播体系,是我国媒体转型探索的未来趋向和国家使命。中央级媒体在国家传播体系中居于核心位置,不仅是我国开展国内和国际传播的旗舰媒体,也是全国媒体系统融合转型的先锋和表率,对各级、各类媒体有着重要的示范效应和引领作用。目前以中央广播电视总台、新华社等为代表的中央级媒体在全媒体建设中立体布局、推陈出新,如人民日报社全媒体平台(中央厨房)、新华社机器人写稿系统"快笔小新"等都取得了丰硕成果。因而,打造旗舰型媒体,促进中央级媒体的全媒体建设与转型发展具有至关重要的意义。

2. 突破疆域:省级媒体的全媒体发展

省级媒体在全国媒体版图中的作用是至关重要的,是国家主流价值观由上至下辐射的重要途径,是各省的对外窗口和平台。当前,省级媒体占据丰富的本地资源,它们了解本地用户市场,在媒体融合与全媒体传播体系建设中取得了一些成果。然而,我们也应当看到省级媒体在全媒体时代面临着多重竞争之困、双元体制之扰、地域之限等问题[①],省级媒体的全媒体转型建设面临较大挑战。只有抓住全媒体时代传播技术手段创新升级的机遇,利用好本地各类资源,为本地用户提供更贴近生活、更具个性化的服务,实现省级地面频道的跨越式创新发展与全媒体传播体系的完善,才是当前省级媒体"突破疆域"的出路与方向。当前,"突破疆域"对省级媒体而言,不仅意味着突破自身发展局限,寻求全媒体转型发展,更意味着打通省级媒体内部与外部之间的通路,实现省级媒体社会功能的全域拓展。

3. 重建社会神经网络:县级融媒体中心建设

对于我国整个全媒体架构来说,县级媒体具有"神经元"的功能;对于党的舆论引导体系来说,县级融媒体中心也有类似"毛细血管"的作用。一般而言,县级融媒体是县级全媒体建设的初级形态与起点,县级融媒体中心的建设与转型发展,是全媒体传

---

① 常晓洲.全媒体时代下省级卫视的发展浅析[J].新闻爱好者,2018(6):79-81.

播体系建设深入基层重要战略布局中的一环。

2018年8月21日至22日,在全国宣传思想工作会议上,习近平总书记指出,"要扎实抓好县级融媒体中心建设,更好引导群众、服务群众"。2018年11月14日,习近平总书记主持召开中央全面深化改革委员会第五次会议,印发《关于加强县级融媒体中心建设的意见》。党中央的指示为推进县级媒体深度融合指明了方向。中宣部也强调,打通基层宣传思想文化工作"最后一公里",要大力推进媒体融合发展,创新建设融媒体中心。① 应当看到,当前县级融媒体中心的建设取得了初步成效,但局部也存在"机构融了,机制没融;内部融了,内容没融;资源融了,资金没融;人力融了,能力没融"等问题。县级融媒体中心建设也存在隐患与困境,如:一些地区媒体用户在不断减少、人才流失及专业人才匮乏等。因而,重建县级融媒体中心这一全媒体体系的"毛细血管"和"神经网络"尤为重要。

(二) 智能全媒体传播体系的横向建设

习近平总书记指出:"推动媒体融合发展,要坚持一体化发展方向,通过流程优化、平台再造,实现各种媒介资源、生产要素有效整合,实现信息内容、技术应用、平台终端、管理手段共融互通,催化融合质变,放大一体效能,打造一批具有强大影响力、竞争力的新型主流媒体。"② 基于此,关于智能全媒体传播体系横向建设的研究,应当覆盖对出版、报刊、广电、互联网、智能传播、电影、文娱各领域的全媒体生产流程的再造,对全媒体平台的优化、媒体资源的整合、信息内容的创新、媒体技术的运作、媒体管理手段的创新等,进行多维度和全域化的全媒体建设路径探索。唯其如此,才能从全媒体运行发展的各个板块提出具有操作性的发展建议。

1. 智能全媒体出版体系建设

全媒体时代的来临深刻改变了出版业格局,出版物形态、传播媒介、出版理念和内容资源开发利用方式均发生了巨变,构建智能化全媒体出版体系,已成为出版业转型发展的需要。2017年1月,我国《南方都市报》写稿机器人"小南"首篇300余字的稿件只用一秒完成;第一财经的"DT稿王"一分钟可以写1 680字;今日头条的"张小明"在2秒内就能生成稿件并完成发布。③ 出版智能化的技术手段初具雏形,紧接着,讨论智能全媒体出版体系建设中出版方式、内容把关、知识付费营销方式的全媒体开

---

① 黄坤明.把握新时代新要求,推动基层宣传思想文化工作改革创新[EB/OL].(2018-06-14)[2020-11-18]. http://cpc.people.com.cn/n1/2018/0614/c64094-30056142.html.
② 赵银平.这项"紧迫课题",习近平因势而谋[EB/OL].(2019-01-28)[2020-08-11].http://www.xinhuanet.com//politics/xxjxs/2019-01/28/c_1124054968.htm.
③ 成玲丽."快笔小新"和她的伙伴们[EB/OL].(2017-04-25)[2020-06-16].http://www.xinhuanet.com/newmedia/2017-04/25/c_136199280.htm.

发、全媒体出版业态管理与监控、全媒体出版资源整合及技术利用等问题也是很有必要的，我们应借此建立具备经营特色、存量资源活跃、出版模式成熟的智能全媒体出版体系。

2. 智能全媒体报刊体系建设

作为传统媒体的报刊媒体在媒体融合大潮中亦受到剧烈冲击，当前，智能化环境下，报刊媒体亟须立足自身发展实际，积极组建覆盖报刊、网络、"两微一端"等平台的综合性全媒体矩阵，打造集纸媒、网媒、移动媒体等于一体的全媒体平台，以期探索报刊媒体实现立体化的全媒体传播格局的具体路径，从而打开新一轮报业转型发展的局面。例如：《新京报》于 2009 年率先上线网络数字报，后又进行"双微"、动视频和移动客户端等新媒体建设，借助媒体融合大势形成了集报、网、端、微、抖音、快手全渠道覆盖的综合媒体平台，覆盖超过 1.1 亿人次，其新京报 App 开发不足 2 年下载次数就已超 4 000 万。

3. 智能全媒体广电体系建设

在探索智能技术为智慧广电发展提供技术支持的背景下，促进广播电视媒体传播形式的多元化、高速化发展，提升广电媒体的公信力和影响力，同时提升广电社会服务能力，满足受众对高质量内容的需求，创建全方位、全时段、全维度的高质量智慧化新媒体广播电视体系，为智能全媒体广电体系的建设提供可靠的路径支持是智能全媒体广电体系建设的根本之义。在 2020 年的新冠疫情防控期间，国家广播电视总局深入贯彻习近平总书记重要指示批示和党中央决策部署，综合运用新一代信息技术手段，加快"智慧广电"建设，促进视听业务、内容、平台、网络、终端的共融互通，搭建"5G+4K+AI+云"的免接触录制平台，确保疫情防控期间优质内容的输出；结合人脸检测、视频智能分析等新技术研发热成像测温系统，对戴口罩人脸实现精准识别和测温。[①]

4. 智能全媒体互联网体系建设

智能全媒体互联网体系建设是全媒体传播体系横向建设的基础。在对智慧全媒体互联网体系建设现状梳理的基础上，我们应着力探索智能全媒体互联网体系建设的未来路径与创新之举，着重探讨如何将全媒体互联网体系与其他各板块体系相结合，从而实现网络体系的基础功能、发挥服务作用。

5. 智能全媒体智能传播体系建设

智能传播是基于智能化技术的媒体传播形式，已广泛而深刻地嵌入全媒体传播体系的建设，重在探讨智能传播内容与形式创新、技术应用程度升级、管理体系完善、服

---

① 新冠肺炎疫情防控，广播电视人工智能在行动［EB/OL］.（2020-03-28）［2020-07-15］.http://www.cm3721.com/kuaixun/11500.html.

务功能拓展等问题,应将焦点放置于推进智能传播体系与其他传播体系的融合创新的具体路径之上,提升智能全媒体传播体系的整体发展水平。在中华人民共和国成立70周年的宣传报道中,新华社智能化编辑部推出《这些"大国重器",让你在桌面上亲手操控》,运用AR(增强现实)技术,让人们感受到震撼的视觉冲击。①

6. 智能全媒体电影、文娱传播体系建设

全媒体时代,电影及文娱传播渠道由有限演化为无限,传播流向由单向演化为双向,传播功能由单功能演化为多功能,这无疑大大提升了电影和文娱传播的广度和有效性,为建设智能化电影与文娱的全媒体传播体系提供了机遇。因此,探究智能全媒体电影、文娱传播路径及其体系建设,可以助力电影传播、文娱全媒体事业的不断改善与优化,向广大受众提供优质的文化作品。

二、中观层面:智能全媒体传播体系的专项建设

在中观层面,全媒体传播体系通过各项专项建设与宏观社会发生关联,实现服务社会的媒体功能的拓展延伸。具体而言,智能新闻、智能化的舆情治理、全息影像、智能媒体教育、智能化国际传播等方面的专项建设,均应成为智能全媒体社会体系建设的重点内容。

(一)智能新闻建设及其实践探索

智能新闻是智能技术在新闻传播领域的应用的一个重要标志,它主要体现着新闻生产"人机协作"模式的迭代升级、渠道平台化扩张和精准化升维、万物媒介化和"人体终端化"等特征,它的出现使原有的新闻生态趋于重构,新闻内容版图扩张与新闻的价值嬗变、新闻分发的个性化趋势与传播格局分化、平台和媒体关系重组和权力结构突变成为趋势。

当前,智能新闻模式为未来的传媒发展提供了新的思路和发展方向。具体而言,主要体现为信息采集智能化战略开启捕捉新闻的新途径、内容生产智能化战略重塑新闻写作新模式、新闻分发智能化战略满足用户个性化需求、新闻反馈智能化战略改变人机互动模式等。然而,智能新闻实践亦存在亟须解决的问题与亟待突破的局限,如智能硬件设备不完善、普及率低、成本较高,以及智能新闻形式单一、开发程度较低、智能新闻存在伦理困境等问题,当下智能新闻的发展整体仍处于初级阶段是学界与业界的普遍共识。因而,对未来智能新闻实践进行更为广泛的设想与突破障碍的路径探寻

---

① 加快建立全媒体传播体系[EB/OL].(2020-01-17)[2020-08-16].http://m.cssn.cn/sylm/sylm_syzx/202001/t20200117_5079556.htm.

势在必行。

关于智能新闻建设及其实践路径探索,我们不妨从当下智能新闻的建设现状出发,发现智能新闻专项建设的既有问题、机遇与挑战,并探讨提升智能新闻建设水平的关键路径。宏观层面,对应用与传收设备的技术开发、AI+特定新闻类型的适配性传播策略升级、智能新闻受众认知效果评价、智能新闻安全监测与保障建设、智能新闻的伦理规范建设、智能新闻与其他专项建设的有机结合等各方面进行探索;微观层面,则致力于在智能新闻视觉表达策略、新闻叙事建构、人机交互感与受众体验感的塑造以及适配多元新闻类型的针对性智能表达设计等方面进行探索,旨在提升现有智能新闻的传播水平与效度,同时探索智能新闻的多元应用,尝试平衡新闻技术与传播伦理、工具理性与价值理性之关系。

(二) 智能化舆情治理及其路径探寻

当前,人工智能为舆论舆情治理与意识形态工作带来了发展机遇。首先,人工智能可提升主流资讯传播的强度,以先进技术为触手促进内容传播的精准灵活与服务的个性化。其次,舆情治理的精度在智能传播的关照下得到提升,精准化推送与用户画像可提高舆论引导及舆情治理的针对性、精准性、到达率。再次,人工智能可以提升舆情管理的效度。大数据、人工智能技术的运用可以有效捕捉网民"瞬间情绪"、追踪研判新闻内容及舆论传播规律。最后,人工智能技术可以极大提高"网络辟谣、阻击谣言、披露真相"的效率。应该说上述应用的发展既提供了未来智能技术在舆情治理中的可行性路径,又为新的提升策略提供了启发。

同时,人工智能的发展给新闻舆论与意识形态工作带来了挑战。一方面,人工智能在舆情治理中的应用场景偏重感性化与实用性,无法促进受众公共意识的培育;另一方面,人工智能的资讯推荐易带来"信息茧房"效应。平心而论,智能化媒体技术给舆情治理带来挑战的同时,为我们提供了新的工具,对待智能化生产和传播的舆情信息,更应使用智能化的治理手段。未来,我们应针对性地进行策略设计,最大程度地利用人工智能为舆情工作带来的机遇,同时规避风险、迎接挑战。

习近平总书记提出的"从时度效着力,体现时度效要求",是创新实现网络舆情精准治理的指导思想。当前,网络舆情问题已经日趋复杂化,其相应的治理范式也应逐步从危机管理向智慧治理转变。在具体操作层面,可以从非传统安全视角入手,梳理全媒体环境下网络舆情的系统性、复杂性和关联性特征,并从社会生态和技术环境两方面厘清全媒体舆情演化的动力机制,从而提出全媒体舆情智慧治理的新路径,即针对如何紧抓智能化机遇、如何应对智能化挑战从而实现舆情治理水平的提质升级、如何创新全媒体舆情管理的智慧型手段提出可行性路径与建议。

(三)全息影像及全媒体艺术建设

全息影像是全媒体传播体系艺术建设中最为重要的信息呈现形式,具有沉浸式、体验式、互动式特征的影像技术,将文字、声音、图像等元素融合起来,为用户带来了更加优质的沉浸体验。全息影像视觉在主体、时间、空间的交互中呈现多样化特征,并通过自身的真实感和在现场性给受众带来沉浸式现场叙事体验。基于智能互联网的5G会大大提高数据传输速度,使新闻传播由数据量较小的文字、图片、视频等"平面信息",大规模转向以全息影像信息传播为代表的"三维信息",为全媒体的艺术创作带来更多可能。可见,对全息影像等艺术形态探索将带来未来全媒体系统在传播形态上的重大突破与发展方向。

具体而言,我们首先可以将作为新型媒体艺术呈现形式与影像表现手段的全息影像列为研究对象,在探究其发展现状的基础上,发掘其未来的可行性建设路径。其次,结合具体实例,从技术开发、媒体叙事、艺术手法、互动机制、用户体验、产业推广、传播效果等各方面对全媒体的全息影像进行解读。最后,分别探讨从这些方面实现全息影像艺术建构的成果、不足与局限,从而有针对性地、系统性地提出未来智能全媒体体系中全息影像的发展建设路径。

(四)智媒教育及全媒体建设

2017年7月20日,我国发布的《新一代人工智能发展规划》中,明确提出了"智能教育"这一概念,旨在建立教育精准化、定制化的终身服务体系。这一概念的提出,无疑反映了国家从战略层面上对人工智能教育的高度重视。智能化背景下,全媒体传播体系的社会功能不断拓展延伸,社会教育随之成为未来智能全媒体的重要板块之一。

人工智能等高科技的涌现,打破了传统教育模式,在交流方式、信息更新效率、信息内容和全媒体教育等方面都有着巨大的突破。宏观层面讲,应面对教育领域提出的具体要求,在对全媒体教育进行现状梳理的基础之上,在智能化的全媒体教育基础设施建设、全媒体学习过程的智能化支持、全媒体教育的智能化评价手段、全媒体教育智能化的教师辅助手段和智能化的教育管理等方面提出具体的落地化路径,实现智能全媒体社会教育水平的提升、教育质量的升级以及教育手段的改善。微观层面,则应开发与应用全媒体自适应学习、全媒体智能学习助手,建构全媒体教育专家系统与知识数据库,以及利用智能全感官技术实现教育无界限与起点公平,帮助残疾人群,推进标准化全媒体教育服务、教育数据反馈等社会教育功能的拓展。

(五)全媒体国际传播新路径

国际传播是全媒体传播体系建设的重要板块,全媒体体系中大数据、人工智能、

5G等新技术的应用在国际舆论和国际交往等领域有显著影响。从全媒体国际传播的角度来看，智能技术带来的发展机遇与影响主要体现在两方面：一方面，数字传播时代已经出现的传播主体多元、话语视角转换、时空界限消弭等特征在智能化趋势下被进一步强化；另一方面，智能技术的发展带来传播场景转化和信息接触模式变化，从而带来国际传播活动形态转变等新现象、新趋势。当下，全媒体传播体系国际传播中的多元主体——政府组织、非政府组织、普通民众等，都力求在国际话语环境中发出能彰显自己价值主张的声音。

在智能传播的趋势下，我们有必要对既有的全媒体体系的国际传播图景与建设路径进行重新调校。在全媒体体系建设背景下，我们应在国家关于国际传播的政策指引的前提下，对智能化趋势下全媒体国际传播能力提升的内涵、原则与关键进行再认识，为新时期我国全媒体利用智能技术实现国际传播能力的提质升级贡献系统化的实践路径。具体而言，应该从全媒体国际传播的政策驱动、技术运作和资本投入的硬件设备布局，立体化与全方位的表达策略，数据隐私保护的全球治理等多重维度探讨智能趋势下全媒体国际传播的新路径。

三、微观层面：智能全媒体传播体系的流程模式建设

微观层面，智能全媒体传播体系建设的流程模式建设可以从全媒体内部视角的信息传播板块、业务与服务板块、媒体保障板块三方面的建设路径来分析，它涵盖了全媒体流程模式中的主线——信息传播、全媒体流程模式的资本运营及其机制，也涵盖了全媒体信息与运作的安全保障，在兼顾全面性、系统性的同时，该层面的策略研究亦重视针对性、具体性、细致性和可操作性。

（一）智能化环境下全媒体内容的智能生产与分发模式建设

人工智能的优势主要体现在传感器技术有助于优化新闻信息采集方式、智能机器人有助于提高新闻编辑制作的效率、内容推送环节的人工智能的算法更符合用户需求。[1] 全媒体传播体系的信息传播主要涵盖智能化的信息生产与分发两大内容，旨在解决国家智能全媒体内容生产的"四力"（传播力、影响力、引导力、公信力）问题，基于人机混合智能研究视角，遵从以人为本、充分运用新一代人工智能技术的原则，提升包括人类媒体工作者和各类智能与非智能主体在内的万物媒介主体的内容生产与分发能力。

---

[1] 人工智能将引导融媒体发展新方向［EB/OL］.（2018-02-12）［2020-08-16］.http://sh.people.com.cn/n2/2018/0212/c134768-31253179.html.

1. 智能全媒体内容生产体系及模式建设

信息内容的生产环节是智能全媒体传播体系建设的基础环节与起点环节。作为人工智能的核心技术之一，监督式机器学习已被广泛应用于智能全媒体的内容生产体系中，算法将数据按照既定规则转化为公式化的表达，继而生成全媒体内容，体现了人工智能技术对全媒体内容生产和呈现环节的优化和改造。然而，当前我国全媒体建设中的 AI+内容生产整体还处于早期的阶段，体现着数量少、阶段早、领域窄、效果差等特征。因而，探索与建构一套基于成熟智能技术的、完善的全媒体内容生产体系及模式，对全媒体建设实践尤为重要。

2. 智能全媒体内容分发与传输体系及模式建设

当前，人工智能还被广泛应用于内容产品的呈现环节，内容分发与传输随之变得更为智能化、互动化，传播模式亦从过去以内容为主导的单向传播变成了以技术为驱动的人机交互，智能媒体在技术革新层面驱动了"创造—生产—传播—消费"一体化的标准化进程。基于上述现实情境，智能全媒体如何实现内容分发的技术升级、提升内容传播深度、广度与效度，形成体系化、创新化的分发与传输模式，从而延展媒体功能，也是我们未来应重点研究和探讨的问题。

3. 智能全媒体内容的评估及评测体系建设

首先，需针对全媒体内容的智能审核与内容评测分发机制展开研究。应在语义理解和情感计算领域的新理论和新方法的创新基础之上，构建一种有效的智能内容审核和评测、分发机制，探讨智能媒体内容生产中的"人""机"边界问题。就目前的智能媒体内容生产理论而言，一般意义上的内容生产过程由三个部分构成：前期预处理阶段，解决素材准备、资料聚合、题材选择等问题，其中已有人工智能理论与方法的应用；核心生产过程阶段，主要通过 MGC、TGC、NGC 等人工智能主导或人工智能参与的非人类内容生产模式和 PGC、UGC、OGC 等以人类为中心的、人工智能辅助的内容生产模式，形成以全域传播为载体的 AGC 内容生产总体架构；后期闭环处理阶段，在内容生产完成后，对内容结果进行检查、评价等，这一过程也存在较大的人工智能应用空间。面向智能全媒体环境的智能内容生产体系，将充分运用语义理解和情感计算等领域的理论与方法，构建智能全媒体内容审核和评测、分发机制，形成智能内容生产和智能全媒体服务环境的有机闭环。

(二) 全媒体业务与服务模式建设

这一领域的研究主要从全媒体产业层面出发，解决智能化全媒体的模式创新问题，在智能全媒体场景下，媒体内容业务与服务产品通过全媒体平台所赋能的市场需求沉淀、用户数据积累、内容资源调配、分发渠道整合等作用过程，解决智能全媒体环境下的媒体内容消费者在消费行为、消费心理、消费观念、消费场景等层面的关键问题。具体而言，可以从以下方面进行研究探索：

1. 智能化背景下全媒体业务模式建设

当前，加快媒体数字化、网络化、移动化的转型步伐，建立全媒体业务格局已经成为智能化背景下全媒体发展的必然之势，人工智能技术不仅形塑了整个媒体行业的业态面貌，也在微观上重塑了媒体产业的业务链。同时，在智能技术支持下，媒体功能的融合程度不断加深，媒体的服务功能得以拓展，媒体服务已从媒体业务板块延展至媒体传播的全过程。通过智能营销传播研究人工智能和大数据推广及应用，提升大数据算力并构建相关业务体系，都已成为研究全媒体的科学路径。

2. 智能化背景下全媒体服务模式建设

智能化趋势下，媒体技术的变革和用户需求的变化使得提升受众体验感成为媒体融合的主攻方向，而媒体服务业态的创新亦成为媒体功能拓展的必然趋势。当下，智能技术的运用使得传播的时空限制趋于消弭，极大地提升了媒体与其他传播主体与节点的连接效率，这就为媒体的政府服务、企业服务、家庭服务、个人服务提供了必要的技术基础，保证了媒体服务的运作效率。探究全方位、全领域的媒体服务模式建设，研究如何提升全媒体服务水平，成为全媒体发展的必然选择。

3. 智能化背景下业务与服务营销模式建设

智能时代，全媒体体系如何改变业务与服务营销行为？5G普及后，智能全媒体将带来哪些潜在智能应用场景？这些新的智能应用场景又将带来哪些业务与服务营销模式的变革？应对这些问题进行深入研究，全面更新用户行为理论、消费者购买决策理论、使用与满足理论等，从而构建全新的服务研究架构，推动全媒体传播体系的服务创新、消费升级和产业转型。此方面的研究分析，主要解决智能全媒体安全方面的技术保障能力提升问题，围绕全媒体安全基础设施、全媒体内容版权保护、可视媒体篡改取证与合规性审核、全媒体内容安全监测与应急响应等展开研究。

(三) 全媒体安全与监管模式建设

1. 全媒体底层基础设施的安全建设

全媒体中心的底层软硬件系统是基础设施，是支撑全媒体基础数据及基础应用运行的基石。完善的底层基础设施建设，是智能型全媒体在建设之初的保障型措施，可有效防范风险，减少安全事故的发生，从而减小安全事故造成的影响。该环节需要探究如何从硬件可信和软件可信走向计算平台可信，为全媒体运行提供安全保障。

2. 全媒体信息与内容安全建设

媒体内容的安全保护应该是一个全生命周期的保护,包括内容生产、内容审核、内容发布、内容传播、内容使用等多个阶段,在整个生命周期中,全媒体的信息内容都需要进行安全处理和安全保护,可以建立内容版权可信认证和校验、通过信号处理和人工智能等提供内容来源可信认证以及内容同源比较等安全机制。

3. 全媒体建设中的法律法规体系建设

全媒体建设中的法律法规体系建设是全媒体传播全程顺畅、安全进行的根本保障。媒体内容生产后、发布前,为了保护内容创作者的权益,也为了减少后续内容传播过程中的版权纠纷问题,需要进行版权注册存证;媒体内容在传播和使用中,针对非法拷贝和盗用问题,需要进行版权流通记录、追踪和版权溯源,以及时发现盗版或滥用现象,确认盗版源头;媒体内容在发布后、传播和使用中,针对篡改造假以及散播虚假、涉恐、涉黄、政治敏感等不合规的信息,需要展开面向全媒体的图片视频篡改取证和内容合规性审核,在网络空间中智能检测并自动发现内容安全问题,并进一步确认,最后提供应急响应预案和主动响应机制,并进行应急响应处理。

综上所述,智能媒体化是媒体融合发展到高级阶段的必然要求,预示着人—媒介—物三者融为一体的媒介发展趋势。[①] 随着媒体技术的快速更迭以及全球文化传播的进一步互融,未来社会将会是一个"万物皆媒""泛在传播"的世界。我国媒体融合已经度过十年的不凡历程,亟待紧密结合全球环境变化、社会发展和技术革新对融合提出实时战略和目标。智能全媒体传播体系的建设更应该是理论分析与实践演练、现实情景与未来展望相结合的,既有全球视野格局,也具备本土创新创意,是真正能够多视角、多维度、多层面地推进我国媒体融合向纵深发展的新思维和新路径。

---

① 段鹏,张媛媛.传统出版社数字化转型方向与突破点[J].中国出版,2019(8):5.

媒体融合质变的关键问题研究*
——基于2019年中国媒体融合发展的分析

◎ 曾祥敏　刘日亮**

摘要：2019年是我国媒体融合作为国家战略推进的第六年，"全程媒体、全息媒体、全员媒体、全效媒体"的传播环境已经形成。媒体融合发展进入深水区，新型主流媒体打造进入攻坚期，全媒体传播体系建设迫在眉睫。过去一年的媒体融合继续全方位、多维度发力。为此，本文围绕生产传播全要素质变、融合质变要解决的主要问题，技术赋能下的新型主流价值平台建设，从体制机制、队伍建设、平台打造、产品创新、智媒应用等方面梳理2019年的媒体融合生态，分析研究媒体融合质变的关键问题。

关键词：媒体融合；全媒体；县级融媒体中心；5G；新型主流媒体

2019年是媒体融合作为国家战略推进的第六年，也是我国媒体融合全面铺开并向纵深推进的关键时期。2019年1月25日，中共中央政治局在人民日报社就全媒体时代和媒体融合发展举行第十二次集体学习，习近平总书记围绕"加快推动媒体融合发展，构建全媒体传播格局"发表重要讲话，昭示着媒体深度融合既是大势所趋、顺势而为，也是以问题为导向、以实践为基础、以效应为准绳的传媒变革。

一、生产传播全要素质变

我国媒体融合发展呈现自上而下、由中央到地方推进的特点，经历了央媒试水的

---

* 本文原载于《现代出版》2019年第6期，收入本书时有改动。
本文系国家社科基金重点项目"移动互联网背景下主流媒体新闻视听传播变革研究"（项目编号：18AXW003）的阶段性研究成果。
** 曾祥敏，中国传媒大学电视学院教授、博士生导师；刘日亮，中国传媒大学电视学院博士研究生。

萌芽期、省媒探索的发展期,以及从"相加"到"相融"的一体化实验。当下,我国开始进入加速融合创新的深水期,改革向体制机制下沉,用户市场向地市县下沉。媒体融合改革深入体制机制、内容产品、传播链条、平台整合等各要素,从核心处和要害处做文章。

(一)体制机制改革纵深推进:整合集约,下沉织网

媒体融合不是目的,是行进中的方式与手段,融合改革的核心是真正打破媒介介质的樊篱,推动融合质变,突破边界,重组要素,形成新型主流媒体。第一,顶层设计推动媒体深度融合,国家广播电视总局和中央广播电视总台的组建,写就了广播电视媒体融合新篇章,释放了加快媒体整合优化步伐的信号。第二,省市级媒体谋求"合与分"新思路。媒体平台的合与分一直是融合过程中的辩证命题,在这一年,许多省市级媒体结合自身资源特点展开大融合,例如进行"报业+广电"整合的天津市和珠海市。但是,合与分是主流不是必然,因地制宜才能得出传播格局最优解。与大整合相反,黑龙江省大庆市将报纸和广电分开,于2019年4月设立大庆日报社、大庆广播电视台,两家单位互不隶属,独立运行,未来发展有待进一步观察。第三,县级融媒体中心深耕下沉市场。随着我国移动互联网红利正在向三、四线及以下城市下沉,县级融媒体中心建设自上而下展开,并与中央、省市级媒体共同织就全国融媒体云网络。目前,以各省为单位的县级融媒体中心挂牌行动都已启动,县级融媒体中心具有地缘和文化上天然的贴近性,是舆情反馈和引导中心,是智慧服务平台,也是基层社会治理的枢纽。

(二)新闻产品凸显价值:导向为先,专业引领

融媒体内容产品体现理念与技术创新。融媒体新闻报道想要实现传播影响力最大化的核心是内容,新闻产品的主题聚焦力、策划原创力是实现有效引导和传播到达的关键,也是媒体发挥社会价值、引领大众而非迎合的要则。第一,在视觉理念创新上,第29届中国新闻奖特别奖——人民日报《中国一分钟》系列微视频运用快速剪辑、精美画面、直观数字,展示党的十八大以来中国取得的历史性成就和人民的精神风貌,上线第二天,全网观看量突破1.58亿。第二,在交互创新上,庆祝新中国成立70周年大型全媒体活动《歌唱祖国·一首歌一座城》,不仅线上选送各地歌曲、发起抖音挑战和社交平台传播,还在线下开展大篷车巡游演唱录制,连接了线上线下并实现了大小屏交互。第三,在融媒技术创新上,新华媒体创意工场采用Milo运动控制系统、MR智能演播厅等先进的视频拍摄、制作技术,例如为致敬改革开放40年,新华社推出首部创意微电影《我梦想 我奋斗 我奔向》,8分钟的"一镜到底"短片运用Milo运动控制系统拍摄,实现14个场景间的无缝衔接,视频总播放量突破1.5亿。

主题报道产品越发网感化。要想在严肃主题报道中吸引用户,提升信息的到达率和舆论引导力,精确定位网民的兴趣点、采用贴近性的报道语态必不可少。2019年,主流媒体中最爆款的短视频报道形式当数Vlog(全称video weblog或video blog),即视频博客——一种记录个人日常生活或事件过程的日志视频。Vlog天然具有分享性、个性化、标签化和有代入感的特点,已经成为全球"95后",甚至"00后"热衷的个性表达方式。2019年两会期间,中国日报《小姐姐两会初体验》系列Vlog以网感十足的台词、巧妙精致的剪辑包装、可爱活泼的出镜形象,一定程度上颠覆了以往关于两会这类重大主题报道的严肃叙事。新闻联播主播康辉的Vlog无疑也是2019年11月的热门,由#康辉的Vlog#衍生出#央视boys#、#康辉的Vlog也被抢镜#等热议微博话题,总阅读量超10亿,成为《主播说联播》系列竖视频之后,新闻联播衍生出的又一爆款移动新闻产品,轻量化、低姿态、重交互,老牌严肃节目换新颜,赢得了更多年轻网友的关注。

(三)重塑生产传播链条:技术赋能,要素重组

AI智媒催化自动化生产链条。从写稿机器人、机器自动生成视频的媒体大脑,到可视可听可动的AI主播,人工智能的发展实现了媒体自动化生产。目前,人民日报社首款人工智能虚拟主播"果果"、新华社AI合成女主播"新小萌"和站立式AI合成主播"新小浩"、央视网以撒贝宁为原型的虚拟主持人"小小撒"已分别在2019中国国际大数据产业博览会、两会等大型报道中上岗。省级媒体同样表现出色,封面新闻的AI虚拟主持人"小封"每月发稿量达6 000篇以上,涉及体育、财经等10多个领域。在这个"信息找人"的时代,一条高效、精准、灵动的媒体行业自动化生产链条,正在被智媒技术催化,这将为媒体产品打造和媒介运营管理释放更多生产力。

5G革命带来新机遇。以高速率、低功耗、大连接为特性的5G对传媒业影响深远,涉及业务和平台、管理等多方面的革命。在2019年两会报道中,人民日报记者首次启用5G客户终端设备和VR全景相机,几乎同步将大会现场的超高清视频传递给网民;山东广播电视台"闪电新闻"客户端在《拜托了,两会》《两会大家谈》等直播节目中均实现"5G+VR"式呈现。① 2019年5月6日,工信部向中国广电等4家单位发放5G商用牌照,广电正式进入5G市场、步入建设阶段。2019年6月,中央广播电视总台在端午龙舟赛新媒体直播中实现"5G+4K"移动状态下的直播应用,在上海电影节新媒体直播中实现"5G+4K"多路信号集成制作。被5G催化的智媒化全程记录、多角

---

① 5G背景下,媒体融合转型之路怎么走? [EB/OL].(2019-06-03)[2020-10-15].https://mp.weixin.qq.com/s/pQRpCDLGOTuG19gZ7nIzQw.

度全息呈现、沉浸式全效体验,将实现新闻传播的全方位覆盖、全天候延伸、多领域拓展、多渠道互动。

要素跨界重组,丰富视觉交互。全媒体时代下的舆论生态、媒体格局、传播方式都发生了深刻变革,新闻报道既要创新表达又要贴近用户,要素跨界重组成为丰富用户视觉交互体验的常用方式,同时考验着媒体人的产品思维和热点转化能力。截至2019年6月,手机即时通信用户占手机网民的96.5%,以即时通信为基础的互联网应用继续拓新。① 人民日报新媒体中心捕捉用户的生活习惯,将即时通信与互动页面结合,推出两会视频H5《点击!你将随机和一位陌生人通话》,用模拟场景,让用户随机与一名中国人"视频通话",该H5在24小时内点击互动量超过360万。在微信这一即时通信平台上,逼真的视频电话形式有效地抓住用户注意力,增强私人交互感和亲密感,通话场景围绕两会的民生议题,将宏大议题浓缩到凡人小事中,体现两会"汇聚你的梦想,关注你的关注"这一人民至上的主题,为突破边界的要素重组、视觉交互的动能释放提供了示范。

二、融合质变解决的主要问题

(一)传媒技术大爆发背景下如何保持内容价值初心

技术逻辑和价值逻辑的关系更加突出。纵览传统媒体向数字媒体演进的历程,技术创新是推进媒体产业链创新的核心力量,传媒技术的迭代重塑着媒体传播的各个"关节",改变着大众的媒介使用习惯。但需要注意,传媒技术大爆炸的新闻报道呈现容易陷入机械化、表面化、批量化、生硬化的误区,新闻报道可能变成简单的新科技展示和叠加,甚至变成吸引关注的炫技,既无关用户的信息需求,又无益于主流思想的舆论宣传,形式创新的背后是较低的传播到达率和不高的社会效益。技术愈发达,大众对回归新闻价值的需要愈强。

引领永远大于迎合。在以用户为中心的时代,媒体不仅要积极满足用户需求,更要牢记主流媒体的引领永远大于迎合,及时回应社会关切,与用户的情感产生共鸣和交互。比如,2019年春节期间,央视新闻《相约在零点37分》记录了陕西榆林两位铁路工作者的真实爱情故事,记录了一次仅有1分52秒的碰面。这则被网友评为"神仙爱情故事"的短视频没有华丽的技术加持,却精准反映了社会现实和年轻互联网用户的情感心理,在春节这一特定时间节点,成功地用两个年轻人的平凡小事引发了大众

---

① 第44次中国互联网络发展状况统计报告[EB/OL].(2019-08-30)[2020-10-15].http://www.cnnic.net.cn/hlwfzyj/hlwxzbg/hlwtjbg/201908/t20190830_70800.htm.

的情感共鸣。《相约在零点37分》在"两微"、抖音等平台被接力转发,微博话题#1分52秒神仙爱情故事#登上热搜第一,两天内阅读量达2亿。真实情感、细节捕捉、现实观照,《相约在零点37分》体现了新闻的时、度、效,体现了央视作为优质内容生产者的影响力和专业优势,也为徘徊在技术风口踟蹰难行的媒体人提供了优化新闻产品传播效果的价值回归思路。

(二)纵深发展如何打造媒体队伍建设的生态机制

构建生态运行机制。媒体的生态运行机制是维系平台内部生态稳定的保障,生态运行机制包括采编流程再造、人才队伍培养和激励、多元营收模式开拓、良性内容生产和运营监督等。2019年5月29日,《2018年度媒体社会责任报告》对外发布,46家媒体分别从正确引导等八个方面详细报告了履责情况[①],并揭示了当前媒体融合发展的两大普遍问题。问题一,媒体单位内部机制改革仍须深化。报告中,28家媒体单位发现自身在人员考核激励机制、劳资机制、人员培养等的建设上存在不足。问题二,媒体融合发展参差不齐。人民日报等大型中央媒体和湖北广电等小部分起步早的省级媒体,已经完成部门重组新建和配套设施搭建,下一步面临的是如何创收和激发人员活力的问题;而大部分单位还在寻找适应改革的体制机制,或者刚刚起步,缺乏有效的考核分配机制、人力管理模式等。媒体竞争关键是人才竞争,媒体优势核心是人才,人才队伍建设是媒体增强生命力的基础,也是当前媒体普遍面临的难题。

创新激励机制。打造媒体队伍建设生态机制的核心是找准激发人员和平台活力的良性循环动力,了解员工需求并助其规划有发展潜力的职业道路。具体包括引导良性竞争的薪酬激励制度和灵活晋升通道,激发创造力的工作室制度,提升理论素养和业务能力的培训机会,高效集约的扁平化管理模式和鼓励拓展的多元经营路径等。天津津云新媒体集团在这几方面做出了示范性尝试。[②] 第一,在人员量化考核上,津云根据稿件时效性、访问量、转载量等指标,结合选题质量、深度、采访复杂程度等评级并发稿费;第二,在激发媒体人的创造力上,津云公开征集融媒体工作室,提供启动资金并按月考评发放月度经费。目前,已经涌现的品牌工作室有以短视频见长的"津云·纪念日工作室"等。

(三)县级融媒体中心如何边建设边调整

因地制宜建设。县级融媒体中心能激活县域媒体生命力,让基层舆论声音更"聚

---

① 46家媒体2018年度社会责任报告发布[EB/OL].(2019-06-01)[2020-10-15].http://www.zgjx.cn/zt/2018mtzrbg/index.htm.
② 齐怀文.津云:新型主流媒体的融合实践[J].新闻与写作,2018(10):91-94.

焦",基层社会治理更系统。但是,县级融媒体中心不是一蹴而就的,部分县级融媒体中心缺乏融媒体思维,不知道怎么做,受资金限制没法做,"挂羊头卖狗肉"表面做,甚至观望等待缓缓做。即便是已经挂牌的县级融媒体中心,在建设过程中也会陷入翻版县新闻中心的误区,或者过度依赖原有的广播电视运作模式,将力气用在打造融媒体演播室、做不切实际的大平台上。作为基层舆论阵地和距离群众最近的主流媒体平台,县级融媒体中心在管理运营和内容传播上都还需要因地制宜调整策略。

深挖在地资源。县级融媒体中心的最强优势就是在地化,应挖掘在地化的新闻信息,提供在地化的政务和生活服务,形成在地化的社群互动,利用在地化的资源增加收益。目前,县域媒体主要存在四个方面的问题:第一,体制机制的老化僵化,组建县级融媒体中心要避免其成为县新闻中心的翻版,在职责归属、薪酬和奖励制度、人员晋升和培训上应注意移动优先、数字媒体业务优先,与省市级媒体联结为地区性的传播网络;第二,县级融媒体中心引导舆论的能力有待加强,新闻信息的权威性、及时性、贴近性、引领性没有发挥出来,应加强当地新闻与当地用户之间的交互,才能更好地发挥移动端优势;第三,县域媒体存在新媒体账号过多、内容原创度低的问题,应在账号数量上做减法,在内容质量上做加法,在平台功能上做减法,在当地用户最需要的服务类别上做加法,才能更好地引导群众、服务群众;第四,县级融媒体中心在地化创收能力不足,融媒体中心需要连接线上和线下,充分调动在地化资源和活力,将绩效和考核落到实处。

三、技术赋能下的新型主流价值平台建设

(一)内容生产仍以视频为优,可视化全息呈现

4G 的普及带来了短视频的爆发,5G 时代,视频的强势传播效果将进一步发挥优势,长视频的陪伴性将增强,可视化进一步升级,体现万物互联的沉浸性体验进一步加强,突破边界的全息产品深入发展。

短视频继续领跑。截至 2018 年 12 月底,中国网络视频用户规模达 7.25 亿,其中短视频用户规模 6.48 亿,短视频成为仅次于即时通信的第二大应用类型。[1] 2019 年是 5G 商用元年,移动碎片化、低门槛和社交性优势突出的短视频,在未来一段时间内将继续领跑视频传播,无论是竖视频的深入尝试、虚拟现实和人工智能与短视频的结合、Vlog 的大规模生产,还是短视频对小镇青年和银发一族的全面吸引,抑或主流媒体大

---

[1] 2019 年中国网络视听发展研究报告[EB/OL].(2019-05-27)[2020-10-15]. https://new.qq.com/omn/20190719/20190719A034RT00.html.

规模入驻市场化短视频平台,都表明了短视频从采集到传播都会继续领跑,趋向正规化、裂变式、产业化。

长视频发力。随着网速和流量不再受限,移动场景下的长视频或将拓展市场。相比于短视频的碎片化信息传播和其带来的审美疲劳,讲一个故事或者展示完整场景的长视频将发挥优势。长视频相对丰富的内容和精良制作在很大程度上能激发用户更多元的交互,用户初次观看视频可获取信息,多次观看视频则可进行社交互动和内容再生产,所谓常看常新,长视频能够带来更多用户黏性和陪伴感。在5G传输速率增强、时延降低的基础上,虚拟现实、增强现实、混合现实等技术赋予的人和信息的连接更加紧密,沉浸性的内容使信息体验全新升级。

(二)打造公共服务传播平台,深度连接形塑智慧城市

有人预测未来社会的连接是物与物的万物互联,带来的是全移动和全连接的社会,传统媒体也将迎来新一轮机遇期。5G+4K或者8K+AI或许会革新互联网冲击下的广电行业,催化用户从看电视向用电视转变;移动端在场景适配、深度连接的进化中,也会延伸更多交互场景服务用户。

对于媒体而言,寻求和搭建连接一直是媒体平台建设的目标,在媒体融合的发展中,聚合、服务、垂直、协作的理念早已渗透媒体平台的建设过程。第一,媒体融合发展不只是新闻单位的事,媒体平台通过集约整合社会资源,能够助力媒体、政府、社会的良性互动,提升公共治理能力;第二,以人为本是未来平台发展的总逻辑,移动优先、用户优先的共识下,公共服务传播平台将成为媒体平台的发展方向;第三,公共服务传播平台的形成也将助力万物互联,在新闻、政务、医疗、教育等社会生活领域助力智慧城市建设。

(三)营造媒体生态管理环境,主流媒体价值优势凸显

随着主流媒体与商业平台、技术公司和媒体智库不断开展合作,其自身的平台运营、数据管理和分析、全媒体生产传播等环节都迅速向信息化、数字化发展。但是,技术发展使舆论场众声喧哗,主流媒体的价值和社会责任优势愈加凸显,具体表现在:第一,善于引导,旗帜鲜明,是主流媒体义不容辞的责任和担当;第二,数字时代,内容和版权是主流媒体的优势;第三,优质内容吸引优质用户,用户的社交传播助推优质内容和平台吸引力的螺旋式上升;第四,流量变现路径和多元经营模式得以延伸,实现社会效益和经济效益的双赢。未来,主流媒体对社会生活的价值逻辑与技术逻辑的整合,以及在文明传承和社会逻辑洞察方面的优势,会成为数字化时代文明构建的重要推动力量。

虽然主流媒体承担较多的社会责任,但立体传播模式和新媒介形态让互联网内容的审核、监管面临新困难。2019年4月,"视觉中国"人类历史上首张黑洞照片的版权问题引发了业内关于商业图片版权的讨论;在短视频领域,目前使用的版权保护技术手段除了传统的指纹技术、水印模型之外,还有用于视频比对的"灵识系统"等。未来,惩罚机制的完善将会更好地营造清朗的媒介生态环境,而通过区块链技术、互联网法院等促进版权保护案的公正、合法,将可能有效打击媒体行业的不正之风,维护内容生产者的创作激情和切身利益。

四、结语

我国媒体融合已经迈入深水区,在经历了产品融合、平台打造后,一体化全媒体传播格局渐趋建立。目前,体制机制的纵深发展,正在为形成资源集约、结构合理、差异发展、协同高效的全媒体传播体系做好顶层设计;平台间的横纵向协作,也让合作共赢的互联网开放逻辑得以广泛应用。4G曾经带来了短视频和全民直播的风口,5G赋能的新元年才刚刚起步,新的媒介样态、消费习惯会逐渐显露,新的管理法则将被逐步建立。但是,内容价值不会随着市场的下沉而降低标准,不会随着技术逻辑的走红而过时,记者的"脚力、眼力、脑力、笔力"是产出优质融媒体新闻产品的基础,主流媒体的传播力、影响力、引导力、公信力始终是第一把标尺,新闻产品的价值逻辑在任何时代都是媒体的安身立命之本。

中国媒体融合的本质、使命与道路选择*
——从数字传播理论看中国媒体融合的新思维

◎ 方兴东　钟祥铭**

摘要: 媒体融合在中国有着特殊的使命。媒体融合的根源是技术变革所引发的社会信息传播机制之范式转变。把握媒体融合的本质和趋势,需要深入探索互联网五十年的技术演进历程,明晰大众传播、网络传播、自传播和智能传播等几次社会信息传播机制的转变,以及社会发展与社会形态变迁的进程。面对已经开启的智能传播新阶段,中国媒体融合的战略思维必须超越传统单纯的内容思维,超越过去固有的技术—内容—机制维度,站在媒体传播—互联网—数字社会治理这一全新的三维结构中。中国媒体融合需要同时布局两大主场:一个是立足国内、自上而下、深入基层社会,从内容驱动的媒体传播拓展到数据驱动的数字社会治理,走出中国特色的传统媒体转型的康庄大道;另一个是面向全球、自下而上、立足世界市场,打造全球竞争与博弈能力,提升中国传播能力和话语权,使之与中国大国地位相匹配。

关键词: 新媒体;媒体融合;自传播;智能传播;数字传播;数字社会治理

一、媒体融合的中国使命和现实挑战

媒体融合在中国有着特殊的国家和社会使命。媒体融合的根源是技术变革引发的社会信息传播机制的范式转变。媒体融合的机会,也必须从传播范式的转变中去寻

---

* 本文原载于《现代出版》2020年第4期,收入本书时有改动。
  课题:国家社科基金项目"全球史视野中的互联网史论研究"(18BXW010);国家社科基金重大委托项目"5G时代信息传播模式变革与治理研究"(19@ZH044)。
** 方兴东,浙江传媒学院互联网与社会研究院院长,教授;钟祥铭,浙江传媒学院互联网与社会研究院助理研究员。

找。传统媒体根深蒂固的传播范式是相关思维被局限的关键所在。

党的十八大以来,习近平总书记关于媒体融合发展做出了一系列重要论述。我们要立足于当今中国发展的需求,同时要立足于技术创新的进程和人类发展的进程,进一步明确媒体融合的中国使命。使命的内涵大致可以分为三个层面:首先是国内层面,媒体融合是为了做大做强主流舆论,服务国家发展需要,尤其是国家治理现代化的需要;其次是国际层面,需要在国际传播格局中壮大实力、提高能力,提升与中国发展需要相适应的、与国力相称的国际话语权;最后是站在人类命运共同体的高度,助力世界各国全面进入网络时代,为推动人类网络新文明的进程贡献中国力量。使命始终是指导中国媒体融合战略的风向标,也始终是衡量媒体融合成效的基本尺度。

近年来,媒体融合不断升温,政策支持力度很大,社会各界期望很高。但是,无论是在中国还是美国,二十多年来,传统媒体的媒体融合战略的实施并不理想,而且并没有真正把握住新技术变革的多次重大机遇,并没有在转型升级方面获得实质性突破。问题的核心在于,我们经历了互联网技术变革浪潮中各种媒体形态和功能的新陈代谢,却依然停留在"术"的层面,没有真正洞察互联网的变革之道。换言之,互联网给整个社会信息传播机制带来的变革和趋势并没有得到足够的重视。从网络传播到自传播,再到今天新兴的智能传播,互联网发展已经给社会信息传播带来三次变革,而新的智能传播之下的重大机遇正在全面到来。[①] 这一次,传统媒体和互联网企业都站在同一起跑线上,只有把握住融合媒体演进的本质,才能避免错失新的历史性机遇。

媒体融合并不是新概念,它在半个世纪前诞生于美国,相关理念同时出现在新媒体艺术、反主流文化、广告创意与设计等思想前沿领域。随着个人电脑与互联网浪潮在20世纪七八十年代兴起,媒体融合的理念开始走向主流。敏锐的科学界和计算机界也感受到不同媒体形态之间走向融合的需求与趋势。

媒体融合由技术变革驱动,遵循技术的演进逻辑,属于技术融合的一个方面。所以,今天维基百科的"媒体融合"(media convergence)词条依然在"技术融合"(technological convergence)之下。但是在中国,媒体融合被赋予了特别的社会使命和时代期望,这呼应了中国社会发展阶段的需要——中国亟须提高在全球传播格局中的弱势地位,并应对我们面临着的艰巨的社会治理现代化的挑战。传统媒体需要担负更大的国家使命和更多的社会责任,这需要我们更加理性和冷静,走出喧嚣和浮躁,深入把握规律,制定得当的战略。

---

① 方兴东,严锋,钟祥铭.大众传播的终结与数字传播的崛起:从大教堂到大集市的传播范式转变历程考察[J].现代传播(中国传媒大学学报),2020(7):132-146.

二、研究现状与存在的问题

对于"媒体融合"概念的界定至今仍充满着困难与分歧。就一般意义而言,大多数理论家都接受"融合"意味着"两个或更多事物的结合"这种解释。然而,学者们提出了各种不同的论点,试图确定"融合"究竟代表着什么的结合。一方面,融合被看作不同的新闻制作、传播设备和工具的结合。另一方面,美国著名媒体分析师亨利·詹金斯(Henry Jenkins)通过研究新旧媒体交汇的场域以及媒体生产者力量和消费者力量之间的博弈,揭示了随着媒体的汇聚而发生的重要文化变革。① 他将融合定义为"跨越多个媒体平台的内容流",这表明媒体受众在内容创造与扩散方面发挥着至关重要的作用,因此,必须从社会以及社会内部的技术变化的角度来考察。詹金斯认为,媒体融合是一个持续的过程,不应被视为对旧媒体的置换,而应被视为不同媒体形式和平台之间的互动。融合既是一种"自上而下"的现象,也是一种"自下而上"的现象。另有研究指出,媒体融合应被视为以往未连接的媒体形式和平台之间的"合作与协作"。还有德国媒体学者将媒体融合看作一种进化过程。一些研究将媒体融合解释为媒体、电信和计算机产业的融合,换言之,是将不同媒体平台之间的界限模糊化并将二者统一为一种数字形式的过程。《媒体融合与消解》(*Media Convergence and Deconvergence*)一书对不同意义层面的媒体融合与消解现象进行了探索,重新思考了媒体批判和创新的方式,并看到了媒体融合中对立趋势和紧张关系的广泛图景。② 除此之外,有学者认为,媒体融合是一个"多层面的过程"(multifaceted process),它是一种影响媒体系统的现象,塑造了传播的不同维度——技术、专业、结构和运作。③

对传播学者而言,"融合"是一个相当有弹性的术语,它的含义因时间、应用场景和语境的不同而有所改变。随着对媒体和信息技术的数字化、媒体合并和收购活动、技术的变化(最显著的是互联网)、将旧媒体重新利用为新媒体格式,以及社交网络和虚拟社区等的讨论逐渐增多,许多书籍和论文都开始对"媒体融合"进行探讨。同时,关于媒体融合的讨论又都无法脱离"数字媒体",因为它决定了媒体融合的脉络。从模拟媒体到数字媒体的转变成为媒体融合争论的核心之一。

---

① JENKINS H. Convergence culture: where old and new media collide[M].New York: New York University Press,2006.
② SPARVIERO S, PEIL C, BALBI G.Media Convergence and Deconvergence[EB/OL].(2017-01-01)[2020-06-26].http://www.springer.com/cda/content/document/productFlyer/productFlyer-CN_978-3-319-512884.pdf?SGWID=0-0-1297-180514503-bookseller.
③ IVAR·J E. Researching media convergence and crossmedia news production[J]. Nordicom review,2007,28(2):51-61.

随着数字代码的引入,情况迅速改变,这为媒体融合开辟了新的可能性。然而,有学者认为,传统媒体仍将在新的多媒体世界中扮演重要角色,仅有新技术不能确保成功,使用它的人将决定媒体的未来。① 数字媒体的发展至关重要,它们已然成为当代信息社会的基石,而数字媒体的传播也为社会治理带来了重大挑战。政策制定者的任务是处理数字技术、保护隐私、监控,以及维护商业安全等,以确保其与数字媒体生态相适应。除此之外,有学者认为,由于融合格局的复杂性,政策应对措施需要与不同国家和地区的文化、社会、政治和经济环境相适应。另有研究专注于媒体融合对传播科学的意义,认为媒体融合的过程是由社会实践和文化价值观塑造的,同时是由人们生产和消费数字媒体以传播科学、政治等领域信息的方式所塑造的。②

随着互联网特别是移动互联网的发展,社会治理模式正在从单向管理转向双向互动,从线下转向线上线下融合,从单纯的政府监管转向更加注重社会协同治理。信息技术快速发展,媒体融合发展步伐日益加快,不断拓展社会治理的载体和渠道、方法和手段。媒体融合发展成信息技术的重要应用领域,全媒体传播体系也已经发展成包括各种性质媒体在内的多元体系,形成了大众传播、群体传播、组织传播、人际传播交叉叠加的复杂网络,深深地嵌入整个社会结构之中,对经济社会发展和社会治理的影响越来越突出。随着互联网成为社会基础架构的重要环节,媒体的社会功能进一步泛化,从新闻宣传工具扩展为社会发展和治理的基础平台。基于新媒体技术的扁平化、互动化等特征,媒体融合发展使得公民参与社会治理的过程简化,成本降低。媒体融合发展一方面有助于为各方参与社会治理开辟路径和通道,促进社会治理的方式转型和观念更新;另一方面有助于政府了解民众需求、沟通意见,为社会治理措施的出台和改善提供有效助力。③ 曾润喜和张军兴在《媒体融合发展与我国社会治理的关系》一文中提出,当前,随着5G、人工智能与大数据的发展,媒体融合发展已经进入新的历史阶段。媒体融合发展将为社会治理提供新背景、新动能、新主体、新方式、新场景。④

媒体融合发展已经成为我国社会治理体系中不可或缺的重要组成部分。⑤ 在社会思潮与新技术共同作用下的媒体融合,不仅关乎传媒业的转型发展,也直接关系到国家治理体系和治理能力的现代化。在对2020年中国媒体融合的展望中,有学者认为,体制机制改革、技术赋能、媒体社会治理以及媒体融合国际化等是其未来拓展的主要方向。⑥

① CHAKAVEH S, BOGEN M. Media convergence, an introduction[J].Lecture notes in computer science,2007,4552: 811-814.
② HOLLIMAN R. Media convergence[M].Newbury Park:Sage,2010.
③ 胡芳,崔林,汤璇.媒体融合发展需要把握三种思维[J].青年记者,2019(4):4.
④ 曾润喜,张军兴.媒体融合发展与我国社会治理的关系[J].青年记者,2020(1):59-60.
⑤ 曾润喜,张军兴.媒体融合发展与我国社会治理的关系[J].青年记者,2020(1):59-60.
⑥ 吴锋,马建森.裂变与拓新:2019中国媒体融合发展回顾与前瞻[J].中国出版,2020(2):2-9.

从公共舆论到危机传播,从传统媒体、自媒体(社交媒体)到全媒体,从意识形态安全到社会治理,媒体融合完成了从工具(形态)到平台(生态)的变革。

目前对媒体融合概念的分析主要从媒体形态层面展开,还没有研究从传播机制层面进行过讨论,这也是多年来媒体融合没有走出困境的关键所在。我们需要更新思维,站在今天全球融合传播的新格局中,把握变革的新趋势和时代与社会的新需求,对其进行分析判断、制定战略,使中国媒体融合之路走上康庄大道。

三、从社会信息传播机制的演进看媒体融合的本质

融合媒体的概念和理论,更多着眼于技术形式和功能目的。媒体的技术和应用形态千变万化、与时俱进,但是传播机制是万变不离其宗的核心。迄今为止,互联网浪潮中各种媒体形态之间依然有着清晰的界限,真正发生融合和联动的并不是媒体形态,而是内在的传播机制。开放式的、多元的、联动的传播机制,是这场信息传播新革命中最关键也最精彩的部分。

传统媒体转型的核心问题,其实并不是公认的机制问题,而是范式转变的问题。[①]道理其实很简单,美国传统媒体市场化程度很高,其本身不存在机制问题,也依然没有真正转型成功。所以,对比中国和美国传统媒体的转型经验,范式转变才是双方共同面临的问题,范式决定了转型的结局。当然,机制肯定也是问题之一,但它不是起决定性作用的问题。

媒体融合的根源是技术变革引发的社会信息传播机制的改变。尤其是互联网最近30年的发展,形成了今天以数字化为基础,由大众传播、网络传播、自传播和智能传播等多种传播机制交错构成的融合传播新格局。媒体融合的本质,不仅是媒体形态随技术发展而转变,更是其随互联网发展而转变;人类生存和发展的空间,由过去的现实空间逐渐转向网络空间。人类社会进入全新的网络空间和现实空间融合与协同的新时代。这就要求我们在网络空间同样"具有强大传播力、引导力、影响力、公信力"[②],这就是媒体融合的本质。如果我们对媒体融合的思考始终停留在过去的现实空间中,就无疑是缘木求鱼了。所以,要理解媒体融合,不能停留在技术、应用和内容等"术"的层面,而应该首先洞察变革的内在规律——媒体融合之"道"。

首先,我们必须进入半个世纪以来技术变革的浪潮深处,考察社会信息传播机制

---

① 方兴东,潘斐斐,李树波.新媒体之道与媒体融合战略选择:纽约时报与人民日报媒体融合20年历程与经验比较研究[J].新闻记者,2016(1):74-81.
② 蔡名照.提高新闻舆论传播力、引导力、影响力、公信力[EB/OL].(2018-09-16)[2020-06-15].http://www.qs-theory.cn/dukan/qs/201809/16/c_1123429161.htm.

的演变,才能深入了解媒体融合的本质与趋势。① 20世纪80年代是互联网新媒体的奠基阶段,互联网进入全球高校,是网络传播的初步实验性阶段。20世纪90年代,随着互联网商业化浪潮的兴起,互联网进入大众化的爆发时期,以门户网站、搜索引擎和邮箱应用等为代表的网络传播在全球崛起。进入21世纪,用户创造内容的Web 2.0浪潮兴起,带来了全新的由"草根"主导、自下而上的自传播阶段。21世纪10年代,随着智能手机普及、移动互联网热潮的到来,社交媒体逐渐成为主导性的力量,自传播机制超越了传统媒体的大众传播机制。大众媒体也开始面临新媒体的冲击,用户逐渐流失。2012年,报业收入出现断崖式下滑,四年后,广电领域也面临同样的局面。② 媒体融合的压力自然急剧加大。进入21世纪20年代,随着5G、人工智能、大数据等创新技术的集体爆发,以人工智能算法驱动的智能化应用开始崛起,社会信息迎来智能传播的新阶段。预计到21世纪30年代,随着6G技术走向成熟,智能传播有可能超越自传播和网络传播等机制。智能传播的兴起,标志着当今数字传播格局基本形成(见图1)。

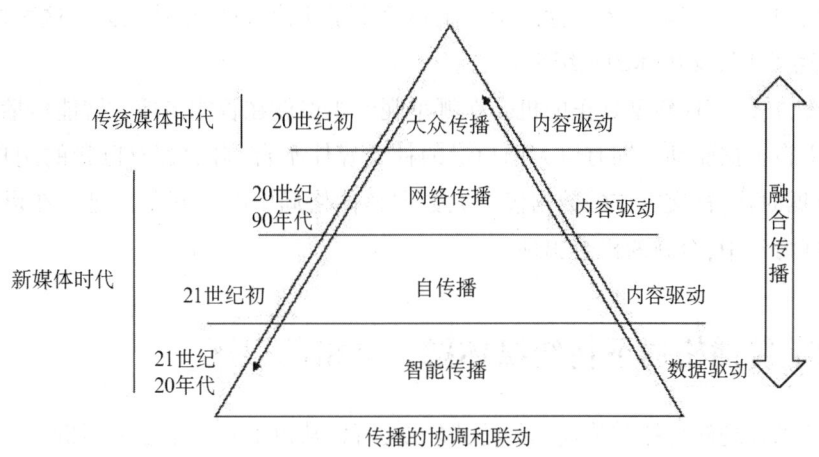

图1 融合传播机制

媒体融合由技术创新引发,也必须成为技术创新浪潮的一部分才能脱颖而出。所以,不同阶段的媒体融合战略,有着不同的内涵和规律。前瞻性的媒体融合战略,必须是深入智能传播的新变革之中的,既要超越传统媒体内容驱动的固有思维,也要超越用户驱动的社交媒体思维,进入数据驱动的智能传播中寻找真正的蓝海,才能建立后来居上的强大的传播力。2020年,网络空间泛滥的"infodemic"(信疫,一译信息疫情)

---

① 方兴东,钟祥铭,彭筱军.全球互联网50年:发展阶段与演进逻辑[J].新闻记者,2019(7):4-25.
② 郭全中.新媒体环境下传统媒体转型战略研究[J].新闻爱好者,2018(11):29-32.

问题①,给中国带来严峻的挑战,需要我们在媒体融合方面有强大的正本清源的抵御能力。

传统媒体转型,就是在过去立足现实空间的自上而下的"大教堂模式"之后,在网络空间的自下而上的"大集市模式"中寻找新的成功机会。在互联网发展的第一阶段,也就是20世纪90年代的大众网络传播阶段,亦即Web 1.0时代,《纽约时报》《华尔街日报》《财富》《华盛顿邮报》等传统媒体,虽然没有能够像雅虎、美国在线等新兴的互联网公司那样火爆,但也是网络传播中的重要力量,在新闻网站中稳居前十。网络传播阶段和传统大众传播阶段的核心竞争力都是内容,在这种情势下,虽然传统媒体处于明显下风,但是并没有被新兴媒体拉开太大差距。

传统媒体的真正掉队,是在大众自传播阶段。这个阶段的核心竞争力来自用户驱动。这就明显属于"换道超车"了。这一阶段,包括早期的MySpace、LinkedIn,以及随后的Facebook、Twitter、微信等,都在用户争夺大战中处于领先地位,并且形成了强大的网络效应,汇聚起数亿乃至十亿级的用户;而习惯了内容驱动的传统媒体,基本放弃了这场用户大战,将新媒体传播的全新主赛道拱手相让,自然也就失去了这次机会,不得不"寄生"于社交媒体的超级平台之上。

那么,传统媒体转型真正的机会在哪里呢?当然就在智能传播。智能传播的核心竞争力来自数据驱动。拥有巨大用户量的社交媒体平台,自然拥有巨量的用户数据,但是,数据时代,社交媒体的数据仅是大数据整体格局中的一部分而已。在堪称浩瀚的大数据海洋中,全新的机会出现了。

四、数字传播格局下传统媒体融合之路的误区

要清晰地理解传播和传播学的范式转变,可以从以下几个角度来剖析。

第一是空间视角。人类生存空间发生了重大切换,今天,人类进入了网络与现实的双重空间、进入了新阶段。网络空间主导现实空间,网络空间的信息传播成为主导性的传播渠道,而过去我们熟悉的传播学主要是建立在现实空间的基础之上的。

第二是技术视角。随着互联网这一全球社会信息基础设施的进一步完善,尤其是5G时代加速到来,全球性、即时性、智能性、可视化等一系列网络技术的特性出现了质变。技术驱动的新传播浪潮已经到来。

第三是社会视角。2020年,政治学、社会学、国际关系学等各领域的专家学者都有了一个基本的共识:我们的社会面临着一场根本性变化,而且不可逆。新冠疫情的

---

① 方兴东,谷潇,徐忠良."信疫"(Infodemic)的根源、规律及治理对策:新技术背景下国际信息传播秩序的失控与重建[J].新闻与写作,2020(6):35-44.

到来,大大增加了传播范式转变的速度和深度。对于转变的具体内容,目前还众说纷纭,各种讨论也基本还停留在现象层面,没有真正深入变革的本质。理论创新和突破迫在眉睫。

媒体融合之路,在中国难,在美国也难。我们需要认真考察过去二十多年来国内外媒体融合的经验教训,尤其需要对照互联网三十年演变的内在逻辑。① 以下几点需要注意:

一是继续坚持狭隘的传媒思维,继续固守狭义的媒体内容,媒体融合之路只能是窄路,而且越来越窄。必须跳出旧有的思维,立足新技术新变化,站在时代发展趋势的前沿。明白社会信息传播格局的剧变,明晰传统媒体角色"一去不复返"的改变。重新认识新时代国家和社会的需求,重新确立自己的使命,重新定位,再次出发。媒体融合需要在更开阔的主战场走出新路。

二是走单纯内容供应商的战略,已经难以建立自己的核心竞争力。未来单纯内容供应商的模式难以持续,甚至难以立足。走大而全的战略也是错误的,因为大而全的战略是最昂贵的,是最难的,也是最不容易成功的。即便是今天资金和资源达到万亿美元级的互联网巨头,其发展战略也得有取有舍、有轻有重、立足核心,绝不能盲目地大包大揽,轻易多元化。融合媒体之路也得抓重点、聚焦点,在最能出效益的地方下大力,在最具有优势的地方打胜仗。

三是不能寄希望在别人身上。尤其是与互联网巨头联姻的战略,难以帮助传统媒体走出困境,因为双方都服务于自己的战略;直接挑战互联网巨头的战略,也是自不量力且难以奏效的,因为双方出身不同、基因不同、优势不同,必然战略不同、道路不同。也就是说,与互联网巨头的合作与竞争,都还不可能是战略级的,基本只能是战术层面的。包括在互联网平台上开设大量账号等方法,都只是战术的一部分,甚至只是战术的一个延伸而已,不值得重点标榜。在复杂的融合传播格局下,双方的博弈还将继续深入。互联网巨头目前看起来占尽优势,但是顺着现在的发展趋势演变下去,只要传统媒体战略得当,也未必不会出现逆转。

代表先进生产力的新的传播机制是基于数据驱动的智能传播。这就是当下最清晰的形势。在这种形势下,全新的机会已经来临。这一次,机会在向传统媒体倾斜。但无论如何,媒体融合必须敢于突破,立足前沿,通过新的策略建立全新的服务模式,否则传统媒体就难以摆脱被边缘化的困局。

---

① 方兴东,陈帅.中国互联网 25 年[J].现代传播(中国传媒大学学报),2019(4):1-10.

五、突破固有媒体思维,直面中国媒体融合的特殊使命

我们有必要重新观察中国媒体融合的国家使命和现实处境。媒体融合在中国具有强烈的中国特色,是政策驱动的国家行为,由政府主导,以传统媒体为主角。时代赋予的这些使命,有着内在必然性。一方面,中国传统媒体长期以来都缺乏足够的国际影响力,在国际博弈中处于明显的弱势地位,与今天中国的大国实力与形象并不匹配。所以,必须有新的思维、新的突破。另一方面,中国社会治理现代化尚未完成,媒体在国家治理和社会稳定中,一直发挥着非常重要的作用。在今天互联网全面普及的形势下,传统媒体明显越来越边缘化,甚至开始出现全局性困境。中国传统媒体不但需要脱困,完成转型升级,还要在国家治理现代化过程中扮演更重要的角色。

寻找媒体融合的出路,需要把握趋势的内在逻辑和规律。第一个层面是技术,必须深入研究半个世纪以来的互联网技术演进历程;第二个层面是信息传播,需要洞察过去半个世纪的社会信息传播,认识到其已经发生从大众传播到网络传播再到自传播和智能传播的三次社会传播机制转变;第三个层面是社会,需要从社会发展与社会形态变迁中寻找机会。也就是说,既要符合技术演进的趋势,也要符合传播变革的趋势,更要满足国家和社会发展的需要。

此外,还需要根据自身资源和优势,制定正确的战略。中国媒体融合的战略思维必须超越过去固有的技术—内容—机制三个维度,站在媒体传播—互联网—数字社会治理这一全新的三维结构中。布局两大主场:一是立足国内、自上而下、深入基层社会,从内容驱动的媒体传播拓展到数据驱动的数字社会治理,走出中国特色的传统媒体转型的开阔大道;二是面向全球、自下而上、立足世界市场,提高全球竞争与博弈能力,提升中国的传播能力和话语权,使之与中国大国地位相匹配,这是中国新媒体力量走向开阔未来的可能之路。

事实上,考察过去半个世纪媒体的发展历史,表面上看它更多只是在适应技术变革和产业浪潮,但实际上,其信息传播的社会角色、功能和能量都在发生巨大的改变。今天的媒体融合必须超越传统的媒体视角,甚至超越互联网视角,而站在数字社会治理的新的角度,明确自身的优势、价值与定位。只有在思维和战略层面完成根本性转变,中国媒体融合之路才能豁然开朗。

也就是说,智能传播时代,数字社会走向新的阶段,数字社会治理成为新课题。这首先是传统机制面临的全新挑战,仅依靠其自我突破和自我革命是很难应对的。因为新的社会治理需要全新的理念,需要熟悉和掌握互联网前沿技术,需要建立新的数据驱动的手段和方法,而这恰好是传统媒体的强项。所谓时势造英雄,时势造机会。助

力政府机构,以技术为手段,以数据为核心,构建数字时代的社会治理支撑体系,推进社会治理现代化,为传统媒体转型打开了全新的发展空间。

对于传统媒体面临的局面,我们应该有更清醒的认识。新的传播形势下,传统媒体已经今非昔比。过去的传统媒体完全主导了内容、渠道和受众等传播的核心要素,但在今天融合传播的格局下,传统媒体只对内容还掌握着主导权,至于传播渠道则需要借助各种网络平台,与自媒体处于同等的地位。新的传播秩序下,即便融合媒体这个概念成立,各方扮演的角色和拥有的能力,也都需要被重新认识。传统媒体也仅是融合媒体的诸多参与者之一,并不是事实上的主导者。融合媒体这个概念的诸多光环,对其发展并不一定是好事。

一言以蔽之,曾经塑造和支撑传统媒体的垄断权已经消失。如何在失去垄断权之后,在一个开放的环境下生存与发展,成为传统媒体面临的首要问题。传统媒体只有看清自己的真实处境,明晰自己的能力和优势,才能在新的形势下找到立足之地。所以,传统媒体主导的媒体融合,需要清醒地认识到开放式、多元化的融合传播的特点与规律,发挥好自身内容特色,才能迎来美好的未来。

综上所述,融合传播是技术发展的必然,是技术—传播—社会联动的结果。从单纯传播机制视角看,数字传播由大众传播、网络传播、自传播、智能传播四种机制的联动构成(其机制详见表1)。传播学范式的转变,是人类社会发展到新阶段,也就是进入所谓网络时代或者信息时代的结果;是网络时代进入一个相对成熟的阶段(表现为全球网络普及率超过60%、5G技术全面普及,以及2020年后人类的生活方式已全面转变为线上模式),社会信息传播范式已完成根本性转变。

表1 构成数字传播新格局的四大信息传播机制比较

四大传播机制	内容生产	驱动机制	传播渠道	受众	传播速度
大众传播	PGC(专业生产内容)	内容驱动	大众媒体	无差别的匿名大众	速度慢
网络传播	EGC(编辑生产内容)	内容驱动	网站	无差别的半匿名大众	速度较快
自传播	UGC(用户生产内容)	用户驱动	社交媒体	基于人际关系的大众用户	近乎即时
智能传播	DGC(数据生产内容)	数据驱动	智能软硬件	算法精准定向的大众用户	即时

六、从数字传播理论看媒体融合的道路选择

传统媒体的资源多来自政府相关部门的大数据。这些围绕社会和民众的大数据,首先必须立足于公共利益,因此需要强有力的公信力背书,属性上更接近于一种公共物品,与政府的公共服务是一体两面的。互联网商业巨头对这些数据一直虎视眈眈,

但是公服部门与企业之间存在区别,一个追求公共利益最大化,一个追求商业利益最大化,这是很难跨越的。一些部门本身又不具备运营大数据的能力,所以,过去一直以"公器"定位的传统媒体,自然有着近水楼台的天然优势。当然,任何用于公共服务的大数据,都涉及民众的个人信息和隐私保护问题,还涉及公共服务与商业利益的冲突问题,如何把握个中尺度,如何妥善设计良好的合作模式,都是值得深入研究的课题。

与传统社会治理不同,随着网络时代的全面到来,数据驱动的智能传播将成为新的主导性传播机制,传播开始越来越深地嵌入数字社会治理之中。数字社会治理是人类社会发展到数字技术高度发达的新阶段而出现的新的社会形态和新的运行机制,社会治理模式需要新的范式转变。数字社会治理的内在逻辑与媒体融合的背景与进程密切相关,也就是网络空间开始超越现实空间而成为主导性生存空间,并且开始主导现实空间的各种行为与关系。

新的社会变革,也为媒体融合带来了新的机遇。2020年新冠疫情防控期间,就有很多很好的案例。新冠疫情促使人们保持社交距离,但这也使人们的生活由原先的以现实空间为主强行切换到以网络空间为主。视频会议、居家办公、在线课堂、移动支付、电子商务和社交媒体等充斥着人们的日常生活和社会交往,堪称数字生活的一次全民社会实验,也迫使人们实施一系列的数字社会治理手段。疫情过去,很多数字治理方式将成为社会治理的常态化手段。以我们熟悉的"健康码"为例,其全面汇聚了航空、铁路、公路、市内公共交通数据,尤其是电信运营商、银行金融机构支付数据等,使得传播链定位、用户定位变得简单高效,但其对大量个人信息的收集也让公众愈加担心其对个人隐私的侵害。虽然公益性的"健康码"功能单一、低调而严谨,但其呈现的全民性、全球性、全数据性的运行机制,难以掩盖其背后的技术力量和其在未来商业和社会治理方面的巨大潜能。可以说,"健康码"第一次展露了未来智能传播可能的整体轮廓和特性,也第一次呈现了未来全球数字社会治理的公私合作的基本格局和态势。目前为止,"健康码"背后的运营商主要是阿里巴巴、腾讯等纯商业性的互联网巨头,数据的搜集、运营和管理都缺乏基本的透明性,因此数据失控和滥用的风险很高。"健康码"属于典型的公共服务,以政府的公权力为基础,以政府的公信力为背书,属于数字社会治理的范畴。显然,运营这种新型的智能传播应用,传统媒体会比纯粹的市场化企业更加合适,由具有一定技术能力和数据处理能力的传统媒体来负责,能在确保数据不会被滥用方面更有制度性和公信力。

数字传播是一场大变革,是理论研究的一篇大文章,也是理解社会变革和全球秩序的重要基础。过去30年,全球传播秩序已经发生翻天覆地的变化。迄今为止,以传统大众传播、网络传播、自传播和智能传播为代表的媒体生态,此起彼伏、优胜劣汰,但是并没有谁被简单地颠覆和替代,各主体都在不断自我调整,寻找新的生存空间和发展机会。变革远未停止,稳态的格局也还没有形成,新的契机和新的变革还在继续涌现,谁都还有机会再创辉煌。这种背景下,一个更加清晰和有前瞻性的理论体系,无疑具有特别重大的现实指导意义。

媒体融合的本质与驱动范式的选择*

◎ 龙小农　陈林茜**

摘要：媒介与社会一体同构,人机共生、人机共存,既是科技和符号发展逻辑驱动下媒体融合的最终形态和本质,也是完善国家治理体系、实现治理能力现代化的必然要求。媒介形态演进历程表明,媒介技术创新与符号演变是媒介融合的直接驱动力,媒体融合则是媒介形态演进的必然进路,并具有不同的文化语境和制度色彩。基于对媒体融合态势及本质的不同认知,在媒体体制相异的国家,媒体融合发展的驱动范式亦不同。在媒体私有为主的国家,媒体融合一般选择市场驱动范式;在媒体国有为主的国家,媒体融合一般选择国家驱动范式。

关键词：媒体融合;技术创新;符号演变;驱动范式;媒体体制

科学哲学家托马斯·库恩在《科学革命的结构》一书中表示,任何人想要描述或者分析一种特殊科学传统的进化,都必须找出某类公认的原则和规则,即他所界定的"范式"。用科学哲学原理来思考媒体融合的发展,需要我们基于对媒体融合本质的理解,找出推动媒体融合发展的不同驱动范式,把握不同范式下媒体融合发展的异同,探索媒体融合的范式与规律,加深对媒体融合和国家治理的理解。当前,媒体融合正在向纵深发展,但对于媒体融合的最终形态及本质是什么,学界依然聚讼纷纭,且媒体融合虽然是大势所趋,但不同发展阶段、不同媒体所有制的国家所选择的媒体融合发展的驱动范式也不尽相同。一定意义上,对媒体融合发展最终形态及其本质的认知和

---

* 本文原载于《现代出版》2021年第4期,收入本书时有改动。
　课题：国家社科基金重大项目"重大舆情和突发事件舆论引导机制创新及应对策略研究"(20ZDA059)。
** 龙小农,中国传媒大学传播研究院教授、博士生导师,国家传播创新研究中心研究员;陈林茜,中国传媒大学传播研究院2019级硕士研究生。

不同的媒体治理方式,决定着不同国家对媒体融合发展驱动范式的选择。基于对这一元问题的思考及其假设,本文根据对不同发展阶段、不同媒体体制国家媒体融合发展的横向考察,从理论层面探讨媒体融合发展的本质及驱动范式的选择,以期更准确深入地把握媒体融合的内在机理与发展范式,为中国媒体融合向纵深发展、打造全媒体传播生态、建立全媒体传播体系、提升国际传播力提供理论依据。

一、媒体融合的动力和本质

(一)媒体融合的驱动力:技术创新与符号演变

媒体融合并不等于媒介融合,媒介融合强调的是介质和技术层面,而媒体融合是处于媒介融合之上的管理和组织融合;媒介融合是媒体融合的基础,而媒体融合是媒介融合的深化。从媒介的角度看,人类社会的媒介发展史大致经历过口语时代、文字时代、印刷时代、电子时代、数字时代,如今正在迈向智能时代。麦克卢汉在《理解媒介:论人的延伸》一书中将媒介视为人的延伸。其实,人类媒介形态演进历程表明,"媒介形态演进本质上是由三大要素,即技术、符号和介质,结构而成的统一体不断更新进化的过程"①。其中,媒介技术创新与符号演变是媒介融合的内驱力,介质只是符号的物化,通过媒介技术和符号的融合即媒介融合,才能进一步实现媒体形态的融合。

1. 技术创新与媒体融合

随着人类认识世界、改造世界的能力不断提升,媒介技术也不断更新与迭代,从而使依托于媒介技术的媒介形态不断演进更新。纵观媒介发展史,造纸术与印刷术推动口语时代向文字时代转变;电信技术为电话与无线电广播的出现奠定了基础;机械扫描显像技术、电子显像技术、卫星传输技术使电视走进千家万户;互联网架构与基础协议、计算机通用语言等技术,使人类走上"信息高速路";5G、人工智能、大数据、区块链等科技正在将人类推向未知的智能媒体时代。媒介技术演进主导着媒介形态的代际变迁,而媒介形态的变迁正是人类社会发展演进的重要标志。

媒介技术的更迭不是孤立的、排他的,而是在不断发展中实现技术融合与创新的。技术融合意味着媒介间边界的日渐消融,让文本脱离了特定的中介化语境,将它们转化为由多种媒介构成的网络中的节点。当今主导新经济的所谓平台媒体和融合平台,即来源于5G、人工智能、大数据和云计算等信息技术叠加创新的驱动以及由此引发的媒介边界的消融。在技术驱动下,平台媒体逐渐具有集信息浏览、社交、消费于一体的

---

① 杨保军.扬弃:新闻媒介形态演变的基本规律[J].新闻大学,2019(1):1-14,116.

融合性功能。可以确定的是,随着高速移动互联网深度渗入人类生活,互联网平台已成为经济社会与日常生活中新的资源配置与组织方式。经济学视域下的互联网平台已获得与市场、企业同等重要的位置,成为新经济的引擎。从媒体融合的深层含义审视技术创新驱动下的平台媒体发展,可以研判平台社会已经来临。

互联网平台具有六大驱动力,即数字化、连接、带宽增长、云计算和大数据、交易成本降低、分享精神。[①] 其中,连接是互联网平台的本质属性和基础属性,它使事物之间的高维度连接成为可能。技术的发展是政府、市场、科技工作者、公众之间互动、协商和博弈的结果。社会实践和技术支持相互构成,相互影响。媒体平台作为社会实践和技术创新互动融合的产物,已被赋予意识形态属性和更大的权力,成为万物互联的基础和网络社会的节点,甚至具有很强的社会整合等治理功能。加之平台背后复杂的商业模式及其带来的经济现象,当今社会关系已悄然被媒体平台重构,媒体、政治、经济、社会之间呈现相互交织的关系。由此可见,技术创新推动传统媒体向融合媒体升级,融合媒体再向平台媒体迈进,最终将向媒介与社会一体同构转变。

2. 符号演进与媒体融合

符号演进与符号互动理论学者米德认为:"自我是在与世界的符号化沟通中生成的。"[②]信息传播与社会化互动本质上是符号交换与互译的过程,信息的传播依赖于符号系统所承载的意义。因此,符号系统是信息传播的核心要素,是区别不同媒介形态的本质特征,不同媒介形态拥有独特的由编码和解码规则组建的符号系统,人类媒介形态随着符号系统的更迭而进化融合。

一方面,媒介形态演进是符号外在表征发生变化带来的,如体态与口语符号是口语时代的典型符号系统,文字符号是印刷时代的核心符号系统,广播媒介形态发展的是文字和声音融合的符号系统,电视媒介形态则是文字、声音与图像符号的结合。在网络媒介时代和智能媒介时代,符号系统的融合趋势进一步扩大,形成语言、文字、图片、音频、视频、网络交互页面、虚拟场景等综合性、全能性符号系统,将各种独立的符号系统融合在一起,并以数字化的方式存在。符号的起源在学界有任意形成和约定俗成两派,但无论哪一种,符号系统都具有凝结人的身份认同感的作用,从而影响人的互动行为,形成社会共识,创造公共活动。正如柯林斯指出的,符号、情感记忆或意义的作用,是在未来的情境中影响群体的互动以及个人的认同性。当人群作为观众因某项活动而拥有共同的关注焦点时,某种较高程度的团结才有可能出现,而高度的相互关注、互为主体性与情感连带,与身体和神经系统共同结合,形成与认知符号相关联的成

---

① 方军,程明霞,徐思彦.平台时代[M].北京:机械工业出版社,2018:17-28.
② 米德.心灵、自我与社会[M].赵月瑟,译.上海:上海译文出版社,2018:159.

员身份感才是互动仪式理论的核心机制。①

另一方面,"符号表征方式的差异,不仅显示出不同媒介形态的不同,也从符号偏向上决定着媒介的偏向、传播的偏向,以及传受效应的个性化实现方式等"②。伊尼斯在《传播的偏向》一书中提出,质地较重、耐久性强的媒介,较适于克服时间的障碍,是偏倚时间的媒介;质地较轻、容易运送的媒介,较适于克服空间的障碍,是偏倚空间的媒介。③ 任何传播媒介都会产生或时间或空间的偏向性。人类的媒介史是由质地较重向质地较轻、由偏倚时间向偏倚空间的媒介发展的历史。但随着媒介融合程度不断加深,传统的媒介空间有了新的外延,出现了时空型媒介和融合型媒介,打破了偏向型媒介之间的壁垒。2019 年 1 月 25 日,习近平总书记在中央政治局第十二次集体学习会上提出的"四全媒体",即全程媒体、全息媒体、全员媒体、全效媒体,就是从时间维度、空间维度、主体维度、效能维度来综合观察全媒体的特征。

追溯媒介与符号发展的历程可以发现,信息传播革命总是先在技术领域展开,然后集中于媒介领域;媒介的融合先是符号的融合,继而媒介融合推动媒体融合。界定媒体形态的主要标准只能是技术和符号,因为媒介是技术和符号的结合,媒体是媒介的有机化组合呈现。媒介技术创新与符号演变是媒体融合的主要驱动力,在两者的综合作用下,媒体融合发展才会呈现最终形态和本质特征。

(二) 媒体融合的本质:媒介与社会一体同构

媒介融合是过程,媒体融合则是结果。在信息科技革命进程中,媒介融合经历了路径与主体的颠覆,而智能时代的到来,又将技术、市场、组织条件汇入融合逻辑中。从媒体融合发展的最终形态与趋势看,媒体融合的本质是媒介与社会的一体同构。换言之,媒介即社会,社会即媒介。

1979 年,尼葛洛庞帝提出"三元交叠"的观点,认为广播和动画业、电脑业、印刷和出版业是三个相互交叠的圆圈,这三种行业正在走向融合。三个圆圈的交叉处将成为成长最快、创新最多的领域。④ 此后,媒介融合的理念渐渐发展起来。及至互联网时代,媒介融合被赋予更多使命与意义。第一,从媒介与社会的既有关系来看,个体通过交流、传递、沟通而被逐渐社会化并建立社会关系,因此"社会"被视为一种互动的关系和过程,并随着社会关系的认同感而呈现稳定特征,认同感的形成主要受主观解释

---

① 柯林斯.互动仪式链[M].林聚任,王鹏,宋丽君,译.北京:商务印书馆,2012:125-126,71.
② 杨保军.扬弃:新闻媒介形态演变的基本规律[J].新闻大学,2019(1):1-14,116.
③ 伊尼斯.传播的偏向[M].何道宽,译.北京:中国人民大学出版社,2003:27.
④ 曹漪那,付玉杰.从尼葛洛庞帝"三圆交叠"说看媒介分化[J].西南民族大学学报(人文社科版),2009,30(12):223-226.

和传播媒介的影响。[①] 第二,技术为媒介融合提供了进阶性驱动。随着技术迭代,信息的生产、传输、接收效率都在大幅提升。技术强权语境下,负责信息采集、制作、传播的组织机构和负责信息传播的渠道、载体或中介得到全面升级,媒介的边界日渐模糊,渗透性极大提升。第三,从媒介与社会的融合前景来看,媒体融合的进路是技术融合、符号融合、人媒融合,最终实现媒介与社会融合。这三个方面所体现的即媒体融合的进阶性特征,在此基础上,或可探究驱动媒体变革的主要因素与媒介融合的最终形态。

当前,学界有关媒体融合本质的研究大多将互联网视作新技术的核心,呈现技术决定论倾向。个人与社会对媒介的选择和媒介技术的发展虽然密不可分,但并非所有媒介技术都因先进而受到无限追捧,社会的价值取向和人类的个体意愿对媒介技术的发展发挥着重要作用。媒介技术融入社会需经过政府、公众、企业等的层层考量。因为这种融合可能导致社会公共领域的缩小、中介域的消失,从而形成一种媒介的宰制和霸权,其结果还受制于不同政治体制下社会和政府的接受程度,有两种可能的基本态势:一是媒体融合走向媒介与社会的一体同构,二是媒体融合走向媒介与国家(政府)的一体双生。但不管哪种成为发展态势,最终都将导致媒介与社会,以及媒介与国家的合二为一。有学者认为,媒介融合的本质特征是人人融合、人与社会融合、媒介与媒介融合[②],这无疑是媒体融合最鲜明的表征,但从媒体融合发展态势看,媒体融合的目的是满足社会的多元信息需求,旨在增强信息时代的社会管理能力,提高社会运行效率,最终完成社会结构的再造。

今天,以算法为核心的人工智能技术正在引发传媒生态的根本性变革。未来的媒体融合可能有具有独立思维的智能媒体参与,达致人机融合的形态。因此,媒体原先只是社会的特定领域和行业,但在媒体融合终极时代,媒体融合如果有最终的形态,那一定是媒介与社会的一体同构,社会即媒介,媒介即社会。换言之,大众传媒时代,媒介是人的延伸;智能融媒体时代,人即媒介。从媒介是人的延伸,到媒介是人、人即媒介,我们将迎来一个人机共生、人机共存的时代。人是社会关系的总和,人机共生、人机共存的到来,必将重构社会关系,最终促使媒介与社会高度融合,实现媒介与社会的一体同构。这应是在科技和符号发展逻辑驱动下的媒体融合的归宿和本质。

二、媒体融合驱动范式的选择

按照托马斯·库恩的理解,范式指事物背后普遍存在的"共享的解释性图示"。认识事物的本质即了解其规律、构成、地位、意义,而范式作为对事物规律的概括性总

[①] 杨立青.传播、媒介与社会关系的再思考:以芝加哥学派为基点[J].新闻记者,2018(2):95-96.
[②] 廖祥忠.从媒体融合到融合媒体:电视人的抉择与进路[J].现代传播,2020(1):1-7.

结,是理解事物本质最直接的手段。媒体融合驱动范式主要是指不同政治体制与文化的国家,在不同的价值观、认识论和方法论的影响下,在媒体融合政策制定和实施过程中一以贯之的概念、假定、制度和方法。媒体融合作为媒介形态演进的必然进路,受文化语境和制度色彩的影响,需要揭示不同国家媒体融合背后具有相对共通性的发展范式,才能准确、深入地把握媒体融合的本质和发展态势。

(一)中国:国家驱动范式

技术是一把双刃剑。随着媒介技术的不断发展,各种信息发布平台和舆论表达空间与中国传统媒介管理体系交织叠加,给中国治理体系和传播生态带来了革命性变革,这种变革被学界称为互联网带来的"脱嵌",具体表现为:互联网具有惊人的破茧能量,打破了既存的权力秩序,为中国社会开辟了新的权力空间和表达空间。① 由此带来"传播革命资源的泛社会化和传播权力全民化,以'去中心—再中心'为基本特征,从而使为执政党形塑全新的执政环境,争夺传播主导权成为国家的全新课题"②。随着媒体融合向纵深推进,在人、媒介、社会、国家高度相融的时代,互联网"脱嵌"趋势正在加剧。

互联网"脱嵌"的重要表征是网民与舆论意见的大量集聚。中国互联网络信息中心(CNNIC)发布的第47次《中国互联网络发展状况统计报告》显示,截至2020年12月,我国网民规模达9.89亿,较2020年3月增长8 540万,互联网普及率达70.4%。其中,网络视频用户规模达9.27亿,短视频用户规模为8.73亿,较2020年3月增长1.00亿,占整体网民数量的88.3%。巨大的网民基数使得互联网平台成为舆论易被引爆的空间,失控的舆论发酵速度、极化的舆论情绪,给国家互联网治理带来挑战。加之,当前的舆论引导工作在舆论环境、传播内容、传播方式、引导策略等方面遇到了诸多问题,在一定程度上影响到国内和国际社会对中国的政治认同,对国家网络政治安全产生不利影响。因此,习近平总书记强调:"过不了互联网这一关就过不了长期执政这一关。党管媒体,不能说只管党直接掌握的媒体……把各级各类媒体都置于党的领导之下,这个领导不是'隔靴搔痒式'领导,方式可以有区别,但不能让党管媒体的原则被架空。"③

显然,党和政府从认识论角度意识到:首先,人在哪里,宣传的重点就在哪里。既然互联网成为网民与舆论大量集聚的空间,那么党和政府的主要宣传阵地也要向媒体融合的交叉地带和新兴地带转移。其次,社交平台、电商平台等商业化数字平台已经

---

① 王智丽,张涛甫.超越媒体视域:县级融媒体中心建设的政治传播学考察[J].现代传播,2020(7):1-6.
② 李良荣,郑雯.论新传播革命:"新传播革命"研究之二[J].现代传播,2012(4):34.
③ 习近平.论党的宣传思想工作[M].北京:中央文献出版社,2020:183.

全方位渗透社会各领域。"今天光靠内容,光靠行政性的逻辑,未必能够建立起一个行之有效的媒体融合平台——媒体融合的平台建设需要有更多资源,特别是商业资源、服务资源的协同和加入。"①基于以上认知和理解,国家驱动的媒体融合进程注重顶层设计,从国家战略与国家意志层面出发,自上而下地推动从中央到省市县四级的全媒体融合生态体系建设,完成融合媒体底层逻辑的转换和运作机制的改变,以实现国家治理体系与治理能力现代化为目标,利用媒体融合红利,将社会治理体系网络化、网格化、综合化。质言之,党和政府已经洞悉媒体融合的最终形态和本质——媒介与社会一体同构,从而将推动媒体融合发展上升为国家意志和国家战略,国家治理和社会治理抓住了媒体融合治理这一核心原则纲举目张。

党的十八大以来,党中央即把媒体融合发展作为重要战略任务。2014年,中央全面深化改革领导小组第四次会议审议通过了《关于推动传统媒体和新兴媒体融合发展的指导意见》,将媒体融合上升至国家战略。2015年2月,人民日报中央厨房启动,率先开启了中央主流媒体建设中央厨房大平台、推进融合发展的道路。2018年是我国建设县级融媒体中心的元年,习近平总书记在全国宣传思想工作会议上首次就建设县级融媒体中心发表了重要讲话。2019年则是推动媒体融合深入发展的关键一年,1月25日,习近平总书记在中央政治局第十二次集体学习会上提出建设"四全媒体"。2020年9月,中办国办印发《关于加快推进媒体深度融合发展的意见》,要求以先进技术引领驱动融合发展,用好5G、大数据、云计算、物联网、区块链、人工智能等信息技术革命成果,形成集约高效的内容生产体系和传播链条,探索建立"新闻+政务+服务+商务"的运营模式,增强融合媒体自我造血机能,标志着中国推动媒体融合发展进入新阶段。纵观近十年的媒体融合发展之路,中国采用国家驱动范式,通过政策引导、资金融入、市场引入、利益共享、技术领跑的操作机制和操作模式,顶层设计、系统驱动,推动中国媒体融合发展,服务国家治理,这是国家驱动范式的鲜明特征。

媒体作为国家治理和社会治理的核心资源,在国家号召下,各级报业集团与广电集团纷纷开展了媒体融合改革,融合平台与融合产品琳琅满目,逐渐实现"总体策划、一次采集、多种生成、多元传播"②的融媒体生产模式和新媒体产品矩阵。"在媒体融合的新技术语境下,媒体作为社会治理主体的功能由过去线性逻辑主导下的'工具性'向非线性逻辑主导下的'平台性'转变。"③也就是说,在媒介与社会一体同构的认知逻辑驱动下,媒体融合融合的不仅是媒介态势,更应是思维方式和方法论。媒体作

---

① 喻国明.有的放矢:论未来媒体的核心价值逻辑——以内容服务为"本",以关系构建为"矢",以社会的媒介化为"的"[J].新闻界,2021(4):13-17,36.
② 朱江丽,蒋旭峰.媒体融合的探索与实践:2014—2018[M].北京:社会科学文献出版社,2020:16.
③ 朱亚希,肖尧中.功能维度的拓展式融合:"治理媒介化"视野下县级融媒体中心建设研究[J].西南民族大学学报(人文社科版),2020,41(9):151-156.

为社会治理的主体和勾连社会的中介性网络，不仅具有以往大众传媒在信息传播、社会整合、持续社会化教育、文化娱乐、社会动员、舆论监督等方面的功能，而且在此基础之上进一步构建了"人—媒介—社会—国家治理"的融合互动，消解中介域，减少沟通治理环节与成本，形成多中心治理网络，克服"治理真空"，最终实现了国家治理体系和治理能力的现代化。媒体融合国家驱动范式旨在完成宣传舆论、信息服务、社会治理三方面的功能融合，肩负"引导群众"和"服务群众"的双重任务。

2014年至今，中国特色的媒体融合进程之所以实现了历史性跨越，在很大程度上是因为媒体融合成了国家战略和国家意志。在国家驱动下，从中央媒体到县级媒体，从主流媒体到商业媒体，各级各类媒体或平台多方施策，着力打造形态多样、技术先进、具有竞争力的新兴主流媒体，建设拥有强大实力和传播力、公信力、影响力的新型媒体集团，力争构建以"新闻+政务+服务"为主的立体多样、层级分明、融合发展的现代传播体系。以人民日报社、新华社、中央广播电视总台为龙头的中央级媒体集群，带来了先进技术探索和先头示范效应；字节跳动公司以资讯聚合平台今日头条、短视频平台抖音，腾讯公司以社交媒体平台微信、QQ等强势媒体平台深刻地影响着媒体的格局，成为大型媒体集团；在省级融媒体建设中，部分省份只确定一个省级平台，如天津所有区县融媒体由"津云"负责，江苏广电集团的"荔枝云"也是全省唯一的技术支撑平台，而浙江、湖南、广东、江西等省份都有作为报业集团或广电中心的两个或两个以上的支撑平台，江西"赣云"和"赣鄱云"、浙江"中国蓝云"和"天目云"、湖南"芒果云"和"红网云"之间形成了竞争关系；在区县融媒体中心建设中，浙江长兴、北京顺义、江西分宜、河南项城等区县级融媒体中心将营销方式和融媒体产品生产相结合，打通媒体融合的"最后一公里"，更好地服务群众。①

实践证明，媒体融合国家驱动范式在中国已取得良好的社会治理效果。2020年，中国媒体融合成果在抵御新冠疫情等方面发挥了积极作用。根据第47次《中国互联网络发展状况统计报告》，新冠疫情防控期间，全国一体化政务服务平台推出"防疫健康码"，累计申领近9亿人，使用次数超过400亿次，支撑全国绝大部分地区实现"一码通行"，大数据在疫情防控和复工复产中作用凸显。同时，各大在线教育平台面向学生群体推出各类免费直播课程，方便学生居家学习，用户规模迅速增长。网民对在线医疗的需求量也不断增长，进一步推动我国医疗行业的数字化转型。截至2020年12月，我国在线教育、在线医疗用户规模分别为3.42亿、2.15亿，分别占网民整体数量

---

① 融媒体调研情况参见：梅宁华，支庭荣.中国媒体融合发展报告：媒体融合蓝皮书[M].北京：社会科学文献出版社，2020：50-75.

的34.6%、21.7%。① 显然,通过媒体融合国家驱动范式,媒体已经融入政治制度与社会治理的日常实践,服务于人们的交流和传播活动。与此同时,媒介渗入社会的方方面面,成为社会治理的重要政治资源和构建社会认同的黏合剂。

(二) 欧美发达国家:市场驱动范式

与中国以国家意志为指导,自上而下逐级推动媒体融合进程不同,"长期以来,欧美国家在传媒政策实施路径的选择方面,基本都从结构和内容两个面向出发来建构公共利益的保障体系"②。随着媒体融合进程的不断推进,市场在欧美媒体融合建构中获得更多的优先权,经济利益被放置到社会文化和政治利益之上,自由化、市场化、私有化以及利益最大化成为西方媒体融合范式的主要基调,市场机制、竞争政策与垄断兼并成为驱动西方媒体融合的主要手段,西方国家政府在媒体融合进程中对市场发展的规制有限。欧美发达国家的媒体体制正在出现"朝着自由主义体制的明显的趋同趋势""已经越来越分殊于政治体制"③的状况。在自由主义体制的指导下,欧美发达国家媒体融合的垂直整合之风盛行,跨媒体的兼并、联合、垄断进程大大加速,形成纵横交错的整合路径。

得益于在信息传播科技领域的领先优势,欧美主要国家媒体融合发展一直走在世界前列。经过一百多年的发展,西方现代传媒产业内部形成自治的市场规律与运转模式,媒体融合过程中的兼并、联合与垄断是顺应市场规律的必然之举。在媒体财源和经费方面,其主要分为公共经费和商业经费两大类。"公共经费收入主要包括直接向民众收取的执照费/收视费/收听费,政府从税收中划拨的经费或者相关的赞助和捐赠等,商业经费则主要包括订阅服务的费用、广告、赞助、相关产品的销售收入等。"④在互联网与社交媒体平台的冲击下,面对观众流失和经费紧张的压力,欧美的公共媒体的盈利方式也发生了转变。例如,从2010年起,英国外交部表示不再向BBC全球服务提供运转经费。西方公共媒体纷纷改变内容策略和运营思路,引入市场模式,追赶媒体融合的步伐。

在市场导向下,欧美的媒体融合发展出互利共生、竞争融合的生态。在互联网高度发达的当下,虽然西方不少老年人都已习惯从社交媒体获取新闻资讯,但是电视、广播、纸媒在西方大众传播中仍然占有较大比例,美国50岁以上的用户还保有在电视、

---

① 国家互联网信息办公室:第47次《中国互联网络发展状况统计报告》[EB/OL].(2021-02-03)[2021-05-01].http://www.cac.gov.cn/2021-02/03/c_1613923422728645.htm.
② 陈映.欧美传媒政策的范式转型:以媒介融合为语境[M].北京:中国社会科学出版社,2016:146-147.
③ 哈林,曼奇尼.比较媒介体制:媒介与政治的三种模式[M].陈娟,展江,译.北京:中国人民大学出版社,2012:297,235.
④ 陈映.欧美传媒政策的范式转型:以媒介融合为语境[M].北京:中国社会科学出版社,2016:158.

报纸、网站浏览新闻、获取信息的习惯。① 在美国皮尤调查中心关于新闻消费来源的一项调查中,一位35岁的受访者表示:"如果在社交媒体上看到新闻文章,我会认为这是从有线电视新闻网(CNN)或福克斯新闻(Fox News)获取的。脸书这类的社交媒体对我来说就像一个新闻聚合器。"② 另一项皮尤调查结果显示,截至2021年2月25日,在对美国各地区1 502名18岁以上成年人的社交媒体使用情况的调查中,美国在社交媒体使用方面存在严重的年龄差距。其中,使用快照分享软件Snapchat的65岁以上老年人占2%,跟18至29岁的年轻人65%的使用率相差高达63个百分点;使用短视频平台TikTok的老年人占比4%,也与年轻人48%的使用率相差良多。调查发现,视频聚合平台Youtube和社交媒体Facebook是使用者年龄差距较小的新媒体应用。③

不同媒体和技术的融合使媒体工作者可以在不同平台、不同媒体上讲故事,在不同层次上吸引不同年龄段的消费者。依靠优质新闻内容付费的模式,纸媒消亡的论调没有过多影响西方社会,传统媒体在媒体版图中仍然占据重要地位。具体说来,面对政治选举、食品安全、环境污染等重要议题时,传统媒体生产的内容更具公信力,社交平台则拥有更多用户。传统媒体单向、平行的传播方式,经过与社交媒体的融合,能更好地加工、整合碎片信息,社交媒体的便捷性与传统媒体的公信力互相渗透,两者优势得到融合,以整合传播的方式转化为综合平台,共同保护品牌信誉,优化内容生产,以达到保持媒体集团持续良性发展的目的。

从媒体融合的发展历程看,西方国家的市场驱动媒体融合实践主要是在企业利益最大化与资源配置最优化的考量下,大型跨国集团和媒体集团的垂直和横向整合。国家力量与政府决策较少对媒体融合的形态产生影响,但会与大型媒体集团产生利益纠葛。垂直整合后的媒体集团在电信网络、有线电视、广播电台、视频点播、内容制作和提供以及社交平台等领域都有所涉猎。整合后的融媒体集团拥有直接与Netflix、Amazon、Apple、Google竞争的能力。例如,Netflix和其他类型的平台虽然不以海量的节目与内容库见长,但在媒体融合过程中,也逐渐亲自操刀庞大的内容制作计划,吸引大牌制作人和影视人才,向内容创作方向转型。同样,好莱坞等内容制作品牌亦开始建立直接面向消费者的内容分发平台,不再依靠与Netflix等平台签订许可交易合约以完成内容的分发。

---

① 刘嘉惟.社交媒体冲击下美国媒体机构的"融合之道"[J].上海广播电视研究,2020(4):62-69.
② Assessing different survey measurement approaches for news consumption[EB/OL].(2020-12-08)[2021-06-06]. https://www.journalism.org/2020/12/08/assessing-different-surveymeasurement-approaches-for-news-consumption.
③ Social media use in 2021[EB/OL].(2021-04-07)[2021-05-15].https://www.pewresearch.org/internet/2021/04/07/social-media-use-in-2021.

2018年,美国第二大移动运营商AT&T以850亿美元的价格成功收购Time Warner,并改名为WarnerMedia Entertainment。AT&T原本是网络运营商和视频分销商,Time Warner是旗下拥有CNN有线电视新闻网、TNT付费电视网和HBO付费剧集网的广播和视频制作公司。这场兼并重组意味着AT&T的无线、电视和互联网资源可以与Time Warner的影视内容、IP资源相结合,向用户提供更优质、更多元的内容服务,开启了媒体融合背景下内容制作与发行的新时代。

融媒体集团的兼并与收购没有局限在美国本土。2018年4月,美国NBC Universal的母公司Comcast成功收购欧洲最大付费电视集团Sky,完成了横跨大西洋的并购。2019年3月,迪士尼公司完成了对20世纪福克斯的收购。截至2019年,迪士尼公司已经完成与皮克斯、漫威、卢卡斯电影和《国家地理》的大规模整合,创建了一家庞大的集电影、电视、融媒体制作于一体的公司,巩固了迪士尼作为世界顶级娱乐公司的地位,使迪士尼在北美的票房市场份额高达33%。2019年,迪士尼ABC工作室和20世纪福克斯共同将内容提供给迪士尼视频流媒体服务平台Disney+,在美国、荷兰、加拿大市场投放内容,然后将业务扩展到澳大利亚、新西兰;2020年投放到更多的欧洲国家,如英国、德国、法国、意大利、西班牙和爱尔兰。到2020年春季,Disney+流媒体订阅用户总数达到5 500万。① 伴随着媒介集团的跨区域、国际化兼并,以及媒体组织的扩大、媒介技术能力的提升、经营范围的扩张,西方融媒体集团逐渐演变为超越国家边界的新型组织力量。

针对这股由市场驱动融合而成的新型媒体集团力量,纽约大学商学院教授艾米·韦伯在世界经济论坛上的演讲中提出:"目前人工智能的未来,以及人类的未来,仅由九家公司控制,即美国最大的技术巨头Google、Microsoft、Amazon、Facebook、IBM、Apple和中国的百度、阿里巴巴、腾讯,其中的美国公司首字母合并后被统称为G-MAFIA。但是G-MAFIA仅服务于两个主人:华尔街和国会山。"②西方媒体集团以市场驱动范式和资本价值理念为指导,在全球范围内进行资源优化配置,开发受众"注意力经济",不断推出新型媒体融合产品,追逐资本利用效率的最大化,忽视诸多单靠市场经济规律无法解决的问题。显见的是,西方市场驱动的媒体融合进程普遍忽视了媒体融合的本质是媒介与社会的一体同构,将媒介或媒体组织的发展与社会可持续发展相割裂。因而,在全世界媒体技术发展与媒体融合进程中,技术巨头的出现对国家治理能力与国际关系维护能力提出挑战。美国学界对如何管理科技巨头也争议颇多,一部

---

① 融媒体情况参见:FOUDATION ROBERT-SCHUMAN.Convergence in media and telecom in the face of COVID-19[EB/OL].(2020-05-18)[2021-05-15].https://www.robert-schuman.eu/en/europeanissues/0559-convergence-in-media-and-telecom-in-the-face-ofcovid-19。
② PERAGLIA J.Deputy news editor 'humanity is controlled by nine companies',according to NYU professor[EB/OL].(2019-02-04)[2021-05-15].https://nyunews.com/2019/02/04/nyu-stern-professorspeaks-at-wef.

分学者认为科技巨头的发展不需要监管,因为管控会损伤公民权利与媒体自由;另一部分学者认为技术本身不是威胁,但是技术在现实世界中的不当应用令人担忧,科技巨头的技术红利与媒体融合发展成果应该被所有人共享而不是成为掌权者谋私利的工具。这是媒体融合市场驱动范式在西方遭遇的一大困境。

三、不同媒体融合驱动范式的逻辑与原因

中西选择不同的媒体融合发展驱动范式,自有其历史因袭的经济和政治原因。从历史原因来看,不同的媒体融合发展范式根植于多年来经济学领域争论不休、时消时长的两种思潮或说经济逻辑:经济自由主义(古典经济学)和国家干预主义(凯恩斯主义经济学),以及在不同经济思潮指导下形成的不同媒体体制。丹尼尔·哈林与保罗·曼奇尼指出,不同国家的媒体体制依照媒体与政治的关系分为自由主义、极化多元和民主法团三种模式。[①] 新闻体制与媒体体制依赖于社会体制和经济体制,根植于特定的社会环境与历史条件。

中西迥异的经济体制与经济思维塑造了不同的媒体体制,而媒体体制最核心的问题是媒体所有权。一般来说,媒体所有权的不同导致媒体融合发展驱动范式的不同。在以媒体私有制为主的国家,媒体被视为一种经济主体,媒体融合一般是市场驱动范式;在媒体公有或国有的国家,媒体被视为一种执政资源,媒体融合一般是国家驱动范式。在以英美为代表的媒体私有制下的新闻界将自己视为为公众服务的独立机构,主要受商业主义指导下的市场化运作的影响。在以中国为代表的媒体国有制下,政府在媒体所有权的问题上历来处于主导地位,媒体机构在内容生产、分发与机制建设等方面都需要优先考虑政治影响与政治功能,服务国家和社会发展。

从现实原因来看,不同政治体制与政治制度下的国家,对媒介和媒体组织的治理方式各不相同。大多数西方国家的政体是共和制或君主立宪制下的三权分立制。虽然政体不同,但西方各国的政治运行理念基本将立法权、行政权和司法权分立,媒体传统上被视为独立于三权的一个权力极,是监督立法、行政、司法的第四权力。"'第四等级'报刊观念产生于18世纪末19世纪初的英国,最初是英国历史学家、政治家托马斯·B.麦考莱将国会中的记者席比喻为'第四席位'"[②],后逐渐演变为对媒介与媒体组织地位的褒扬。政府不能过多地干预媒体业务和媒体发展,而媒体更多在市场规制的作用下运行,隐隐拥有凌驾于立法、行政、司法之上的地位。因此,从权力分立与制

---

① 哈林,曼奇尼.比较媒介体制:媒介与政治的三种模式[M].陈娟,展江,译.北京:中国人民大学出版社,2012.
② 张好玟.谁提出第四等级的报刊观念?——从埃德蒙·伯克到托马斯·卡莱尔[J].国际新闻界,2010,32(5):40-44.

约的角度看,媒体融合最终走向媒体与社会、国家融为一体,在价值观念上并不为西方国家接受。中国实行人民民主专政制度,媒体的党性和人民性高度统一,媒体被视为执政资源和治国理政资源,发挥党和人民耳目喉舌的重要作用。"马克思把充当人民的耳目喉舌作为报刊的重要使命。"①"喉舌论"是马克思主义新闻观与中国共产党新闻理论的重要观点,作为党的"喉舌"的媒体是中国实行"媒体双轨制"②中的重要一轨。中国共产党和中国政府始终把媒体当作党的事业和国家的事业来经营,坚持党领导一切、党管媒体,强调国家与政府在媒体融合驱动范式中的重要作用。在这两种不同的媒体治理理念之下,出现两种不同的媒体融合驱动范式也就是题中应有之义。但这并不意味着驱动媒体融合的发展范式只有两种,国家驱动范式与市场驱动范式只是我们根据媒体融合发展达到一定水平的国家的经验总结出的媒体融合发展规律,世界范围内仍有部分国家和地区的媒体融合发展状况无法以这两种范式一概论之,比如媒体融合还停留在广播电视转型阶段的非洲国家,以及媒体融合发展自成一派的北欧国家、拉美国家等。媒体融合发展状况形形色色、不一而足。

  在媒介与社会一体同构的时代,人工智能将与平台媒体或机构深度融合,人类生产和生活将与平台类供应商高度联结,智能家居、医院、学校、工作单位和城市基础设施等一系列工作和生活场景都将与平台连接。但技术创新和平台媒体或机构如果缺乏正确引导,将引发融媒体时代新的数字鸿沟、隐私保护问题与媒介技术伦理问题。在媒体融合过程中,如果不把技术往符合法律规范与伦理道德的框架内引导,公民自由、权利与国家执政根基都会遭受沉重打击。对于这一问题的不同思考与回答,也构成国家驱动媒体融合范式和市场驱动媒体融合范式的分水岭。在国家驱动媒体融合范式下,国家将媒体融合视为完善国家治理体系、提升治理能力现代化水平的重要治理资源和手段,主导新媒介技术的使用与各省市县融媒体资源的整合;而在美国等西方国家,"商业利益推动人工智能技术、大型平台和数字融媒体发展"③。商业公司的一个重要特点就是追逐商业利润的最大化,在生产大量融媒体产品和服务以及缩减成本的压力之下,大型商业公司很难同时考虑融媒体技术对个人、国家与社会的影响。

四、结语

  在媒介与社会一体同构的时代,媒介将成为连接社会、整合社会的基础设施与基

---

① 童兵.无处不在的耳目 千呼万应的喉舌:纪念马克思诞辰200周年兼学习马克思的报刊使命观[J].新闻爱好者,2018(5):4-7.
② 李良荣,方师师."双转":中国传媒业的一次制度性创新[J].现代传播,2010(2):25-27,32.
③ WEBB A.The big nine:how the tech titans and their thinking machines could warp humanity[M].New York:Public Affairs,2019:69-73.

本方式。因此,国家与社会治理的关键,就在于媒体融合治理。基于对媒体融合形态和本质的不同认知和理解,基于不同的政治体制与媒体所有制,中西基于自己媒体事业发展的逻辑和政治体制,形成了不同的媒体融合发展路径与驱动范式。虽然不同驱动范式的发展就像媒介技术及符号的发展一样,本身并没有好坏善恶之分,但是人使用技术的动机和欲望与技术发展带来的政治经济利益,都深刻影响着对技术的使用。技术与符号进步在推动媒体融合进程的同时,重组社会秩序,引发新的矛盾,而对不同媒体融合发展驱动范式的选择又深刻影响着中国和西方的媒体融合实践。"西方的治理困境及中国的治理实践也表明,国家主导是治理体系现代化的内在逻辑……治理体系现代化国家逻辑的核心问题是,构建有效应对和化解国家与社会关系问题的治理规则、程序及其秩序。"① 中国国家驱动的媒体融合范式,无疑是一种积极的且到目前为止都较为成功的尝试。

美国前总统比尔·克林顿曾有比喻,控制互联网就好像试图将果子冻钉在墙上。② 政府对互联网信息传播的掌控向来不是易事,全世界对媒体融合进程中市场导向与国家调控孰轻孰重的忧虑由来已久。纵观当今世界媒体融合驱动范式,并不存在泾渭分明的单一型驱动范式,只是不同发展程度的国家在媒体融合驱动过程中起主导作用的因素不同。治国理政需要对市场利益分配与国家宏观调控的占比做出明确划分,正如学者所述:"现代'国家建构'成功的重要标志是一切市场和社会行为均有着清晰可辨的边界和限度,这在国家能力层面被理解为市场社会对国家的'可识别性'或'易读性',即国家必须有能力将所有社会经济主体的行为纳入它的行政权力监测和可支配的范围。"③

因此,媒体融合进程应该接受人类对技术的规制、治理与引导,应该在平衡工具理性与价值理性之后,助力推进国家治理体系与治理能力现代化,形成科学、道德的,媒介与社会一体同构的未来。正如习近平总书记在致第五届互联网大会的贺信中提出的:"全球互联网治理体系变革进入关键时期,构建网络空间命运共同体日益成为国际社会的广泛共识。"④ 中国在完善国家驱动媒体融合进程的同时,在以人工智能、5G等为技术媒介,以各国媒体融合实践与思路为参考,以社会治理现实为蓝本,努力构建国际媒体融合新秩序,构建网络空间命运共同体。

---

① 陈进华.治理体系现代化的国家逻辑[J].中国社会科学,2019(5):23-39,205.
② 查德威克.互联网政治学:国家、公民与新传播技术[M].任孟山,译.北京:华夏出版社,2010:306-307.
③ 樊鹏,李妍.驯服技术巨头:反垄断行动的国家逻辑[J].文化纵横,2021(1):20-30,158.
④ 习近平关于互联网的重要论断[EB/OL].(2019-03-06)[2021-05-10].http://www.cac.gov.cn/2019-03/06/c_1124198981.htm?from=singlemessage.

短视频助力深度融合的关键机制*
——以融合出版为视角

◎ 王晓红**

摘要: 作为社会表达视频化的主要形态,短视频深刻影响着人们的思考方式、行为模式,也成为媒体融合向纵深推进的关键组成。在这一进程中,短视频作为流量生产力的外在表现引人注目,而其独特的内生机制及规律常被忽略。从全新的结构机制、功能机制、互动机制以及创新机制等内里层面,探讨短视频之于深度融合的意义,试图为融合出版的视频化策略提供一种新思路。

关键词: 短视频;深度融合;关键机制;融合出版

在媒体深度融合的进程中,短视频作为近年来最活跃的移动应用之一,几乎是所有机构全媒体发展的标配,其重要性从国家媒体行动中可见一斑:2019年9月19日,"人民日报+"短视频聚合平台正式上线;11月20日,中央广播电视总台"央视频"5G新媒体平台正式上线。这两大新媒体平台皆以"自主可控""具有强大影响力"为目标,又皆以短视频为主,标志着"媒体融合迈出了关键性步伐"①。

上述行动显然标志着"国家队"面对短视频急剧增长的影响力及其发展前景所做的重大战略布局。从2016年到2019年,我国短视频用户规模从1.53亿增长到6.5亿,平均每年增长近1.7亿;"抖音"短视频平台的日活跃用户量在2018年初为3000

---

* 本文原载于《现代出版》2020年第1期,收入本书时有改动。
课题:中国传媒大学中央高校基本科研业务费专项资助项目"中国网络视听生态治理与建构研究"(CUC2019A006)。
** 王晓红,中国传媒大学教务处处长、教授、博士生导师。
① 中央广播电视总台"央视频"5G新媒体平台正式上线[EB/OL].(2019-11-20)[2020-02-22]. http://news.cctv.com/2019/11/20/ARTIJLwQRjm4Bv3VbbMaBsDv191120.shtml.

万,到了 2020 年初已突破 4 亿①,短视频成为新的流量生产力。进入 5G 时代,视频加载速度更快,视频应用更为普及,也更为丰富。有观点认为,视频化生存、表达与转型是"全媒体表达和融合生态质变的关键"②。

从融合出版的视角来看,新技术也在推动出版业的生态重构,其内容形态将是文字、图片、音频、视频乃至线上线下服务等多形式、多要素、多介质融通的资源聚合体。视频之于融合出版的应用乃至意义将远胜以往。

媒体融合是一项复杂的系统工程,其最终任务是要解决主流舆论传播力、引导力、影响力和公信力问题。媒体融合初级阶段的实践表明,把短视频或者包括直播在内的视频化应用作为传播渠道的延伸、作为表达形态的补充,对于媒体机构拓展影响力,是有局部作用和短时效果的。但是很多情况下,尤其是对出版行业来说,短视频应用陡然增加了生产负担,却并没有带来生产力转化,更遑论"质变"飞跃。

随之而来的问题是:在媒体融合向纵深推进阶段,如何理解以短视频为主的视频化发展之于当下融合生态"质变"的关键作用?笔者认为,仅仅从时间长短、形态简丰、渠道多寡等形式层面来认识视频化、理解短视频,这在理论上是狭隘的,在实践中,已被证明收效甚微,抑或行之不远。正如有学者指出,视频将成为 5G 时代社会表达的核心语言,"面对如此繁杂的一种话语方式和表达逻辑的改变,无论是主流价值观的传播,还是在社会沟通中形成共识,都有很多问题要解决"③。

短视频作为社会视频化表征,我们只有深入其内里,把握其机制和规律,才能较为清楚地理解当下出现的新形态、新现象之隐含意义,也才能更好地理解视频之于融合生态质变的关键作用及其可能的价值创造。

一、全新的结构机制:视频文本化及其价值

当人们谈及短视频之于媒体融合的意义时,常用"全媒体表达"一词来描述其特点及优势,认为它体现了"从静态到动态,从可读到可视,从一维到多维的升级融合"④。笔者认为,这只是"全媒体表达"的一个层面,即"表达元素的全媒体化",视频语言集图文声像影音于一体,汇聚了所有媒介的表达元素,创造了直观生动的吸引力,

---

① 字节跳动.2019 年抖音数据报告[R/OL].(2020-01-06)[2020-02-22].http://www.199it.com/archives/993771.html.
② 参见钱蔚 2019 年 5 月 29 日在成都"第七届中国网络视听大会"上的演讲"创新可感 未来可期 做'5G+4K+AI'全媒体应用的实践者"。
③ 参见喻国明在 2019 年 6 月 25 日北京"中国社科院新媒体研讨会"上的发言:"两高两低的革命性技术,中长视频将成最主要表达方式。"
④ 参见丁伟在 2019 年 11 月 19 日深圳"2019 智慧媒体年会"上的发言:"用智慧赋能传播。"

因此，相对于文字而言，在社交平台上，以短视频、移动直播为代表的视频形态更具吸引力，能更有效地增强用户黏性。"全媒体表达"的另一个层面是"表达介质的全媒体化"，短视频等可以嵌入一切媒介中进行融合表达，诸如电子邮件、H5、文字等，这是不同于传统影视的叙事方式，其内在作用机制，被笔者称为"视频文本化"①。

所谓视频文本化，是指视频在互联网环境中可以剥离成最小独立形态"帧画面"，且"帧画面"可以被用户阐释和作用，就像"词汇"，人们可以随取随用，自由表达。②电视影像的叙事机制则完全不同，虽然"帧画面"也是电视影像的最小单位，1帧等于1/24秒的画面，但是它不能独立表意，是电视"流"的元构成。电视"流"是英国文化学者雷蒙·威廉斯于1974年提出的。他认为，电视是"由各种行为、活动、表述、表演汇成的影像流"，其本质特征是"一个连续的流程"。③ 也就是说，电视叙事形态是一个线性连续的有机体，节目与节目（包括广告）相互交错组接，形成了源源不断的播出流。电视"流"反映了影像生产的文化霸权，因为生产和传播的权力掌握在专业人士手中，观众是无法参与其中的。

视频文本化打破了电视"流"的结构，创造了新的叙事方式。视频可以被用户任意裁剪，短可单帧，长则无限，且无论长短，皆可表意；可以被任意嵌入且无缝连接到任何场景、任何介质中；可以被几乎无技术障碍地修改、标注、评论、转发，形成新的非线性的意义流。在这样的机制作用下，那些非逻辑方式、场景性表现、关联性因素等也越来越多地进入人们的沟通系统，比如，在巴黎圣母院的大火中，除了大量电视报道，民众聚集街头低声吟唱祈福的短视频、老电影《爱在落日余晖下》的小片段、巴黎圣母院内景VR视频等，瞬间在微信朋友圈走红，不断关联出各种话题。

视频文本化为人们用视频自由表达提供了技术条件，隐含着影像生产和传播的权力转移，短视频也得以成为人与人之间、人与社会之间新的连接方式。我们能否在实践中洞察并激活短视频的这种结构机制或者说连接机制，能否把握其所蕴含的新的叙事价值，可能会直接影响到社会沟通、意义传达的成效。

比如，截取某一画面、上传局部段落、关联多个场景，这些做法都具有突出特定含义、强化情绪的叙事功能，可以凸显"意义瞬间"，又超越"瞬间意义"，因为在网络传播中，脱离了完整语境的视频片段反而更引人注目，原本转瞬即逝的细节画面可以被反复揣摩出新意。这样的机制作用也是双刃剑，尤其是在公共事件中异常活跃的很多视频貌似"眼见为实"，实则真伪难辨，容易点燃社会情绪。

比如，动图（GIF格式）叙事。动图堪称"迷你视频"，通常不超过5秒，既可赋予"瞬

---

① 王晓红.视频文本化及其技术功能初探[J].新闻爱好者，2013(3):7-12.
② 王晓红.视频文本化及其技术功能初探[J].新闻爱好者，2013(3):7-12.
③ 威廉斯.电视:科技与文化形式[M].冯建三，译.台北:远流事业股份有限公司，1996:86.

间"内容以强大吸引力,又能承载静止画面或长视频所无法表达的含义、情绪。人们习惯以娱乐方式使用动图,却低估了其所潜在的叙事价值。2019年春节,京东集团以"红的寄托"为主题,推出一组动图,通过动静反差、色彩反差,"中国红"所蕴含的文化意义跃出动图场景,直抵人心。

总之,短视频不仅可以满足碎片化、移动化、社交化的阅读需求,其可截取、可嵌入、可重构的文本化机制,还在深刻作用于社会表达,创造新的叙事价值。对于融合出版来说,出版载体从纸质媒介向多终端扩展,全媒体出版成为常态,这对出版人提出了新的能力要求。出版人是否善于使用视频来拓展传播力,是否善于配置各类表达方式来开掘转发力,这些都取决于对视频叙事机制的理解与把握。

二、全新的功能机制:视频口语化属性

2020年1月19日下午,习近平总书记在云南和顺古镇考察,偶遇几十名游客,突然一名游客大声询问:"彭妈妈呢?"总书记回答说:"没来","过年了,都在家里忙着呢"。游客呼应道:"我们爱你们!"当天,这段15秒视频被迅速热转,网友评论"总书记这样拉家常太赞了"。两天后,该视频网络总转发量达到24亿,其影响力远超同期电视台播出的同题报道。这段视频无论在抢拍反应、竖幅构图、声音拾取还是传播影响力、感染力上,都堪称新媒体时政报道的经典,也是中央广播电视总台融合传播的一次成功实践,正如创作者事后总结说的,"高质量圆满完成新闻联播大屏拍摄是守正,全手段开发适合新媒体传播的拍摄形态是创新"。那么,什么是适合新媒体传播的视频形态呢?是由长变短的拆条?是由横变竖的构图?事实上,这条短视频之所以深受喜爱并且形成强劲的网友自转发态势,关键在于其"拉家常"的内容和语态。

在今天的视频传播中,主流媒体时常会困惑于这样的情形:为什么有时候在同一内容上,精良的专业制作反而不如粗糙的自媒体视频更具有传播力?这是因为在社交媒体的传播中,视频传播的语境及其语态已经发生变化,人们可以随时、随地、随机地拍视频、看视频、用视频。当视频表达消除了技术障碍,可以"脱口而出"时,视频就获得了人际交流的口语属性。

短视频在语态上有着天然的亲近感和随意性,因为它可以不经过如电视节目那般复杂且高度组织化的生产程序,其内容也可以直接取自生活,呈现即时、互动、非正式、结构散漫的"口语性"①。如果说电视语言是规范专业的,讲究起承转合,强调完整、严谨,强调内容价值,就像是视频的"书面语言",那么短视频则像是视频的"自然会话",

---

① 卡斯特.网络社会的崛起[M].夏铸九,王志弘,译.北京:社会科学文献出版社,2006:341.

不事雕琢,你问我答,话轮转换。

有学者认为,传播并不简单是信息的载体,它是组织形成概念并借之获得交感意义的过程。① 同样,那些貌似缺乏内容价值的视频之所以受到喜爱,不在于它表达了什么内容,而在于它有着维系情感联系的功能。当视频化表达成为我们社会重要的语言形态的时候,这种功能将进一步得到凸显。

在这样的视角下,我们来看 Vlog(视频日志)的流行、政务号入驻抖音,就不难理解,轻量、简短、便利只是条件或形式,重要的是要建立一种朋友般的亲切、随和、平等、令人信赖的对话关系,像和朋友谈话一样说话,建立明确的对象感。以有着 500 万粉丝的抖音创作者"@ 大漠警示"为例,他是一位法医,喜欢以 Vlog 方式记录警察的工作。在一次打击诈骗专项行动中,他以 Vlog 形式发布了一条 2 分 25 秒的短视频,这条视频的全网总播放量已经超过 3 亿,而他制作这条视频最初只是要"做给在逃罪犯"看的,结果仅 40 小时就有 82 名在逃人员看了视频后自首。警察的题材固然具有吸引力,但是能够在海量视频中跃出,深受众多粉丝追捧,是因为其令人信赖的语态,"用最接地气的方式讲人话,用最直接的方式讲实话,用最简单的方式讲硬话,用最欢乐的方式讲感动"②。

实践证明,在很多情况下,短视频的感染力、转发力不在于信息价值,而在于情感共鸣,或者维持交流。如果我们依然无视这种新的表达语态及其社会逻辑,缺乏对这类成分的重视与把握,那么我们势必无法把控这类新的文化形态、无法达成传播成效。

纵观媒体融合实践,不少传统媒体以短视频+直播为抓手,试图通过培养"媒体网红"来重构传统媒体的产业模式,也就是说,依托自身的专业优势,打通媒体资讯+线上店铺、线下服务,同时依托主持人的影响力和号召力,采取电商平台+直播等多种模式,孵化"媒体网红",以此实现流量变现等产业收益。这种内容生产方式和运营思维模式的重构,需要内部机制调整到位,需要平台化思维,需要媒体组织魄力。然而,仅有这些并不必然能够将主持人转化为"正能量网红",它还需要媒体人与传播对象之间建立起朋友般的对话关系,实现关系认同及情感共振。

当然,这并不是说短视频就应该是低质量的,事实上,有创意的或者高品质的视频同样容易赢得喜爱。总书记在和顺古镇的短视频,其实也是中央电视台时政报道团队在新媒体平台上一次秣马厉兵的检验。报道团队事先研究了大量横竖幅短视频,专门增加了用微单相机拍摄竖幅视频的摄像记者,并且在运镜、构图上追求贴近网友收视心理,视频表达上追求原汁原味,由此看来,这条视频实现了形式和内容的统一。

---

① 姆贝.组织中的传播和权力:话语、意识形态和统治[M].陈德民,陶庆,薛梅,译.北京:中国社会科学出版社,2000:21.
② 李漠.用短视频讲述新时代警察故事[Z].上海:抖音创作者大会,2019-08-21.

传播的自主性和人际化促进了人们表达自我、维系情感的需求，也创造了沟通交流的情境需求。以此来理解短视频的价值及功能，出版机构或许可以获得理解新的社会需求和实现有效传播的新途径、新语态。

三、全新的交流机制：重返"面对面"的互动情境

2020年春节，新冠疫情防控期间，知识分享平台得到App推出了一档网络节目"十日谈"。创意来自600多年前薄伽丘创作的《十日谈》，当时的欧洲也正经历着一场瘟疫。得到App连续10天、每天下午邀请3位讲师开设3小时的讲座直播，免费向社会开放观看渠道。每天超过2万人、最高有4万人同时在线参加讲座，累计358万次观看。尽管这是以知识分享为主的传播，重要的是老师的讲解，但是视频增加了其溢出价值，尽管镜头时常晃动，但是这丝毫不影响它的吸引力，因为对于观众来说，以往只是从得到App"听课"，现在仿佛可以进入"熟悉的陌生人"家中，与之对谈。在此，视频以"可见"的形式实现大众传播和人际传播的共同作用，创造了新的生活化的共处情境和互动场域，借用布尔迪厄的话，这是"一种被赋予特殊引力的合理构型"，可以吸引对象与个体充分融入。

人类媒介技术的发展总在不断扩展且深化人与人之间的连接。从最初的面对面人际交流，到借助媒介技术不断拓展交往与互动，传播形态在逐步还原人体的各种感觉，从声音、画面到活动影像进而到现场情境，最终借由互联网，尤其是网络视频，得以让人远程重返"面对面"交流情境。用传播学者布鲁斯·格龙贝克的话来说，通过远程的和多种信息的中介，人们重新回到了参与式经验——重新掌握视觉形象的经验。[①]

短视频创建了"面对面"的互动场景，对于融合传播有着特殊的价值。

首先，短视频以可见的方式把抽象物诸如知识变成了一种可感、可触的空间形态。在这样的形态中，网络与现实被连通，知识的生产者、讲述者、传播者、接收者，还有视频所展开的场信息环境，共同构成统一的知识体。讲述者本身成了知识的一部分，使得知识具有了人格化和场景化的魅力。这样的知识不再是平面的、抽象的、艰涩的，而是立体的、直观的、生动的，也是丰富的、现实的，更是可得的、易得的。当精深的专业知识与短视频的口语属性、人们的日常经验相连接，知识的分享与学习就成为具有平等意义的交流过程。我们可以看到，为了在短时间内把原本专业的知识准确、有效地传递出去，视频创作者会用尽可能简单直白的语言把知识讲得深入浅出，提高知识的

---

① 格龙贝克.口语—文字定理与媒介环境学[M]//林文刚.媒介环境学：思想沿革与多维视野.何道宽，译.北京：北京大学出版社，2007：277-279.

趣味性。知识还会因可见的"人"而具有温度。在传播过程中,知识的呈现还与传播主体的个性紧密联系,使知识具有人格化特征,也让学习知识的过程就好像一场友好的对话。依托社交平台,知识的生产者和接收者你应我答,学习的过程也因此变得轻松愉悦。

其次,短视频所展开的"交流情境"不再只是一个人的观看行为,而是多人、多场景、多任务参与其中、开放协作的实践过程。因此,内容生产方与用户之间、用户与用户之间的互动联动,成为创造价值的关键节点。例如,风靡全球的"开箱视频",抖音上动辄数万点击量的"拆盲盒",都是以看似最简单的记录方式,呈现人们从包装盒中取出玩具的各种富有创意的"拆箱场景"。值得思考的是,这类看似简单的开箱视频甚至影响玩具企业改变了其包装策略。原因就在于,短视频超越了"信息"意义,创造了共享拆箱情境的场景,在这样的场景中,视频功能已经"超越了观看",因为视听内容与人的消费行为、使用情境(包括情感活动)形成深度连接,不仅重塑了消费,甚至成了消费本身。

新技术在不断深化人与世界的交往情境,诸如大数据、人工智能、虚拟现实、5G、智能硬件等新技术,正在创造出更多视频化生存的新场景。2019年2月,日本内政部推出短视频《连接5G以后的世界》,以男主人公回乡参加父母金婚庆典为结构线,清晰展示无人驾驶技术、视网膜投影技术、无人超市自动扫描付款技术、随机切换频道的实时翻译技术对人类生活的影响,特别是影片最后,通过全息投影,远方的女儿和庆典团队被拉到父母面前,实现了穿越空间的面对面实时沟通。正如曼纽尔·卡斯特所预想:"当视频影像与每个终端互联互通,人的感官也将被场景全方位调动,人们会身处一个更加精准、更强互动、视觉效果逼真的全感官环境中。"[①]新技术已经把人们带入这样万物皆屏的世界,包括出版在内的传媒业的原有边界将进一步消解,短视频也会演变为新的形态。

除了以技术革新为支撑,媒体深度融合的问题依然是如何理解、把握、深度契合视频消费者的使用场景及其情感期待,这决定着传播的成效、融合的实效。

四、全新的创新机制:开放的价值共创

从技术上延展并且创新人们的活动空间,这是短视频对于社会及社会创新的最大价值和最重要意义。短视频打通了现实空间和网络空间,在广度上,它汇聚了所有人的活动,包括既往我们从来不知道的他人的活动;在深度上,它以"可见"特质更为细

---

① 卡斯特.网络社会的崛起[M].夏铸九,王志弘,译.北京:社会科学文献出版社,2006:309-310.

腻、生动地展现了所有活动的细节和个性。因此,短视频在呈现人的活动方式、服务生活需求、表达社会观念的深度、广度与速度上,远胜以往。英国社会学家安东尼·吉登斯有一个观点,即当社会习惯以某种方式交流时,它势必内化为人们的观念结构,进入社会再实践的领域,以集体无意识的方式形成新的社会活动,表现为日常化、惯例化。①

短视频也是如此。以分享为标志,短视频天然带有社交属性,可以说,分享视频的出现是新旧视听传播的分水岭。能否抓住新媒体"社交化"的本质,将公众参与纳入内容生产和再生产中,决定了用户黏性。今天,人们已经越来越习惯用自拍的方式呈现自己、表达自己,以随时、随机、随地、可见、可感、可用的方式来参与,在参与中分享,在分享中学习,在学习中创新,这极大地改变了原来的传播形态和自我发展的方式。这种参与、分享、使用的模式深刻影响着社会观念和生活需求,其核心要义是开放的竞争。这对主流媒体提出了深刻命题,即如何在一个完全开放的环境下建设内容;如何激活用户参与的动力,让用户成为新的生产力。

"央视频"和"人民日报+"的推出体现了这种观念上的进步。以央视频为例,与"央视影音""央视新闻"等 App 不同,"央视频"不仅有央视的既有资源,而且构建了"账号森林"体系,通过汇聚优质自媒体账号及各类社会账号,广泛连接社会资源,壮大主流声音,呈现史无前例的开放格局和生态追求。所谓生态追求,就是在平台中形成一个多样性程度很高、彼此分工合作的生态体系,各种平台要素之间充分联动,相互依托来成就内容的价值链,实现价值共创。

对于融合出版而言,协同创意、协同编辑、协同发布正在成为潮流。其中同样隐含着新的价值共创观念,即通过引导公众参与价值共创以提升用户体验价值和黏合度。在此情形下,出版社的定位可能正在发生变化:从内容生产者转向价值创造的组织者、引导者;从掌握自有资源转向充分利用网络开放性和互动性,汇聚资源,通过多方协同共同创造价值。

今天,知识付费时代来临,日益丰富的线上内容变现形式加剧了对纸书的冲击,移动互联网技术已渗透出版发行的各个环节。如果出版业还是立足于纸质出版的经验阶段,将难以适应未来整个社会对于内容的消费需求。短视频对于融合出版的作用可能是局部的、微观的,但是,透视并把握短视频的内在机制,有助于我们更深刻地理解 5G 时代视频化表达的内容生态,提升与融合发展相适配的专业技能。从此意义上看,短视频打通了传统媒体人迈向融合时代的快速通道。

---

① 吉登斯.社会理论的核心问题[M].郭忠华,徐法寅,译.上海:上海译文出版社,2015:135.

讲好中国共产党故事的短视频叙事效果与提升策略*

◎ 陈先红　袁文霞**

摘要："讲好中国共产党故事"是回应社会关注和国际期待的一种有效方式。中国共产党故事能否融入青年群体，能否达成社会共识，直接关系到中国共产党叙事的传播效果。基于"建党百年"优秀展播作品的调查数据，重点探讨青年群体广泛使用的短视频如何影响中国共产党故事的说服效果时发现：第一，短视频更容易建构一种"运输"状态，成为吸引青年群体观看并参与政治议题的新动力，通过青年群体视角讲好中国共产党故事更具可行性。第二，青年用户对领袖故事的熟悉度、对党员的兴趣以及对基层党组织叙事体验的增强会促进短视频的说服效果，同等情况下，剧情类短视频会降低用户的自我反驳程度，产生更高的运输效果。第三，"叙事运输"为提高中国共产党故事的说服效果提供了理论支撑，讲好中国共产党故事，不仅在于讲什么、谁来讲、怎么讲，更在于如何让用户沉浸于故事中，形成与故事一致的信念。

关键词：讲好中国故事；讲好中国共产党故事；叙事运输理论；短视频叙事效果；提升策略

讲好中国故事的核心就是要"讲好中国共产党故事"①。习近平总书记在中国共产党第二十届中央政治局常委同中外记者见面会上明确提出"客观真实向世界讲好

---

* 本文原载于《现代出版》2023年第4期，收入本书时有改动。
　课题：教育部哲学社会科学重大课题攻关项目"讲好中国故事与提升中国国际话语权和文化软实力研究"（编号：17JZD038）。
** 陈先红，华中科技大学新闻与信息传播学院教授、博士生导师；袁文霞，华中科技大学新闻与信息传播学院2020级博士研究生。
① 习近平.高举中国特色社会主义伟大旗帜　为全面建设社会主义现代化国家而团结奋斗：在中国共产党第二十次全国代表大会上的报告[M].北京：人民出版社，2022.

中国故事,讲好中国共产党故事,讲好我们正在经历的新时代故事"①。中国的发展离不开世界,世界也需要更好地读懂中国、读懂中国共产党。在当前风急浪高甚至惊涛拍岸的严峻国际形势下,如何选择合适的话题和方式讲好中国共产党故事,增加受众对中国的关注和理解;如何进一步表达正确而积极的国家态度,提高中国共产党故事的叙事说服效果,成为新时代讲好中国故事的重要议题。

随着中华人民共和国成立七十周年、建党百年等一系列重大事件纪念活动展开,相关新闻报道和文艺作品不仅构成了主导性的社会舆论,也渗透了短视频社交平台,既为青年群体与国家核心议题互动提供了新场域②,又为中国故事对外传播提供了观察窗口。综观"建党百年"短视频传播,不难发现,在五千年的历史长河中,中国共产党延承了注重反躬自省、克己修身的政治文化,该类传播通过短视频的娱乐性促进用户对中国共产党的理解,还通过镜像现实,使用户在故事世界中"旅行",与"建党百年"短视频建立起根植于中华文明根基的过程叙事、长期革命实践的体验叙事和一整套自我革新的结果叙事。

在短视频叙事中,用户利用过去的经验、知识和个性重新构建故事,又因为强烈渴望被娱乐、逃避现实或改善日常生活的欲望,产生不同的情感反应与认知反应。虽然研究者们承认讲故事是媒介影响用户感知的重要手段③,短视频提高了用户对中国共产党故事的生产与传播的参与度④,但相关研究主要从定性层面聚焦主流媒体短视频账号的叙事框架⑤、中国共产党的故事议题⑥、传播策略⑦以及形象认同⑧等,鲜见利用定量的方式对中国共产党故事的短视频叙事效果进行测量的研究。

基于此,本研究运用"叙事运输"理论,以中宣部推出的"建党百年"短视频优秀展播作品为例,从认知处理、情感卷入和心理意象等维度探讨短视频的说服效果,并对如何利用短视频讲好中国共产党故事进行效果研究和对策建议,以期提升中国共产党故事的传播力,进一步丰富视觉说服有效性的相关研究。

---

① 习近平.在二十届中央政治局常委同中外记者见面时的讲话[EB/OL].(2022-11-15)[2023-06-25].http://jhsjk.people.cn/article/32566870.
② 梁君健,李春苗.快进历史:主旋律影视混剪中的叙述实践与情感表达[J].新闻与传播研究,2023,30(4):84-97,128.
③ LIEN N H, CHEN Y L. Narrative ads: the effect of argument strength and story format[J]. Journal of business research,2013(66):516-522.
④ 石雪.新时代青年"讲好中国故事"能力研究[J].新生代,2023,379(3):15-20.
⑤ 柳丹,杨尚勤.习近平关于"讲好中国故事"重要论述的历史方位与战略逻辑[J].学术探索,2022,276(11):39-47.
⑥ 范海龙.新时代新征程向国际社会讲好中国共产党故事的价值意蕴、内容定位及路径选择[J].思想教育研究,2022,341(11):90-97.
⑦ 曲青山.讲好中国共产党的故事[J].中国新闻发布(实务版),2023,15(3):7-10.
⑧ 翟佳琪.讲好故事塑形象:中国共产党对外宣传的百年历程[J].党建,2023,421(1):51-54,43.

一、理论视角与研究假设

短视频"叙事运输"是讲故事研究中的一个新兴课题。过去二十多年中,叙事运输研究吸引了不同国家、不同学科学者的广泛关注。叙事运输理论的基本术语是故事、叙事、讲述者和故事接收者。进入故事世界的运输被概念化为一个独特的心理过程,是注意力、想象力和心理感受的综合融合,它阐释了故事接收者如何通过自己的偏见主动解释故事的过程。该理论最早适用于文本故事,关注读者在故事中的"旅行体验"与其态度改变、出现参与意愿等积极后果之间关系的简单假说。[1] 随着媒介技术的变革,叙事运输后来发展为一套解释用户在不同媒介中沉浸方式的系统理论。有研究显示,视频的媒介属性,特别是提高受众注意力的方式,使某些类型的沉浸更有可能发生,甚至比文本体验更甚。然而,似乎很少有研究关注视觉媒介的叙事运输效果。

对视频而言,用户更容易接近直接经验并在故事中迷失,他们会通过态度和意图的变化来反映这个故事。[2] 以叙事为中心的短视频广泛接受了叙事运输的理念[3],有意将教育内容放置在娱乐中[4]。这表明,通过短视频了解用户对中国共产党故事的"吸收"是一个潜在的富有成效的研究方向。基于此,本研究主要关注"建党百年"故事在短视频使用及融合过程中的娱乐社交属性、视觉沉浸与用户态度之间的关系,在叙事运输理论模型的基础上,从认知、情感、意象视角了解中国共产党故事对用户的说服效果,并以此为基点推动用户参与讲好中国共产党故事,逐步为相关研究提供更多的理论支持。

(一)"建党百年"短视频中的叙事运输

心理学家理查德·格里格(Richard Gerrig)认为,文本故事中的叙事运输是由"故事情景"引发的[5],故事的角色、情节和逼真度会刺激运输能力,使读者在"故事中旅行"时受到故事中嵌入的信念的影响,从而降低自我意识,这为理解用户如何进入"建

---

[1] SINGHAL A, ROGERS E M. A theoretical agenda for entertainment-education[J]. Communication theory, 2002(12):117-135.
[2] GREEN M C, KASS S, CARREY J, et al. Transportation across media: repeated exposure to print and film[J]. Media psychology, 2008(11):512-539.
[3] VAN LAER T, DE RUYTER K. In stories we trust: how narrative apologies provide cover for competitive vulnerability after integrity-violating blog posts[J]. International journal of research in marketing, 2010(27):164-174.
[4] MOYER-GUSE' E. Toward a theory of entertainment persuasion: explaining the persuasive effects of entertainment-education messages[J]. Communication theory, 2008(18):407-425.
[5] GREEN M C, BROCK T C. The role of transportation in the persuasiveness of public narratives[J]. Journal of personality and social psychology, 2000(79):701-721.

党百年"短视频故事奠定了基础,它通过"旅行"的隐喻解释了用户在短视频中的"迷失"。

"建党百年"是凝聚与深化用户的中华民族共同体意识的重大政治议题。在历史交汇的关键节点,它以短视频的娱乐性锚定青年群体,涉及国家开展"建党百年"活动的讯息、地方举行的庆祝活动、个人对"建党百年"的纪念形式等,从宏观、中观、微观层面展示了关于党史、英雄角色、著名战役以及当代为建设祖国作出贡献的人物的时空对话,跨越了历史、地域、年龄。在认知上,将中国共产党故事厚植于中华文明的反省反思传统,以共同记忆的方式拉近用户与政治议题的距离;在情感上,采用特写、音乐、文字相融合的方式表现共产党人可信、可爱、可敬的形象,丰富用户个性化的情感需求。短视频通过逼真的现实场景让用户更好地沉浸在"建党百年"故事世界中,透过用户视角传递主流声音,凝聚社会共识。

目前,已有多种模型解释叙事运输的过程,所有模型都把用户能否"迷失在故事中"视为叙事运输机制成效和效果好坏的关键因素。既有研究根据情境对其进行了各有侧重的调整和优化,但叙事运输模型在其他媒体中的运输方式是否相同尚未得到充分检验。[①] 因此,本研究在以往理论模型的基础上,将"建党百年"短视频中的叙事运输被概念化为"用户对中国共产党故事的认知处理、情感卷入和心理意象",并探讨三者在不同类型短视频中的叙事运输能力以及对用户态度、行为的影响,由此揭示短视频已成为青年群体参与政治议题的重要场域和塑造政治态度的重要工具。

(二)"建党百年"短视频中的认知处理:编码、存储和检索

用短视频讲故事改变了媒介景观,创新了用户的媒介实践,产生了一种新的文化衍生品。以"短视频故事"[②]为核心的互动叙事渗透社交媒体生态系统,培育了网络用户搜索、制作和分享中国共产党故事的媒介实践。"建党百年"短视频将用户带入了一个充满理想与信念的故事世界,形塑着用户对中国共产党形象的认知。短视频叙事运输为中国共产党形象建构提供了一种方法,把分散的、碎片化的用户感官体验凝聚为一致性的想象,成为构建认同感和说服力的重要手段之一。[③] 对青年群体而言,他们对中国共产党的认知很大程度上是通过短视频中介实现的。短视频对"事件、人

---

① HINYARD L J, KREUTER M W.Using narrative communication as a tool for health behavior change: a conceptual, theoretical, and empirical overview[J].Health educ. behav., 2007(34):777-792.

② VAN LAER T, DE RUYTER K.In stories we trust:how narrative apologies provide cover for competitive vulnerability after integrity-violating blog posts[J].International journal of research in marketing, 2010(27):164-174.

③ 霍尔.文化身份与族裔散居[M].罗钢,刘象愚,译.北京:中国社会科学出版社,2000:210.

物、背景"的组合,必须可信且被视为有效叙事①,才有利于用户对"建党故事"进行编码和存储,形成令人信服的视觉效果,作为用户信念和行动的指南②。

当下,推进视觉叙事运输研究的关键在于探索认知的运作机制。双重编码理论(DCT)假设信息以双重方式存储在记忆中——视觉图像和语言联想。③ 短视频中的记忆涵盖了三个重要的认知过程:信息的编码、存储和检索。④ 当用户并行处理短视频中的图像和语言信息时,大脑不同的认知区域会被激活⑤,视听效果优化了用户对中国共产党故事的认知过程,将认知资源从现实世界投入故事世界。感知刺激时,中国共产党故事的模式或语义结构会被编码并存储在用户记忆中,影响其对主观意义的理解。用户如果找到与中国共产党故事有意义的联系,认知资源就会缺乏对"客观"现实的推敲,叙述在意义上变得过于淡化时,用户会对其进行多种意义解释。

值得注意的是,短视频叙事促进了从故事中构建意义的不同方法的生成,这时,认知就会建立在对故事来源的检索上。短视频的叙事视角、情节、人物、音频和视觉会影响用户对认知来源的检索,视频创作者可以通过操纵这些元素来达到不同的传播效果。在健康传播研究中,开发者会根据推断用户的偏好改变信息来源或叙事中关键人物的属性以吸引不同的接收者。⑥ 还有一些研究表明,视觉媒体更强调消息来源属性的重要性。⑦ 对建党前后国内商业报纸关于"共产党"报道的研究也指出,消息来源是影响报道和立场的主要因素。⑧ 基于此,本研究提出以下假设。

H1:用户对"建党百年"短视频的认知程度越高,短视频的叙事说服效果越强。

(三)"建党百年"短视频中的情感卷入:用户与角色之间的情感互动与意义协商

叙事传播带来的感染力量之所以会对人们产生显著而深刻的影响,是因为用户与

---

① LABOV W, WALETZKY J. Narrative analysis: oral versions of personal experience[J]. Journal of narrative and life history, 1997(7):3-38.
② FISHER W R. The narrative paradigm: in the beginning[J]. Communication monographs, 1985(52):348-367.
③ PAIVIO A. Dual coding theory: retrospect and current status[J]. Canadian journal of psychology/revue Canadienne de psychologie, 1991(45):255.
④ BADDELEY A D, EYSENCK M W, ANDERSON M C. Memory[M]. New York: Psychology Press, 2015.
⑤ HERRMANN B, MAESS B, HAHNE A, et al. Syntactic and auditory spatial processing in the human temporal cortex: an MEG study[J]. Neuroimage, 2011(57):624-633.
⑥ WALTER N, MURPHY S T, FRANK L B, et al. Each medium tells a different story: the effect of message channel on narrative persuasion[J]. Communication research reports, 2017(34):161-170.
⑦ GRABER D A. Seeing is remembering: how visuals contribute to learning from television news[J]. Journal of communication, 1990(40):134-155.
⑧ 张振亭,张桂杰.报道"共产党":建党前后国内商业报纸关于"共产党"的媒介呈现研究[J].新闻与传播研究,2021,28(12):5-20,126.

角色之间建立的情感连接。在情感社会学研究中,情感被视为文化、社会结构和生物力量复杂互动的结果,而叙事是人类情感互动、群体凝聚的重要方式,故事创作者经常采用戏剧化的场景唤起用户的情感反应。① 情绪传播理论也认为,产生心理唤起的故事更容易在社交网络中形成病毒式传播并被分享,在感受层次上,情感使个体与所属的群体建立了联系。②

短视频的视觉化再现了故事讲述者与接收者的情感反应,他们通过故事角色建立情感连接以及相同的情感网络,最终建立情感共同体。③ 用户与讲述者、故事角色"共情"时,就能在具体的故事实践中进行反复的情感互动与意义协商,把正面积极的情感与对故事的体验联系起来,间接影响短视频叙事和叙事运输之间的关系。

"建党百年"短视频借助故事情节、角色以及时间脉络,通过一系列具体的、能够迅速激发用户情感力量的内容,吸引用户参与其中,借此形成情感卷入的叙事策略。④ 用户观看"建党百年"短视频时会面临多种情绪,当他们发觉角色本身与自己有类似的共同特质时,很容易产生情感转化,形成与角色之间的情感共振,并在特定的情况下将这种情绪转化为行动。基于此,本研究提出以下假设。

H2:用户对"建党百年"短视频叙事的情感卷入度越高,短视频的叙事说服效果越强。

(四)"建党百年"短视频中的心理意象:想象、模拟与体验

意象被定义为在一个人脑海中由刺激引起的心理图像,涉及一个深度具体化的心理模拟⑤,以"想象"的个人体验传达复杂的社会信息,使其更容易理解⑥。在一系列研究中,G.F.考夫曼(G.F.Kaufman)和 L.K.利比(L.K.Libby)提出了"体验取向"的概念,即受众在故事中扮演特定角色,所有心理系统都集中于产生对故事的想象的替代体验,并通过他们的眼睛模拟事件⑦,促进了感知、运动和内省状态的再现。这些

---

① BOLLS P D, LANG A, POTTER R F.The effects of message valence and listener arousal on attention, memory, and facial muscular responses to radio advertisements[J].Communication research,2001(28):627-651.
② 郝拓德,罗斯,柳思思.情感转向:情感的类型及其国际关系影响[J].外交评论(外交学院学报),2011,28(4):40-56.
③ 李正峰,张丽君.绿色广告文字能让消费者感同身受吗?——基于广告说服情感路径的检验[J].新闻大学,2021,185(9):104-115,120-121.
④ 沃尔-乔根森,田浩.数字新闻学的情感转向:迈向新的研究议程[J].新闻界,2021(7):25-32.
⑤ ZWAAN R A.The immersed experiencer:toward an embodied theory of language comprehension[M]//ROSS B H.The psychology of learning and motivation.New York:Academic Press,2004:35-62.
⑥ MAR R A, OATLEY K.The function of fiction is the abstraction and simulation of social experience[J].Perspectives on psychological science,2008(3):173-192.
⑦ KAUFMAN G F, LIBBY L K.Changing beliefs and behavior through experience-taking[J].Journal of personality and social psychology,2012(103):1-19.

研究均将意象视为"通过感官生成记忆的过程",揭示了意象可以提高注意力,引发情绪反应,加强上下文的记忆力①,形成对某一主题的态度并留下持久印象。作为叙事的组成部分,单独、孤立的图像不具备影响信念的力量,必须通过"运输"唤起感知,产生特定的叙事体验。心理意象可以被理解为"与角色在一起",是对故事情节和角色的体验反应,用户通过"富有想象力的参与"与创作者共同创造叙事。

在"建党百年"短视频叙事中,用户通过视觉线索、戏剧性的情节结构增强认知和情感参与。将信息与自己的经历联系起来后,用户会对角色产生更积极的态度,减少刻板印象。将意象整合到叙事中,是为了从故事中获取意义而不是仅将之作为修辞沟通的装饰②,这时信息不是通过用户的角度来处理,而是通过角色的角度来处理的③。据此,我们提出以下假设。

H3:用户在"建党百年"短视频叙事中获得的心理意象程度越高,短视频的叙事说服效果越强。

(五)"建党百年"短视频的叙事运输能力:低运输与高运输

M.C.格林(M.C.Green)等人指出,高水平和低水平的运输取决于信息属性(如故事质量)和个体属性(如个体被传输程度)等因素。④ 这意味着,短视频的叙事运输能力取决于传播者和接收者。对传播者而言,"建党百年"短视频叙事类型可分为信息类和娱乐类。⑤ 信息类以人物讲述为主,借助图文、音乐、视频等多种元素,以主讲人的形式,回忆建党百年的伟大征程,通过"讲述人、故事角色、用户"三者的互动,刺激用户的故事沉浸。我们想听优秀的叙述者讲故事,是因为他们知道如何运用自己的技能创造出独特的体验⑥,这有助于吸引用户的注意力,增强用户的参与度。用户对讲述者抱有信任,拒绝不一致的信息,这更利于形成与讲述者一致的态度。娱乐类短视频以剧情演绎的视听效果再现故事发生的场景,视频中的画面远离日常经验,用户

---

① BOHOLM A.Visual images and risk messages:commemorating Chernobyl risk[J].Decision and policy,1998(3):125-143.
② KEY K F,EAGLY A H.Vividness can undermine the persuasiveness of messages[J].Journal of personality and social psychology,1993,65(1):32-44.
③ COHEN J.Defining identification:a theoretical look at the identification of audiences with media characters[J].Mass communication and society,2001(4):245-264.
④ GREEN M C,BROCK T C.The role of transportation in the persuasiveness of public narratives[J].Journal of personality and social psychology,2000(79):701-721.
⑤ 钟智锦,周金金,徐铭达,等.娱乐信息与公共信息的扩散竞争:网络结构和传播主体视角[J].新闻与传播研究,2023,30(3):88-107,128.
⑥ 常江,徐帅.亨利·詹金斯:社会的发展最终落脚于人民的选择——数字时代的叙事、文化与社会变革[J].新闻界,2018(12):4-11.

只有完全沉浸在叙事世界中时,才会达成不同程度的"运输状态"[1]。以往的研究表明,在中国好故事评价指标体系中,"视频"的叙事性是图片的2倍,是文字的3倍[2]。这说明,以画面和声音为核心的剧情演绎类叙事超越了传统意义上的文字讲述。基于信息属性,本研究提出以下假设。

H4a:与信息类短视频相比,娱乐类短视频更擅长为用户创造独特的体验,从而产生高运输效果。

对接收者而言,个体被传输的程度可能会影响短视频的叙事运输能力。并不是所有的短视频都能让用户沉浸其中,即使是一位忠实的文学教师也会对一些经典作品感到厌烦[3]。在被运输的一般趋势中可能存在个体差异,影响用户在故事中的"迷失"程度。相较于老年用户,青年群体更偏好于使用短视频等休闲娱乐应用[4],更容易沉浸其中。基于个体年龄差异,本研究提出以下假设。

H4b:与老年群体相比,青年群体更容易产生高运输效果。

(六)"建党百年"短视频中情感卷入的中介作用

在短视频叙事运输中,情感不应该被视为单纯的心理或生理反应,它产生于人与人之间的互动,具有明确的认知指向[5]。用户根据个人情感和价值目标偏好来评价"建党百年"事件,只有当用户认知与角色相匹配时,用户才会体验到相同的情绪,对故事认知有不同看法的用户会体会到不同的情绪[6],这种促进作用既包括积极情绪也包括消极情绪[7]。可以根据不同维度的故事认知推断出用户所经历的情绪。用户在情感层面上对"建党百年"短视频的卷入,会影响他们对中国共产党故事的评价[8]。在

---

[1] BOHOLM A.Visual images and risk messages: commemorating chernobyl risk[J].Decision and policy,1998(3): 125-143.
[2] 陈先红,李颖昇.基于综合评价法的中国好故事指数研究[J].现代传播(中国传媒大学学报),2021,43(7): 61-69.
[3] GREEN M C,BROCK T C.The role of transportation in the persuasiveness of public narratives[J].Journal of personality and social psychology,2000(79):701-721.
[4] 张舒涵.青少年群体移动短视频沉迷的影响因素研究[J].情报科学,2022,40(8):85-91.
[5] 袁光锋.迈向"实践"的理论路径:理解公共舆论中的情感表达[J].国际新闻界,2021,43(6):55-72.
[6] WONDRA J D, ELLSWORTH P C.An appraisal theory of empathy and other vicarious emotional experiences[J]. Psychological review,2015(122):411-428.
[7] KIM E, RATNESHWAR S, THORSON E.Why narrative ads work: an integrated process explanation[J]. Journal of advertising,2017(46):283-296.
[8] SMITH C A, ELLSWORTH P C.Patterns of cognitive appraisal in emotion[J].Journal of personality and social psychology,1985(48):813-838.

叙事运输中,不应简单地将用户的情感卷入标签化,而应该分析其背后的认知根基和观念。① 据此,本研究提出以下假设。

H5a:情感卷入在认知处理与说服效果之间发挥显著的中介作用。

现有研究显示,尽管情感卷入在叙事说服中具有关键作用,但在短视频叙事中,情感卷入的概念化通常缺乏深度。目前,一些研究人员根据正面和负面影响来衡量情感卷入,但这种方法掩盖了用户情感体验的相关差异。② 角色参与理论预测,用户在故事中的情感卷入会随着心理意象改变,体验到与角色相同的情感。③ 然而,对于不同类型的情感卷入,心理意象产生的效力及影响机制有所不同。

在"建党百年"短视频中,用户的心理意象,包括心流速度④、沉浸流畅度等,反映着他们在情绪推理模式中的沉浸程度,他们的情感表达也不仅是沉浸程度的反映,还会塑造其观念和对身份的认同,也引导着用户对故事世界进行道德评判。"建党百年"短视频中的情感表达,常常会调动各种资源以对用户产生说服效果,这一过程会更完整地呈现叙事运输中的情感意义。据此,本研究提出以下假设。

H5b:情感卷入在心理意象与说服效果之间发挥显著的中介作用。

二、研究方法

(一) 数据收集

本研究以中共中央宣传部宣教局、中央网信办网评局等组织开展的"建党百年"短视频优秀展播作品为例,通过问卷星对2021年8月1日至11月15日的作品进行分层随机抽样,调查样本按照不同地域覆盖了哈尔滨、呼和浩特、沈阳、北京、济南、武汉、长沙、广州、桂林和贵州十个城市。问卷调查了受访者的短视频使用、认知处理、情感卷入、心理意象以及态度、行为等方面的信息,剔除无效或随意作答问卷41份(未超过5%),有效样本共801份。样本的基本情况如下:性别方面,男女受访者分别占34.2%和65.8%,女性居多;年龄方面,18—24岁、25—34岁、35—44岁、45—54岁、55

---

① COHEN A,VIGODA E,SAMORLY A.Analysis of the mediating effect of personal-psychological variables on the relationship between socioeconomic status and political participation: a structural equations framework[J].Political psychology,2001,22(4):727-757.
② 王洪,张斌.用多重视角的影像叙事"讲好中国故事":以中国纪录片的国际传播为例[J].新闻战线,2021(17):54-57.
③ APPEL M,GNAMBS T,RICHTER T,et al.The transportation scale-short form (TS-SF)[J].Media psychology,2015(18):243-266.
④ DAEL N,GOUDBEEK M,SCHERER R.Perceived gesture dynamics in nonverbal expression of emotion[J].Perception,2013(42):642-657.

岁以上者各占69.4%、6.5%、10.5%、10.2%、3.4%,主要为18—24岁的青年用户,55岁以上的老年用户占比较少;教育程度方面,高中及以下学历者占5.1%,大专学历者占9.5%,本科学历者占72.9%,硕士及以上学历者占12.5%,以高学历人群为主;政治面貌方面,中共党员占19.5%,群众占80.5%。将上述各变量的描述性结果加以整理,如表1所示。

表1 样本的基本情况表(N=801)

变量	类型划分	人数	有效百分比(%)
性别	男	274	34.2
	女	527	65.8
年龄	18—24岁	556	69.4
	25—34岁	52	6.5
	35—44岁	84	10.5
	45—54岁	82	10.2
	55岁以上	27	3.4
教育程度	高中及以下	41	5.1
	大专	76	9.5
	本科	584	72.9
	硕士及以上	100	12.5
政治面貌	中共党员	156	19.5
	群众	645	80.5

(二) 变量测量

本研究以格里格对叙事运输的阐释为依托,以"运输—意象"模型[1]捕捉故事的主要维度,包括认知处理、情感卷入以及心理意象[2]。由于原始量表是为文本叙事设计的,因此笔者对其措辞进行了细微修改,修改后的量表涉及了认知处理、情感卷入、心理意象和说服效果等变量,具有良好的内部一致性。

本研究采用李克特七级量表(从1分="完全不",到7分="非常")进行测量,该量表的信度为0.936。传输量表的理论范围为10—70分,分数越高,运输能力越强;说服效果量表的理论范围为5—35分,分数越高,态度越容易发生改变。

---

[1] GREEN M C, BROCK T C.The role of transportation in the persuasiveness of public narratives[J].Journal of personality and social psychology, 2000(79):701-721.
[2] APPEL M, GNAMBS T, RICHTER T, et al.The transportation scale-short form (TS-SF)[J].Media psychology, 2015(18):243-266.

1. 认知处理

关注受访者观看"建党百年"短视频故事时通过不同认知资源对故事内容进行评估。调查中使用的问题是：(1)当我观看"建党百年"短视频时，我可以轻易描绘其中发生的事件；(2)当我观看"建党百年"短视频时，故事世界比真实世界离我更近；(3)当我观看"建党百年"短视频时，我能把自己放进短视频故事的场景中；(4)当我观看"建党百年"短视频时，我很少留意周围的环境。使用7级量表(1＝"完全不"，7＝"非常")来衡量，结果显示，受访者对上述各个陈述的同意度均值分别是4.79、4.49、4.75、5.07，表明受访者对视频故事有一定的认知。将这四个项目合并为"认知处理"综合指数，该指数的取值区间为[1,7]，均值 $M=4.78(SD=1.09)$，该变量的四个构成指标具有较高的内在一致性（$\alpha=0.83$）。

2. 情感卷入

关注受访者观看"建党百年"短视频故事时的情感参与程度。调查中使用的问题是：(1)当我观看"建党百年"短视频时，这个故事使我情绪激动；(2)当我观看"建党百年"短视频时，我可以感受到角色所描绘的情感；(3)当我观看"建党百年"短视频时，我能想象自己处于角色的位置。使用7级量表(1＝"完全不"，7＝"非常")要求受访者指出对三个说法的同意程度，结果显示，受访者对上述各个陈述的同意度均值分别是4.93、5.26、5.28。将这三个项目合并为"情感卷入"综合指数，该指数的取值区间为[1,7]，均值 $M=5.15(SD=1.15)$，该变量的三个构成指标具有较高的内在一致性（$\alpha=0.76$）。

3. 心理意象

关注受访者观看"建党百年"短视频故事时的叙事体验。调查中使用的问题是：(1)当我观看"建党百年"短视频时，我能走进故事发生的年代；(2)当我观看"建党百年"短视频时，我能想象到主要人物的形象；(3)当我观看"建党百年"短视频时，有时我会觉得故事世界与真实世界重叠。使用7级量表(1＝"完全不"，7＝"非常")要求受访者指出对三个说法的同意程度，结果显示，受访者对上述各个陈述的同意度均值分别是5.03、4.76、4.58。将这三个项目合并为"心理意象"综合指数，该指数的取值区间为[1,7]，均值 $M=4.79(SD=1.07)$，该变量的三个构成指标具有较高的内在一致性（$\alpha=0.72$）。

4. 说服效果

关注受访者观看"建党百年"短视频故事后的态度转变。调查中使用的问题是：(1)看完"建党百年"短视频后，我对整个故事有了一个新的理解；(2)看完"建党百年"短视频后，我对故事中讲述的事情有相同的看法；(3)看完"建党百年"短视频后，我对故事中的角色有一个积极的评价;(4)看完"建党百年"短视频后,我对故事中的讲述者有一定的认同;(5)看完"建党百年"短视频后,故事的思想有可能影响我的态度。使用7级量表(1="完全不",7="非常")要求受访者指出对五个说法的同意程度,结果显示,受访者对上述各个陈述的同意度均值分别是4.61、5.00、5.24、5.05、5.09。将这五个项目合并为"说服效果"中态度转变的综合指数,该指数的取值区间为[1,7],均值为 M=5.00(SD=1.08),该变量的五个构成指标具有较高的内在一致性($\alpha=0.91$)。

人口统计学和社会结构变量包括性别、年龄、受教育程度和个体身份,作为控制变量被纳入考查范围。

三、研究发现

本研究通过多元回归分析验证认知处理、情感卷入、心理意象是否能够显著影响说服效果。首先就"建党百年"短视频故事的运输能力做简要描述,结果显示,受访者都会具有叙事运输能力,不受性别影响。其中,剧情类短视频中性别对叙事运输具有显著影响;年龄分布有明显的分化现象,老年群体有相似的叙事运输效果,青年群体的叙事运输效果差异较大;受访者的学历背景和个体身份对叙事运输没有显著影响。

叙事运输理论认为,用户对故事的认知、情感卷入和心理意象是态度、信念和行为改变的关键机制,即使一个故事与用户的价值观不直接相关,叙事运输也会发生,并影响人们的信仰。如表2所示,以人口学、社会结构变量、认知处理、情感卷入、心理意象作为预测变量,进行"说服效果"的阶层回归分析,以信息类短视频为例(如模型4所示),受访者的性别($\beta=.035$,P>.100)、教育程度($\beta=.039$,P>.100)、个体身份($\beta=.035$,P>.100)并未对其态度改变产生显著影响,受访者的年龄对因变量有显著的负面影响($\beta=-.096$,P<.001),说明年龄越大说服效果越低,态度越不容易发生改变,假设H4b得到支持。与55岁以上的老年群体相比,青年群体在短视频中的叙事运输能力更强,应该被重点关注和讨论。此外,认知处理、情感卷入、心理意象与说服效果之间存在显著的正面影响,这为研究假设H1、H2、H3提供了经验支持。

表2 "说服效果"的多元性回归分析结果

	模型1		模型2		模型3		模型4	
	剧情类	信息类	剧情类	信息类	剧情类	信息类	剧情类	信息类
常数	2.952***	2.894***	2.425***	2.225***	2.226***	1.955***	2.067***	1.861***
性别	-.073	.004	-.011	.020	.013	.019	.034	.035
年龄	-.091	-.151	-.123#	-.130**	-.164***	-.136***	-.143***	-.096***
教育程度	-.037	-.069	-.093	-.004	-.088	.005	-.089	.039
个体身份	-.075	.039	-.016	.015	-.035	.025	-.040	.035
$\Delta R^2/(\%)$	.009	.028						
认知处理			.672***	.705	.375***	.339***	.266***	.287***
$\Delta R^2/(\%)$			.445	.519				
情感卷入					.441***	.466***	.213***	.296***
$\Delta R^2/(\%)$					.547	.642		
心理意象							.406***	.349***
$\Delta R^2/(\%)$							.614	.695
Adj. $R^2/(\%)$	.000	.018	.439	.512	.541	.636	.607	.689

注：(1) N=801,表中数字为标准化回归系数。(2) # $P < 0.10$；* $P < 0.05$；** $P < 0.01$；*** $P < 0.001$.

叙事运输是一个独特的过程,在这个过程中,认知、情感、意象起着不可或缺的作用,它使用户在另一个环境中沉浸,涉及意象、情绪和注意力,并能使用户暂时远离原始情境,得分越高表明传输程度越高,用户越能得到和故事一致的信念从而产生更积极的评价。将各变量得分以中位数分割,分为高传输组和低传输组(见表3)。在方差分析中发现,认知处理 $F(23,777) = 33.473$, $P<0.001$、情感卷入 $F(17,783) = 48.473$, $P<0.001$ 和心理意象 $F(17,783) = 56.882$, $P<0.001$ 对说服效果具有显著影响。以剧情类短视频为例对说服效果进行独立样本 t 检验,结果显示,与低运输用户(M=43.42, SD=5.47)相比,高运输用户(M=58.93, SD=5.86)的信念与故事中暗示的信念更加一致,表现了更好的说服效果,两者存在显著性差异[$t(800) = -28.070$, $P<0.001$]。对比各变量均值发现,与观看信息类短视频相比,观看剧情类短视频显示着更高的传输能力,即更高的故事认知、情感卷入和心理意象,同时表现着更好的说服效果,即更偏向于态度的改变(见表3)。因此,H4a 成立。这说明对于视觉媒体而言,娱乐类短视频因为丰富的视觉表现更容易使用户产生代入感,信息类的语言文字会消耗用户的认知资源,影响他们在视频中的沉浸程度。

表3 叙事运输程度均值(标准误)对比

短视频变量	叙事运输程度		P
	高	低	
叙事类型			
娱乐类	58.93(5.86)	43.42(5.47)	.000
信息类	54.34(6.05)	39.47(6.42)	.000
认知处理			
娱乐类	23.28(3.12)	17.22(2.80)	.000
信息类	20.87(3.19)	15.12(3.16)	.000
情感卷入			
娱乐类	18.53(2.13)	13.65(2.33)	.000
信息类	17.30(2.42)	12.53(2.42)	.000
心理意象			
娱乐类	17.12(2.30)	12.55(2.27)	.000
信息类	16.17(2.36)	11.82(2.25)	.000
说服效果			
娱乐类	29.22(4.22)	22.66(4.33)	.000
信息类	27.52(4.02)	20.71(4.20)	.000

本文采用 Bootstrap 法分别检验情感卷入在认知处理、心理意象的过程中与说服效果之间的中介作用。在95%的置信水平下,5 000次Bootstrapping检验结果(见表4)显示,聚焦短视频叙事的认知处理通过情感卷入对说服效果具有显著的正向间接效应($\beta=.295$),效应量占总效应的42.93%,Bootstrap置信区间[.238,.355],区间不包含0,且 $p<.001$。聚焦短视频叙事的心理意象通过情感卷入对说服效果具有显著的正向间接效应($\beta=.258$),效应量占总效应的35.15%,Bootstrap置信区间[.185,.330],区间不包含0,且 $p<.001$,H5被接受。参与主体的情感卷入会受到包括情绪感染、情感披露、情感意愿在内的各种情感因素的影响,在说服效果的预测关系中具有中介作用。

表4 情感卷入作为中介效应显著性的Bootstrap检验95%置信区间

路径	间接效应	标准误	下限	上限
认知处理(X1)→ 情感卷入(M1)	.366	.038	.295	.442
情感卷入(M1)→ 说服效果(Y)	.068	.007	.055	.082
认知处理(X1)→ 情感卷入(M1)→ 说服效果(Y)	.295	.030	.238	.355
心理意象(X2)→ 情感卷入(M1)	.435	.062	.312	.556
情感卷入(M1)→ 说服效果(Y)	.080	.012	.057	.104
心理意象(X2)→ 情感卷入(M1)→ 说服效果(Y)	.258	.037	.185	.330

四、结论与讨论

视觉效果和传播科技正推动以语言为中心的理性文化形态向以形象为中心的感性文化形态转型。① 当前,讲好中国共产党故事要跳出主流媒体的叙事视角,从新型媒介形态中寻找中国故事迈向外部世界的新范式。因此,本研究构建了讲好中国共产党故事的短视频叙事运输框架,检验了认知参与、情感卷入以及心理意象对说服效果的影响,验证了叙事运输理论在政治传播议题中的适用性。研究发现,短视频成为吸引广大青年用户观看并参与讲好中国共产党故事的新动力,通过青年用户视角讲好中国共产党故事具有可行性。青年是整个社会力量中最积极、最有生气的力量,国家的希望在青年,民族的未来在青年,中国青年始终是实现中华民族伟大复兴的先锋力量。② 聚焦该群体参与讲好中国共产党故事的具体现状及传播效果,不仅对于把握和推动中国故事对外传播具有重要的理论和现实意义,而且对于青年政治社会化和国家政治现代化具有积极影响。③ 中国共产党百年对外叙事经历了民族性叙事、进步性叙事、开放性叙事和建构性叙事四个阶段。④ 在全球化新阶段讲好中国共产党故事是赢得国际叙事之争的前提。⑤ 中国共产主义青年团第十九次全国代表大会指出,要动员引领广大青年在全面建设社会主义现代化国家中挺膺担当,搭建世界青年助力全球发展的崭新平台,提升青年组织的国际影响力和引领力。⑥ 具体而言,讲好中国共产党故事就是要不断探索"青言青语""童言童语"的短视频叙事方式,提高青年群体对领袖故事的熟悉度、对党员的兴趣以及增强用户对基层党组织的叙事体验,提升叙事运输能力,增强青年群体的认同感和追随感。讲好中国共产党故事只有经过本国受众尤其是青年一代的检验,才能在跨文化传播中找到合适有效的沟通方式。⑦

(一)不断提高短视频青年群体对领袖故事的熟悉度和认知参与

短视频作为生产共产党故事的重要工具和实践策略,为数字情境下讲好中国共产党故事研究另辟思路,也为提高青年群体对中国共产党领袖故事的熟悉度提供了新方

---

① 王超群.情感激发与意象表达:新媒体事件图像传播的受众视觉框架研究[J].国际新闻界,2019,41(10):75-99.
② 新时代的中国青年(白皮书)[EB/OL].(2022-04-21)[2023-06-25].http://www.scio.gov.cn/zfbps/32832/Document/1723331/1723331.htm.
③ 郑建君.青年群体政策参与认知、态度与行为关系研究[J].青年研究,2014,399(6):20-28,91-92.
④ 彭修彬.中国共产党的百年对外叙事:从接触、融入到引领[J].当代世界,2021,481(12):10-15.
⑤ 王义桅.西方话语体系的"中国悖论"[J].学术界,2022,292(9):64-74.
⑥ 习近平.中国共产主义青年团第十九次全国代表大会报告[N].中国青年报,2023-06-26(01).
⑦ 阿普康.影像叙事的力量[M].马瑞雪,译.杭州:浙江人民出版社,2017.

法。"建党百年"短视频对领袖故事进行再建构,比如解读青年毛泽东、青年习近平的故事诠释了他们在青年时代做过什么以及怎样做的,这一再现叙事方式维持和整合了青年群体的认同感,同时发展出一种关于自我的熟悉叙事。青年群体一旦认为领袖故事与社会现实具有共同特征和相似经验,便会基于叙事运输的促进作用采取行动。① 这解释了领袖人物与普通群体日常生活、集体记忆以及国家观念之间的关系,从青年群体对领袖故事的熟悉度中洞察了共产主义文明得以存续发展的可能。近年来,国内学者对青年群体的认知参与研究也指出,目前我国青年群体政治参与水平较低与其认知水平不高有密切关系。② 用短视频讲好中国共产党故事的目的就是在"叙事材料"与"叙事解释"之间建立起具体的、熟悉的联系,形成青年群体理解中国共产党的全新渠道,这有助于提高青年群体的认知水平,促进他们以点赞、转发、评论等表达形式与领袖人物进行信息互动和精神交往③,与故事内角色保持一致的信念和态度④。

(二)不断提高青年群体对普通党员角色的兴趣,促进情感卷入

回望历史,青年群体从心中涌现的对于伟大、光荣、正确的中国共产党的真挚情感都源于新时代中国综合国力的提升和平凡英雄的吸引力。越来越多的研究显示,有吸引力的普通角色更容易激起青年群体与故事的情感互动。⑤ "建党百年"短视频中的官方、公共、个体三重叙事话语的交织被诠释为一股特殊而重要的力量,从不同的维度展现了党员的生命力,使青年群体在与其互动中重新定位自身和理解角色。用短视频讲好中国共产党故事的小叙事隐含着道德意象与会意空间,是局部性、地方性的,也是事件中心和凡人化的,这些异质多元的小叙事挑战了宏大叙事。⑥ 比如,当代青年共产党员的短视频故事、大学生党员的校园故事、选调生的基层锻炼故事、大学生村官第一书记的乡村振兴故事、精准扶贫故事等,通过正面、积极的情感能量展现了党员独特的品格,唤起青年群体强烈的情感共振,青年群体获得的爱国情感使其产生利他主义与爱国主义等具体行动,并且会积极主动地采取行动维护其荣誉。⑦ 随着媒介技术的变革,新生代青年群体的表达和互动场景得以进一步延展,短视频成为其情感释放

---

① 刘子曦.故事与讲故事:叙事社会学何以可能——兼谈如何讲述中国故事[J].社会学研究,2018,33(2):164-188,245.
② 王雁,王鸿,谢晨,等.大学生网络政治参与:认知与行为的现状分析与探讨——以浙江10所高校为例的实证研究[J].浙江社会科学,2013,201(5):132-139,105,160.
③ 刘小燕,崔远航.中国共产党对外传播研究的演进与未来取向[J].国际新闻界,2020,42(6):132-152.
④ CHUNG A H, SLATER M D.Reducing stigma and out-group distinctions through perspective-taking in narratives [J].Journal of communication, 2013,63(5):894-911.
⑤ JOFFE H.The power of visual material: persuasion, emotion and identification[J].Diogenes, 2008(55):84-93.
⑥ 陈先红,宋发枝.讲好中国故事的融合叙事策略[J].新闻与写作,2019,419(5):43-47.
⑦ 徐明华,李丹妮.互动仪式空间下当代青年的情感价值与国家认同建构:基于B站弹幕爱国话语的探讨[J].中州学刊,2020,284(8):166-172.

的重要场域。随着情感卷入程度的加深,他们会愈加认为事情的发生顺理成章,这提升了青年群体的判断力,并在不引入偏见的情况下以最佳方式提高了他们对中国共产党的认同,这也是说服的核心目的。①

(三)不断增强青年群体对基层党组织的叙事体验和再生产

用短视频讲好中国共产党故事不仅取决于唤醒认知的程度、激发情感的类型,还取决于故事在多大程度上增强了青年群体的叙事体验。② 众所周知,传统叙事更注重故事本身,而短视频叙事除了传播信息、娱乐、教育外,更侧重用户的需要、期待和体验。"建党百年"中的基层党组织故事作为时代变迁与社会发展的缩影充分利用了短视频的体验感,有意识地、结构性地融入对个人的关注,对其中的人物命运、行动、性格和矛盾突出展现③,令短视频具有强烈的共识度。随着心理模拟,青年群体将自己类似的经历和感受代入,许多研究表明,多感官浸入和互动式沉浸可以增加情感卷入,激发丰富的想象力,创造更深刻难忘的体验。④ 随着基层党组织故事情节的不断生产,故事的体验方式也发生了转变,叙事体验重塑了青年群体的内心世界并使其获得了敬畏感,动员他们参与基层党组织的集体创作。"建党百年"短视频作为扩大楷模效应的助推器充分调动了全民参与,使他们由观看者变为创作者,在这个生产过程中,青年群体的身份和社会地位发生了戏剧性改变,"建党百年"短视频通过全民尤其是青年人的参与,重新整合了叙事力量,把社会主义核心价值观与中国共产党紧密融合在一起,建立了讲好中国共产党故事的国家级叙事观,构建了一个具有异质性和共享性的统一故事世界⑤,这为讲好中国共产党故事在战略传播中的价值提供了理论基础。

综上所述,本研究分析"建党百年"短视频叙事的目的不是回溯到叙事学理论,而是通过叙事运输理论把中国共产党跳出"历史周期率"的成功密码揭示出来,为中外对话互鉴提供中国式现代化核心叙事框架,并发展出用短视频讲好中国共产党故事的国家叙事策略和国际传播战略。利用中国悠久文化提高青年群体对中国共产党的认知,从构建人类命运共同体的使命中促进情感互动,从百年风雨沧桑的"自我革命"中体验内外互动的良性机制,以"叙事运输"理论为方法消解外界对中国共产党的"认知

---

① SINGHAL A,ROGERS E M.A theoretical agenda for entertainment-education[J].Communication theory,2002(12):117-135.
② RANEY A.Expanding disposition theory:reconsidering, character liking,moral evaluations,and enjoyment[J].Communication theory,2004,14(4):348-369.
③ 郭劲锋.感动观众:个人生命体验的公众分享——纪录片的情感叙事策略研究[J].北京电影学院学报,2013,114(5):57-62.
④ 王红,刘素仁.沉浸与叙事:新媒体影像技术下的博物馆文化沉浸式体验设计研究[J].艺术百家,2018,34(4):161-169
⑤ 陈先红,李颖异,王艳萍.对外讲好中国共产党故事的策略[J].对外传播,2021,296(5):29-32.

鸿沟",促进青年群体对中国共产党故事的关注度与沉浸度,这是增强讲好中国共产党故事叙事说服效果的重要内容。讲好中国共产党故事的叙事说服技巧不仅在于讲什么、谁来讲、怎么讲,而在于让一代又一代的青年用户不知不觉在与时俱进的中国共产党故事中沉浸式"旅行",从整体上理解中国共产党的"人民就是江山,江山就是人民"的执政理念和初心,形成与故事一致的信念。

本研究内容涵盖了叙事运输的核心元素,其结果一定程度上可以被推广到说服性叙事信息的更大背景中,支持了短视频叙事运输说服效果的普遍性,但仍有一定的局限性。本研究仅分析了信息类与剧情类的短视频,在短视频类型的丰富性上受到限制,可被看作对讲好中国共产党故事说服效果提升的保守预测。此外,本研究尝试考察了短视频故事对用户信念、态度和意图方面的直接或短期说服效果,尚未对短视频叙事的延迟或长期说服效果进行进一步研究,未来可以继续对更多叙事类型的短视频用户参与和交互性叙事效果做深入研究。

新系统与新动能：
我国地市级媒体融合发展的态势研究*

◎ 赵淑萍　吴　昊**

摘要：2014年至今，我国的媒体融合已经走过近八年的路程。其间，国家从战略层面进行了整体部署：明确了四级办融媒体的整体布局；确立了建立全媒体传播的体系的方针；提出了资源集约、结构合理、差异发展、协同高效的原则。基于区域特色与资源禀赋，地市级融媒体处在努力探寻自身发展的进程中，一个新的系统初步显露。体制机制、技术应用、科学管理是地市级媒体融合发展的动能。透过"一把手工程"的推动与顶层设计的实施、新技术认知应用与系统平台的合理建构、科学管理的方法与人的动能激发等方面，能够管窥我国地市级媒体融合发展的基本态势。

关键词：地市级融媒体；新系统；新动能

一、地市级媒体融合的特性与差异发展动因

在一定程度上，媒体融合赋予了媒体更为直接的使用功能。在我国中央、省、市、县四级媒体融合发展布局中，地市级融媒体处于第三层级，是市委、市政府的宣传和舆论阵地，在城市公共服务、政务服务、商务服务、社会治理等方面发挥着越来越重要的作用。

我国城市分为直辖市、省会市、地级市、单列市，随着改革开放的推进，在城市化进程中划分出了副省级城市、县级市。国家统计局数据显示，截至2020年年底，我国有

---

* 本文原载于《现代出版》2021年第6期，收入本书时有改动。
课题：国家社科基金重大项目"建立健全我国网络综合治理体系研究"（20ZDA061）。
** 赵淑萍，中国传媒大学电视学院学术委员会主任、教授；吴昊，中国传媒大学电视学院2020级博士研究生。

293个地级市。地级市的管辖范围比较广泛,地级市下面还有市、县、区、旗、乡、村,有些地级市的地域面积甚至大于某些省份。例如,笔者考察过的呼伦贝尔市,辖区内有2个市辖区、5个县级市、4个旗、3个自治旗,其地域面积大于山东、江苏两个省的总和。相对来说,中央级、省会市和计划单列市的媒体融合路径比较清晰,主体模式基本形成;地级市的融合探索具有一定的特殊性,主体模式还没有形成。客观来讲,地级市辖区范围宽泛复杂的特殊性成为媒体融合推进相对缓慢和滞后的主要原因。同时,这种复杂化与特殊性成为地市级融媒体的特征。故此,地市级媒体融合发展必须从国情出发、从实际出发,探寻差异化发展路径。

从宏观上看,地市级媒体融合差异化发展的动因,还取决于全媒体时代的媒介环境。地市级媒体融合必然要在全媒体环境下的大格局中演进。伴随数字技术的应用,传统媒体与新媒体之间互相影响,媒介之间的聚合与互动成为媒介生态环境新系统的突出特征;新媒体呈现着非常活跃的状态,传统媒体转型并采取积极行动,二者相互影响、助推并产生强效作用,不同媒体依然具有独立属性并形成新的系统,所有媒体都在谋求不断发展并构成新的格局,新的传播形态仍在演化并使媒介影响力加速扩散,公众以新方式介入并深度使用媒体。在向全媒体过渡的过程中,地市级融媒体不仅面临着利用新技术扩展新功能的机遇,还面临着转型带来的一系列挑战。

地市级媒体融合经过近八年的发展,已成为我国构建全媒体传播体系的重要组成部分。2014年8月开始,国家先后出台了数个有关媒体融合的纲领性文件,对我国县级媒体融合进行了非常具体的部署,指明了"引导群众,服务群众"的大方向。2020年9月下发的《关于加快推进媒体深度融合发展的意见》,进一步明确了推进媒体深度融合发展的目标任务,提出了一系列具体要求,为处在探索中的地市级媒体融合提供了原则性指导,即资源集约、结构合理、差异发展、协同高效。

纵观我国地市级媒体融合发展的路径,广播电视媒体是一支生力军,奠定了许多地市级媒体融合的基础。随着国家层面的指导性文件的下发,各级媒体的主管部门也相继出台了落实中央精神的文件。例如,广电总局配套出台的文件《关于加快推进广播电视媒体深度融合发展的意见》指出"因地制宜,加强上下联动和横向合作",明确提出广电媒体发展的方向和路径;"精耕本地内容,强化本地服务和社交互动,建成本地主流舆论阵地、综合服务平台和社区信息枢纽,做强做实基层党的宣传思想工作新平台、新载体、新阵地",提出广电媒体融合发展的目标和具体要求。可以说,媒体管理层的文件成为推进地市级媒体融合深度发展的具体行动指南。

我国各级主流媒体融合发展的基本逻辑在于:一是自上而下的战略规划与设计,

二是对各地优秀典型做法加以推广。① 2015年10月—2021年6月,笔者调研走访了六个地区的主流媒体,覆盖海口市、广州市、苏州市、玉溪市、深圳市和珠海市,调研的单位包括以上六市的市委宣传部、广播电视局、报社、广播电视台和新闻网站等,主要采用实地考察与深度访谈相结合的方法。在实地考察中,笔者走访了各地市级主流媒体的指挥调度平台、内容生产平台、数据后台等部门;在深度访谈中,笔者同宣传部门管理者、融媒体中心领导、云平台负责人、中层干部以及一线运行人员进行了深入交流。通过田野调查,聚焦媒体融合的整体规划方案及具体实践,媒体机构的组织形式、经营管理模式、线上线下的媒介产品与服务等,笔者掌握了大量一手资料,对地市级媒体融合在体制机制、技术应用、管理方式等方面的困境与突破有了充分认识。

笔者通过实地调研发现,体制机制、技术应用与管理手段是地市级媒体融合发展的三大动能。地市级融媒体应探寻差异化发展路径,宏观上系统布局,微观上精准推动,激发动能,寻求整体突破。

二、体制机制创新与"一把手工程"能动作用

体制机制是推进媒体深度融合发展的关键性要素。当下,体制机制问题成为制约一些地市级媒体融合发展的主要问题。如何突破与创新?宏观上,应该立足中国特色的媒介环境与媒体性质,在制度优势下进行顶层设计,为长远发展奠定基础。微观上,应该从两个主要方面进行推动:一是发挥"一把手工程"的能动作用;二是精细化布局媒体内部的组织架构。

(一)体制机制创新:事企分开、流程优化、人员分流

从当前我国地市级媒体融合的实践来看,"报业+广电"的模式成为体制机制创新的主要路径。在体制机制的探索中,组织架构、流程再造、人员派位是地市级融媒体运行的基础,明确媒体属性、搭建好新的组织架构、优化生产流程、合理安排人员是体制机制创新的重要组成部分。

目前,我国地市级融媒体在体制机制层面的问题主要包括:一是媒体机构"事企不分"。我国地市级融媒体作为区域主流媒体,多数属性为公益二类事业单位,在政策范围内又具备一定的经营权限。公益单位的媒体活动与企业化经营活动极易混淆,进而影响媒体的高效运转。二是机构臃肿,部门冗余,人浮于事。地市级媒体管辖范围宽泛、在媒体发展中政策变化较多等原因,造成了机构重叠、人员混杂、成分复杂的

---

① 赵淑萍,崔林,吴炜华.构建媒体深度融合发展新格局[N].光明日报,2020-12-22(06).

历史遗留问题。企业、事业混岗的人员,分布在媒体机构的各部门之中,增加了管理难度。三是经费不足,运行艰难。传统地市级报业与广电媒体的日常运行成本高,再加上新媒体的冲击,导致传统地市级主流媒体陷入经济困境,职工利益得不到保障,运行受到影响。四是传播平台与渠道繁多,合而不融。体制机制的困局严重制约了地市级媒体融合发展,报纸、广播、电视、网站、客户端等各平台分立运行,未能实现真正的融合。

我国事业单位改革"事企分开"的原则,是地市级融媒体组织架构设计的依据。目前,我国多数地市成立了事业性质的融媒体中心,同时在融媒体中心之外,成立了企业性质的公司或集团。通过整合区域内传统的广电、报业等媒体资源,按照大部制、扁平化的组织架构,建立了党委领导的事业单位与法人治理结构的企业相结合的管理体制。

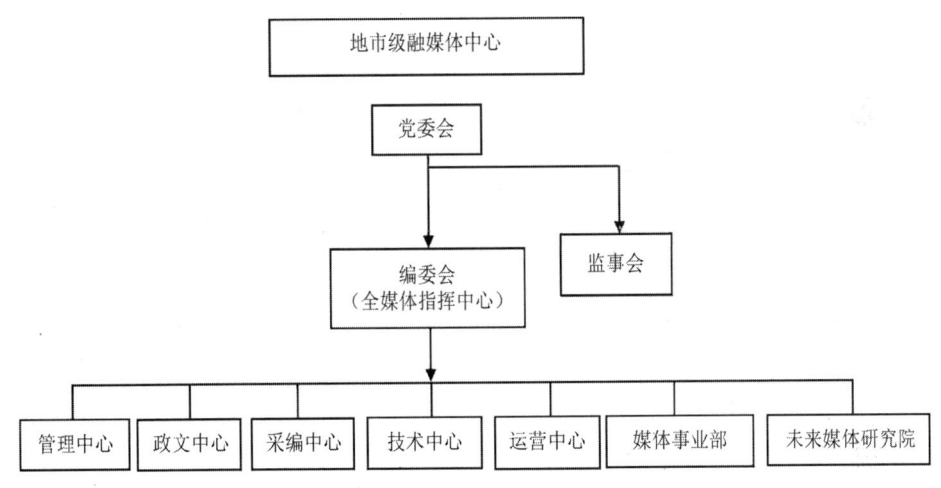

图 1　地市级融媒体组织架构基本构成

在组织架构上,地市级融媒体主要采用三级架构管理模式。党委会负责融媒体中心党建工作,履行把方向、管大局、保落实等职能;监事会承担监督职能,负责法务审计、纪检监察、风险管控等工作;编委会全面统筹融媒体中心的宣传任务、重大选题策划、采编力量指挥等决策工作;管理中心承担人力资源、财务管理、后勤保障等职能;政文中心负责时政要闻和重要版面新闻的生产、制作、分发,负责市委、市政府的重要宣传任务;采编中心承担全媒体采访与全媒体编辑职能;技术中心负责融媒体中心的技术研发与技术运维;运营中心负责媒体业务拓展、媒体信息服务、媒体产业拓展等;媒体事业部承担内容传播职能,涵盖纸媒、广播、电视、政务、新媒体等业务渠道。在媒体事业部下,一般保留原地市级日报社、广播电视台两块牌子。未来媒体研究院根据融媒体中心需求,提供业务培训、技术研发、内容孵化、产品输出等服务,助推地市媒体传播创新研究与发展。

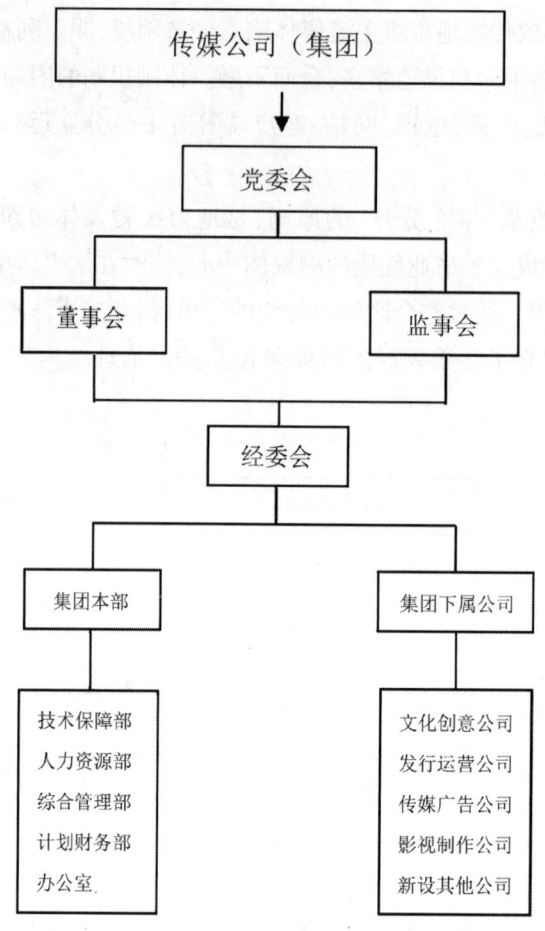

图2 传媒影视集团组织架构基本构成

从全国范围看,多数地市成立了传媒影视集团有限公司(以下简称"集团"),其性质为正处级市属国有独资文化企业,一般由当地市委宣传部、市融媒体中心负责政治导向把关。市融媒体中心与集团实行平行运营模式,明确市融媒体中心"宣传"与集团"经营"的功能定位,宣传业务与经营业务相对分开。实行党委合一、一体化运作,市融媒体中心党委成员为集团的党委成员,集团的党委成员以双向进入、交叉任职的方式进入董事会、监事会和经营管理层,党委书记兼任董事长。

融媒体中心的事业编制人员可与集团进行双向交流、交叉任职,并根据个人意愿分流。分流的方式主要涵盖以下三种:一是保留事业编制,领取事业工资,在集团兼职,或将事业编人员派驻到集团,保留其原职级、职称,执行原聘用合同,正常参加职称评审与职级晋升;二是事业编人员身份转换为集团的企业人员,一次性发放经济补偿金,按企业职工身份退休;三是保留事业编人员编制,领取企业工资,按事业编制身份退休。可以尝试探索提前退养政策,通过人事调整与优化配置,妥善安置体制机制改革涉及的人员。非事业编人员在解除原合同后,整体转移到集团工作,重新签订劳动合同。

在地市级媒体融合中的体制机制改革,应审慎选择事业编制的调整方案。从我国国情来看,对事业编制的完全剥离不符合融媒体的公益事业单位属性特征。事业编制是融媒体留住人才的主要优势之一。一方面,事业编制保证了融媒体工作人员的基本待遇,能够有效稳定中坚力量;另一方面,事业编制构筑了一套较为完整的、可延续的融媒体人才队伍。当下,互联网企业化的管理模式对融媒体的改革探索产生了一定影响。融媒体在顺应时代潮流、加强企业化管理的前提下,应适当保留一定的事业编制。事业编制给予年轻从业人员实现其职业理想的机会,将事业编制完全剥离会导致融媒体精英人才的流失,损害从业人员的职业身份认同。

(二)"一把手工程":总体谋划、具体规划、强力推动

推动媒体深度融合发展是国家战略,体现国家意志。媒体融合发展比较顺畅的地区,都得益于三个"一把手"——地方党委"一把手"、地方宣传部门"一把手"、融媒体中心"一把手"——的推动作用。在一定程度上,"一把手"的推动作用成为媒体融合发展的关键因素。

为什么推动媒体深度融合发展是"一把手工程"？2018年8月18日,习近平总书记在全国宣传思想工作会议上发表重要讲话,明确提出建设我国县级融媒体的目标与任务,指明其"引导群众,服务群众"的功能定位。随后,中宣部对县级融媒体中心建设作出具体部署,强调要把县级融媒体中心建设作为"一把手工程"来推动。从全国范围看,县级融媒体建设在"一把手工程"推动下,取得了立竿见影的效果,2020年年底已全部完成。2020年9月,中共中央办公厅、国务院办公厅印发《关于加快推进媒体深度融合发展的意见》,提出完善中央媒体、省级媒体、市级媒体和县级融媒体中心四级融合发展布局。地市级媒体融合也必须发挥"一把手工程"的能动作用:第一,站在国家战略高度,进行顶层设计;第二,从地方实际出发,进行具体谋划;第三,精准实施,强力推动。

媒体融合对地市级党委"一把手"的社会治理能力、政治思想水平、媒体素养提出了更高的要求。"一把手"要从国家治理体系和治理能力现代化的高度认识媒体融合发展的时代意义。要以强大的魄力、决策力、推动力、执行力实施中央战略部署,总体规划顶层设计,坚定推进媒体融合深度发展。由于媒体融合成为"一把手工程",地市级党委"一把手"对融媒体发展能够提出更高、更具体的要求,推动融媒体中心深度参

与区域社会治理。例如,深圳广电的新闻在经电视播出后的15分钟内,必须被拆条并在官方客户端"壹深圳"发布,逐步形成全媒体传播机制,而这一机制是由深圳市党委"一把手"统筹推动建立的。地方党委"一把手"对媒体融合发展的重视及其相应举措,在一定程度上影响着区域媒体融合的体制机制、技术投入、内容创新、管理模式。

媒体融合对地市级宣传部门"一把手"的政策水平、统筹规划、组织动员、全媒体专业素养提出了更高的要求。"一把手"要从地方实际出发,进行统筹规划,制定具体政策,落实扶持资金,压实发展成果,持续推动媒体融合深度发展。当前,在互联网及商业平台冲击的背景下,"一把手"可以通过统筹、协调地市区域内的政务、商务等资源,扶持地市级融媒体发展。例如,珠海市协调市辖区内所有的户外广告等资源,由珠海传媒集团进行独家经营,并依据股份进行利润分红。这一措施不但推动了珠海传媒集团发展,而且有利于全市宣传资源的整合,保障了意识形态安全。

媒体融合对地市级融媒体中心"一把手"的领导能力、执行能力、专业认知、综合素质提出了更高的要求。"一把手"要具有全局意识,从构建全媒体新系统着眼,提升自身造血机能,助推区域发展与媒体发展,形成良性互动。珠海传媒集团建立了地市级融媒体平台与地方政府中心的互动工作机制,自研九霄生态系统,在指挥调度中心大屏上开辟宣传动态指令排行模块,这一模块根据轻重缓急,对每日市委、市政府下达的指令进行排序,一方面提升了区域时政新闻宣传效果,另一方面减少了记者采访报道的盲目性,提高了工作效率。

三、新系统构建与技术应用的多维度开发

全媒体技术体系的建设是我国总体国家安全观建设的重要组成部分之一。① 基于自身实力与技术基础,地市级融媒体的技术研发与应用应探索可持续性、渐进式路径。我们看到,一些具备自建技术系统能力的地市级融媒体,正不断完善颇具灵活性的架构设计并进行模式输出。

(一)逻辑匡正:量力而为、优化布局、渐进式发展

技术系统的布局与架构是媒体融合发展遇到的首要问题。当前,我国发达地区的地市级融媒体利用自身优势,完成了技术系统自主研发与模式输出。然而,必须引起注意的是,大多数地市级融媒体面临着研发能力较差、资金支持不足、人才缺乏等困境。基于此,地市级融媒体的技术系统构建首先应匡正逻辑。

---

① 赵淑萍,吴炜华,王婧雯.构建中国全媒体传播体系的三个重心[N].光明日报,2020-12-09(06).

第一,树立正确的技术观,警惕技术决定论。当前,大数据、云计算和人工智能所构成的"ABC"战略组合是现代传媒技术发展的基础与核心,是互联网企业布局与深耕的方向,也是融媒体技术突破的方向。融媒体的技术系统构建应立足主流媒体的功能属性,若偏离主流媒体的党媒属性,单纯的技术突破就不能履行好主流媒体的使命。

第二,技术思维决定技术方案。地市级融媒体技术系统的构建应以主流价值为引领,促进技术向善,避免技术突破过程中的价值观缺失;摒弃技术主义,避免陷入不切实际的技术追逐与资源浪费;在技术系统构建中践行实事求是、抓大放小、逐步拓展的原则。地市级融媒体技术系统必须能够支撑日常运行,不能是面子工程,更不应该是用来展览、参观的空架子。

第三,地市级融媒体技术系统并非简单的高新技术的堆叠。在建设方案的实施过程中,应采用效率优先、实用为上的技术架构,充分考量复杂操作模块和分工种安全网络的详细分布。首先,采纳具有核心功能的技术,摒弃效能低下的技术。参照珠海市的媒体融合实践,精细化设置内容生产与分发模块,优化布局合理高效的业务流程。其次,融媒体指挥调度中心的大屏选择、物理空间布局等应基于原有基础进行集约化改造,避免重复建设。

地市级融媒体的技术系统必须具备可扩展性,升级与迭代应该不影响现有技术系统的正常运转。这意味着融媒体技术系统内部搭建的各模块应具备良好的自主升级能力,采用高扩展性能的硬件框架。此外,还要充分考量整体性功能延展和存储扩容,为技术系统模块的逐步集成、延伸与升级预留一定的空间。

在一定程度上,对融媒体技术系统的高额投入已经超出部分地方经济的承受能力。地方党委与政府的资金是地市级融媒体技术布局的主要经济来源。在制订完备的技术方案的基础上,还可以通过获取政策支持、申请专项资金等方式拓展资金渠道。

地市级融媒体要审慎选择技术公司的高额技术方案。省级融媒体是我国融媒体云平台建设的中坚力量。基于国家顶层设计中对省级融媒体"一省一平台"的要求,省级融媒体的技术系统具有新闻业务契合度较高、技术安全系数较强等优势,成为地市级融媒体技术支持的重要依托力量。地市级融媒体应探索与省级云平台的技术合作方式,在系统集成、成本控制、升级迭代等层面寻求最优解决方案。

此外,应提升数字资产意识,构建数据库,为长远发展奠定基础。在与不同平台的合作中,注意防止本地数据资源流失。在技术方案制订中,应明确自身的技术需求,避免掉入技术陷阱。

(二) 自建系统:开放兼容、深化合作、模式输出

客观上看,自主研发一套同时满足报纸与广电内容生产需求的平台,对于地市级

融媒体中心来说，虽然存在一定的困难，但仍需勇于探索。我国传统媒体的发展历史较长，其业务生产技术系统陆续迭代出头部产品，诸如报纸行业中的方正技术系统，广电行业中的索贝、大洋等技术系统等。这些头部系统具有知识产权、发明专利，以非兼容性的排他手段抢占市场。这些头部产品具有广泛的用户基础，养成了用户的使用习惯，完全舍弃旧系统、重建新系统显然需要花费极大的资金成本与时间成本。

从长远发展来看，与自主研发一套满足各种传统媒体业务生产的新系统相比，提升融媒体资产的一体化管理更具有紧迫性和可行性。一些具有研发实力的地市开始在原有的生产平台上架构新的技术层，发挥媒体资产管理功能与内容生产前后端的指挥功能，第三方生产工具仅用于专业化的单线内容制作。融媒体中心的所有媒体资产，诸如报纸文稿、电视节目串联单、海量视频素材、电视节目拆条等都被存储于自建的媒体资源管理系统之中，自有平台则对其进行全媒体内容生产与分发的指挥调度。

在新技术的迭代升级与融合发展快速推进的背景下，完成上述技术架构需要多方合作。近年来，商业技术公司纷纷放弃专属性技术优势和排他性竞争策略，主动积极寻求与主流媒体合作研发融媒体技术新系统。从地市级融媒体平台建设的成效来看，通过技术合作研发，媒体对新系统技术的实际应用更加得心应手；技术公司对媒体的专业特性更加了解，有助于及时解决问题，推出解决方案，输出成熟模式。

具体来看，地市级融媒体与商业技术公司的研发合作主要从以下几个层面展开：第一，融媒体中心继续使用商业技术公司专业化的内容生产工具，商业技术公司根据使用反馈不断提升该工具的专业化水平；第二，融媒体中心自主研发平台使用规范，将统一的资源管理系统接入厂商的技术工具，保证自主可控的全媒体生产与传播以及媒体资产管理；第三，探索共享商业技术公司技术后台的路径，完善权限管理、系统设置等功能，从而更好地完善融媒体中心自建技术系统的架构，提升安全性与可控性。

四、以人为本与创新管理的动能激发

未来的全媒体创新管理，是一种基于互联网思维的人力资源、产业与资本管理模式的聚合式管理。① 具体来看，地市级融媒体应建立适宜的考核与激励机制，拓展产业布局，为实现超媒式、共享型、移动化与智能型的未来媒体探索可行性管理模式。

(一) 考核与激励：以人为本、灵活多元、机动高效

考核与激励机制是地市级融媒体管理机制的重要组成部分。当前，我国地市级融

---

① 赵淑萍，吴炜华，王婧雯.构建中国全媒体传播体系的三个重心[N].光明日报，2020-12-09(06).

媒体的考核与激励机制开始借鉴商业互联网平台的管理模式,呈现着以"移动优先"为核心,以提升传播力为目的,行政手段与经济手段并举等特点。具体而言,主要包括以下几个层面:

一是新媒体内容产品考核。传统主流媒体考核新闻产品的收视率、市场份额等数据,融媒体重点考核新媒体产品的传播数据,对不达标的新媒体产品采取整合、分流甚至关停等措施;设置内容增值绩效,对取得不俗传播效果的新媒体产品予以绩效奖励。

二是部门考核。以频道、频率或工作室等为单位进行全年的生产贡献值考核。例如,每年设置100分的部门考核分,提升新媒体在考核分中的比例,一般占总分的20%左右。这一考核机制主要考核各生产部门的内容产品对整个融媒体中心的新媒体内容首发贡献率,提升各生产部门生产新媒体产品的积极性。在每年的分值考核之外,部分地市级融媒体在每月一次或两次的总编辑宣传工作例会中对各生产部门的新媒体传播情况进行复盘,并在整个融媒体中心对各部门进行公开评价与排行,形成对各部门的倒逼效应。

三是人员考核。对每个员工每天的工作任务进行考核,每月形成一份成绩单,将12个月的成绩单汇成成绩表并作为年底的竞聘定岗依据。管理层一年竞聘一次,融媒体中心考核所有中层干部去年的指标是否完成,进而决定中层干部今年是否有资格继续担任原来的职务。竞聘要通过单位答辩、专家组投票。

总体来看,当前我国地市级融媒体的考核与激励机制存在重"流量"而轻"深度"、重"内容"而轻"渠道"、重"考核"而轻"流程"等问题。当我们用极为严苛的数字比例对融媒体职能部门与工作人员进行高频率、高比例、高强度、立体化的机制倒逼时,我们应该反思这样的管理机制是否太激进、太具消耗性?是否不够人性化?当"KPI""996""大小周"成为互联网企业的文化标签时,我们更应警惕这样的风气在融媒体领域蔓延。

与互联网商业平台相比,媒体融合发展过程中,主阵地不能丢失,正能量不能缺失,主旋律要被大力传播和弘扬,党的新闻舆论工作的优良传统要被不断传承。① 地市级融媒体的考核与激励机制创新应以主流价值为引领,以人本主义为出发点,避免高强度的消耗、避免陷入"流量主义"桎梏。

地市级融媒体要不断提升管理水平,以科学的生产流程进行内容生产,提高生产效率,减少重复劳动。立足内容生产的实际需要和区域服务的本土特点,探索"一元主导,多元补充"的优化路径,避免单一流程模式的禁锢。②

---

① 赵淑萍,崔林,吴炜华.构建媒体深度融合发展新格局[N].光明日报,2020-12-22(06).
② 叶明睿,吴昊.重生之困:县级融媒体中心发展的逻辑断点、行动壁垒与再路径化[J].现代传播(中国传媒大学学报),2021(4):9-14.

(二)产业与拓展:平台耦合、区域盘活、跨边界协作

整合自有平台矩阵,打造核心平台集群,探索差异化的发展路径,为地市级融媒体构建全媒体传播格局奠定基石。我国的地级市大多是中等城市,传媒资源相对有限,要推动传播活动与经营活动的强劲发展,首先要盘活自有平台与渠道。以后端平台为技术支撑,整合报纸业务、电视频道、广播频率、网站、客户端以及第三方社交账号等平台资源,制定合理的平台分工与协作机制,形成全媒体传播矩阵。其次要发挥好自办企业公司的灵活性与便利性,开展新媒体代运营、技术模式输出、媒资版权交易、承办大型活动等合作,拓展全案服务。

媒体融合打开了全方位发展的通道,拓展了媒介的边界。地市级融媒体的区位具有非常突出的地方性,有利于整合区域文娱与传媒资源,打造区域特色名片。具体而言,可以从以下几个层面着手:一是寻求当地政府给予充足的政策、财政资金等支持,以大量"注血"促进自我"造血";二是立足本地产业园、演播室、实验室等物理空间,推动集约化发展;三是充分发挥体制优势,争取更多公共稀缺资源,成为当地治理体系和治理能力现代化的核心抓手,深度参与智慧媒体、智慧政务与智慧城市建设。

值得进一步关注的是,地市级融媒体正在尝试建立央地联动、省域统筹、横向贯通等合作机制,促进行业的优质内容互通、资源优势互补。以业务合作为突破口,提升跨区域、跨产业协作能力,拓展区域权威主流媒体的功能。例如,以"视频+"拓展线上业务,突破行业发展边界。依托视听传播优势,开展短视频创作和直播活动。借助互联网,将各行业的业务与自身业务深度结合。例如,与电商、旅游、教育、健康等行业进行商务合作,拓展业务范围,拉动区域经济增长。

五、结语

当下,无论是学界还是业界都一致认同全媒体时代既是机遇又是挑战。新媒体与传统媒体的融合也带来了新的问题,对于许多新问题需要辩证地考量。媒介变革的演变将带来什么样的结果?未来我们应怎样认识全媒体时代不同媒体的属性、特征和优势?毋庸置疑,全媒体时代已经到来,传统媒体与新媒体之间的融合与互动、助推与分享、探索与创新不但给媒体自身带来了巨大变化,而且对社会产生了广泛影响。可以说,媒介环境的演变是一场历史性的变革,是人类社会重大变革的一部分。

我国地市级主流媒体正处于媒体深度融合发展的起步阶段。因而,当下的实践与探索具有历史发展的阶段性特征。基于区域特色与资源禀赋,地市级融媒体处在努力探寻自身发展的进程中,一个新的系统初步显露。习近平总书记多次强调改革系统集

成、精准施策的重要性。地市级融媒体应充分考虑自身区域特殊性,充分发挥自身独特优势,积极主动作为,从体制机制、技术应用及管理手段三个主要方面激活发展动能,统筹谋划、一体推进媒体融合深度发展。

社交媒体大 V 营销的价值与传播路线图*
——基于大众人际传播模型的分析与探讨

◎ 喻国明　牛星慧**

摘要：聚焦社交媒体大 V 营销传播实践，从传播而非营销效果角度切入，在借助大众人际传播模型的基础上，结合修辞说服、共同体和人际关系等理论资源，形成社交媒体大 V 营销传播逻辑框架和操作策略，为大 V 营销传播的理论研究和实践探索提供学术性与实战性相结合的参考。

关键词："大 V"；社交媒体；大众人际传播模型；营销传播

随着社交媒体的普及应用、直播技术的勃兴发展以及短视频社交媒体平台的爆发式增长，大量社交媒体影响者（social media influencers，俗称"大 V"）崛起并成为传播领域主体。中国的网络大 V 群体从互联网勃兴初期在微博等平台对时政热点、公共事务进行观点表达的精英群体，逐渐转化为在各类应用平台对日常生活进行感性经验分享的网红直播主播和短视频创作者群体。[①] 社交媒体电子商务的迅猛发展更是加速了直播主播和短视频创作者等大 V 传播活动的商业化进程。在利益的驱动下，大 V 营销传播已经成为社交媒体信息传播的新范式[②]，具有重要的研究意义。已有研究主要是从品牌营销效果角度出发，考察大 V 特征、心理相关因素、内容属性、赞助披露和中小大 V 作为营销工具等因素对消费者态度和行为结果的作用机制[③]，尚未从传播视角对大 V 营销传播实践进行解读。本文尝试从传播视角回答以下问题：如何理解社交媒体大 V？大 V 营销传播的价值何在？网络人际传播理论为什么可以作为解释

---

* 本文原载于《现代出版》2023 年第 4 期，收入本书时有改动。
** 喻国明，北京师范大学新闻传播学院学术委员会主任，北京师范大学传播创新与未来媒体实验平台主任，中国新闻史学会传媒经济与管理专业委员会理事长，教授、博士生导师；牛星慧，北京师范大学新闻传播学院 2021 级博士研究生。
[①] 苏展,孙佳山.生产未来:感性共同体中的"网红"直播主播和短视频创作者[J].艺术评论,2021,207(2):32-43.
[②] 贾微微,别永越.网红经济视域下的大 V 营销:研究述评与展望[J].外国经济与管理,2021,43(1):23-43.
[③] VRONTIS D, MAKRIDES A, CHRISTOFI M, et al. Social media influencer marketing: a systematic review, integrative framework and future research agenda[J]. International journal of consumer studies, 2021, 45(4): 617-644.

大V营销传播分析的理论资源？大V营销传播的逻辑框架是什么？实践中存在哪些问题？

一、"大V"的概念

"大V"这一概念在国外学术研究中较为常用，主要在大V营销相关议题被使用，指代的主体范围更广，既可以指网红、关键意见领袖（KOL）、达人等在社交媒体上具有影响力的个人用户，也可以指博主、UP主等从事社交媒体内容生产的个人用户。"大V营销"已经成为一种高效的新型营销手段，国外已有丰富的研究成果。综合相关文献观点，我们将大V定义为：活跃于社交媒体平台，通过生产和传播特定领域有价值的个性化内容，吸引用户关注并对追随者认知和行为产生重要影响的个人。[①]

国外相关研究中对大V的概念解释经常追溯至"意见领袖"（opinion leader）。1948年，拉扎斯菲尔德和贝雷尔森等人在《人民的选择》（The People's Choice）中提出了"意见领袖"的概念，"在每个领域和每个公共问题上，都会有某些人最关心这些问题并且对之谈论得最多，我们把他们称为'意见领袖'"[②]。"意见领袖"和"大V"两个概念的相似性主要源于对人际传播力量的充分肯定，即承认人际传播的劝服效果优于大众媒介传播。然而，媒介技术条件和社会条件的差异决定了两个概念存在明显区别。"意见领袖"概念的提出是由于在印刷和广播媒体时代，受技术、经济、教育水平等因素制约，意见领袖能更多地接触正式媒体而与一般人之间存在信息差。拉扎斯菲尔德等人在提出"意见领袖"的同时，总结出"两级传播流"理论，即"信息是从广播和印刷媒介流向意见领袖，再从意见领袖传递给那些不太活跃的人群的"，也就是说意见领袖发挥的主要作用在于增加或者减少媒体的信息，比如他们经常重复以强调所转述内容的重要性。

"大V"概念是在社交媒体兴起的背景下被提出的。社交媒体信息的病毒式传播意味着理论上人们可以轻松获取正式媒体的信息，大V没有优先接触正式媒体的信息势差。大V的优势在于个人独特的知识理解、经验分享、互动对话和资源整合能力，代表着多元化的个人立场和价值观，能与正式媒体形成竞争与补充关系。作为互联网原住民的大V天然地具有互联网思维，能够从用户需求出发，积极开展在线人际互动对话，深度挖掘并满足用户需求。在营销视角下，大V因拥有较多粉丝和消费决

---

① LOU C, YUAN S. Influencer marketing: how message value and credibility affect consumer trust of branded content on social media[J]. Journal of interactive advertising, 2019, 19(1): 58-73; KIC W C, Kim Y K. The mechanism by which social media influencers persuade consumers: the role of consumers' desire to mimic[J]. Psychology & marketing, 2019, 36(10): 905-922.

② 拉扎斯菲尔德. 人民的选择：选民如何在总统选战中做决定[M].唐茜,译.北京：中国人民大学出版社,2012:43.

策影响力而被厂商委托代理品牌营销,成为品牌方和用户之间的"中间人",帮助双方沟通对话,促进多方利益实现。现实实践中,一些大V不再代理其他品牌,而是通过建立和营销个人品牌,生产和销售自有产品和服务以实现收益。

二、大V营销传播的价值

在社交媒体技术赋权下,大V得以通过代理营销或自我营销活动精准量化影响力并将其高效转化为实际利益。特别是直播带货、短视频带货的迅猛发展,使大V可以通过营销传播实现个人巨大的财富收益,吸引了众多大V以实现个人利益最大化为目的从事营销传播活动。Influencer Marketing Hub 调查报告显示,83%的受访者认为大V营销是一种有效的营销形式;67%的受访者打算在2023年增加大V营销支出;全球大V营销的市场规模从刚开始的17亿美元(2016年),到2022年约为164亿美元,预计将进一步快速增长至211亿美元。① 大V营销模式已经受到品牌方和用户的广泛认可,整个市场仍然呈上涨态势。除了大为可观的商业价值,大V营销传播同时产生了巨大的政治、文化和社会影响力。比如,2018、2019、2020 连续三年,特朗普都是Twitter 年度政治领域相关推文量和影响力第一的政治人物。特朗普在任期的1461天内,共发布或转发了2 637条推文,平均每天发布18条推文。② 特朗普在初次竞选时便严重依赖 Twitter 和 Facebook 等社交平台与选民进行直接沟通,这在当时的政治家中并不多见。特朗普的营销传播策略为其迅速获得知名度、赢得大选,并在世界范围内成为"政治明星"作出了不小的贡献。③ 再如,樊登和罗振宇作为知识付费的先行者和成功代表,在传播阅读文化和改变社会认知方面发挥了显著影响。

大V与名人具有相似的属性,实际上是高度个性化和复杂文化意义的组合。根据意义迁移模型,大V营销传播本身也是一个将文化意义从大V转移到产品,再从产品转移到消费者的过程。④ 大V通过将品牌产品融入自我叙事,分享与传递意义,用户在观看内容和购买产品的过程中接收意义。从本质上来说,消费者购买产品是对大V赋予意义的认可与接受,而不是为了产品本身。随着营销传播从流量为王向内容为王转变,大V对意义的生产和传播竞争也日趋激烈,传播的公共性不断凸显。数

---

① GEYSER W. The State of Influencer Marketing 2023:Benchmark Report [EB/OL].(2023-02-07)[2023-06-14]. https://influencermarketinghub.com/influencer-marketingbenchmark-report/#toc-2.
② 发了26237条推特,死了40万人一组数字总结特朗普的总统生涯[EB/OL].(2021-01-21)[2023-06-14]. https://news.ifeng.com/c/83CyYMYubRP.
③ 常佳艺."推特治国"能否卷土重来? [EB/OL].(2022-03-07)[2023-06-14]. https://www.sohu.com/a/527989886_120319119.
④ MCCRACKEN G. Who is the celebrity endorser? Cultural foundations of the endorsement process[J]. Journal of consumer research, 1989, 16(3): 310-321.

量庞大的网络行动者——大V群体表现着前所未有的对现实的强大解释力,他们生产的内容表现为极具吸引力和叙事力的话语,不仅有力地影响着用户认知和行动实践,并以更为隐蔽的方式——作为一种权力影响着现实社会的互动与建构。

三、大众人际传播模型的适用性

大V营销传播的背后是社会人际信任经由互联网社交媒体通路实现的一次创新性回归。社会学家尼古拉斯·卢曼(Von Niklas Luhmann)认为信任是一种社会复杂性的简化机制,并在此基础上把信任分为两种类型:系统信任和人际信任。[①] 系统信任主要包括制度信任、政府信任、主流媒体信任以及作为脱域信任的专家信任,是大众媒体时代信任的主导模式。大众媒体时代,消费者主要通过大众媒体传播的品牌广告信息进行消费决策,即便是熟人之间的口碑传播也是建立在大众媒体的品牌知名度基础之上的。不同媒体传播的品牌信息是同质的,均代表品牌方的利益。互联网社交媒体时代,整个社会信任系统发生了变革。舆情事件频发使信任系统快速走入困境,一方面,信任系统不断被公众质疑,甚至掉入"塔西佗陷阱";另一方面,信任系统受职责和效率所限,难以关照公众个性化的利益、经验和求知需要。"社交媒体的出现使得大众传播渠道重新建立在人际传播网络之上,这既是一个有意思的回归,又是大众传播的一次飞跃"[②],人际传播和大众传播成功地有机整合,实现1+1>2的协调效应。人们在重新部落化的社交媒体中连接、选择和追随自己信任的大V,大V被委托生产和传播符合追随者利益的个性化内容,社会信任系统在此过程中被重塑。大V营销传播既体现了人际信任的劝服本质,又因其营销属性而具有追求大众传播效果的内在动力,这是我们寻找理论资源的两个基本出发点。

在传播学研究中,传统上一分为二的大众传播和人际传播两种研究框架逐渐地互相渗透、弥合促进,新的传播理论、模型与方法不断迭代出现。在此背景下,国外学者帕特里克·奥苏里万(Patrick O'Sullivan)和卡勒·卡尔(Caleb Carr)提出了"大众人际传播模型"(mass personal communication model,MPCM)。该模型通过感知信息的可访问性和个性化两个维度划分出三个传播象限,个性化程度较高(个人)且不易获得的(私人)消息位于第一象限,构成人际传播;个性化程度较低(非个人)但更易于访问的(公共)消息位于第二象限,构成大众传播;个性化程度更高(个人)且易于访问的

---

① 卢曼.信任:一个社会复杂性的简化机制[M].瞿铁鹏,李强,译.上海:上海人民出版社,2005.
② 谭天,苏一洲.论社交媒体的关系转换[J].现代传播(中国传媒大学学报),2013,35(11):108-113.

(公共)信息位于第三象限,构成大众人际传播(见图1)。① 三个象限的划分将大众传播和人际传播联系起来并重新定义了三个独立的渠道,各象限之间的传播并不是固定的,而是根据传播场景的不同而移动变化。比如,大V与某个追随者打电话沟通,那么原本属于第三象限的传播就会转入第一象限。再如,大V公布与追随者的私信内容,原本属于第一象限的传播又会转入第二象限。MPCM创造性地将大众传播模式和人际传播模式有机融合,为社交媒体时代的传播实践提供了理论参考。MPCM中的象限划分标准为大V传播实践提供了参考路径,同时提升了信息被感知的可访问性和个性化程度,为我们进一步分析大V认知传播的具体作用要素提供了基本思路。该模型虽然没有对两个路径进行深入分析,没有提出影响感知信息的可访问性和个性化的具体因素,但也为我们根据大V营销传播实践继续丰富理论框架提供了空间。

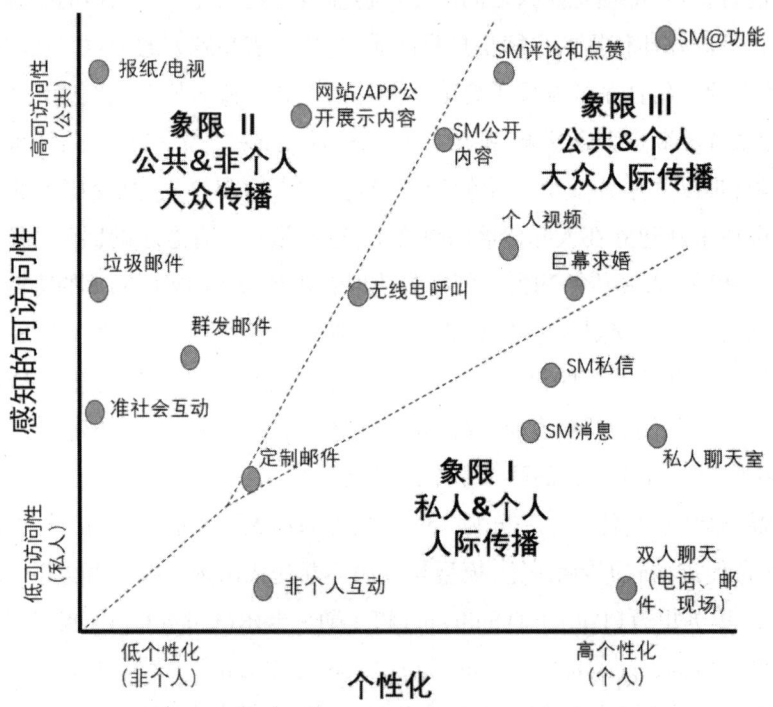

图1　大众人际传播模型示意图(参考原图绘制,SM 表示 Social Media)

---

① O'SULLIVAN P B, CARR C T. Masspersonal communication: a model bridging the mass-interpersonal divide[J]. New media & society, 2018, 20(3): 1161-1180.

四、大V营销传播框架

沿着大众人际传播模型的理论逻辑,结合已有的学术研究成果和传媒实践观察,本文从用户感知信息的可访问性和个性化两个维度进行分析。在个性化维度中,为了突出说明网络在线视频技术下大V个性化竞争的新特点,本文又沿着时间轴,从传统个性化竞争到在线个性化竞争进行递进说明。

(一)可访问性

可访问性(accessibility)意为可及性,易于接近、易使用、易懂。已有可访问性的研究主要集中在网页的可访问性,包含网站的可操作性、可靠性、易理解性以及残障人员对网站的可访问性。结合社交媒体大V营销传播的实践,用户感知的可访问性主要涉及用户触达能力和内容的易接受性。传统营销传播中,触达效果通常用于衡量接触过特定品牌广告或活动内容的受众规模。在互联网营销传播环境中,触达能力涉及平台定位、平台普及率、平台黏性、大V影响力、流量价格、算法推荐机制、行业竞争水平、跨平台传播能力、平台激励规则等。在社交媒体内容营销和兴趣电商的背景下,触达主要涉及内容制作质量、专业运营能力和算法理解利用三个关键环节。

营销内容本身具有使用价值和内在吸引力,可以在算法推荐机制的作用下产生免费的"自然流量",形成营销内容与用户的"自然相遇"以及通过付费模式达成的与用户的"精准相遇",共同代表着营销传播活动的触达能力。一般来说,内容质量越好,自然流量所占的比例会相对越大。社交媒体行业已经由增量市场进入存量市场,流量资源争夺激烈,付费流量价格水涨船高,高质量内容使自然触达用户的能力成为未来营销传播不可或缺的能力。

随着营销传播竞争的加剧,行业专业化生产和运营进程加速。以个人形象为核心资源的大V不得不投入更多的时间、精力和货币以提高生产效率,进入职业化发展道路。大V(及其MCN公司)为提高触达能力不断创新操作方法,包括矩阵账号运营、授权直播切片、社群运营等。

平台经济中,算法黑箱是营销触达效果不确定的主要症结。算法控制着流量投放的方向和数量,在不断优化和迭代中更具不确定性。大V并不甘于处于消极的被支配地位,而是以自己的方式想象和利用算法,使自己生产的内容被算法识别并被凸显,积极争取高可见性。[1]

---

[1] 易前良.算法可见性:平台参与式传播中的注意力游戏[J].现代传播(中国传媒大学学报),2022,44(9):16-25,74.

易接受性即是否通俗易懂、是否容易引起用户的兴趣以及其内容呈现形态对用户来说是否易于接受。营销传播面对的是普通公众,内容是否通俗易懂直接影响用户的接受度和传播范围,即便在传播内容中需要介绍专业知识,大 V 也是将专业词汇和术语转化为通俗词汇和语言,用举例、比喻、类比等方式或者制作动画帮助用户理解。易接受性还要求能够快速引起用户的兴趣,关键在于互动话题的选择。社交媒体的碎片化和即时性传播的特征,使大 V 营销内容最先以话题的形式呈现,话题的质量直接影响着用户继续浏览和互动的意愿。在营销传播中,以社会热点事件、社会焦虑现象、明星话题切入是大 V 最常使用的策略。营销内容的呈现方式也影响着用户的接受度,一般情况下,视频内容优于单独的音频、图片、文字,短视频优于中长视频。视频传播中大 V 常常借助一些提升用户接受度的技巧,如添加标题和关键词、标签、字幕、特效等。

(二) 个性化程度

个性化(personalization)通常指个人化和人格化。在传统媒体竞争的语境中,个性化主要指媒体根据不同受众群体的需求生产不同的内容,主要指生产内容的差异化。大 V 营销传播丰富了个性化在传媒语境中的内涵,主要指大 V 本身表现的人格特征。社交媒体和视频技术能够逼真地还原人际互动情景,加深"面对面"感知的丰富性和跨时空连接的多样性。[①] 每一个大 V 都具有与生俱来的人格特质和独一无二的人生经历,其外在魅力和内在智慧都得以最大限度地展现。社交机器人和虚拟偶像也可以成为大 V,虽然不是自然人,但是可以通过人格塑造和模仿"人际互动"达到传播效果。在社交媒体中,大 V 的口语表达(而非书面语)与古希腊演说家的表达具有较强的相似性,本质都是通过口语说服受众并赢得受众的信任。亚里士多德的演说修辞理论可以作为理解个性化竞争的基本框架。亚里士多德将修辞论证方式分为三种:诉诸人格(ethos)、诉诸情感(pathos)和诉诸理性(logos)。诉诸人格是借助演说者的道德品质,主要指令人信服的三种品质,即见识、美德和好意。[②] 对于大 V 来说,见识包括专业成就、教育水平、个人经验、人生阅历等,是对其可信度和权威性的背书。美德表现的形式有正直、勇敢、善良、真诚、信用、节制、廉耻、智慧等。与传统道德教育中对始祖、圣贤、英雄和领袖的道德"完人"要求不同,大 V 不被寄以"完人"期许,只需在细分领域树立权威并展现美德,甚至可以刻意表现成有缺点、有个性的"普通人",以拉近与用户的距离、获取好感。大 V 常常对自我形象进行定位,通过建立"人设"标签提高传播效率。好意,可以理解为利他,一种为了他人的福祉甘愿自我奉献和牺牲的美德。

[①] 王晓红.网络视频:超越"观看"的新形态[J].青年记者,2018(7):74-75.
[②] 亚里士多德.修辞学[M].罗念生,译.北京:生活·读书·新知三联书店,1991:24-29.

亚当·斯密认为利己是人们经济行为的出发点,通过激发他人的自利之心(self-love)并实现利他,才能达成合作与分工,实现更好的利己,也从客观上增进了社会利益[①],这解释了大V在营销传播中经常刻意强调利他性和淡化个人利益的普遍做法。

诉诸情感即"动之以情",通过营造情感氛围,使受众处于某种心情和情绪以增强劝服效果。情绪是支配有机体本能或认知活动的重要心理能力,在有机体进行认知加工时作为有利或不利的心理背景,影响加工的选择且支配加工的方向[②]。在线视频技术放大了大V的面部表情和情绪反应,使大V的表达更具感染力,更易让用户产生共情。共情比共识的门槛低,且一旦形成,大多数情况下具有较强的传播动能[③]。无论有意识或无意识,大V正在越来越多地借助共情影响用户认知。不同效价的情感的心理作用机制有所差异,在不同的传播场景中体现不同的传播特点。在传播的初始阶段,消极共情的效果比积极共情的效果好,有利于大V与用户快速达成情感共识,顺利进入注意持续阶段。相比于消极共情反应,积极共情对人际亲密度的要求更高,自我与他人人际距离越近,越能分享积极情感[④]。在经过一段时期的准社会互动后,大V与用户建立起准社会关系,甚至是准社会依恋,这时积极共情才能产生良好的传播效果。如果尚未建立合适的人际亲密度便诉诸积极情绪,可能非但不能产生积极共情,还会引起反向共情,使用户体验到嫉妒、厌恶、自卑等负面情绪。

诉诸理性是指借助修辞推理达成信任。演说者与大V主要采用修辞推理和例证法进行劝服,而不是科学论证中常使用的逻辑推理(演绎推理)和归纳法[⑤],这两种情况有着本质区别。逻辑推理和归纳法是一种严谨的科学思维方法,主要目的是获取新知和发现真理。逻辑推理是必然性推理,如果前提真实,推理形式有效,结论必然真实。修辞推理和例证法的目的是就某一话题提出一种可能的解释(说服方法)让对方相信,修辞推理的前提可以是真实的,也可以是不真实的,大多情况下则是部分真实的,其结论也是如此。对于同一个话题,不同的大V选择的前提不同,采取不同的修辞推理形式,得到的结论也各不相同。普通用户与专家学者不同,通常不会深究推理的前提是否完全真实、推理过程是否严格,只要对方"言之有理"或者其结论符合已有认知,就容易相信或部分相信之。在泛知识内容崛起、内容驱动营销的趋势下,大V的理性修辞能力直接影响着内容的质量和个性化水平。

[①] 斯密.国富论:上[M].杨敬年,译.西安:陕西人民出版社,2001:18.
[②] 孟昭兰.情绪心理学[M].北京:北京大学出版社,2005:9.
[③] 赵建国.论共情传播[J].现代传播(中国传媒大学学报),2021,43(6):47-52.
[④] 岳童,黄希庭.认知神经研究中的积极共情[J].心理科学进展,2016,24(3):402-409.
[⑤] 温科学.中西比较修辞论:全球化视野下的思考[M].北京:中国社会科学出版社,2009:254.

(三) 在线个性化程度

网络在线视频技术下的说服修辞和人际关系呈现新的特征，主要涉及真实性、互动对话(叙事)和共同体构建三个方面。

真实性是一个具有复杂结构的概念，对其的解读高度依赖具体的历史、社会和技术背景，已经成为以计算机为中介的网络传播研究的重要议题。在社交媒体大 V 营销传播背景下，真实性不是一种客观实在，而是经由大 V 与用户互动建构的，一方面源于用户对大 V 真实性的感知，包含真诚、真实背书、可见性、专业知识和独特性五种不同的结构[1]；另一方面源于大 V 对于真实性的自我感知，包括围绕自我意识、自我表达和互动进行的真实性劳动[2]，通常采取的策略如管理个人面部表情以表现发自内心的真诚、适度表达情绪展示情感真实、增加对个人"后台"的展示程度、维持自我一致性、披露更多关于品牌赞助的信息、增加与追随者的互动等。真实性与用户对大 V 的信任、认同、态度、互动意愿、依恋等心理现象都存在不同程度的相关关系，影响着营销传播效果。

当前，媒介已成为我们借以经验世界的必要中介手段，深度媒介化已将传统实践的方方面面重新建构于互联网平台之上，新的媒介技术已开辟出全新的社会行动方式、组织起全新的社会交往关系、形成全新的人际互动模式。[3] 社交媒体极大地扩展了人们交往的广度和深度。大 V 与用户之间可以就共同感兴趣的话题和领域进行一对一、一对多、多对一、多对多的即时或延时的互动与对话。苏联心理学家维果茨基认为人的高级心理机能(如言语思维、逻辑记忆、概念形成、随意注意、意志等)发展主要是通过人与人之间的交往活动实现的，语言或符号等"心理工具"是这些实践活动的中介手段，人的各种高级心理机能就是这些交往与活动内化的产物。[4]互动和对话有利于激发用户的主体性，促使用户积极与大 V 以及其他用户之间展开主体间心智的辩证互动，碰撞出智慧，进一步提升多方对于品牌的认知，同时，互动反馈对品牌起到了反哺的作用。好的营销传播不是闭合的，而是开放和有活力的，鼓励多方互动对话，并且允许用户(追随者)提出疑问，在争议中吸引更多用户(追随者)进一步论证，从而促进对话主体间的关系由分立向聚合发展[5]，形成深度的品牌共识。

---

[1] LEE J A, EASTIN M S. Perceived authenticity of social media influencers: scale development and validation[J]. Journal of research in interactive marketing, 2021, 15(4): 822-841.
[2] BALABAN D C, SZAMBOLICS J. A proposed model of selfperceived authenticity of social media influencers[J]. Media and communication, 2022, 10(1): 235-246.
[3] 喻国明,耿晓梦."深度媒介化":媒介业的生态格局、价值重心与核心资源[J].新闻与传播研究,2021,28(12):76-91,127-128.
[4] 维果茨基.维果茨基全集第1卷:对传统心理学的反思[M].吴长福,刘华山,译.合肥:安徽教育出版社,2016.
[5] 赵亿.互动·对话·争论:微博关系传播偏向的探析[J].湖北社会科学,2013,324(12):210-213.

社交媒体技术让人们彼此互联，基于共同兴趣、价值取向或特点目标而聚集成"圈子"，这些圈子本质上就是一种社群，即一种社会共同体[1]，二者对应的英文也都是community。共同体的概念最早来源于本尼迪克特·安德森(Benedict Anderson)的"民族是想象的共同体"论断，社会发展和媒介技术为共同体赋予了新的特征，不仅可以指宏观的、抽象的共同体，也可以指日常生活实践中有形的、具体的共同体。大V一般通过建立粉丝社群或通过叙事生产意义来形成共同体，从而为网络中流动、孤独原子化的追随者创造归属感。共同体建立和发展的条件包括信息共同体、利益共同体和价值共同体[2]。这也构成了大V打造共同体的三个层面：首先，大V和追随者、追随者之间开放、自由地分享信息，形成最容易达成的信息共同体；其次，通过大V的引导和协调，促进共同体内部个体同一性利益的实现，形成相对稳定的利益共同体；最后，以信仰、道德、价值观引领，脱离物质利益依赖层面，在真正意义上为共同体成员提供精神港湾。与想象的共同体不同，网络共同体中的个体不仅依靠想象，而且更多地通过行动与共同体互动并形成反思。建立在消费文化之上的共同体通常是脆弱的、不稳定的和易于解体的，个人可以同时存在于不同的共同体中，可以在不同的共同体之间流动，也可以不加入任何一个共同体。因为在这种大V和追随者建立起来的共同体中，大V并没有真正地与追随者建立长久的承诺关系，也并没有真正地结合，而仅表现为一种"被体验的"联结，所以其中的体验也只存在于现场，更像是"流动游艺团式的共同体"[3]。

（四）大V营销传播金字塔模型

从根本上说，大V营销建立在通过传播形成的社交媒体大V和其追随者的关系之上，其效果取决于建立亲密关系的进程[4]。社交媒体大V与追随者的亲密关系大多数情况下是一种准社会关系，与用户对大V的信任感、认同感、陪伴感、依恋感等密切相关。有研究显示，准社会关系甚至比意见领导力（涉及追随者对大V在网络中表现的专业知识、能力和领导力的看法）对追随者购买意愿的影响更大[5]。因此，大V营销传播从根本上来说是对追随者和与之亲密关系的争取。根据美国人际传播研究奠基人M.L.耐普(M.L.Knapp)的关系发展理论，人际关系表现为亲密程度的波动变化情

---

[1] 蔡骐.社会化网络时代的粉丝经济模式[J].中国青年研究,2015(11):5-11.
[2] 胡百精.说服与认同[M].北京:中国传媒大学出版社,2014:33-38.
[3] 鲍曼.共同体[M].欧阳景根,译.南京:江苏人民出版社,2007:82.
[4] BERRYMAN R, KAVKA M. 'I guess a lot of people see me as a big sister or a friend': the role of intimacy in the celebrification of beauty vloggers[J]. Journal of gender studies, 2017, 26(3): 307-320.
[5] FARIVAR S, WANG F, YUAN Y. Opinion leadership vs. parasocial relationship: key factors in influencer marketing [J]. Journal of retailing and consumer services, 2021, 59: 102371.

况,主要呈现为向着聚合(coming together)和分离(coming apart)两个相反方向运动。[①] 对大V来说,其主要追求与用户以及追随者的关系沿着更加亲密的聚合方向发展以获得更好的营销效果。齐格蒙特·鲍曼(Zygmunt Bauman)将后现代社会和睦的人际关系划分为三个层次:相伴状态(being-aside)、相处状态(being-with)和相依状态(being-for)。[②] 相伴状态中的aside表示为了某种目的从某处移到与其相对的一边,从而"在一旁、到旁边",也意味着成功吸引到目标主体的注意力。在社交媒体平台上,相伴经常是流动的、碎片化的和短暂的,因而缺乏影响力,难以产生后果。大V需要借助话题引起用户兴趣、获取信任和认同,才能发展成相对完整和持续的相处状态。超越相处状态、更具黏性和凝聚力的关系是相依状态,这时大V和追随者形成更加"完美"的共同体关系。和睦关系的层次划分解释了大V争取与用户(追随者)建立亲密关系的渐进式进程,有助于将大V营销传播策略统合并形成框架(见图2)。大V营销传播层次之间不存在绝对界限,各层次代表着不同的竞争焦点,越低层次的大V数量越多,随着层次的上升,大V数量减少,与追随者亲密度提升,核心竞争力相对更强。

图2 大V营销传播金字塔模型

[①] KNAPP M L, VANGELISTI A L. Interpersonal communication and human relation ships[M].5th ed. Needham Heights, MA.:Allyn and Bacon,2005.
[②] 鲍曼.生活在碎片之中:论后现代道德[M].郁建兴,周俊,周莹,译.上海:学林出版社,2002:49-55.

五、结语

大V营销传播在快速发展的过程中也出现了一些不容忽视的问题。一是在资本逻辑下的平台内容专业化生产与传播导致PUGC、PGC的再中心化与权力化聚集,UGC生产不断被边缘化[1],公众非商业性自由表达的可见性越来越低。二是在竞争激烈的环境下,MCN公司和大V的专业运营操作方式导致内容同质化明显,日常生活和消费话题泛滥,拜金、享乐和个人主义的不良价值观流行,对社会建构产生了不良影响。三是大V们为取得竞争优势而刻意制造表达个性化和内容差异化,如过度放大情绪、选择小概率事件举例、以明显偏差的视角叙事等,容易造成用户认知偏差进而产生错误行动。四是平台的算法机制和限流政策不够透明,算法被"魅化",容易无形中对大V营销传播形成误导,算法滥用和平台垄断问题凸显。五是大V将追随者从公域引入私域社群,增加了社会和平台的监管难度,容易出现追随者被"割韭菜"等问题。

---

[1] 胡泳,年欣.自由与驯化:流量、算法与资本控制下的短视频创作[J].社会科学战线,2022,324(6):144-165,282.

抖音"出海"与中国互联网平台的逆向扩散[*]

◎ 张志安　潘曼琪[**]

摘要：数字资本主义是发达国家借助超级互联网平台的网络技术和数字信息实现资本累积的新方式，它意味着资本主义发展到新的历史阶段，以美国为代表的发达国家的互联网平台由此进行全球性的文化输出。在这种背景下，抖音海外版TikTok的全球业务发展，代表着中国互联网平台向海外的业务输出。通过对TikTok的案例研究，本文将其"出海"策略概括为三个方面：以经济资本为优势，占据市场关键节点；以技术资本为核心，向用户提供智能服务；以文化资本为依托，满足全球用户的娱乐需求。由此，它正在实现中国互联网平台从世界上最大的发展中国家向包括发达国家在内的海外市场的逆向扩散。抖音"出海"的意义不仅在于拉动互联网产业的经济增长，还在于促进网络平台上的跨文化交流和信息流动，既对全球传播秩序有所改造，也面临着一定的平台治理风险。

关键词：资本主义；抖音；TikTok；平台；信息传播

一、导言

21世纪以来，以人工智能为主导的第四次工业革命和数字化进程推动了新一轮的全球资本调整，以信息技术为核心的资本竞争和市场逐利已成为新的经济全球化表

---

[*]　本文原载于《现代出版》2020年第3期，收入本书时有改动。
　　课题：教育部哲学社科研究重大课题攻关项目"大数据时代国家意识形态安全风险与防范体系构建研究"（16JZD006）。
[**]　张志安，中山大学传播与设计学院院长、教授；潘曼琪，中山大学传播与设计学院2018级硕士研究生。

征,而且随着经济活动对数字平台依赖性增强,世界经济与数字传播革命紧密相连,传播对经济发展愈加重要。学者丹·席勒早在1999年就指出,互联网在扩张性市场逻辑下带动着全球的政治经济转向数字资本主义。①

新的等级结构正在通过数字文化产业的渗透在全球建立起来,媒介组织的盈利目标与资本主义、发达国家的文化特权紧密交织。在此背景下,中国传媒产业已或多或少地卷入以互联网为工具的数字资本竞争之中。当前,美国主导了全球的信息传播业;其他发展中国家则以"搭便车"的方式发展本国的信息文化产业,依赖美国的多种资本走上数字化道路。

然而,中国的数字化道路不同于一些国家,没有依附于发达国家,而是依靠自身、不断争取以走向国际市场和融入世界资本主义体系,并且实现了自我保护和主权完整。② 以腾讯、阿里巴巴和百度三家企业为代表的中国互联网公司在数字资本主义时代的发展路径,一般是先在国内搭建扎实的产业架构,占领本土市场,在积累用户群体和具备领先优势后再将商业版图扩大到国际市场。

总体上看,互联网的全球市场规模很大,没有一个国家或机构能完全垄断一个行业③,少数中国互联网公司在"出海"之后也能迅速积累用户规模和产生强大影响。全球知名应用追踪公司SensorTower的数据显示,抖音海外版TikTok在2020年第一季度获得App Store和Google Play的近3.15亿次下载,累计总下载量达20亿次。④ TikTok在数字资本主义时代的突出表现,折射出中国互联网平台企业参与全球竞争的新动向。本文聚焦此案例,结合数字资本主义的背景,分析抖音"出海"过程中的主要战略,指出中国数字平台抖音的输出在全球文化和信息传播领域的重要意义,并指出其后续发展可能面对的风险。

二、数字资本主义的演进与互联网平台的崛起

数字资本主义是伴随着信息技术重要性的与日俱增而必然出现的新历史趋势。它兴起于政治和经济结构发生巨变的20世纪70年代,全球对经济的关注焦点,从如何消除依靠政治政策来调整信息产业带来的发展不平等,转移到如何最大化地争取新型产业的利润。在尼克松担任美国总统期间,为了应对来自其他国家的经济关注、削弱国内传统产业工会的权力,美国企业和与美国关系密切的政治盟友决定全面拥抱数

---

① 席勒.数字资本主义[M].杨立平,译.南昌:江西人民出版社,2001:5-6.
② 席勒,翟秀凤,刘烨,等.信息传播业的地缘政治经济学[J].国际新闻界,2016,38(12):16-35.
③ 席勒,翟秀凤,刘烨,等.信息传播业的地缘政治经济学[J].国际新闻界,2016,38(12):16-35.
④ SENSOR T. TikTok Crosses 2 Bil l ion Downloads After Best Quarter For Any App Ever [EB/OL].(2020-04-29)[2020-04-30].https://sensortower.com/blog/tiktok-downloads-2-billion.

字资本主义。① 美国政府对信息处理工具与网络技术日渐推崇,在政策上也给予信息科技行业大量的优惠,再加上传统制造业盈利能力的长期下降,美国的产业发展重点自然从粗糙的工业转向精细的信息业,企业越来越依赖基于数据和互联网的商业模式,它们能通过提供和出售任何带有信息价值的商品或服务成功运转,数字资本主义成为维持国家经济活力和增长的主要方式之一。

到了20世纪90年代,工业已普遍从高收入经济体中脱离,人类劳动产物的形式已大量从物质产品转向非物质产品,如思想内容、知识、服务等,这些虚拟产品以网络为传播中介,被各个地区的用户消费,这意味着互联网已经逐渐成为数字资本在全球自由流动的基石。② 直到21世纪,在市场扩张的带动下,互联网快速开启了从资本主义通向数字资本主义的繁荣之门,并最终在近几年出现了新的业务模式,"一种强大的企业新形式——平台"③。

在席勒看来,数字资本主义是信息网络以前所未有的方式与规模渗透到资本主义经济文化的方方面面,成为资本主义发展不可缺少的工具与动力的状态。④ 一方面,以互联网为依托的信息网络技术在各个方面影响了资本主义世界的发展,它不仅是简单的辅助性传播系统,而且高度介入社会政治经济结构,因此研究资本主义的进程成为政治经济学家的关切,他们关注资本主义发展到信息时代在政治和经济逻辑以及社会生活方面的新变化。尼葛洛庞帝曾形象地指出,人类因为整个世界日益依赖数字技术而进入数字化生存时代。⑤ 另一方面,在依靠传统工业的资本主义演变到数字资本主义之后,网络扩大了实行资本主义制度的国家在全球的影响范围,文化日渐成为国际舞台上各个国家竞相争夺的资源。以美国为首的西方国家把全球化当成借口,在全球推行文化霸权主义,大力倾销其价值理念、文化观念和政治制度的"优越性"。

在数字资本主义时代,信息是一种有利于新的资本累积的重要生产力。⑥ 信息聚合平台依赖网络效应,其拥有的信息越多,平台的价值含量越高。从全球用户数量较多和覆盖面较广的互联网平台来看,其多数是从美国兴起然后扩散到其他发达国家和发展中国家的。比如,早在TikTok刚诞生的2017年,Facebook已覆盖全球130多个国家和地区,全球月活跃用户数达20亿⑦,而全球95%的互联网用户都曾看过

---

① 席勒.信息资本主义的兴起与扩张:网络与尼克松时代[M].翟春凤,译.北京:北京大学出版社,2018:8.
② 席勒.信息资本主义的兴起与扩张:网络与尼克松时代[M].翟春凤,译.北京:北京大学出版社,2018:8.
③ 斯尔尼塞克.平台资本主义[M].程水英,译.广州:广东人民出版社,2018:49.
④ 席勒.数字资本主义[M].杨立平,译.南昌:江西人民出版社,2001:5-6.
⑤ 尼葛洛庞帝.数字化生存[M].胡泳,范海燕,译.海口:海南出版社,1997:15.
⑥ FUCHS C. Information and communication technologies and society a contribution to the critique of the political economy of the internet[J].European journal of communication, 2009, 24(1):69-87.
⑦ Facebook月活跃用户数破20亿[EB/OL].(2017-07-06)[2020-05-01].http://www.xinhuanet.com/info/2017-07/06/c_136421691.htm.

YouTube 的视频,美国境外的用户数占 YouTube 总用户数的 80%。① 美国借助新平台延续着传统媒体时代的文化霸权,掌控着数字资本主义时代的新传播渠道。达雅·屠苏将源于美国并以美国为核心的媒介产品向其他国家流动的现象称为"主流"②,那么,源起于世界上最大发展中国家的 TikTok 对其他国家的信息传播就代表着一种逆向扩散。

Facebook、YouTube 和 TikTok 这类以内容型产品为主的软件在数字资本主义时代参与全球竞争,实质都在依托用户的社会协作和社会关系——平台用户为资本循环提供了无偿的文化劳动力③,用户生产的数据被转化为平台的价值,数据、用户和节点成为平台竞争的关键。尽管这些互联网平台为全球经济提供了新的竞争和控制方式,但其盈利能力才是平台最终成功与否的仲裁条件。④ 当我们把平台当成数字资本主义的最终业务模式和理解中心之时,应明确平台不仅是资本主义关系和结构转化的表现,还是技术中介和资本主义商业策略结合的离散模式。

本文关注平台的条件配置和后果,既强调 TikTok 对数字经济流通的独特市场化中介的作用,又强调 TikTok 在流通中融入更多样的资本的过程⑤,希望以此观察 TikTok 输出的策略、意义和风险。

三、抖音英文版 TikTok 的"出海"战略

在数字资本主义迅猛发展的当下,信息技术行业的投资回报丰厚,具有非常可观的用户规模的互联网商业平台逐渐成为基础设施,物联网、云计算、人工智能等技术成为企业竞争的符码。在这样的背景下,以流通思想、知识和劳动力为内容,发生在地理分散但互动联结的网络各社区之间,贯穿于社交媒体、网络市场、众包和众筹市场等多种数字经济生态圈的新数字经济形式应运而生。⑥

在短视频尚处于发力时期的 2016 年,抖音于 9 月份上线并开始业务布局和运行,又于 2017 年出现井喷式的增长并快速成为字节跳动旗下的战略产品和现象级的音乐

---

① YouTube by the Numbers: Stats, Demographics & Fun Facts[EB/OL].(2020-02-10)[2020-05-01].https://www.omnicoreagency.com/youtubestatistics.
② 朴经纬,唐天开.全球化时代的媒体与传播:达雅·屠苏的传播思想评介[J].新闻研究导刊,2016,7(14):13-15.
③ 福克斯,莫斯可.马克思归来:上[M].传播驿站工作坊,译.上海:华东师范大学出版社,2016:186.
④ 斯尔尼塞克.平台资本主义[M].程水英,译.广州:广东人民出版社,2018:126.
⑤ PAUL L, LEYSHON A. Platform capitalism: the intermediation and capitalisation of digital economic circulation[J]. Finance and society,2017,3(1):11-31.
⑥ 梁超,兰利.平台资本主义:数字经济流通的中介化和资本化[J].汕头大学学报(人文社会科学版),2017,33(11):130-132.

视频应用软件。可观的流量让该公司为抖音注入大量的资金并加快其国际化发展进程。2017年8月,抖音国际版TikTok在Google Play上线,这意味着抖音正式踏上海外征途。截至2020年1月,TikTok已覆盖全球150多个国家,全球的日活跃用户数突破4亿①,成为中国互联网平台成功"出海"的典型案例。

抖音的国际业务扩张是经过部署后的战略安排,又需要根据情势变化而调整,为此,字节跳动投入过亿美金。产品负责人王晓蔚曾表示,"抖音在国内的视频播放量已超过10亿,在国内市场已无有力挑战者的情况下,寻求海外增长在情理之中"②。总结抖音"出海"策略,主要包括以下三个方面。

(一)以经济资本为优势,占据市场关键节点

在数字资本主义时代,占据世界市场的关键节点是平台公司赢得竞争的重要方式,它们依靠多种资本运作方式来开拓、提升和巩固市场地位。抖音"出海"初期利用比较丰厚的经济资本,通过投资、控股、并购等方式进入海外媒介生态圈,为抖音的海外业务运营提供更多的资源储备。

资料显示,印度、美国和印尼是TikTok三个较大的海外市场。截至2020年第一季度,TikTok在印度的累计下载量达6.11亿次③;一名美国用户平均每天要打开TikTok 8次,每次4.9分钟④;而TikTok在印尼也多次登上过App Store和Google Play的榜首。在2016年10月,印度最大的内容聚合平台Dailyhunt获得由字节跳动领投的2500万美元(D轮融资投资),Dailyhunt的创始人兼CEO Virendra Gupta称:"Dailyhunt未来的发展方向将从文字转为视频和音频。"⑤对抖音来说,印度拥有4亿潜在用户市场,潜力巨大,而Dailyhunt的最大优势是其为印度人提供本土语言内容。据悉,Dailyhunt支持15种当地语言,而字节跳动领投的资金将用于机器学习技术的研究,开拓印度本土市场。2016年12月,字节跳动控股了印尼的新闻推荐阅读平台BABE。BABE是印尼移动互联网界的明星项目,这为抖音日后占据东南亚国家市场打下了重要基础。2017年2月,面对美国本土音乐短视频平台的先发优势,字节跳动全资收购北美知名短视频社区Flipagram,提高了自身的市场份额,也意味着它正式进军北美音

---

① 黄鑫.抖音日活跃用户数超4亿——更多的人,更大的世界[EB/OL].(2020-01-17)[2020-04-20].http://www.xinhuanet.com//info/2020-01/17/c_138712187.htm.
② 贺文.短视频:海外急"揽客"[J].IT经理世界,2017(22):31-33.
③ SENSOR T. TikTok Crosses 2 Billion Downloads After Best Quarter For Any App Ever[EB/OL].(2020-04-29)[2020-04-30].https://sensortower.com/blog/tiktok-downloads-2-billion.
④ 陈燕妮.TikTok全球下载量逼近20亿[EB/OL].(2020-03-16)[2020-04-10].https://tech.ifeng.com/c/7uspvFTS3LE.
⑤ 杜暮雨.进入400余种语言的印度,今日头条选择2500万美元投资Dailyhunt[EB/OL].(2016-10-06)[2020-04-10].https://36kr.com/p/5054575.

乐短视频市场。

从TikTok上线前的这三个重要举措来看,字节跳动投入足够资金,试图以经济资本的投入,较快进入海外市场、占据关键节点。初期以资本收购和控股方式快速进入特定区域的用户市场,之后再以海外版产品自运营的方式扩大市场占有率,这种"收购+自营"的方式体现了字节跳动在经济资本稳健输出的同时注重产品和技术输出的特征。

(二)以技术资本为核心,向用户提供智能服务

技术是否领先是互联网平台的媒介产品成功与否的关键,技术的实用性和智能化会提高海外用户对平台的接纳程度,增强用户对平台的使用黏性。实际上,字节跳动从创立伊始就是以人工智能技术为主打的互联网公司,今日头条的算法推荐技术成就了这一资讯客户端的快速发展,抖音的崛起更印证了其在算法推荐技术之外、基于手机的人际交互技术的强大。字节跳动CEO张一鸣曾表示,技术"出海"的核心策略将让TikTok致力于为全球提供统一的产品体验。① TikTok能根据数百万标签以及相关性、环境、热度、协同等模型,实时了解用户的状态,让视频与用户环境相匹配,从而推荐用户最喜欢的视频。该技术不仅洞悉了各国用户的兴趣,满足了他们不同的观赏需求,而且在算法的驱动下,它保证了用户不会看到重复的内容。海量的数据库是它强大的后盾。

TikTok能在与众多同类产品的竞争中胜出,主要归功于"人脸关键点检测技术""人体关键点检测技术"和"手势识别和粒子系统技术及应用"等基于手机的人机交互技术。其一,"人脸关键点检测技术"能同时识别用户脸部百余个关键点和多个用户人脸,弥补其他视频软件在用户有大幅度动作时,贴纸会跟丢的缺陷,AR动态贴图和用户面部实现无缝对接,用户的挑眉等小动作也能触发动态贴纸。其二,"人体关键点检测技术"是将类似"尬舞机"的技术从特定的硬件设备移植到移动端上,它让全球用户都能在手机上享受以往要由"舞蹈机"提供的体验,这得益于字节跳动AILab经过算法调研的严谨训练模型。"尬舞机"具有动作匹配机制,运用人体关键点技术和预先设定的动作模板,能够引导任何不具备舞蹈基础的用户跳出有趣、专业的舞蹈,这个新突破能让用户随时随地享受舞蹈的欢乐。其三,"手势识别和粒子系统技术及应用"是将手势识别和粒子系统技术合二为一,先用传感器实时监测用户21个手指关键节点的运动,再用粒子物体模拟雪、雨、泡沫、灰尘等,用户能通过手指的运动实现对外在物品的虚拟操控,具有丰富的实际应用场景,能形成令人赞叹的视频特效。

---

① 张一鸣表示技术出海策略的核心将让TikTok致力于为全球提供统一的产品体验[EB/OL].(2018-04-24)[2020-04-10].https://www.tmtpost.com/nictation/3204419.html.

这些技术一方面吸引了大量国内用户在平台上高效获得个性化的短视频内容,另一方面也以极低的门槛吸引海外用户在日常生活中参与短视频的拍摄和上传。由此,TikTok 的用户、数据、算法和内容之间形成了完整的反馈闭环。

此外,在设计界面和内容分发机制上,TikTok 还将带有后现代性的媒介技术推到极致:用户在打开 TikTok 后能直接进入短视频播放窗口,他们不知道下一个出现在界面上的是什么内容,只需滑动手指就能找到自己感兴趣的内容,这种让机器"喂"、无须自己"找"的未知性,会在精准满足用户兴趣的同时让其花费更多的时间在 TikTok 上。

(三) 以文化资本为依托,满足全球用户娱乐需求

在数字资本主义时代,现代性的特征之一是流动性,世界范围内的物质资源和文化资源都在不停地流动。音乐是文化资本的"客观的形态"之一,它具有鲜明的风格,其对相似情绪的调动常能打破地域的区隔。音符超越了文字的交流障碍,引起情感共鸣,动感的音乐和趣味的视频结合在一起,召唤全球用户在娱乐生活中进行消费。

以创意音乐为定位的抖音,拥有全球多个国家的乐库。这些乐库是 TikTok 进入其他国家市场的文化资本之一,本土音乐能吸纳新用户,迎合全球娱乐文化盛行的趋势。年轻人推崇数字文化,乐于进行数字化表达,视频记录者通过视觉化的自我展示实现自我形象的管理,而消费者在观看中满足了情感、娱乐甚至身份认同等多元需求[①],在流动的社会里实现个体与公共文化的联结。

TikTok 的海外业务扩张对作为文化资本的音乐的运用是非常注重的。一方面,字节跳动在 2017 年 10 月以 10 亿美金的高价收购了在美国大受欢迎的音乐短视频应用 Musical.ly,这是 TikTok 海外扩张的重要一步。在收购这款定位和 TikTok 相似的音乐短视频应用之前,字节跳动已于 2017 年 2 月全资收购北美知名短视频社区 Flipagram,垄断了一些北美音乐的版权,由此直达 Musical.ly 的腹地。Musical.ly 从创立初期就致力于打造一个全球的娱乐社交平台,其定位和 TikTok 相契合。字节跳动在收购它之后,不仅立即占据了北美的年轻用户市场,也将其音乐版图扩展至北美嘻哈等音乐类型领域。很快,TikTok 超越 Facebook、Instagram、Snapchat 和 YouTube 等,多次成为美国 App Store 和 Google Play 两个应用商店下载量最高的应用。

另一方面,TikTok 在兼顾全球性流行音乐文化的同时,没有放弃带有本土性的民族文化。例如,TikTok 将风靡印度的脸部绘画带入音乐滤镜,受到能歌善舞的印度用户的青睐。这种全球乐库与本地歌舞文化相融合的方式,带来了音乐链条式的传播效

---

① 张志安,冉桢.短视频行业兴起背后的社会洞察与价值提升[J].传媒,2019(7):52-55.

应,使 TikTok 成为各地音乐的交流媒介,加速了世界各地文化在全球数字平台中的流动、消费和共享。其中,也有不少中国音乐借此风靡海外,比如《爱的就是你》曾在国内抖音上盛行一时,有四百多万人用它拍摄了手势舞,而这首歌在 TikTok 上也很火爆,日韩及东南亚地区用户用它拍摄的短视频已超过 160 万个。此外,在国内广受欢迎的 dura 舞、拍灰舞、爱心手势舞等也深受印尼年轻用户群体的喜爱。

文化资本既能内化于人们的身体和头脑中,又能固化于人们的习性和性情[1],反映为文化学识、技能、教养和造诣,因此人是文化要素最为复杂的集合体。TikTok 在全球业务的运营中重视所雇员工的多元文化背景,其在海外设立的分部的员工来自五湖四海,体现着国际性和本土性的结合。TikTok 海外业务的快速增长带来了字节跳动公司市值的倍增,也实现了中国本土互联网商业模式的海外输出。正如张一鸣所言:"在这一波信息化浪潮中,中国公司不再需要 copy(复制),而是转向自主创新,今天,包括字节跳动在内的中国公司和美国优秀公司一样,是 born to be global(天生全球化)。"[2]

综上所述,TikTok 针对不同国家和地区采取灵活多样的业务扩张模式,实现经济资本、技术资本和文化资本之间的分配与转化,共享算法推荐和人机交互等智能技术,适应当地的政治、经济、社会和文化,以"全球本土化"(glocalization)策略把握数据、节点、用户等关键要素,促成了其在国际市场中的稳健扩张。

四、抖音"出海"的逆向扩散意义和风险

伴随着互联网通信技术发展和信息化进程的加速,以往由政府主导的国际传播逐渐扩展至以互联网平台为枢纽、以网络用户为目标的网络国际传播,主要传播媒介也从电视、广播等大众传播媒介转向形态各异的互联网产品。[3] 从批判的传播政治学角度看,数字资本主义的实质是美国等西方发达国家运用其强大的政治和经济权力对其他弱势国家的信息传播、文化消费和思想观念的操纵。

TikTok 的海外产品定位始终在努力规避任何政治性的动机,以显著的"去政治化"倾向,在"出海"过程中寻求用户规模和利润的增长,参与数字资本主义时代的国际竞争。数据显示,2020 年年初,TikTok 的终身用户支出已增至 4.567 亿美元。[4] 不

---

[1] 徐望.文化资本时代的文化消费[J].学习论坛,2018(9):65-71.
[2] 张一鸣:互联网企业应主动承担社会责任 以技术优势服务社会[EB/OL].(2018-4-27)[2020-04-10]. http://mini.eastday.com/a/180427154943574-3.html.
[3] SENSOR T. TikTok Crosses 2 Bil l ion Downloads After Best Quarter For Any App Ever[EB/OL].(2020-04-29) [2020-04-30].https://sensortower.com/blog/tiktok-downloads-2-billion.
[4] 萨义德.东方学[M].王宇根,译.北京:生活·读书·新知三联书店,1999:4.

过,解读 TikTok 成功"出海"的意义,需要更多元的视角。

(一)跨国平台上的全球文化传播

由于内容型产品发挥着传播信息的作用,其文化属性和功能显著,因此伴随互联网企业的海外扩张,各种政治和意识形态的力量都会在数字文化的舞台上展开较量。① 不过,多数互联网企业因担心受到外国政府的抵制而对自身文化产品的意识形态属性讳莫如深,习惯在"不声张"的文化前提下开拓业务。

当下,Facebook、Twitter、Instagram 等全球流行的社交工具和平台,基本上都来自美国。社交媒体作为互联网平台的典型类型之一,已经成为数字资本主义时代全球文化传播竞争的新场域。美国除在影视、传媒等娱乐业对全球进行"软控制"之外,也在互联网领域具有领先优势。TikTok 是带有社交属性的短视频产品,依托字节跳动的资本和技术输出以及本土化运营,使美国成为它的三大海外市场之一,一定程度上挑战了美国产品在全球的垄断地位。

客观上,TikTok 在不同国家的流行有利于中华文化的对外传播,诸多带有中国文化要素的短视频在国外受到追捧。比如,在国内抖音上的#少林梦#挑战也在日本受到欢迎,一名日本用户将《少林梦》的中文和日文歌词用毛笔写下来做对照:"我心里一直有个梦,想去嵩山少林学武功,就像电影里帅气的超人,行侠仗义飞檐走壁。"虽然书法稍显稚嫩,但走心的文字让该短视频赢得 1.6 万次点赞。同时,日本文化在 TikTok 上被呈现和传播,曾有多名中国用户到日本人气漫画《灌篮高手》实景地——神奈川县镰仓市湘南海岸打卡,用 TikTok 拍摄视频,配上主题曲并上传到平台。可见,TikTok 作为相对中立的互联网平台,其跨文化交流和传播的功能正在凸显。

(二)逆向扩散对全球传播秩序的改造

从全球传播现状来看,文化帝国主义的问题并没有得到根本解决,信息传播业成为发达国家向外扩张的产业支柱,与此相关的物质资源和符号资源也在支配着全球传播秩序。在对数字资本主义的历史起源、美国的主导地位和面对的挑战等因素进行分析时,丹·席勒发现伴随着互联网崛起的多种意识形态既没有解决资本主义的固有危机,也没有减少信息地缘政治纷争。新世纪的媒介仍从属于经济资本,它们支撑了一种以美国为主导的、建立在高新数字技术产业之上的新帝国主义。②

应对这种相对稳定的信息地缘政治及其传播结构的不平等,需要构建更多极的力

---

① 萨义德.文化与帝国主义[M].李琨,译.北京:生活·读书·新知三联书店,2003:4.
② FUCHS C. New imperialism: information and media imperialism? [J]. Global media and communication,2010,6(1):33-60.

量来优化全球传播秩序。伴随网络化社会的兴起和新新闻生态系统的出现,国际传播秩序的结构已不再仅依靠政府力量和跨国传媒集团的优势,以社交媒体、搜索引擎、短视频平台等为代表的互联网平台给网民带来了自主生产、加工、存储和传播信息的便利,让世界各国的网民在数字化的日常生活中建构新的文化传播空间。基于这些全球性互联网平台的跨国信息流动,信息技术的全球共享、网民之间的跨文化对话、多元主体参与的网络公共外交等都变得活跃起来,这种生活化、碎片化、非正式的民间沟通成为官方沟通、媒介建构之外形塑信息传播新秩序的重要方式。

当前,TikTok 正在致力于构建"信息公共领域",青年群体的内容生产和分享热情高涨,跨文化的视频产品井喷式地在这个全球性的互联网平台上涌现。大量海外达人在中国旅行、拍摄视频并上传到 TikTok,使带有鲜明中国城市特色元素的作品进入全球化的网络信息空间。

TikTok 时下已发展成全球短视频创作和音乐交流的枢纽平台,汇聚了各地艺人的网络节目表演和普通公众的视觉生活记录,也逐步成为各国政府机构、媒体进行公共传播的新渠道。世界各地青年群体对这款起源于中国的互联网平台的青睐,一定程度上改造了全球信息传播秩序和发达国家平台占据垄断地位的格局。

"跨国或跨境收购行为是企业在空间中的制度和权力延伸过程。"[1]字节跳动在推出 TikTok 之前,先以资本收购的方式打基础,再以 TikTok 平台运营方式开拓市场,比较稳健地完成了这款中国产品的海外输出。从时间和空间的维度看,以往多是发达国家的媒体产品、传媒集团和互联网平台向发展中国家扩散,而 TikTok 的流行意味着发展中国家的数字产品和互联网平台首次向发达国家逆向扩散,这种逆向扩散的新现象和新特点为全球传播秩序改造提供了新动力。

WeChat、Alipay 和 TikTok 等中国互联网平台的"走出去",不断丰富着全球信息传播建构秩序中的多元行动者,在为中国争取高增长的国际信息网络产业市场份额的同时,拓展了数字资本主义走向多极化发展的可能性边界。

传统媒体产品和传媒集团的全球扩张具有较强的价值观色彩和意识形态属性,相比之下,数字互联网平台的全球输出更具有嵌入公众日常生活、成为社会连接基础设施的能力。文化产业的多结构性和多元化发展影响着个人娱乐生活和社会公共议程,全球化与本土化、技术主宰和技术解放等诸多力量相互参照,呈现着协调、竞争和交叉。[2] 面对多元复杂的国际社会,TikTok 的"全球本地化"发展必然遭遇各种挑战,除了需要应对跨国资本的现有结构给中国企业融入全球政治经济体系带来的困难之

---

[1] 莫斯可.传播政治经济学[M].胡春阳,黄红宇,姚建华,译.上海:上海译文出版社,2013:19.
[2] 陈卫星.从"文化工业"到"文化产业":关于传播政治经济学的一种概念转型[J].国际新闻界,2009(8):6-10.

外①,还需要警惕政治介入、文化、隐私保护、数据安全等各类风险。

为此,TikTok 不断摸索、调整和完善平台在不同国家和地区的治理机制。其一,尽量避免政治风险。TikTok 曾在印度面临封禁,原因在于印度大选期间,某些用户上传了对候选人进行搞怪编辑的视频②,而印度复杂的政治生态使 TikTok 首当其冲,受到部分政客的抵制。其二,尊重当地文化习俗。国际冲突的根源之一是文化冲突,TikTok 在"出海"过程中非常重视研究、熟悉和尊重不同国家的风俗,对宗教禁忌等保持高度的文化敏感。其三,确保用户数据安全。数据是互联网平台发展的基础,互联网平台捕获、提取和使用数据的机制,对用户隐私和国家安全有重要影响。不同国家对数据收集和隐私保护的政策边界有差异,就会导致同一个互联网平台面临不同的诉讼风险。TikTok 在美国就曾因"违反儿童隐私法"被美国联邦贸易委员会处以 570 万美元的罚款③,印度部分议员也曾以过度监听用户会"危害国家安全"为由要求印度政府封禁 TikTok④。TikTok 遭遇的上述风险也是中国互联网公司"出海"时需要共同应对和破解的难题。

五、结论

研究发现,在数字资本主义兴盛和互联网平台崛起的时代,除了发达国家仍然占据主导优势外,中国的互联网平台也在积极创新传播手段,参与世界新信息秩序的改造和全球文化多元融合的进程。互联网平台在数字资本主义下的竞争以节点、用户和数据三个要素为主,而 TikTok 以经济资本为优势,占据市场关键节点;以技术资本为核心,向用户提供智能服务;以文化资本为依托,满足全球用户娱乐需求。这三个举措共同助力该互联网平台完成了由发展中国家向发达国家的逆向扩散。

TikTok 的逆向扩散不仅意味着发展中国家向发达国家逆向输出互联网产品和商业模式,也意味着发展中国家贡献的数字内容产品有可能被持续地全球共享。此前,微信海外版 WeChat 和支付宝海外版 Alipay"出海"后的用户群体主要局限于在境外生活或旅游的华人⑤,其产品用户的本土化程度低;而 TikTok 的海外使用者大多是土生土长的年轻网民,这种逆向扩散不仅是互联网平台在国与国空间上的扩散,也是数

---

① NOLAN P. Is China buying the world?[J].Challenge,2012,55(2):108-118.
② TikTok 在印度遭遇麻烦,内容平台出海难在哪?[EB/OL].(2019-02-28)[2020-04-16].https://baijiahao.baidu.com/s? id=1631758335089668090&wfr=spider&for=pc.
③ 因违反美国儿童隐私法,美版抖音 TikTok 将被处以 570 万美元罚款[EB/OL].(2019-02-28)[2020-04-16].https://m.sohu.com/a/298250185_115563.
④ 危害国家安全、内容低俗……出海印度屡遭质疑,TikTok 将如何突出重围?[EB/OL].(2019-09-24)[2020-04-16].https://www.sohu.com/a/342992160_100163814.
⑤ 刘滢,唐悦哲.反向流动视阈下的社交网络与中国媒体全球传播[J].新闻与写作,2019(7):71-75.

字化产品在跨国用户群体中的扩散,这是 TikTok"出海"的特殊之处。

不过,TikTok 在参与逆向扩散过程中也面临着复杂而多元的风险,价值观上的"去政治化"和文化的"在地化"适应是其逆向扩散的重要政策。伴随这种逆向扩散的竞争优势进一步扩大,这一互联网平台需要在承担更多社会责任的同时,逐步适应不同国家和地区的互联网平台治理政策。从这个角度看,TikTok 等中国互联网平台的逆向扩散仍有发展上的不确定性。

不对称性依赖与链接报酬：
数媒时代欧洲传媒业研究*

◎ 陈文沁　刘　昶**

摘要： 2021年6月，"欧盟数字单一市场版权指令"第15条，亦即"链接报酬"制度，在欧洲各国正式生效。这成为解析数媒时代欧洲传媒业在转型过程中与跨国网络平台之间形成的不对称性依赖关系，以及欧盟及成员国在调和二者矛盾过程中所发挥的规制性作用的切入口。链接报酬是理解当下欧洲传媒转型的一条重要线索，表征了国家、新闻媒体和跨国网络平台之间的话语权力关系正在显现的重大调整。

关键词： 网络平台；欧洲媒体；链接报酬

在数字时代，跨国网络平台迅速扩张，并逐渐向传媒内容生产、发行与消费领域深度渗透。曾经在全球信息传播活动中扮演过历史性关键角色的通讯社与媒体集团，已经受到谷歌、苹果、脸书等科技巨头的严峻挑战，其原有的垄断性新闻发布空间也不断被蚕食。目前，包括新闻在内的信息搜索引擎市场份额的九成已被谷歌占据，在线广告市场的三分之二也被谷歌和脸书掌控；而全球99%的智能手机都预装了谷歌与苹果的操作系统。这些新兴平台凭借强大的经济实力和信息优势，已经让其他媒体机构相形见绌。

在这个由数据驱动并由跨国网络平台引领的数字世界之中，一些西方国家的新闻传播生态发生了前所未有的深刻变革。众所周知，无论中外，传媒业对平台的依赖正在日渐加深，二者之间的资本权力关系也在不断移位。各国政府的规制部门虽然能够在一定程度上对其进行调适，但面对瞬息万变的数字环境，已有的国家监管方式（如

---

* 本文原载于《现代出版》2021年第4期，收入本书时有改动。
　课题：2019年度中国传媒大学中央学校基本科研业务费专项资金资助项目。
** 陈文沁，中国传媒大学传播研究院讲师；刘昶，中国传媒大学新闻传播学部教授、博士生导师。

竞争法、反不当竞争法与隐私法等)是否需要补充,以期更有效地遏制二者间价值鸿沟(value gap)的进一步扩大已成问题,对此,学界有诸多关注和质疑的声音。

在此全球语境下,欧盟与时俱进,于2019年通过因应相关变化的新版权指令(Directive on Copyright in the Digital Single Market,以下简称"版权指令"),其中第15条规定广受争议,原因在于,根据这一条款,欧盟成员国要在2021年6月之前通过立法,保护设于境内的报刊及新闻通讯社的新闻内容的网络传播权利。该项权利受限于欧盟《信息社会版权指令》(2001)第2条及第3条(2)项规定的重制权(reproduction right)及公开传播权(right of making available to the public),自新闻发表起算具有两年保护期。搜索引擎、新闻聚合服务及社交媒体在使用原创新闻内容时需获取授权①。此即"链接报酬"的原则。

该项规定是基于欧洲版权法框架而赋予报刊及通讯社的一项新的邻接权利,以契合技术变革的现实逻辑。在此之前,此项邻接权利已在德国、西班牙实施,而今欧盟需要其成员国不断调适欧盟指令与国内版权法的兼容性,共同促进链接报酬权利不断制度化。

自2019年欧盟通过版权指令以来,国内学界对于此项邻接权利已有不少探讨,并多以"链接税"(link tax)一词指代之。根据指令第15条的规定,网络平台在(部分)使用新闻媒体内容时应向其出版人取得授权,并支付使用报酬,而非简单的赋税链接。因此,笔者更赞同使用链接报酬(link remuneration)一词。何况,国内学界对此项制度的解读亦有分歧:支持者认为该项权利有助于平衡新闻媒体与网络平台之间的利益,对我国著作权法修订有一定借鉴意义②;反对者则认为,此项制度明显具有保护新闻媒体的取向,难以实现各方利益均衡,无法有效解决新闻聚合纠纷问题③。

要理解欧洲链接报酬制度的演进与发展,必须将之置于欧洲传媒业的数字转型语境当中。一些学者认为,此项制度在德国、西班牙的实施效果不佳,说明这无法从根本上解决网络平台与新闻媒体之间的利益平衡问题。但即便如此,欧盟依然决定在"数字单一市场"框架中通过此项制度,原因究竟为何?

笔者将从"链接报酬"提出的初衷及其时代背景出发,解析欧洲新闻媒体在数字转型过程中对网络平台的依赖关系正在趋向失衡的原因。然后聚焦欧盟修正此项制度的始末,论证该项制度不仅为欧洲新闻媒体与跨国网络平台之间的市场博弈增加新

---

① Document 32019L0790[EB/OL].(2019-04-17)[2021-02-03].https://eur-lex.europa.eu/legal-content/EN/ALL/? uri=CELEX%3A31998L0034.
② 刘铁光,黄维.新闻聚合模式发展的制度障碍及其克服:欧盟"链接税"规则修正后的借鉴[J].新闻界,2019(2):95-100.
③ 彭桂兵,陈煜帆.取道竞争法:我国新闻聚合平台的规制路径——欧盟《数字版权指令》争议条款的启示[J].新闻与传播研究,2019,26(4):62-84,127.

的变量,且此项制度设计作为欧盟网络平台治理的重要构成,也暗示了国家—新闻媒体—跨国网络平台之间的话语权及关系将呈持续动态调整的趋势。

一、欧洲传媒业转型与不对称性依赖:数字化悖论

早在20世纪末,欧洲学界对新闻出版人邻接权利的探讨就已经展开;专门围绕链接报酬的论辩,则始于2007年比利时报业版权管理组织诉谷歌案前后。有关论辩关注的问题有二。一是广告收益失衡:作为一种传播中介的网络平台本身不生产新闻内容,却能获得大部分数字广告收益,而新闻出版人需要为内容生产及运营付出高额成本,但无法与平台分享广告利润。二是市场地位滥用:谷歌已经垄断欧洲的搜索引擎市场,并且可以轻而易举地通过算法来决定搜索结果的优先性,影响新闻内容的抵达效果。[①] 基于上述原因,欧洲传媒集团、新闻通讯社以及记者协会组织发起了一系列媒体联盟运动和游说活动,力促国家和欧盟层面通过链接报酬立法,确保自身利益。

链接报酬制度在诞生之初就具有鲜明的经济指向,特别针对欧洲新闻媒体对跨国网络平台的不对称性依赖关系。笔者以欧洲传媒业近二十年来的集中化趋势和数字转型过程为主线,从市场与信息两个维度来论述这一不对称性依赖关系的形成过程。这一努力有助于理解在欧盟设立新版权法以前,链接报酬制度的侧重点及其内在缺陷。

(一)欧洲传媒业转型:两种策略体系

自第二次世界大战到20世纪90年代中期,欧洲新闻业经历过一个鼎盛时期。报刊曾经是人们获取新闻的主要渠道之一,凭借广告和销售这两大盈利模式占据着欧洲公共信息传播的垄断地位。然而,二十余年来,这种商业模式不断瓦解。随着欧洲社会数字化进程不断加深,传统媒体面临的竞争不断加剧,不仅要与不断激增的媒体直接竞争,还要与庞大的"产销者"竞争。此外,谷歌与脸书这样的广告平台,能够基于用户数据来推荐新闻内容。欧洲报刊数量随之逐年减少,其读者及广告利润亦不断流失。2013—2020年,欧洲读报人口比例持续下降,而网络新闻消费市场已经趋向稳定(80%左右),社交媒体则出现显著增长(见图1)。[②]

在此背景下,欧洲传媒业的数字化转型大致呈现内外两种策略体系。传媒内部转型表现为组织调整重构与积极创新并行。所谓组织重构意指新闻编辑部门的纵向整

---

① HAUCAP J.Wie lange hält Googles Monopol? [M].DICE Ordnungspolitische Perspektiven,No.32,Düsseldorf:Düsseldorf Institute for Competition Economics,2012.
② NEWMAN N,FLETCHER R,SCHULZ A,et al.Digital News Report 2020[R].London:Reuters Institute,2020:22.

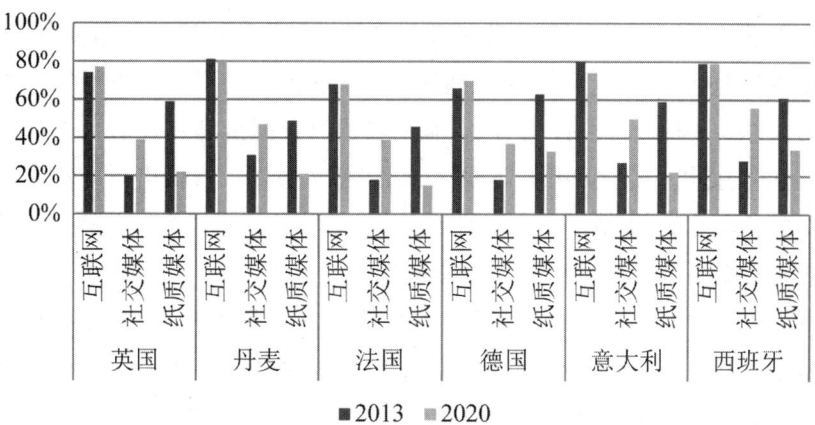

图1 欧洲主要国家新闻消费人口比例
（数据来源：路透新闻研究所2020年调查报告）

合与横向兼并，往往伴随着大规模裁员和传媒集中化趋势，因而经常受到欧洲学者的批评。再者，新型的媒体组织方式虽然契合效率优先原则，但也让欧洲国家与地方之间的新闻场域形成结构性的权力变化，其中地方新闻媒体受到的影响更大。此外，媒体的兼并整合为新闻工作带来更多不稳定因素，导致许多正向的创新举措难以维持，新闻媒体的内生性创新发展陷于被动。

欧洲传媒业的外部转型战略更加复杂。相关的策略性活动往往由大型传媒集团牵头，通过影响公共舆论、诉讼和游说等相互结合的方式，影响（超）国家媒体政策的制定框架，一个典型的代表是阿克塞尔·斯普林格传媒集团。链接报酬正是其中的一个产物，因此明显具有保护新闻媒体的指向，实与欧陆国家补贴传媒的传统相映生辉。只不过，作为新闻出版人的一项版权邻接权利，链接报酬的设想完全有别于具有直接干预市场性质的国家补贴政策。这一制度构想一度被欧洲强势传媒集团解释为决定报刊生死存亡的关键，并通过"纸媒危机"的公共话语传散到全欧舆论场域。

欧洲传媒业的数字转型策略在"危机"与"创新"两条路线之间不断游移，在迎合数字技术的同时，倡导限制平台霸权；在积极推进数字新闻业务的同时，不断重申印刷载体的话语优势。欧洲传媒业的转型体系充满张力，显示了传播全球化时代新闻生产场域中的复杂博弈。

（二）欧洲传媒业数字转型的市场不对称性依赖：广告与订阅

欧洲传统媒体的两大收入支柱——广告和读者订阅——在数字平台的再生产，反而形成了新型的不对称性依赖关系。就广告经营而言，在过去数十年间，网络平台的数字圈地运动快速实现了资本的累积与增值。根据2019年世界广告研究中心的统计数据,谷歌与脸书两大平台已经占据全球将近三成的广告市场,超过七成的搜索引擎广告流向谷歌①。这种平行于数字化进程的广告市场收益转移现象,显现着网络平台的数据搜集处理行为与其广告模式之间的深度关联,彰显了平台形塑数字广告经营模式的能力。作为一种广告平台②,谷歌、脸书在通过数据搜集和自动竞拍系统来出售广告位的同时,提供一站式的推广服务,大幅降低了数字广告价格与运营成本。这些复杂效应的相互交织,使得新闻媒体的传统广告盈利模式难以为继。例如,在德国,广告收入曾经占据报业收入的三分之二,销售则占三分之一;而今,报纸销售已经占其收入构成的一半。法国版权高级理事会(CSPLA)的研究报告显示,相较于网络爬虫和其他新闻聚合服务高达1.63亿欧元的市场规模,法国新闻媒体仅占13%的份额。此外,法国新闻网站中30%—40%的受众流量都来自搜索引擎和新闻聚合服务③。谷歌占据了法国90%的搜索引擎市场,以至于大部分媒体都无法与之正面抗衡。

发展数字订阅是欧洲传媒集团弥补其报刊广告亏损的主要策略,但这条道路也存在不确定性。首先,数字付费文化具有"在地"特征。由于不同国家的传媒制度、技术文化不同,人们对网络付费的态度也大相径庭。在欧洲,北欧国家新闻付费的人口比例普遍更高。在挪威,为在线新闻付费的人口比例已经接近一半;在德国、法国、西班牙等国,只有10%左右的人口为数字新闻付费;在公营广播电视极为发达的英国,该比例只有7%。④ 其次,新闻的数字"角逐"还形成了马太效应。迄今为止,能够通过数字订阅实现盈利的西方媒体可以分为三种类型,一是位于全球新闻话语顶端的大型媒体(如《纽约时报》),二是较早开始数字化转型的媒体(如《卫报》),三是以经济报道见长的媒体(如《华尔街日报》《经济学人》)。中小型媒体及地方新闻媒体并无太多竞争优势。最后,科技巨头近年来不断推出新闻聚合服务,例如苹果公司的 Apple News +、脸书的 Facebook News,以及谷歌的 News Showcase 等,都在通过低价的捆绑订阅模式来抢占新闻数字付费市场。这也给欧洲的中小型传媒公司带来重创。

奥地利经济学者熊彼特在20世纪50年代提出的"创新性破坏",在欧洲传媒业的数字转型过程当中不断凸显。网络平台凭借网络效应(network effects)不断扩张,强化了新闻媒体对其的依赖,因为网络效应能够赋能平台内容、助推用户数量螺旋式上涨:内容供应商提供的内容越多,平台吸引的用户也越多;随着平台用户基数不断增

---

① WARC DATA.WARC global ad trends:the alphabet and facebook 'duopoly' is now worth more to advertisers than TV[EB/OL].(2020-02-28)[2020-10-30].https://bestmediainfo.com/2020/02/warc-global-ad-trendsthe-alphabet-and-facebook-duopoly-is-now-worth-more-to-advertisersthan-tv.
② 斯尔尼塞克.平台资本主义[M].程水英,译.广州:广州人民出版社,2018:57-67.
③ FRANCESCHINI L,BONNAUD-LE-ROUX S.Rapport de la mission de réflexion sur la création d'un droit voisin pour les éditeurs de presse[J].Conseil supérieur de la propriété littéraire et artistique,2016(7):3.
④ NEWMAN N,FLETCHER R,SCHULZ A,et al.Digital News Report 2020[R].London:Reuters Institute,2020:22.

长,内容供应商越来越倾向于提供更多内容。这一双重促进效应既有利于强化网络平台获取数据、优化算法的能力,又刺激平台不断扩张,从而导致市场结构不断集中化。① 目前,谷歌、脸书等网络平台已经在欧洲市场形成垄断。当地新闻媒体虽然能借此收获更多流量,但网络平台亦能凭借广泛的用户基础,来捆绑媒体不断为之提供内容,从而在市场层面造成不利于新闻媒体生存的依赖关系。

(三)欧洲传媒业数字转型的信息不对称性依赖:竞合的悖论

跨国网络平台都具有一个鲜明的共性——虽然都只"处理"(转发)内容而不生产内容,却以深刻而复杂的方式影响并重塑了新闻内容的生产、发行与增值的方式。凭借算法规则和庞大的用户基础,网络平台建构了数字环境中新闻信息的等级秩序,并通过创新技术和营销理念,加快全球信息流动的自动化过程。而今,跨国网络平台进一步找到了一种新的折中方案来获取更大价值——基于新闻补贴谈判来收集用户与媒体数据,从而主导数字新闻业的发展方向。

在欧洲,关于链接报酬的立法议程已经持续了十余年,与之平行的是网络平台发起的数字新闻倡议活动,或可被视作链接报酬的妥协产物。早在2006年,谷歌在比利时启动新闻聚合服务之后,比利时报业版权管理组织就率先提起诉讼,反对谷歌不经媒体同意而使用后者的新闻内容。谈判之后,谷歌最终同意资助比利时报媒开展创新研发②。2013年,由于法国政府的干预,谷歌建立了首个数字新闻创新基金(FINP),并向法国新闻媒体拨款7600万欧元用于数字新闻项目的开发。这次互相妥协虽然让谷歌和法国新闻媒体之间暂时达成了"双赢"局面,但也悬置了链接报酬制度的立法构想。③ 2015年,这一双边倡议上升到欧洲层面后,更名为"数字新闻倡议",2018年又改名为"谷歌新闻倡议"。与此同时,谷歌建立了配套的新闻实验室,为媒体提供事实核查、数据新闻报道、机器学习、人工智能等方面的技术服务。

表面看来,此类倡议能够实现合作共赢,但事实上只有少部分大型媒体能够受益于此。而且,谷歌以较低成本促进了数字新闻创新,因为这方面的大部分投资都被用来研发移动传播、付费技术、大数据、视频技术等④,反而使得谷歌能够借此来主导传媒业未来的投资方向。相关项目还潜移默化地影响了数字环境下新闻媒体的经营模式、传受互动关系甚或未来的传媒生态系统。在相关的倡议框架中,欧洲新闻媒体只

---

① HOPPNER T.Google:friend or foe of ad-financed content providers? [J].Journal of media law,2013,5(1):14-30.
② CRAMPTON T.Google Said to Violate Copyright Laws[EB/OL].(2007-02-14)[2020-11-08].https://www.nytimes.com/2007/02/14/business/14google.html.
③ ISRAEL D.Google et la presse:la raison du plus fort[J].Revue du crieur,2015(1):66-81.
④ HOST.Qui profite du fonds Google d'aide à la presse? [EB/OL].(2015-03-26)[2020-10-30].https://www.linformaticien.com/actualites/id/36163/qui-profitedu-fonds-google-d-aide-a-la-presse.aspx.

是谷歌的合作伙伴,却必须遵守平台拟定的合同条款。因此,学界有识之士质疑了这种"互惠"关系,认为这相当于将新闻业的经营、推广和研究工作外包给了网络平台。①

在新型的内容生产过程中,欧洲新闻媒体对跨国科技巨头的依赖利弊相间,二者间现有的权力失衡或进一步强化了全球新闻数字传播中信息流动的不对称性关系:网络平台借助此类倡议,能够不断积累受众数据和媒体数据,进而生成关于新闻消费的更多信息,丰富其产品。一如谷歌将欧美主流媒体作为合作伙伴纳入新闻倡议计划,亦能借此契机率先占领全球数字新闻市场的基础位置,成为该领域中信息流通的关键节点。

站在欧洲新闻媒体的视角,传统纸媒要在平台竞争中脱颖而出,就不得不遵守平台规则,因为平台提供了多种工具,能帮助新闻媒体呈现内容、规划流程、提升搜索排名。例如,脸书为新闻媒体提供文章托管服务和受众网络广告服务,前者大大减少了新闻数字文本的加载时间,后者则能提升新闻媒体的广告投放效果。与之类似,谷歌在数字新闻倡议框架中提供了移动提速服务(accelerated mobile pages),帮助媒体在后台加载内容页面,但这样一来,新闻内容就不再位于新闻媒体的服务器上,而是位于谷歌的服务器上。可见,跨国网络平台已经高度参与制定数字新闻的发行标准与新闻编辑方针,成为塑造欧洲公共话语的重要中介机构。

欧洲传媒与跨国网络平台之间的相互作用,正让二者之间的不对称性依赖关系不断地在市场与信息这两个维度上发生位移。为了谋求相对的平衡与稳定,欧洲传媒集团不断呼吁通过链接报酬规制进行协调,导致后者成为欧洲传媒业数字转型的一个关键保护机制。

二、作为网络平台治理的链接报酬:规制及修正

链接报酬本质上是一项专门调节传媒业市场活动的制度性干预方式,旨在通过调整新闻媒体与网络平台之间的市场关系,以支持欧洲新闻媒体履行信息传通的政治职能,为改变数字广告市场失衡局面寻求新的可能性。仔细审视此项制度在欧洲的发展历程,便能发现各国的相关规制实践与欧盟在版权指令中推行的相应制度规范之间存在一定差异。笔者将欧洲链接报酬制度的发展划分为两个阶段。第一阶段对应此项制度在欧洲各国的实践(2013—2019);第二阶段对应欧盟对各国相关规制的修正,这赋予了链接报酬以经济规制和技术规制的双重内涵。对这些过程的探索,能够帮助理解欧洲链接报酬在平衡新闻媒体与跨国网络平台关系方面的内在逻辑。

---

① OUAKRAT A.Négocier la dépendance? Google, la presse et le droit voisin[J].Sur le journalisme, About journalism, Sobre jornalismo,2020,9(1):44-57.

(一)欧洲对链接报酬制度的早期实践(2013—2019)

欧洲链接报酬制度的早期司法案例,是2007年比利时法语与德语报业版权集体管理组织Copiepresse诉谷歌案;最早的成文法则在德国颁行。得益于德国传媒集团的政治游说活动,德国政府于2013年8月修正版权法,通过《新闻出版人版权辅助法》(Leistungsschutzrecht für Presseverleger)。该法确立了新闻出版人以商业目的向公众传播其新闻内容的专有权利,并规定搜索引擎或其他新闻信息服务网站都必须在取得授权以后,才能开始链接行为。① 此后,西班牙也参照德国经验,于2015年通过相应规定,要求所有新闻媒体都不得主动放弃链接报酬。法国则率先于2019年7月正式引入欧盟确立的该项权利,规定法国新闻媒体必须遵从版权集体管理规则,或与网络平台之间达成协议、确定报酬。

然而,各国早期连锁性的链接报酬实践收效甚微。在德国,谷歌不仅拒绝支付任何报酬,甚至以停止链接来威胁德国媒体——那些被停止链接的德国新闻网站流量立刻减少了40%。迫于流量迅速流失带来的巨大压力,德国媒体最终被迫授权谷歌免费使用其新闻内容摘要。在西班牙,谷歌干脆关闭了搜索引擎服务,当地中小媒体的流量随之骤降。② 最后,反而是在本国媒体的要求下,西班牙政府不得不放弃实施该法。谷歌对法国也采取了类似的反制:新闻媒体要么提供免费许可,要么不再完整呈现其新闻摘要。最终,大部分法国新闻媒体都选择了妥协。③

欧洲各国早期的链接报酬制度是在传媒集团及新闻记者协会的不断游说之下,才在一些国家逐渐落实的。此项制度的实践不仅无法平衡利益,反而造成更加广泛的"附带损伤",给中小型媒体带来重创。

欧洲各国早期的链接报酬设想实际上存在内在缺陷。首先,该项制度在早期倾向于为新闻媒体确立"特殊权利",虽是为纠正新闻媒体与网络平台之间不平等的经济利益关系,却属于典型的"技术规制",因为其所针对的恰恰是谷歌这样的市场主导型跨国网络平台。相应的制度设计也只是为某些数字信息服务量身定制,侧重保护印刷媒体的经济权利,而偏离了规制立法需要兼顾各方利益的基本要旨。例如,德国为

---

① Gesetz über Urheberrecht und verwandte Schutzrechte (Urheberrechtsgesetz)[EB/OL].(2013-05-14)[2021-01-07].https://www.bgbl.de/xaver/bgbl/start.xav? start=%2F%2F*%5B%40attr_id%3D%27bgbl113s1161.pdf%27%5D.
② 刘铁光,黄维.新闻聚合模式发展的制度障碍及其克服:欧盟"链接税"规则修正后的借鉴[J].新闻界,2019(2):95-100.
③ L'AUTORITé DE LA CONCURRENCE.Droits voisins : l'Autorité fait droit aux demandes de mesures conservatoires pré senté es par les éditeurs de presse et l'AFP[EB/OL].(2020-04-09)[2020-09-18].https://www.autoritedelaconcurrence.fr/fr/communiques-de-presse/droits-voisinslautorite-fait-droit-aux-demandes-de-mesures-conservatoires.

《新闻出版人版权辅助法》新增的第 87g 条第 4 款规定,"只要不是通过搜索引擎的商业提供者或编辑内容服务的商业提供者,则允许传播新闻产品或者其中部分内容"①。换言之,新闻出版人只有权禁止搜索引擎或新闻内容编辑服务的提供者传播其新闻内容,而无权限制其他使用者,如其他私营企业、协会等。该项立法在德国引起了广泛争议,以至于德国司法机构也对之持保留态度。2018 年,德国柏林法院在审理德国版权征收公会(VG MEDIA)诉谷歌案时,为避免立法程序不当而将此案移交欧洲法院。欧洲法院随后裁定,德国新版权法确立的链接报酬虽然旨在保护新闻出版人的链接报酬权利,但实质上为特定的"信息社会服务"制定了特殊的版权规则,因此属于欧盟第 98/34 号指令中的"技术规制"(technical regulation)。② 根据欧盟法律,各成员国在制定"技术规制"时应提前通报欧盟委员会。由于此项立法没有经过这一程序,最后被欧洲法院判定为无效。③

其次,由于新闻消费领域已经发生革命性变化,链接报酬制度的推行及实施对纠正不断失衡的广告市场未必切实有效,对提升新闻媒体的议价能力也未必能产生决定性影响。一如在欧盟通过指令以前,跨国网络平台都倾向于采用"威胁删除+新闻资助"双管齐下的方式,来与各国展开双边谈判;指令生效之后,网络平台并没有太多策略上的变化,甚而采取了更积极的、带有要挟意味和报复性的举措。例如,2019 年,链接报酬在法国生效的前一个月,谷歌突然宣布,除非法国媒体提出申请,否则将不再在其法国页面上显示法国媒体的内容预览。谷歌还发布了相应的代码标签,让媒体自行选择新闻文本、图像或视频内容片段的呈现范围。这种做法实际上形成了对知识产权的默示许可,即强迫媒体选择相应代码,"默许"平台呈现有限内容。凭此,谷歌不仅不需向新闻媒体支付报酬,还能有效管控网络平台上的新闻内容。④

在过去几十年间,新闻的生产、流通和消费领域已经发生重大变迁。欧洲法院也认同,各国立法"有权对不断变化的(新闻)消费习惯作出反应",并作出规制性调

---

① Gesetz über Urheberrecht und verwandte Schutzrechte (Urheberrechtsgesetz)[EB/OL].(2013-05-14)[2021-01-07].https://www.bgbl.de/xaver/bgbl/start.xav? start=%2F%2F*%5B%40attr_id%3D%27bgbl113s1161.pdf%27%5D.

② Document 31998L0034[EB/OL].(1998-06-22)[2021-02-03].https://eur-lex.europa.eu/legal-content/EN/ALL/? uri=CELEX%3A31998L0034.

③ HOGAN G.Opinion of advocate general hogan[EB/OL].(2018-12-13)[2021-01-04].http://curia.europa.eu/juris/document/document.jsf? text=&docid=208982&pageIndex=0&doclang=en&mode=req&dir=&occ=first&part=1#Footnote1.

④ OUAKRAT A.Négocier la dépendance? Google, la presse et le droit voisin[J].Sur le journalisme, About journalism, Sobre jornalismo,2020,9(1):44-57.

整。① 正因为新闻作品在互联网传播过程中产生的"价值鸿沟"很大程度上是技术变革的结果,所以立法规制需要因应技术变革作出调整,在不同权利之间协调利益,确保数字时代新闻领域的权利平衡。

(二)欧盟对链接报酬制度的修正(2019—2021)

在欧洲各国陆续制定链接报酬制度的同时,欧盟委员会于2015年颁布了"数字单一市场战略"(EU Digital Single Market Strategy,以下简称为"DSMS")。这一标志性的战略文件象征了欧盟对"平台权力"的认知发生了重大调整。在2000年前后,欧盟对互联网服务的态度仍然积极,倾向于在规范互联网市场的同时,为尚处于起步阶段的互联网服务扫除障碍,促进其健康有序发展。时隔15年,欧盟在DSMS文件中特别指出,由于互联网中介越来越多地参与网络内容的传播活动,因此需要进一步澄清版权使用规则,制定保障创作者获得公平报酬权利的措施,从而激励高质量内容的产出。② 在此背景下,2019年,欧盟在版权指令中纳入链接报酬制度。根据立法机构——欧洲议会的解释,鉴于网络服务提供商"目前缺乏与作品权利所有者签署公平许可协议的动力",此项指令旨在增加权利人的谈判机会,助力其与网络服务提供商达成更好的报酬协议。③

与欧洲各国的链接报酬权利相比,欧盟版权指令对此项权利的限定主要有以下区别④:

第一,对"新闻出版物"的重新界定。版权指令明确了链接报酬制度仅适用于"出版新闻出版物的服务供应商,如出版人或新闻通讯社"。新闻出版物指此类服务供应商在所有媒体中发行的产品,其中包含三个条件:一是一份具体的定期更新的出版物,二是具有传播新闻或其他议题之信息的目的,三是由服务供应商出版并由其承担编辑责任。此类出版物包括日报、新闻杂志、新闻网站,其中的照片、视频与文字内容皆受版权指令保护,新闻博客、非营利性的新闻媒体和学术出版物则被明确排除在外。

第二,版权指令授予新闻出版人两项邻接权利——"重制权"与"公开传播权",以

---

① HOGAN G.Opinion of advocate general hogan[EB/OL].(2018-12-13)[2021-01-04].http://curia.europa.eu/juris/document/document.jsf? text=&docid=208982&pageIndex=0&doclang=en&mode=req&dir=&occ=first&part=1#Footnote1.
② EUROPEAN COMMISSION.A digital single market strategy for Europe[EB/OL].(2015-05-06)[2021-01-07].https://eur-lex.europa.eu/legal-content/EN/TXT/? uri=celex%3A52015DC0192.
③ EUROPEAN PARLIAMENT.European Parliament approves new copyright rules for the internet[EB/OL].(2019-03-26)[2020-11-05].https:// www.europarl.europa.eu/news/en/press-room/20190321IPR32110/european-parliament-approves-new-copyright-rules-for-the-internet.
④ Document 32019L0790[EB/OL].(2019-04-17)[2021-02-03].https://eur-lex.europa.eu/legal-content/EN/ALL/? uri=CELEX%3A31998L0034.

供"信息社会服务"在线上使用新闻内容。在传统上,这两项权利仅授予录音制品、广播与电影作品的制作人(基于《罗马公约》第 10 条)。原因在于,此类权利人需要对产品制作的技术基础进行大量投资;通过设立此项邻接权利,可以有效促进录音、广播和电影行业的发展。同理,传媒公司需要对其新闻产品的"线上传播"进行前期投入,因此有理由主张相应的邻接权利。这一逻辑不仅从根本上将新闻媒体与"自媒体"或"用户生成内容"区分开来,也意味着在欧洲数字单一的市场版权框架之下,新闻产业在经济层面与录音、广播和电影等文化产业被等而视之。

第三,对"信息社会服务"定义的沿用。指令赋予欧洲传媒的上述两项权利,对应着"信息社会服务"在线上对其新闻内容的使用授权(不包括"超链接权利"和对"新闻出版物中单个单词或简短摘录"的使用)。"信息社会服务"这一概念源自欧洲 1998 年通过的《电子商务指令》,指的是"应接收服务的个人请求,通过电子方式远距离提供有偿服务"的法人①。换言之,该条款仅针对"信息社会服务"对新闻产品的线上使用,因而延续了《电子商务指令》中的"技术规制"内涵。这也决定了链接报酬制度具有调节传媒企业与网络平台之间利益关系的关键指向。

总结而言,借由链接报酬制度,欧盟能够通过介入传媒业在数字领域的经济利益再分配,将之转化为话语权力资源的再划分,这于欧洲传媒业的数字转型具有深远的意义。

不容忽视的是,欧盟在立法方面掣肘因素较多,往往在规制调和与各国立法弹性调适之间陷入两难。其实,欧盟的链接报酬立法与各国的早期实践一样,仍然存在定义不明确的"例外情况"。例如,对于不在保护范畴的"单个或极少数的单词摘录",指令并没有阐明其含义,而是将释法责任交予欧洲各级法院。再如,欧盟指令主张通过授权来促进网络平台与传媒业的谈判,而不介入双方的谈判过程。但即便如此,指令条款在欧洲法学界也引发了广泛的争议。尤其是欧盟赋予新闻出版人的两项邻接权利,皆涉及对新闻业进行资本投入的前置条件。然而,信息与传播新技术的发展已经大幅减少了新闻生产与传播的成本,出版人对其新闻内容的网络传输投入资源几何,仍待商榷;何况,该条款也没有明确最低的经济投入门槛。因此,也有学者认为,赋予新闻出版人上述两项邻接权利可能会带来更多不利影响。

三、数字时代欧洲传媒业转型的未来:让渡与妥协

在当下传媒生态深刻变革的语境中,了解具有反思意义的"他者",对中国的"四

---

① Document 31998L0034[EB/OL].(1998-06-22)[2021-02-03].https://eur-lex.europa.eu/legal-content/EN/ALL/? uri=CELEX%3A31998L0034.

全媒体"建设以及正在推进中的《著作权法》修订和数字平台治理具有重要的借鉴作用。

欧洲新闻媒体的内容生产、发行和盈利模式越来越依赖跨国网络平台,这已是不争的事实。二者之间不断扩大的价值鸿沟亟待法律规制等予以调适。对欧盟链接报酬制度的解读,或不应局限于解决新闻媒体与网络平台之间的利益冲突,而应着眼于该制度在动态、灵活地调整各方博弈力量过程中所能发挥的作用。

首先,链接报酬制度的确能够促进与跨国网络平台的政治性、商业性和技术性谈判。事实上,无论是欧洲国家层面还是传媒业界层面,都无法在没有市场回报的前提下放任新闻业被谷歌等网络平台垄断。实际运作中,谷歌、脸书等网络平台也需依赖专业新闻媒体的高质量内容,而且无法完全放弃欧洲市场。这意味着博弈双方有协商与沟通的潜在意愿,亦存在通过彼此让步与相互妥协来化解分歧的空间。法国与谷歌之间的博弈可以算作最为明显的事例:当谷歌威胁法国新闻媒体不再呈现其内容时,法国相关规制部门立即介入并强调指出,围绕链接报酬的谈判不应影响网络平台对已有新闻内容的索引、分类和呈现,也不能损害平台与传媒公司的经济关系。最终,在长达一年的谈判之后,谷歌在承认链接报酬制度的前提下,与法国媒体达成内容支付协议。① 这种来自权力话语干预的做法无疑具有借鉴意义。

其次,在日常专业实践中,版权及邻接权的落实往往需要竞争管理部门的监督和支持。② 链接报酬制度与其他法律规制相互结合,或是一种切实可行的国家介入执行机制。针对谷歌在过往谈判期间所采取的"威胁删除"策略,唯有采取反不正当竞争法予以应对③,才能有效遏制网络平台过度占据市场的行为。基于这一现实认知,链接报酬制度需要辅以配套的系列措施才能发挥更大效用。法国目前的做法不失为可资借鉴的经验:在结合链接报酬与竞争法进行对抗的同时,辅以国家财政补贴与协商并举的方式,来调节本国新闻媒体与跨国网络平台之间的关系。在可预见的未来,欧洲将提出更多的规制性措施,从而促进各方利益不断趋向均衡。

最后,链接报酬制度是不断将网络平台纳入相关治理空间的某种努力,而且已经初见成效。例如,谷歌于 2020 年 6 月首次宣布,要与部分国家的新闻媒体签署折中性协议,承诺在未来三年内支付 10 亿美元的内容使用许可费用。该计划已在德国、巴西

---

① MISSOFFE S.Un point sur nos avancées avec les éditeurs de presse en France[EB/OL].(2020-11-19)[2021-01-05].https://france.googleblog.com/2020/11/-droits-voisins.html.
② HOPPNER T.Google: friend or foe of ad-financed content providers? [J].Journal of media law,2013,5(1):14-30.
③ L'AUTORITé DE LA CONCURRENCE.Droits voisins : l'Autorité fait droit aux demandes de mesures conservatoires pré senté es par les éditeurs de presse et l'AFP[EB/OL].(2020-04-09)[2020-09-18].https://www.autoritedelaconcurrence.fr/fr/communiques-de-presse/droits-voisinslautorite-fait-droit-aux-demandes-de-mesures-conser-vatoires.

实行,并且已经囊括来自法国、加拿大、英国等国的 200 多家媒体。预计这项计划还会向欧洲其他国家,如比利时、荷兰等国扩散。尤为值得注意的是谷歌与法国的谈判。2020 年 11 月,谷歌首次承认了法国的链接报酬制度,并在此前提下与法国新闻媒体签订合作计划。2021 年 6 月,欧洲其他国家正式引入链接报酬制度,法国的举措具有重要的借鉴意义。①

总结而言,链接报酬制度在欧洲的发展,交织着传媒集团、记者协会及科技公司等多方的利益游说及政治介入的影响,并形成了一种动态变化的博弈治理空间。未来,欧盟及成员国出于高效监管的考虑,必然会向跨国网络平台让渡一部分权利,使之作为利益攸关者,参与市场调控和数字内容监管体系之中。链接报酬制度作为欧盟网络平台治理不可或缺的要素,既能促进各方谈判协商,亦可成为各方力量博弈的因变量,其未来发展取决于国家、新闻媒体与网络平台之间能够达成何种妥协方案。

事实上,欧盟选择在 2016 年 9 月公布版权指令草案,直接对标跨国网络平台,或与当年英国脱欧进程中的算法操纵问题有所关联。正因为这些数字科技巨头拥有的跨国网络平台已经让全球数字市场收益和信息流向产生重大倾斜,欧盟才会不断强调统一步调,要求网络平台承担更多责任。欧盟借数字时代传媒业转型之机进行规制革新,不仅是基于对平台市场行为的约束,或还是向欧盟离心离德的政治施压。

---

① BORGERS M.Investition in Journalismus oder kalkulierte PR-Aktion? [EB/OL].(2020-10-07)[2020-11-06]. https://www.deutschlandfunk.de/google-newsshowcase-investition-in-journalismus-oder.2907.de.html?dram:article_id=485385.

论互联网平台治理的现代化转型*
——以腾讯为例的考察

◎ 朱春阳　毛天婵**

摘要：融合发展意味着多主体关系网络的治理。在融合发展的进程中，我们应该如何审视平台与创新者之间的关系？以腾讯为样本案例，聚焦互联网平台治理现代化转型的讨论，可以发现：以2010年的"3Q"大战为分界点，腾讯发展战略经历了由模仿、垄断、封闭的"丛林法则"到开放、合作、共赢的"天空法则"的转变。战略转变昭示着平台治理价值取向的现代化转型。通过这一转型，腾讯改善了与创新者的关系网络，并成为行业创新者的聚合高地，探索了以价值共创为核心的平台新价值。善待创新者，是互联网平台治理现代化转型的根本方向。

关键词：平台治理；创新者关系；现代化转型；腾讯

一、研究缘起

财经作家吴晓波曾经用"三次圈地运动"概括中国互联网产业演进的历史：第一次在1999年前后，新浪、搜狐和网易"三巨头"开启了门户时代；第二次在2007年，百度、阿里巴巴和腾讯分别从搜索、电子商务和即时通信工具三个方向，探索了以应用平台为基础的基本业态；第三次在2012年，随着智能手机异军突起，互联网的前期发展

---

*　本文原载于《现代出版》2021年第1期，收入本书时有改动。
　　课题：国家社科基金重大项目"中国文化走出去提质增效研究"（17ZD06）；复旦大学上海新媒体中心项目"媒介融合背景下新媒体行业协会治理功能创新研究"；国家社科基金重大项目"融媒体环境下互联网平台型企业现代治理模式研究"（20&ZD321）。
**　朱春阳，复旦大学新闻学院教授、博士生导师；毛天婵，复旦大学新闻学院2020级传播学专业博士研究生。

成果由网页端向移动端快速挪移。①"三次圈地运动"背后是行业创新策略与技术逻辑的融合发展,结果是推动互联网经济以平台经济的形态,从一代互联网,向二代互联网即移动互联网全面迁移,进而推动人类迈入平台社会。平台改变了我们生活的社会结构,并且承载着私人与公共、用户与企业等维度的连接与冲突。②就互联网经济近30年的运行规律来看,技术逻辑以其独特方式改写了各个经济领域已有的生存法则:融合消除了既有垄断赖以生存的清晰市场边界,进而推动企业战略向竞争与合作转移,在新的产业空间重组企业、竞争者、用户之间的连接关系,形成了创新与融合交互演进的基本趋势。但在这一过程中,平台不断扩张而形成的垄断之势与融合发展的开放趋势之间出现了冲突的迹象。例如,有研究者认为,以 Alphabet、亚马逊、苹果、Facebook 为代表的平台所有者,一方面,领导着平台创新者和其他利益相关者为平台生态系统创造价值;另一方面,在没有有效制衡措施的情况下,也会引导数字平台追求有利于自己的活动,而牺牲其他创新者的利益。③

在中国,2019年颁布的国务院办公厅关于促进平台经济规范健康发展的指导意见明确提出要科学界定平台责任,维护公平的市场秩序。④2020年11月10日,市场监管总局出台《关于平台经济领域的反垄断指南(征求意见稿)》,着重细化了"反垄断"的原则,提出"着力维护平台内经营者和消费者等各方主体的合法权益,使全社会能够共享平台技术进步和经济发展成果,实现平台经济整体生态和谐共生和健康发展"⑤。在平台成为社会进化承载平台的背景下,平台的垄断与开放、平台与行业创新者之间的关系,决定了用户福利、社会公平、产业效率等多个层面的价值目标实现的差异。2013年,我国提出了国家治理体系与治理能力现代化这一社会发展总目标,这也被称为继"四个现代化"之后的"第五个现代化"。在此背景下,企业的本质在于由管理主体走向治理主体,即由追求效率至上、严格的层级式管理转向以多元主体平等互动、公平正义为企业活动主导精神的基础性价值导向。⑥

基于上述讨论,本文的问题是:在融合发展的趋势下,互联网平台治理现代化意味着什么?在这一框架下,平台和创新者的关系应该如何优化,才能有效实现互联网平台治理现代化目标?在这一问题主导下,本文选择中国互联网三巨头"BAT"中的腾讯

---

① 吴晓波.腾讯传1998—2016:中国互联网公司进化论[M].杭州:浙江大学出版社,2017:11-12,232.
② VAN D J,POELLI T,DE W M.The platform society[M].New York:Oxford University Press,2018:2,4.
③ CHEN Y,PEREIRA I,PATEL P C.Decentralized governance of digital platforms[J].Journal of management,2020(3):1-33.
④ 国务院办公厅关于促进平台经济规范健康发展的指导意见[EB/OL].(2019-08-08)[2020-12-15].http://www.gov.cn/zhengce/content/2019-08-08/content_5419761.htm.
⑤ 市场监管总局关于《关于平台经济领域的反垄断指南(征求意见稿)》公开征求意见的公告[EB/OL].(2020-11-10)[2020-12-15].http://www.samr.gov.cn/hd/zjdc/202011/t20201109_323234.html.
⑥ 陈进华,欧文辉.国家治理现代化中企业伦理的转向[J].哲学研究,2014(11):99-103.

作为考察样本,展开具体讨论。腾讯是中国较早上市的新媒体公司,其市值长期位居中国新媒体上市公司首位;同时,腾讯是中国互联网兴起至今最为"资深"的融合发展样本。以腾讯为例的研究可以使我们对互联网平台治理现代化的考察更为具象化,也更为"中国化"。

二、文献回顾:互联网平台与创新者关系治理

所谓融合,考察的是多主体之间关系结构从相异到一体化的过程。以此为视角,在融合与创新这一互联网经济运行的基本趋势作用下,平台与创新者之间关系的达成与演化,也应该沿着从相异到一体化的路径发展。平台(platform)是指一种可编程的数字架构,旨在组织用户之间的交互。交互的主体不仅是终端的用户,也包括企业实体和公共机构。[1] 平台的发展核心是与各主体形成紧密的连接,平台企业在制定价格、生产和投资策略时,必须处理多边主体相互依赖的需求。[2] 因此,平台治理(platform governance)的关键往往在于把握多元主体之间的关系,理清各主体所扮演的社会角色与政治角色:作为平台环境设计师的平台企业、作为行动主体的用户,与作为互动规则制定者的政府,要通过平台治理形成有序的统治和集体行动。[3]

在平台研究的经济学范式中,对于平台经济的理解常与双边市场或多边市场的形成紧密相连,是与创新主体联结的纽带。平台也打破了科斯提出的"企业—市场"二分法,成为具有企业和市场双重属性的主体。[4] 随着移动互联网的普及和技术赋能的深入,海量分散化资源可以通过接入移动互联网而被集中起来形成规模效应,基于移动互联网的共享经济模式为原本孤立的创新主体提供了一条纽带,使创新主体呈网状集聚。[5] 平台经济的负面效应也引起了研究者的关注。例如,有研究者认为,平台经济的成长非常容易带来"一家独大"的市场结构,而平台企业也更容易滥用其市场支配地位来排除竞争、损害消费者利益。[6] 更重要的是,公民日常生活中重要的基础设施日益被平台所控制,行业内创新主体的表达、交流在利润驱动的企业生态系统中受到限制。[7]

---

[1] VAN D J, POELLI T, DE W M. The platform society[M]. New York: Oxford University Press, 2018:4.
[2] EVANS D. The antitrust economics of multi-sided platform markets[J]. Yale journal on regulation, 2003(2):327-381.
[3] GORWA R. What is platform governance? [J]. Information communication and society, 2019(2):1-18.
[4] 陈永伟.平台反垄断问题再思考:"企业—市场二重性"视角的分析[J].竞争政策研究,2018(5):27-36.
[5] 刘征驰,邹智力,马滔.技术赋能、用户规模与共享经济社会福利[J].中国管理科学,2020(1):222-230.
[6] 陈永伟.平台反垄断问题再思考:"企业—市场二重性"视角的分析[J].竞争政策研究,2018(5):25-34.
[7] PLANTIN J C, LAGOZE C, EDWAEDS P N, et al. Infrastructure studies meet platform studies in the age of google and facebook[J]. New media & society, 2018, 20:293-310.

在上述研究脉络之外,也有学者指出了现有平台经济研究的盲点:既有研究较多地集中于平台静态的商业模式或资本策略,而忽略了平台本身的动态演进。[1] 同时,平台治理面临着现实的困境:治理要面对的不仅是平台所涉公共秩序的管理,更包括对平台内部的私秩序的治理——平台企业凭借数据、技术等方面的信息资源优势,可以挟私权力以支配平台生态。[2] 因此,在治理现代化的背景下,一个问题便变得格外重要:以聚合多元利益主体为主旨的平台如何处理平台与行业创新者之间的关系?在这一视角下,腾讯是学界讨论平台与创新者关系动态演进时的经典案例。从QQ到微信,腾讯在不断落实"整合"与"迭代"的"微创新"战略,其创新活动始终处于一种开放的、协同的状态中,持续追踪潜在的适用技术,细致分析用户需求。[3] 同样,微信的推出、"3Q"大战等关键性事件也使腾讯从封闭走向开放,其海外市场的并购业务相关性和地域跨度性也代表着其并购惯性。[4] 为获取关于腾讯发展策略的经验材料,本文以马化腾2010—2021年的合作伙伴公开信为经验文本,以《腾讯传》等企业纪实作品为2005—2010年的资料补充。

三、灰度机制:腾讯平台价值演进的融合法则

灰度机制是马化腾在公开文本中反复提出的一个关键概念,其实质是对创新的灵活性的描述,即以用户体验为创新的逻辑起点,而不是把创新产品强加给用户。具体表现在平台、创新者与用户的关系上,灰度机制意味着平台创新策略的第一起点是用户的体验,然后才是创新者的创意和建议。灰度机制被腾讯称为坚持多年磨炼出来的核心创新策略,其内涵也在不断更新。马化腾对灰度机制的阐释为:产品创新和企业管理的灰度意味着时刻保持灵活性,时刻贴近千变万化的用户需求,并随趋势潮流而变。同时,马化腾将对于灰度的阐释放置在互联网生态系统的语境之下,认为企业需要和自然界中的生物一样,与生态系统"汇接、和谐、共生"[5]。这在客观上也为平台快速调整方向、捕捉行业创新的机遇提供了指南与坐标。灰度机制能够有效保障腾讯平台以最快的速度,根据市场需求变化推出创新性产品。

---

[1] NIEBORG D B, POELL T. The platformization of cultural production: theorizing the contingent cultural commodity[J]. New media & society, 2018(11):4275-4292.
[2] 周辉. 网络平台治理的理想类型与善治:以政府与平台企业间关系为视角[J]. 法学杂志, 2020(9):24-36.
[3] 罗仲伟, 任国良, 焦豪, 等. 动态能力、技术范式转变与创新战略:基于腾讯微信"整合"与"迭代"微创新的纵向案例分析[J]. 管理世界, 2014(8):152-168.
[4] 张梅芳. 路径依赖与路径创造理论视角下的腾讯国际化战略研究[J]. 新闻大学, 2016(4):129-135, 147, 154-155.
[5] 马化腾. 马化腾:给合作伙伴的一封信[EB/OL]. (2015-10-16)[2020-12-15]. https://view.inews.qq.com/wxn/TEC2015101606887506?.

灰度机制是贯穿腾讯平台融合发展的核心策略,并在发展中不断形成新的内涵。用户体验、快速迭代与灰度机制常常被称为腾讯"微创新"的三个"武器"。但如果从平台—创新者关系出发进行考察,则会发现灰度机制变迁中存在的问题。很明显,灰度机制是一种产品设计理念,更深层地表现为一个产品驱动的平台进化机制,但需要追问的是:最初的产品创意从何而来? 即,创新的源头何在? 表面上看,其源于用户需求;但从实践来看,其是对满足用户新需求的方式的筛选与模仿创新,即这种对新需求的满足方式并非平台自身的创见与发现,而是对既有行业内创新结晶的筛选与引入。这种引入机制通常表现为模仿复制或直接并购。腾讯的所谓融合发展,就是把有可能分流其用户资源的行业创新业务不断引入自身平台中,并通过模仿创新,在改进用户体验的基础上实现兼容,即腾讯创新主要解决的问题是新业务与旧惯习之间的融合问题。灰度机制看起来是一个开放性的创新吸纳机制,且因其以用户体验为逻辑起点而似乎更符合互联网经济的规范,但作为行业龙头的腾讯不是通过自主创新引领并惠及整个行业创新群体的,而是以模仿方式"围猎"行业创新结晶,使其融入自身封闭平台,仅通过模仿创新来改善用户体验,并借助平台既有超大用户规模这一先发优势,来挤占行业创新者发展的空间。因此,灰度机制对于腾讯平台自身的建设性意义很明显,但对于整个行业的创新者而言,则可能是一场灾难。如果整个行业的创新激励空间受到压制,这个行业的最大利益既得者也会因此受到来自行业本身的抵制,这将使平台陷入发展危机。

当然,腾讯很快也意识到了这一点,开始在灰度机制的内涵和实践中加入了对平台开放性的观照。从 2011 年开始,腾讯发起召开"全球合作伙伴大会"(TGPC),历年会议主题关键词就是"开放",并在首届大会上提出"先成就合作伙伴,再成就自己"的口号,承诺"开放之门永远不会关上"。该大会每年一届,并发展成为一年一度的"创投行业风向标"。2011—2015 年,从 PC 软件开放到网页应用开放再到移动应用开放,腾讯共扶持了 400 万家创业公司。按照马化腾在 2012 年致合作伙伴的公开信中的阐释,灰度体现为七个层次:需求度、速度、灵活度、冗余度、开放协作度、创新度、进化度。① 马化腾指出,适当的灰度意味着在聚焦自己的核心价值的同时,尽量深化和扩大社会化协作;腾讯要实现的转变就是,以前做好自己,为自己做,现在和以后是做好平台,为大家而做。互联网的本质是连接、开放、协作、分享,因为对他人有益,所以才对自己有益。②

---

① 马化腾. 马化腾:给合作伙伴的一封信[EB/OL]. (2015-10-16)[2020-12-15]. https://view.inews.qq.com/wxn/TEC2015101606887506?.
② 马化腾. 马化腾:给合作伙伴的一封信[EB/OL]. (2015-10-16)[2020-12-15]. https://view.inews.qq.com/wxn/TEC2015101606887506?.

这一变化成为腾讯平台治理现代化转型的分水岭,融合的开放性与垄断的封闭性之间的冲突得到了有效化解。

四、平台—创新者的关系变迁:互联网平台治理现代化的艰难转型

(一)封闭帝国围墙内的融合扩张:"丛林法则"主导下的腾讯平台

何谓"丛林法则"?它指人类社会处于原始"自然状态"(state of nature)下的情形,个体成员将分配他们的自然禀赋,分别用于侵占他人的财产以及保护自己的财产。[1] 丛林式的竞争体现在,当行业内出现具有颠覆市场版图能力的创新者时,市场内的旧有主体为了维持自身的竞争优势和市场结构的稳定性,通过模仿、收购等方式与创新者展开围剿式竞争。[2]

丛林法则中的模仿式竞争在 QQ 与 MSN 的对决中被展现得淋漓尽致。2005 年,MSN 用户迅速增长的势头让腾讯意识到,QQ 在用户心目中以"交友"为主要功能的定位,使其难以像 MSN 一样攻入商务人士的圈层而成为主流办公软件。为了解决这一问题,腾讯关注到电子邮箱与即时通信软件的紧密关联,2005 年 3 月 16 日,腾讯收购 Foxmail,通过做强邮箱带动 QQ 的商务化转型。与通过收购实现转型类似,这一阶段的腾讯也以模仿的方式打造产品。在收购和模仿的基础上,腾讯在同类产品中以其尖端的技术能力实现对其他创新者的围剿。在线视频软件 PPLive 出现之后,腾讯研发的产品 QQLive 开发了直播功能,支持视频和聊天同时进行,最大限度地增强了用户的交互性,这一点超越了它所模仿的普通视频平台的点播模式。[3] 正是在"丛林法则"的模仿策略的主导下,腾讯逐步实现从单一产品到复合平台的转型:2000—2002 年,腾讯集团的业务还仅围绕着 QQ 及其旗下的 QQ 秀、QQ 空间展开,但是在随后几年,腾讯在各个领域建设产品矩阵,腾讯 TM(2004 年)、QQ 音乐(2005 年)、QQLive(2005 年)、Foxmail(2005 年收购)、腾讯电脑管家(2006 年)、QQ 拼音(2007 年)、QQ 旋风(2008 年)、QQ 影音(2008 年)等应用程序陆续上线。已有的王牌产品也在这一阶段大幅扩大影响力。

腾讯的"丛林法则"极大地挤压了平台外行业创新者的生存空间,并最终引发了激烈的行业冲突。腾讯作为行业领导者与业内其他创新者的关系,也通过"UC 浏览

---

[1] 李克,杨小凯,张杭辉,曹晖.劳动分工、专业化与侵占行为:"霍布斯丛林法则"的一般均衡分析[J].南大商学评论,2005(1):74-94.
[2] 张梅芳,朱春阳.由支配主宰者到网络核心者:腾讯商业生态系统的角色演进[J].编辑之友,2018(8):56-60.
[3] 林军,张宇宙.马化腾的腾讯帝国[M].北京:中信出版社,2009:229.

器遭腾讯封杀"及之后的"3Q"大战被彻底激化:2010年,有用户发现使用UC浏览器访问QQ农场,账户会被腾讯降级,此事被贴上腾讯封杀UC的标签。同年11月,因奇虎360开发隐私保护器"扣扣保镖",QQ发布致广大用户的一封信,声明将在装有360软件的电脑上停止运行QQ软件,"3Q"双方也走向了长达四年的反垄断、反不正当竞争的诉讼之路。"3Q"大战最终以工信部发布《关于批评北京奇虎科技有限公司和深圳市腾讯计算机系统有限公司的通报》而勉强收尾。

"丛林法则"主导腾讯发展的时期,平台和行业创新者之间主要表现为冲突、对立关系。对于腾讯而言,作为当时市场的既得利益者,为确保独占用户资源,对所有可能与之构成竞争关系的市场创新者都表现着强力的排斥,平台的用户资源、接口不对平台外行业创新者开放,进而形成封闭、垄断的融合业务集成帝国。对平台外创新者的模仿复制策略,究其主观意愿来看,是通过提供同质化服务留住既有用户;但在客观上,腾讯依托超大用户池优势,也实现了对行业创新者成长空间的极端挤压。很明显,这是典型的传统经济竞争的关系治理框架,与日益渗透社会生活空间的互联网平台的新经济形态格格不入。以一个中立研究者的身份来看,腾讯此举是因一己之私利,把自身变成了整个行业创新力量的公敌。当一家平台与整个行业创新者为敌时,不仅行业创新力量被极大地遏制了,也会让平台自身陷入危机四伏的生态环境。"3Q"大战促使腾讯重新审视创新主体与平台的关系结构,并以建设性关系为目标,启动了平台治理现代化的进程。

(二) 平台治理的现代化转型:走向开放的"天空法则"

在融合发展的价值框架下,一个理想的平台商业生态意味着平台将产品、服务或技术,以创新生态系统的形式组织起来,并在此基础上开发自己的互补产品、技术或服务。[①] 因此,一个理想的平台关系治理取向是激励相容(incentive compatibility),即能够让利益相关者在实现整体平台目标的同时,追求自己的利益和偏好结果。[②] 微信是腾讯及中国互联网平台转型的关键尝试。在这一平台中,腾讯通过微信公众号和小程序等,开放了平台用户资源,把这一平台打造成了行业创新力量的集散地,并因此使平台与用户之间的黏性得到了有效增强。这一平台与创新者的关系被进一步深化为连接驱动,连接的动力是实现多主体的价值共创。价值共创讨论的是企业与消费者之间的互动价值。在2014年的致合作伙伴公开信中,马化腾提出做互联网连接器是"腾

---

① GAWER A, CUSUMANO M A. Industry platforms and ecosystem innovation[J]. Journal of product innovation management, 2013(3):417-433.
② CHEN Y, PEREIRA I, PATEL P C. Decentralized governance of digital platforms[J]. Journal of management, 2020(3):1-33.

讯的使命",一方面连接传统行业的产业逻辑与用户智能化社交化的需求,另一方面连接合作伙伴和海量用户。① 具体而言,腾讯计划将微信、QQ打造为浏览器、地图等多个工具的连接平台;在北京、上海等25个城市落地腾讯众创空间;通过微信带动超过1 000万人就业,基于视频、协作、群聊展开创业活动。② 最终,连接驱动的概念被以马化腾为代表的互联网人深化为"互联网+",并指向了不同产业之间的生产合作,"互联网+"的概念也出现在2015年李克强所作的政府工作报告中。将连接驱动与价值共创相联系,互联网不再仅是线下产业的线上"平移"平台,而是成为推动产业结构调整和产业融合的结构性动因,其最终形成的是"寓大于小"的互联网生态和普惠经济。③ 在"天空法则"所构建的平台环境之中,创新主体可以与平台多元共存,创新动力可以多方驱动,创新成果可以多方共享;平台所发挥的作用是通过多接口、多节点促成便利的合作,直接优化了平台和创新者之间的互动关系。

2018年9月30日,腾讯启动了"决定未来20年命运"的业务架构调整,在产业互联网领域全面发力,ToB业务被提升到前所未有的战略高度。此次改革,腾讯明确了成为"各行各业数字化助手"的角色定位,新成立了云与智慧产业事业群和平台与内容事业群,旨在从服务C端,逐渐转向面向B端、C端的兼容发展。腾讯基于微信、QQ聚合了十亿级用户,形成了公众号、小程序、移动支付等多维度用户触达能力。这些平台治理现代化转型的前期成就,为面向产业互联网的业务转型提供了有效支撑;同时,平台—创新者关系优化的既有经验也被积极扩展到产业互联网领域,有利于高效形成新的平台治理经验。

五、结论

综上所述,善待创新者是互联网平台治理现代化转型的基本方向。无论是消费互联网平台,还是产业互联网平台,这一经验都是适用的。从本质来看,这一经验是对融合发展与平台垄断内在冲突的回应,也是开放超越封闭的结果。从治理现代化的视角来看,这一过程的转换是平台、创新者与政府之间博弈的结果,也是腾讯主动顺应互联网经济趋势而做出的正确选择,但遗憾的是,作为平台关键合作者的用户在此过程中并没有太多的参与感和话语权;同时,作为行业自治组织的新媒体行业协会在上述平台治理现代化的转型过程中也难觅踪迹。未来,用户与新媒体行业协会作为互联网平

---

① 腾讯科技.腾讯的使命是互联网连接器[EB/OL].(2014-10-29)[2020-12-15].https://view.inews.qq.com/a/TEC2014102905709606.
② 马化腾.马化腾:给合作伙伴的一封信[EB/OL].(2015-10-16)[2020-12-15].https://view.inews.qq.com/wxn/TEC2015101606887506?.
③ 马化腾,等.互联网+:国家战略行动路线图[M].北京:中信出版社,2015:3.

台利益相关方而拥有的治理权利需要得到彰显,以形成超越单一经济利益诉求的平台—创新者关系治理价值框架,探索平台与各利益方之间更为通畅与高效的沟通协商机制。

网络文明建设的逻辑体系、发展方向与实践路径

◎ 张晓锋　江小轩**

摘要： 网络文明是伴随互联网发展而产生的新的文明形态，是现代社会文明进步的重要标志。党的十八大以来，习近平总书记从网络强国战略、网上精神家园、网络空间治理的角度确立了网络文明建设的逻辑体系，从网络文化养成、网络空间规范和网络生态建构三个维度分析了网络文明建设的发展方向，探讨了领好舆论航向、定好服务方向和把好技术趋向的实践路径。习近平倡导的中国特色网络文明理念既对我国的网络文明建设提出了目标要求，指明了前进方向，规划了发展蓝图，也为全球网络文明建设提供了新思路和新方法。

关键词： 网络文明；网络强国；网络生态

当前，信息技术革命的时代潮流与世界百年未有之大变局和中华民族伟大复兴发生了历史性交汇，我国正从网络大国向网络强国阔步迈进，网络文明和网络生态建设的机遇与挑战前所未有。党的十八大以来，习近平总书记从信息化发展的趋势、国际国内的形势和我国互联网发展的优势出发，就网络文明建设提出了一系列论述，形成了网络文明的重要思想。网络文明充实了网络强国战略的新内涵，开辟了网络空间治理的新维度，指明了网上精神家园的新方向，提升了网络空间主流意识形态的引领力，是新时代网络文明建设的根本遵循和行动指南，对于建设社会主义网络强国、构建网络命运共同体、推动全球网络空间综合治理具有重要的理论和实践意义。

---

* 本文原载于《现代出版》2023年第3期，收入本书时有改动。
** 张晓锋，南京师范大学新闻与传播学院院长、学科建设处处长、教授、博士生导师，江苏省网络文明研究中心执行主任；江小轩，南京师范大学新闻与传播学院助理研究员。

一、理念为本：网络文明建设的逻辑体系

习近平总书记从网络强国战略出发，顺应时代发展潮流，明确以人民为中心的发展思想，加强网络法治和自治建设，提出了网络文明建设的基本理念，确立了网络文明建设的逻辑体系。

（一）网络强国战略：网络文明建设的支撑点

加强网络文明建设不仅是我国社会主义精神文明建设的现实需求，也是互联网事业进一步做大做强的前提和保障，是建设网络强国的关键环节。习近平在给首届中国网络文明大会的贺信中强调："网络文明是新形势下社会文明的重要内容，是建设网络强国的重要领域。"①网络强国战略成为引领我国网络和信息化事业发展的根本依托，是网络文明建设的战略引领。

网络文明是网络强国战略的题中之义。建设网络强国，要有良好的信息基础设施作支撑，更要有繁荣发达的网络文明作保障。在2014年中央网络安全和信息化领导小组第一次会议上，习近平总书记首次提出要把我国从网络大国建设成为网络强国的目标愿景。② 2015年党的十八届五中全会明确指出要实施网络强国战略以及与之密切相关的"互联网+"行动计划，加快数字中国建设。2016年网络安全和信息化工作座谈会上，习近平进一步阐述了网络强国的基本轮廓和战略态势。网络强国战略直接关系我国综合国际竞争力的提升，涉及技术、产业、文化、法治、安全等多个领域。经过多年努力，我国网络基础设施建设步伐不断加快，数字经济发展呈现强劲态势，网络综合治理体系日益完善，网络安全保障能力全面加强，网民规模、国家顶级域名注册量均为全球第一，互联网发展水平居全球第二，网络强国建设取得历史性成就。网络文明是网络优秀文化的集中体现，一个高度发达的网络强国必然有繁荣兴旺的网络文化。2021年，中共中央办公厅、国务院办公厅印发的《关于加强网络文明建设的意见》指出，加强网络文明建设，是加快建设网络强国、全面建设社会主义现代化国家的重要任务。③ 网络文明是网络强国战略在网络技术、网络制度和网络文化等思想领域的延伸。网络强国战略为网络文明建设绘就了顶层设计，为网络文明建设提出了战略要求。

网络文明为网络强国战略提供精神支持。网络安全是网络强国的基石，互联网的

---

① 习近平.习近平谈治国理政：第四卷[M].北京：外文出版社，2022：319.
② 习近平.习近平谈治国理政：第一卷[M].北京：外文出版社，2018：197.
③ 中办国办印发《关于加强网络文明建设的意见》[N].人民日报，2021-09-15(01).

快速发展导致网络空间的风险挑战丛生,特别是网络意识形态安全问题关乎国家政权安全和制度安全。习近平总书记在党的十八届三中全会上指出:"网络和信息安全牵涉到国家安全和社会稳定,是我们面临的新的综合性挑战。"① 清醒地认识到网络意识形态的艰巨性和复杂性,正视网络安全之于网络强国的影响,是当下网络文明建设的内在要求。"互联网是我们面临的最大变量,在互联网这个战场上,我们能否顶得住、打得赢,直接关系国家政治安全。"② 互联网在为全人类创造新的物质文明和精神文明的同时,已经成为意识形态斗争的主战场、主阵地、最前沿。牢牢掌控网络意识形态主导权,维护网络意识形态安全,成为网络安全的重中之重。习近平总书记反复强调:"没有网络安全就没有国家安全;过不了互联网这一关,就过不了长期执政这一关。"③安全是发展的前提,发展是安全的保障。作为网络世界的文明形态,可以说,没有网络文明就没有网络安全。网络文明是社会主义意识形态强大凝聚力和引领力建设的重要内涵,具有中国特色的网络文明是社会主义意识形态的延伸。从思想上筑牢网络安全屏障,着力护航网络强国战略,是网络文明建设的题中之义。在加快推进网络强国战略进程中,建设具有中国特色的网络文明的重要性愈益凸显,有利于在网络空间巩固全党全国人民团结奋斗的共同思想基础,有利于为推进中国式现代化凝聚精神动力,有利于为中华民族的伟大复兴提供网络意识形态安全保障。

(二)网上精神家园:网络文明建设的立足点

网络空间是亿万民众共同的精神家园。互联网已成为民众获取信息、交流思想、表达诉求的主渠道。截至2022年12月,我国网民规模已经达到10.67亿,互联网普及率达到75.6%。④ 这一数据比10年前增长了30%,充分显示了我国民众使用互联网规模的大幅扩张。习近平总书记高度重视网络文明建设,强调以时代新风塑造和净化网络空间,共建网上美好精神家园。聚焦人民福祉,构建人民满意的网上精神家园成为网络文明建设的立足点和根本支撑。

网络文明建设应坚持以人民为中心的发展思想。数字化浪潮席卷全球,智能化传播波涛汹涌,网络化生存势不可当。伴随着互联网催生的巨大变革,媒体格局、舆论生态都发生了全新的变化,对网络舆论阵地建设构成了新的挑战。2013年,习近平在全国宣传思想工作会议上指出:"要树立以人民为中心的工作导向……丰富人民精神世

---

① 习近平.习近平谈治国理政:第一卷[M].北京:外文出版社,2018:84.
② 中央党史和文献研究院.习近平关于网络强国论述摘编[M].北京:中央文献出版社,2021:56.
③ 习近平.论党的宣传思想工作[M].北京:中央文献出版社,2020.
④ 中国互联网络信息中心.第51次中国互联网络发展状况统计报告[EB/OL].(2023-03-02)[2023-04-08].https://www.cnnic.net.cn/n4/2023/0303/C88-10757.html.

界,增强人民精神力量,满足人民精神需求。"①习近平站在引导群众和服务群众、满足需求同提高素养相结合的角度上提出了宣传思想工作的基本原则,特别突出了对于人民精神领域的塑造、支持和响应,对于网络文化和网络文明建设具有直接的指导意义。2015年,党的十八届五中全会首次提出了"以人民为中心的发展思想"②,并成为党和国家的基本价值立场。2016年,全国网络安全和信息化工作会议的主题是"让互联网更好地造福国家和人民",习近平强调:"网信事业发展必须贯彻以人民为中心的发展思想,把增进人民福祉作为信息化发展的出发点和落脚点,让人民群众在信息化发展中有更多获得感、幸福感、安全感。"③从"以人民为中心的工作导向"到"以人民为中心的发展思想"的转变,既体现了中国共产党一以贯之的全心全意为人民服务的宗旨,坚守了人民性的基本原则和初心使命;更反映了宣传思想战线指导方针从业务层面的"工作导向"到价值层面的"发展思想"的升华,锚定了网络文明建设的价值取向和理念方向,确立了网络文明建设的行动指南,深刻揭示了网络文明建设的发展依托和底层逻辑。

　　网络文明建设应以满足人民对美好生活的向往为依归。信息技术日新月异,网络文明建设也随之迅速发展,"数字化、网络化、智能化深入发展,在推动经济社会发展、促进国家治理体系和治理能力现代化、满足人民日益增长的美好生活需要方面发挥着越来越重要的作用"④。"知屋漏者在宇下,知政失者在草野",网络空间就是如今广阔的"草野",要想建设好网络文明就需要倾听"草根"的声音,依靠网络倾听民声,体察民情,反映民意,服务民心,用强大的思想引领力、实践指导力、精神感召力将网络文明内化为人民群众的自觉行为,共同建立向上向善的精神家园。《关于加强网络文明建设的意见》指出,加强网络文明建设,是适应社会主要矛盾变化、满足人民对美好生活向往的迫切需要。⑤ 满足人民对美好生活向往,更要以人民为中心,要将福祉聚于人民,要满足人民的期待和需求,加快信息化服务普及,为老百姓提供用得上、用得起、用得好的信息服务,切切实实让亿万人民在共享互联网发展成果上拥有更多获得感。主动回应人民的期盼和呼声,让人民群众在网络空间中感受到文化的滋养、文明的浸润,共同建设好、发展好网上精神家园,凝聚网络正能量,厚植文化土壤,弘扬主流价值观,最终形成具有中国特色的网络文明新风。

---

① 习近平.论党的宣传思想工作[M].北京:中央文献出版社,2020:14.
② 习近平在省部级主要领导干部学习贯彻党的十八届五中全会精神专题研讨班上的讲话(2016年1月18日)[N].人民日报,2016-05-10(02).
③ 在网络安全和信息化工作座谈会上的讲话(2016年4月19日)[N].人民日报,2016-04-19(002).
④ 习近平致首届数字中国建设峰会的贺信[N].人民日报,2018-04-23(01).
⑤ 中办国办印发《关于加强网络文明建设的意见》[N].人民日报,2021-09-15(01).

(三)网络空间治理:网络文明建设的着力点

网络空间是经济社会发展新的支柱,是国家和社会治理的重要领域。党的十九届四中全会强调,要"建立健全网络综合治理体系""全面提高网络治理能力"。全方位加强网络空间规范和治理,推进网络内容建设,从管网、用网到治网,弘扬新风正气,治理网络生态,助推网络文明建设。

网络文明建设的前提是依法治网。网络空间是现实社会的延伸,不是"法外之地",在网络空间建设高度发达的网络文明,离不开法治手段的保障。2014年党的十八届四中全会首次确定了"全面推进依法治国"的战略部署,着力推进社会治理法治化。习近平多次对依法治理网络空间提出指导性意见:"我们要本着对社会负责、对人民负责的态度,依法加强网络空间治理。"①要"推动依法管网、依法办网、依法上网,确保互联网在法治轨道上健康运行"②。在法治化背景下管网、办网、上网,有助于网络运行与内容的规范化,既对管理者提出了要求,亦对使用者的媒介素养提出要求并提供法治化保障。依法治网是网络文明建设的前提条件,是守好网络舆论阵地的重要保障。

网络文明建设的关键是文明兴网。习近平在给首届中国网络文明大会的贺信中指出:"各级党委和政府要担当责任,网络平台、社会组织、广大网民等要发挥积极作用,共同推进文明办网、文明用网、文明上网,以时代新风塑造和净化网络空间,共建网上美好精神家园。"③在网络文明建设实践中,党委发挥思想领航作用,政府加强法律规管,网络平台、社会组织与网民各司其职,自觉抵制网络低俗之风,积极倡导健康有益的网络文明互动。网络文明建设是全社会责任共担的文明之举,其核心是"文明"。从依法治网到文明兴网的转变,不仅体现了管理方式和建设理念的转变,更体现了对于网络空间精神文明的高度重视。法治以法制为基础,文明以道德为中心。网络文明建设不限于法制的被动监管,还应当在自觉参与和自发提升中主动作为、文明作为和科学治理。深入开展网络空间治理,将科学化、制度化、规范化贯通网络文明建设的"制"与"治",实现"依法"到"文明"的转变和融合,为网络空间规范和治理指明新的方向,开辟新的维度。通过充分的价值引导与规范约束,凝聚社会共识,推动网络文明建设不断向好向善发展。

网络文明建设的重点是法治与德治的统一。习近平总书记在党的二十大报告中强调:"健全网络综合治理体系,推动形成良好网络生态。"用社会主义核心价值观作

---

① 网络安全和信息化工作座谈会上的讲话(2016年4月19日)[N].人民日报,2016-04-26(02).
② 敏锐抓住信息化发展历史机遇 自主创新推进网络强国建设[N].人民日报,2018-04-22(01).
③ 习近平.习近平谈治国理政:第四卷[M].北京:外文出版社,2022:319.

为引领,倡导网络文明新风,提升网络道德素质,维护网络秩序,保障网络意识形态安全,共建清朗的网络空间,是当前网络文明建设的基本要求。《关于加强网络文明建设的意见》提出了加强网络空间思想引领、加强网络空间文化培育、加强网络空间道德建设、加强网络空间行为规范、加强网络空间生态治理、加强网络空间文明创建六个方面的核心工作①,为网络文明建设确定了着力基点。在这些板块中,网络空间的思想引领、文化培育、道德建设和文明创建均具有鲜明的柔性特征,即均以文明为依托,以自治和德治为基础,而网络空间的行为规范既有法治的规管,亦有德治的规范,是两者的统一。"把法律和道德的力量、法治和德治的功能紧密结合起来",使网络文明发展适应时代发展需求,顺应人民呼声,"使法治和德治在国家治理中相互补充、相互促进、相得益彰,推进国家治理体系和治理能力现代化"②。从网络社会治理的角度看,网络空间既需要法治,更需要自治,自治是更高层次的文明规范和价值判断。基于德治的他律与自律的统一、法治与自治的结合是网络文明建设的重要追求。

二、凝聚共识:网络文明建设的发展方向

网络文明建设是一项复杂的系统工程,需要从网络文化养成、网络空间治理、网络生态建构等多个方面着力,推动网络文明建设的引领与培育、规范与治理、网上与网下协同推进,努力探索具有中国特色的网络文明建设模式,使之成为中国式现代化精神文明的重要组成部分。

(一)引领与培育:助力网络文化健康向上

文化是一个国家和民族的精神血脉,从文化自觉、文化自信到文化自强,网络文化的内涵不断丰富和发展。党的十九届五中全会提出了"加强网络文明建设,发展积极健康的网络文化"的目标任务③,确立了新时代网络文明建设的文化方向。培育健康向上的网络文化,并使之贯穿于网络文明建设的全过程,从而推动互联网健康有序发展。

一是引领网络文明建设方向,助力网络文化繁荣。在网络文化盛行的时代,要切实关注网络文明建设问题,营造健康、文明、向上的网络环境。习近平总书记曾多次强

---

① 中办国办印发《关于加强网络文明建设的意见》[N].人民日报,2021-09-15(01).
② 颜晓峰.坚持依法治国和以德治国相结合[EB/OL].(2017-08-21)[2023-04-08].http://theory.people.com.cn/n1/2017/0821/C40531-29482362.html.
③ 《中共中央关于制定国民经济和社会发展第十四个五年规划和二〇三五年远景目标的建议》编写组.中共中央关于制定国民经济和社会发展第十四个五年规划和二〇三五年远景目标的建议[M].北京:人民出版社,2020:26.

调导向的重要性:"如果我们不主动宣传、正确引导,别人就可能先声夺人,抢占话语权。"①要深刻把握网上文化的正确性,加强网上正面宣传,引领健康向上的网络文化,成风化人。管好用好互联网,充分发挥网络优势和作用,以网络传播正能量,以文化滋养网络世界,以道德塑造诚信观念,不断净化网络文明环境。

二是加强网络文明内涵建设,助力网络文化传承。网络是舆论传播、信息流动和文化交流的重要途径,在网络文明的建设中,要持续强化内涵和思想引领,不仅要弘扬中华传统文化,也要赓续红色血脉、传承红色基因,努力构建网上理论传播矩阵,加强网络舆论的正向引导,还要本着对社会负责、对人民负责的态度,依法加强网络空间治理,加强网络内容建设,"对建设性意见和建议,要认真研究,及时吸纳",当网络舆情需要权威和引导时,决不能失语失声,"要加强舆情跟踪研判,主动发声、正面引导,强化融合传播和交流互动,让正能量始终充盈网络空间"②。严厉把控网络舆情风险,为弘扬中华民族的优良文化提供坚实保障。

三是实施网络文明建设工程,促进网络文化引领。培育健康向上的网络文化是网络文明建设的基础工程。随着互联网的快速发展,网络文化也蓬勃兴起,在丰富亿万人民群众精神世界和文化生活的同时,一些与社会主义核心价值观相悖的错误观念、低俗文化在网络空间时有传播,因此,要"培育积极健康、向上向善的网络文化,用社会主义核心价值观和人类优秀文明成果滋养人心、滋养社会,做到正能量充沛、主旋律高昂,为广大网民特别是青少年营造一个风清气正的网络空间"③。需要不断深入基层,实施网络文明建设的治网、净网工程,大力强化网络文明意识,引导广大网民积极投身网络文明建设,培育健康向上的网络文化,持续发挥网络文化引领作用的自觉性和坚定性。

(二) 规范与治理:促进网络空间天朗气清

习近平总书记指出:"网络空间天朗气清、生态良好,符合人民利益。网络空间乌烟瘴气、生态恶化,不符合人民利益。"④随着现代文明的持续发展,想要凝聚好14亿多中国人民的力量,离不开网络空间这样一个新渠道、新平台、新载体,中国式现代化的伟大实践离不开网络空间及其承载的网络文明,统揽伟大斗争、伟大工程、伟大事业和伟大梦想,最终取得人类新文明探索的伟大成果。因而网络空间的规范和治理显得尤为重要,也对网络文明建设赋予了重要的使命。

---

① 中共中央党史和文献研究院.习近平关于网络强国论述摘编[M].北京:中央文献出版社,2021:49.
② 习近平.论党的宣传思想工作[M].北京:中央文献出版社,2020:416.
③ 在网络安全和信息化工作座谈会上的讲话(2016年4月19日)[N].人民日报,2016-04-19(002).
④ 在网络安全和信息化工作座谈会上的讲话(2016年4月19日)[N].人民日报,2016-04-19(002).

一是不断增强网络空间的规范意识。网络文明建设作为网络空间规范的重要内容和必要手段,需要得到不断的加强推进。"没有规矩不成方圆。无论什么形式的媒体,无论网上还是网下,无论大屏还是小屏,都没有法外之地、舆论飞地。主管部门要履行好监管责任,依法加强新兴媒体管理,使我们的网络空间更加清朗。"①新形势下的网络文明发展需要凝聚我党共识,让正能量更强劲、主旋律更高昂,规范网上内容生产、信息发布、传播流程以及网络秩序,将网络空间真正地"管好""用好","加强网络伦理、网络文明建设,发挥道德教化引导作用,用人类文明优秀成果滋养网络空间、修复网络生态"②,使网络文明的发展在规范与法治的道路上平稳运行。网信系统每年均开展"清朗"系列专项行动,目的在于共建美好网上精神家园,促进网站平台健康发展、行稳致远。2022年国家互联网信息办公室共开展13项"清朗"专项行动,累计清理违法和不良信息5430余万条,处置账号680余万个,下架App、小程序2890余款,解散关闭群组、贴吧等26万个,关闭网站超过7300家。③营造清朗网络空间,维护网民合法权益,成为网络文明建设的治本之策。

二是不断强化网络空间的价值引领。"互联网是一个社会信息大平台,亿万网民在上面获得信息、交流信息,这会对他们的求知途径、思维方式、价值观念产生重要影响,特别是会对他们对国家、对社会、对工作、对人生的看法产生重要影响。"④我国互联网的快速发展和广泛普及,再加上匿名性、虚拟性等特点,造成网络空间出现思想芜杂、信息混淆、价值失范等现象。党的十八大以来,习近平总书记多次从网络强国和文化强国的角度提出了一系列重要论述,指引了网络文明和精神文明建设,大大改变了网络上乱象丛生和阵地沦陷的现象,网上正能量和主旋律得到张扬,网络空间成为引导群众和服务群众的新空间,成为党的理论宣传和创新传播的新平台,成为社会主流价值弘扬和阐释的新渠道,新思想、新理论通过互联网"飞入寻常百姓家",营造了强信心、聚民心、暖人心、筑同心的良好氛围,让党的声音成为新时代网络空间的最强音。

三是不断推进网络空间的综合治理。网络综合治理是网络文明建设的制度保障。党的十九大提出,要"建立网络综合治理体系,营造清朗的网络空间"⑤,对网络强国、数字中国、智慧社会作出战略部署,以信息化培育新动能。随着互联网信息化的不断发展,发展状况日益复杂,各类网络谣言、虚假信息、不良言论频发,不断影响网络生态

---

① 习近平.论党的宣传思想工作[M].北京:中央文献出版社,2020:356.
② 习近平.论党的宣传思想工作[M].北京:中央文献出版社,2020:173.
③ 中央网信办.集中整治网络暴力、网络水军、网络黑公关方面问题[EB/OL].(2022-08-23)[2023-04-08].https://baijiahao.baidiu.com/s?id=1741955993737431807&wfr=spider&for=pc.
④ 在网络安全和信息化工作座谈会上的讲话(2016年4月19日)[N].人民日报,2016-04-19(002).
⑤ 习近平.决胜全面建成小康社会夺取新时代中国特色社会主义伟大胜利:在中国共产党第十九次全国代表大会上的报告[M].北京:人民出版社,2017:42.

的发展,网络治理难度加大。党的十八大以来,我国出台了《网络安全法》《数据安全法》《个人信息保护法》和《关键信息基础设施安全保护条例》《互联网新闻信息服务管理规定》《网络信息内容生态治理规定》《儿童个人信息网络保护规定》等一百多部网络管理的法律法规和政策,推进了网络空间治理的法治化、体系化进程,在推进网络文明实践中发挥了重要作用。此外,中央深改委通过的《关于加快建立网络综合治理体系的意见》推动了网络治理由事后管理向过程治理、多头管理向协同治理的转变,也为营造风清气正的网络生态环境提供了制度保障。坚持依法依规、多措并举,深入推进"净网"系列专项行动,切实增强网民网络文明意识,推进网络法治环境建设,不断推动形成向上向善的网络文明环境,营造风清气朗的网络文明新空间。

(三)网上与网下:构建网络生态和谐共生

习近平总书记在致首届中国网络文明大会的贺信中也寄托了对网络文明建设的期盼:"要坚持发展和治理相统一、网上和网下相融合,广泛汇聚向上向善力量。"①网络文明是现实社会文明在网上的体现,更是物质文明和精神文明相协调的中国式现代化的体现。网上网下的精神文明程度相适配,才能真正为第二个百年奋斗目标提供坚强思想保证和强大精神动力。网络文明建设理所当然要与现实社会同步,网络空间的文明创建并不是搭建孤立的空中楼阁,而是现实中群众性精神文明创建活动向网上的延伸,形成网上网下的同频共振。

构建网上网下同心圆是建设网络强国的必然要求。发挥好网络舆论引导、反映民意的作用,巩固共同思想基础,传播网络文明的正能量。国际国内、线上线下、虚拟现实的界限也日益模糊,"信息流通无国界,网络空间有硝烟"②。构建网上网下同心圆需要"以立为本、立破并举,不断增强社会主义意识形态的凝聚力和引领力"③,需要全社会方方面面同心干,各族人民力往一处使,因势而谋、应势而动、顺势而为,"人心是最大的政治。做网上工作,不能见网不见人,必须下大气力做好人的工作,把广大网民凝聚到党的周围"④。习近平总书记身体力行,2022年2月,就研究吸收网民对党的二十大相关工作意见建议作出重要指示,强调"走好新形势下的群众路线,善于通过互联网等各种渠道问需于民、问计于民,更好倾听民声、尊重民意、顺应民心,把党和国家

---

① 习近平致信祝贺首届中国网络文明大会召开强调广泛汇聚向上向善力量共建网上美好精神家园[N].人民日报,2021-11-20(01).
② 中央党史和文献研究院.习近平关于网络强国论述摘编[M].北京:中央文献出版社,2021:80.
③ 习近平.论党的宣传思想工作[M].北京:中央文献出版社,2020:339.
④ 中央党史和文献研究院.习近平关于网络强国论述摘编[M].北京:中央文献出版社,2021:77-78.

各项工作做得更好"①。党的二十大相关工作网络征求意见活动于2022年4月15日至5月16日开展,在人民日报社、新华社、中央广播电视总台所属官网、新闻客户端以及"学习强国"学习平台分别开设专栏,听取全社会的意见建议。活动得到广大人民群众的广泛关注和参与,累计收到网民建言超过854.2万条,为党的二十大相关工作提供了有益参考。

网上与网下相互结合,共同建设良好的网络生态,亦是网络文明建设的重要环节。作为一个涉及面广、综合性强的系统工程,网络文明建设需要坚持统筹规划、全面部署、优势互补、共同推进,网上网下协同合作,调动社会各界力量,"最大范围争取人心,构建网上网下同心圆"②。因此,就必须广泛凝聚共识,树立共同理想、共同目标、共同价值观,汇聚共建共享的强大合力,要发挥网络传播互动、体验、分享的优势,听民意、惠民生、解民忧,凝聚社会共识。网上网下要同心聚力、齐抓共管,形成共同防范社会风险、共同构筑同心圆的良好局面。③ 2020年3月1日,国家互联网信息办公室发布的《网络信息内容生态治理规定》对维护网络信息内容生态环境中的责任规范作出明确规定。各地网信办积极开展和强化正能量传播,建立健全网络生态治理机制,培育健康的网络文化,共同营造风清气正的网络空间。2022年11月29日,微信公众号"浙江宣传"发布《"人民至上"不是"防疫至上"!》,公众号的阅读量达到2 000万,全网阅读量超过12.5亿。④ 网上言论与网下行动之间形成情感共鸣,有利于正向助力网络文明建设。

三、举旗定向:网络文明建设的实践路径

网络文明的体系建构集中体现于"三力":主体牵引力是网络文明形成的重要基础和主导力量,长效影响力也为网络文明发展提供了可持续发展的空间和不竭动力,技术驱动力为网络文明建设推进提供了有效保障。

(一)主体牵引力:领好舆论航向

做好网上舆论工作是网络文明建设的最重要一环,决定了网络空间和网上精神家

---

① 习近平就研究吸收网民对党的二十大相关工作意见建议作出重要指示强调 善于通过互联网等各种渠道问需于民问计于民 更好倾听民声尊重民意顺应民心[EB/OL].(2022-06-26)[2023-04-08].http://jhsjk.people.cn/article/32456820.
② 中央党史和文献研究院.习近平关于网络强国论述摘编[M].北京:中央文献出版社,2021:77.
③ 习近平:加快推进网络信息技术自主创新 朝着建设网络强国目标不懈努力[EB/OL].(2016-10-09)[2023-04-08].http://jhsjk.people.cn/article/28763690.
④ 李攀.做强主流舆论应走出四个误区[J].中国记者,2023(3):63-65.

园的方向与内容。近年来,我国媒体融合速度加快,构建融为一体、合而为一的全媒体传播格局已成大势所趋。推动媒体深度融合,必须"坚持导向为魂、移动为先、内容为王、创新为要"①,切实做到守正创新,把握好主流媒体的主体牵引力,领好舆论航向。要解决网络文明建设的航向问题,必须回答为什么领、用什么领和怎样领的问题。

一是坚持正确舆论导向,守护网络文明建设主阵地。习近平总书记多次强调:"阵地是意识形态工作的基本依托。人在哪里,新闻舆论阵地就应该在哪里。对新媒体,我们不能停留在管控上,必须参与进去、深入进去、运用起来。"②加强网络文明建设,是新形势下掌控新闻舆论阵地的关键。习近平总书记也指出,"意识形态工作是党的一项极端重要的工作,是为国家立心、为民族立魂的工作","做好意识形态工作,事关党的前途命运、事关国家长治久安、事关民族凝聚力和向心力"。维护网络意识形态安全,首要的是掌握主导权,占领主阵地。"掌控网络意识形态主导权,就是守护国家的主权和政权。"③能不能牢牢掌握意识形态工作领导权,"关键要看能不能占领网上阵地,能不能赢得网上主导权"④,能不能掌握互联网这个意识形态斗争主阵地主战场的主动权。一方面,主流媒体要建构互联网主流舆论格局,主力军全面挺进主战场,做大做强主流舆论。党的二十大报告也明确指出,要加强全媒体传播体系建设,塑造主流舆论新格局。不仅要守好互联网,占领主阵地,打赢网上舆论斗争,也要主动占领网上阵地,赢得网上主导权。另一方面,要调动各种资源从网下向网上聚集,打造一批具有强大影响力、竞争力的新型主流媒体,"让主流媒体借助移动传播,牢牢占据舆论引导、思想引领、文化传承、服务人民的传播制高点"⑤,让分散在网下的力量尽快进军网上、深入网上,做大做强网络平台,占领新兴传播阵地。

二是坚持主流价值引领,把握网络文明建设主基调。党的十九大报告指出:"意识形态决定文化前进方向和发展道路。"价值观是意识形态构成的核心要素。"价值观念在一定社会的文化中是起中轴作用的",影响和决定了整个文化系统的生命运动。社会主义核心价值观集中体现了当代中国精神,凝结着全体人民共同的价值追求,是凝聚人心、汇聚民力的强大力量,坚持主流价值的引领作用在网络文明建设中至关重要。"如何提高整合社会思想文化和价值观念的能力,扩大主流价值观念的影响力,掌握价值观念领域的主动权、主导权、话语权,是我们必须解决好的重大课题。"⑥习近平总书记也多次强调,"运用网络传播规律,弘扬主旋律,激发正能量,大力培育

---

① 习近平.论党的宣传思想工作[M].北京:中央文献出版社,2020:353.
② 习近平.论党的宣传思想工作[M].北京:中央文献出版社,2020.
③ 中央党史和文献研究院.习近平关于网络强国论述摘编[M].北京:中央文献出版社,2021:54.
④ 中央党史和文献研究院.习近平关于网络强国论述摘编[M].北京:中央文献出版社,2021:55.
⑤ 习近平.论党的宣传思想工作[M].北京:中央文献出版社,2020:355.
⑥ 中共中央文献研究室.习近平关于社会主义文化建设论述摘编[M].北京:中央文献出版社,2017:107.

和践行社会主义核心价值观,把握好网上舆论引导的时、度、效,使网络空间清朗起来"①,这不仅为网络空间规范和治理指明了方向,也为网络文明建设把握了主基调。

三是坚持规范网络秩序,弘扬网络文明建设主旋律。习近平总书记指出:"网络空间是人类共同的活动空间,网络空间前途命运应由世界各国共同掌握。各国应该加强沟通、扩大共识、深化合作,共同构建网络空间命运共同体。"②这一重要论述为推动网络空间互联互通、共享共治注入了中国理念和智慧。自由是秩序的目的,秩序是自由的保障,既要尊重网民交流和沟通的权利,也要依法构建良好网络秩序,弘扬网络文明建设主旋律。"我们既要充分尊重网民交流思想、表达意愿的权利,也要构建良好的网络秩序,这也是为了更好保障广大网民合法权益。"③不仅如此,主流媒体也要坚持牢牢把握正确的政治方向、舆论导向、价值取向,弘扬网络文明建设主旋律,真正办出特色、形成优势,提升核心竞争力,为人民群众提供更多更好的文化和信息服务,始终坚持围绕中心、服务大局,持续深化媒体融合发展,着力抓好人才队伍建设,全力打造形态多样、手段先进、具有竞争力的新型主流媒体。"正能量是总要求,管得住是硬道理,用得好是真本事。"④具体而言,要巩固宣传思想文化阵地,主流媒体要及时提供更多真实客观、观点鲜明的信息内容,注重网络舆论建设和内容传播,打造移动新闻精品,抢占移动传播先机,牢牢掌握舆论场主动权和主导权;同时,要推进媒体深度融合发展,在发展上把握正面方向、在品质上追求专业权威、在服务上注重分众互动,从拼海量向拼质量转变,从聚流量向聚人心跨越。

(二)长效影响力:定好服务方向

习近平总书记指出:"宣传思想工作是做人的工作的,人在哪儿重点就应该在哪儿。"⑤我们需要营造良好的网络文明氛围,把握服务人民的方向,提高网络文明建设的效率和影响力,为网络文明建设提供持续长效的供给机制。

首先,构建开放共享的网络交流平台,指明网络文明建设的方向。网络空间命运共同体让网络文明建设的氛围繁荣,打造和平、安全、开放、合作的网络交流平台,推动建立多边、民主、透明的全球互联网治理体系。网络空间的前途命运应由世界各国共同掌握。抓住数字机遇,共谋合作发展,是符合各国共同利益的选择。2015年,第二届世界互联网大会上,习近平强调,互联网是人类的共同家园,各国应该共同构建网络

---

① 习近平.习近平谈治国理政:第一卷[M].北京:外文出版社,2018:198.
② 习近平.论党的宣传思想工作[M].北京:中央文献出版社,2020:173.
③ 习近平接受《华尔街日报》采访时强调 坚持构建中美新型大国关系正确方向 促进亚太地区和世界和平稳定发展[N].人民日报,2015-09-23(1).
④ 习近平.论党的宣传思想工作[M].北京:中央文献出版社,2020:356.
⑤ 习近平.论党的宣传思想工作[M].北京:中央文献出版社,2020:14.

空间命运共同体，推动网络空间互联互通、共享共治，为开创人类更加美好的未来助力。次年，在第三届世界互联网大会上，习近平也指出，互联网发展是无国界、无边界的，利用好、发展好、治理好互联网必须深化网络空间国际合作，携手构建网络空间命运共同体。2022年，习近平在致2022年互联网大会乌镇峰会的贺信中也强调，中国愿同世界各国一道，携手走出一条数字资源共建共享、数字经济活力迸发、数字治理精准高效、数字文化繁荣发展、数字安全保障有力、数字合作互利共赢的全球数字发展道路，加快构建网络空间命运共同体，为世界和平发展和人类文明进步贡献智慧和力量，以加强数字中国建设助力中国式现代化。

其次，构建自由有序的网络发展空间，激发网络文明建设的活力。习近平指出，要"携手构建更加公平合理、开放包容、安全稳定、富有生机活力的网络空间"①。更进一步说，网络文明的建设，不仅要打造网络空间命运共同体平台，更要把握好服务于人民的方向，打造自由有序且充满活力的网络空间。习近平多次强调："人在哪儿，宣传思想工作的重点就在哪儿，网络空间已经成为人们生产生活的新空间，那就也应该成为我们党凝聚共识的新空间。"②网络空间是亿万网民的精神家园，作为网络行为的主体，网民的一言一行都关乎网络文明建设的成效，因此，在营造清朗的网络空间和网络文明建设过程中，应当发挥人民群众的主体作用。唯有如此，网民有序参与，主体牵引整体，网络空间才会井井有条，网络文明建设才拥有持续不断的发展活力，才能让亿万民众在共享网络文明发展成果上有更多的获得感、幸福感与安全感。

最后，构建协同共治的网络沟通枢纽，克服网络文明建设的障碍。习近平总书记特别强调将网络作为与网民沟通的信息枢纽，要通过网络了解民情民意，化解民怨民气，纾解民忧民困。"网民大多数是普通群众……要多一些包容和耐心，对建设性意见要及时吸纳，对困难要及时帮助，对不了解情况的要及时宣介，对模糊认识要及时廓清，对怨气怨言要及时化解，对错误看法要及时引导和纠正，让互联网成为我们同群众交流沟通的新平台，成为了解群众、贴近群众、为群众排忧解难的新途径，成为发扬人民民主、接受人民监督的新渠道。"③通过网络渠道听民意、惠民生、解民忧，达到凝聚社会共识是社会主义网络建设的职责。可以说，这是对中国网络文明建设的功能定位，是网络文明建设除障破碍的新挑战和新要求。

(三) 科技驱动力：把好技术趋向

科学技术是第一生产力，也是决定互联网建设与发展的决定性因素。新技术创造

---

① 习近平向2022年世界互联网大会乌镇峰会致贺信[N].人民日报,2022-11-10(01).
② 习近平.论党的宣传思想工作[M].北京：中央文献出版社,2020:355.
③ 在网络安全和信息化工作座谈会上的讲话(2016年4月19日)[N].人民日报,2016-04-19(002).

了人类文明的新形态、新成果,把握好技术发展趋向,就是要发挥技术对于网络文明的驱动力,为网络文明建设的推进提供新动能。

首先,要善于把握网络技术发展的新态势,赋能网络强国战略。面对复杂的国际形势,我党不断结合"创新驱动发展战略""加快建设创新型国家""网络强国战略"等思想去应对新的发展环境和机遇。从量子科技和区块链技术到人工智能与大数据,习近平总书记始终高度关注科技的创新发展,准确判断网络传播格局新变化,也多次强调科技的重要性,"科学技术是世界性的、时代的,发展科学技术必须具有全球视野、把握时代脉搏"①,他认为"不掌握核心技术,网络强国建设就会成为空中楼阁,成为沙滩上的城堡,经不起半点风浪"②,他提出要紧紧牵住核心技术自主创新这个"牛鼻子",抓紧网络发展的前沿技术和关键核心技术。《中华人民共和国国民经济和社会发展第十四个五年规划和2035年远景目标纲要》提出"以数字化转型整体驱动生产方式、生活方式和治理方式变革"。把握网络文明建设的技术支持,就是要把握互联网的核心技术和数字化转型趋势,走出"被卡脖子、牵鼻子"的科技创新困境,为网络文明建设提供持续的动力赋能。

其次,要善于把握网络文明建设的主动权,保障网络安全体系。"我们要掌握我国互联网发展主动权,保障互联网安全、国家安全,就必须突破核心技术这个难题"③。进入新时代,网信领域国际产业竞争是围绕技术创新和产业体系的竞争,网络文明的建设也必须紧跟信息技术发展的步伐,从国家层面去谋划未来充满竞争的技术布局,"胸怀大局、把握大势、着眼大事,找准工作切入点和着力点,做到因势而谋、应势而动、顺势而为"④。习近平总书记指出:"我们应该用创新增添文明发展动力、激活文明进步的源头活水,不断创造出跨越时空、富有永恒魅力的文明成果。"⑤网络文明建设要以落实网络强国战略和创新驱动发展战略为行动指南,在核心技术领域取得突破,用更加广阔的国际视野去正确看待自主创新和开放合作的关系,构建以科技进步为持续动能的网络文明新格局。

最后,要善于把握网络技术的主流价值观,确保网络发展方向。习近平总书记强调:"古往今来,很多技术都是'双刃剑',一方面可以造福社会、造福人民,另一方面也可以被一些人用来损害社会公共利益和民众利益。"⑥网络传播技术不断发展,无论是

---

① 为建设世界科技强国而奋斗(2016年5月30日)[N].人民日报,2016-06-01(02).
② 在网络安全和信息化工作座谈会上的讲话[N].人民日报,2016-04-19(002).
③ 习近平.论党的宣传思想工作[M].北京:中央文献出版社,2020:197.
④ 倪光辉,鞠鹏.胸怀大局把握大势着眼大事 努力把宣传思想工作做得更好[N].人民日报,2013-08-21(01).
⑤ 习近平.深化文明交流互鉴 共建亚洲命运共同体——在亚洲文明对话大会开幕式上的主旨演讲[N].人民日报,2019-05-16(02).
⑥ 习近平.论党的宣传思想工作[M].北京:中央文献出版社,2020:202.

信息传播还是接收,均获得了突破性的进展,用导向驾驭技术的趋向显得越发重要。但同时,我们需要保持对技术的清醒,让技术成为正能量的助力,成为网络文明的不竭源泉。"我们要增强紧迫感和使命感,推动关键核心技术自主创新不断实现突破,探索将人工智能运用在新闻采集、生产、分发、接收、反馈中,用主流价值导向驾驭'算法',全面提高舆论引导能力"①。因此,要不断推进工作理念、方法手段、载体渠道、制度机制创新,运用主流价值导向驾驭技术,让科技发展走在正确的轨道上,从而"科学认识网络传播规律,全面提高用网治网水平,使互联网这个最大变量变成事业发展的最大增量"②。只有不断将技术发展的无限潜能转化成网络文明建设的持续动能,才能为人类社会创造向上向善的网上精神家园,并为网络空间命运共同体建构贡献中国智慧。

四、结语

网络文明是指随着信息网络技术的应用而产生的一种新的文明形式,也是一项系统工程,既包含网络精神文明的外在表征和内在要求,也有网络制度文明的客观规范和主观建构,还有网络技术文明的自发支持和自主创新。当代中国的网络文明建设既是网络事业发展到一定阶段的历史产物,也是网络强国发展的必然要求。

习近平总书记从党和国家事业的全局出发,顺应时代潮流和趋势,把握网络时代人类文明发展大势,将网络文明建设融入政治、经济、文化等领域,提出一系列新思想、新观点、新论断,为网络强国注入活力,为网络安全提供助力,以其理论的科学性和思想的前瞻性,成为新时代网络文明建设重要的思想指引和行动指南。网络文明是我党推动网络文明建设的理论结晶,深刻回答了为什么建设网络文明、建设什么样的网络文明、如何建设网络文明等重大问题,既确立了我国网络文明建设的逻辑体系、指明了前进方向、擘画了发展蓝图,也为网络空间命运共同体和全球网络文明建设提供了新思路和新方法。我国高度重视互联网、发展互联网、治理互联网,走出了一条具有中国特色的文明办网、文明用网、文明上网、文明兴网之道。让网络世界闪耀文明之光,让文明之光充盈网络世界。

---

① 习近平.论党的宣传思想工作[M].北京:中央文献出版社,2020:353.
② 中央党史和文献研究院.习近平关于网络强国论述摘编[M].北京:中央文献出版社,2021:13.

再造现代性：
风险社会的媒体传播与社会治理*

◎ 秦瑜明　周晓萌**

摘要：以主体主义、人类中心主义为核心的现代性，力图以理性来把握外部世界，然而随着历史的发展，它造成了充斥着不确定性的全球风险社会。新冠疫情再次为现代性敲响了警钟，现代性条件下形成的以民族国家为单位的社会治理模式无力应对当今的风险。对新冠疫情的传播案例进行分析，发现对风险的认知有赖于媒体传播的建构，不同国家围绕着风险的话语修辞展开博弈。这些传播实践冲击了既有的治理模式，也拥有着生成新的全球治理模式、推动建设人类命运共同体的力量。

关键词：风险社会；社会建构；国际传播；社会治理

德国社会学家乌尔里希·贝克（Ulrich Beck）提出的带有预言色彩的"全球风险社会"已经逐渐成为现实。2020年初，一场席卷世界的新冠疫情更是为各国敲响了警钟，人类已经不得不开始反思"现代性"及其人类中心主义和主体主义的内核，理性、技术、工业化和民族国家这些看似天经地义的概念，是否真的具有不容置疑的正确性。因为风险恰恰产生于这些现代性要素，"风险并非出于无知，也不是因为缺乏技能。事实上，恰恰相反，风险正是源于越来越努力变得讲求理性"[③]。

风险传播研究的主流目前有两种。一是危机传播（或危机管理、危机公关）研究，其路径通常是从公共关系的角度出发，讨论政府或企业等风险承担主体应采取何种传

---

* 本文原载于《现代出版》2020年第5期，收入本书时有改动。
　课题：国家社科基金重大委托项目"媒体深度融合发展与新时代社会治理模式创新研究"（19GZH043）。
** 秦瑜明，中国传媒大学电视学院教授，博士生导师，中国传媒大学媒体融合与传播国家重点实验室副主任；
　周晓萌，中国传媒大学媒体融合与传播国家重点实验室在站博士后。
③　鲍曼.社会学之思[M].李康，邓正来，译.北京：社会科学文献出版社，2010：115.

播策略来应对突发事件与负面新闻、维护形象①；二是以某一学科专业为基础，展开公共管理或社会心理研究。风险传播研究的主流也正是基于心理学而非批判性的哲学和社会学，宏观的社会政治因素不是风险传播研究的重心。② 本研究不属于第一种路径，也与第二种路径相去较远。但是，风险传播研究所关注的一些问题，如风险感知、社会建构和媒体传播，为本研究提供了基石，这是因为当今的风险需要"一个伴随着反思、论证、解释、界定和认可的过程"③。如贝克所说，风险和风险感知就是一回事，风险就是知识中的风险。风险感知、风险知识影响乃至决定了人们如何看待风险、判断风险，又如何采取不同的行动策略应对可能的威胁。如此，本研究又涉及风险的社会建构的问题，风险以及风险知识乃是传播者在媒体上建构出来的，那么是谁在传播和建构它，又是如何传播和建构的呢？如果说，主流的风险传播关心的是个体受众对风险知识的接受，本研究关注的则是风险的另一面向——那些"控制媒体塑造风险（科学研究）和传播风险知识（大众媒体）的权力"。在这个意义上，"风险社会也是科学社会、媒体社会和信息社会"④。可见，风险不仅是科学技术的问题，也是文化政治的问题。

风险的建构作为文化过程和开放性的政治过程，生成了国际风险政治，其中充满了多重权力的相互博弈，这种政治博弈又通过争夺风险定义的文化过程展开。正如诺姆·乔姆斯基（Noam Chomsky）所说："谁能掌握风险论述，谁也就有可能掌握斗争优势。"⑤在如今微妙的国际关系中，风险知识的建构经常呈现高度分歧，似乎没有任何国家可以垄断发言权。对于风险的建构，表面上是各国媒体间的针锋相对，背后则是复杂的国家利益博弈问题。

一、风险的认知建构与话语修辞

风险的建构过程是人为的，通过结合政治、道德、文化、技术与媒体来定义和阐释"风险"。其中的关键是定义风险的过程，即风险知识的建构，而不同的建构能形成不同的对现实的认知。

早期社会学家罗伯特·帕克（Robert Park）基于威廉·詹姆斯（William James）的

---

① 曾繁旭,戴佳.中国式风险传播:语境、脉络与问题[J].西南民族大学学报（人文社会科学版）,2015(4):185-189.
② 贾鹤鹏,苗伟山.科学传播、风险传播与健康传播的理论溯源及其对中国传播学研究的启示[J].国际新闻界,2017(2):66-89.
③ 黄旦,郭丽华.媒体先锋:风险社会视野中的中国食品安全报道[J].新闻大学,2008(4):6-12.
④ 贝克.风险社会[M].何文博,译.南京:译林出版社,2004:52.
⑤ 朱元鸿.风险知识与风险媒介的政治社会学分析[J].台湾社会研究季刊,1995(19):195.

论述,将知识分为"理解的知识"和"熟悉的知识":前者是"正式的、理智的和系统的",是专家掌握的专业知识;后者则不需要正式的研究,是靠感觉等就可以直接获得的。① 后者类似知识社会学所关注的常识性知识:在常态的、不证自明的例行生活中,由我和他人所共享的那些知识。常识性知识或熟悉的知识构成了人们日常生活的"现实"。通常来说,日常生活现实是围绕着"我"身体所处的"此地"和"我"当下所在的"此时"被共同组织起来的。日常生活中此地此时的感知与经验"构成了我意识中的实在之物",而具有"可分离性"的符号能够超越此地此时的局限,在不同的空间与时间中传播②;符号中尤以语言为重,语言能够丰富复杂的经验和意义,使整个世界都可随时被展现为现实。这就和媒体传播有了密切关系,因为媒体通过符号能够将非此地此时的东西转换到人们的日常生活中。帕克也认为,新闻作为知识,介于"理解的知识"和"熟悉的知识"之间,是连接二者的桥梁。在新冠疫情防控期间,正是媒体报道把专业知识转换为常识,才使公众对疫情可知可感。必须指出,大众媒体和大众传播已经式微,此次新冠疫情,带来了第一次真正的社交媒体信息疫情③,但关于疫情的知识仍旧需要从科学家等专业人士那里获取,再被转换为常识。

关于风险的认知及风险知识是谁构建的、如何构建的,以及媒体与当下危机事件的关系是什么的问题的本质就是希望揭示媒体的修辞对现实世界的建构作用与功能——媒体建构了现实,也就使得象征世界的一部分变得正当化。皮埃尔·布迪厄(Pierre Bourdieu)说"社会就是一个语言交换市场"④,媒体必须策略性地使用语言,才能获得更大的象征收益。话语争夺的常见手法就是通过大众传播来"制造"概念并进一步确立认知框架。认知语言学认为,我们生活的世界是由一系列概念系统构成的,在这个概念系统中存在着不同的概念域。一个被定义出来的概念,往往会积极地参与社会建构的过程。传统大众传播学对于媒体、社会真实与社会建构的理解源于柏拉图的洞穴隐喻,媒介与现实分开,且始终居于次要位置,媒介或者说传播所呈现的现实仅是洞穴投影,或者是社会现实的局部再现。投影是虚幻的,即使是媒介的"再现"也并非镜子似的直接反映。如今,这种观点同样值得反思,随着媒介化趋势逐渐加深,人们所了解和接触的现实主要来自媒介,人类所生活的城市、社会与整个世界都同媒介交织在一起,媒介的建构如今已经构成社会实在的一部分。人的体验和媒介的运作、反馈交织在一起,构成了人的所有感知,其中既包括对风险知识的掌握、对风险性质的判

---

① PARK R E. News as a form of knowledge: a chapter in the sociology of knowledge[J]. American journal of sociology, 1940, 45(5):669-686.
② 伯格,卢克曼.现实的社会建构[M].吴肃然,译.北京:北京大学出版社,2019:30-52.
③ 张涛甫.风险"耳目":疫情中的媒体角色[EB/OL].(2020-04-23)[2020-08-01]. https://www.thepaper.cn/newsDetail_forward_7085236.
④ 布迪厄,华康德.实践与反思[M].李猛,李康,译.北京:中央编译出版社,1998:157.

断,也包括对风险本身的感知。在新冠疫情中这种现象就尤为明显,防控期间人们足不出户,却能时时刻刻通过媒介了解与感知社区、城市和国际的疫情风险动态,媒体公布的疫情数字是人们感知和量化风险的重要依据。在新的媒介技术的作用下,不同国家的新闻媒体、互联网中不计其数的自媒体通过密集且实时的报道,使人们意识到了人类正坐在火山口上。事实上,从天花到黑死病,人类一直与瘟疫并行。第一次世界大战后的西班牙流感,造成的死亡人数不低于5 000万。当时,西班牙流感感染了1 500万名美国人,至少有14万人住院治疗,仅就疫情本身来说,西班牙流感的影响规模和严重程度并不低于2020年的新冠疫情,但在当时的国际社会上几乎没有引起大规模舆论反响。如今,世界范围内的资本、人口的流动为病毒在世界范围内的传播和扩散提供了便利,更重要的是媒体技术带来的变革,使风险的感知、建构、影响得以扩大,甚至超过了危机本身给社会带来的影响,超越了民族国家的范围。媒介技术的发展客观上使人类对于世界的感知更加独立于自然,但在另一个层面上又使人类更加仰赖于自然。

媒介建构了真实,而隐喻的修辞则构成了这种建构中最常见的认知模式,乃至于"我们的整个概念体系在很大程度上就是隐喻式的"。隐喻用一种概念域来类比另一种概念域,"隐喻就是借用在语言层面上成形的经验对未成形的经验做系统描述"[①]。风险或危机的爆发打破了常态,带来了前所未有的经验,对这样未成形的经验之描述便经常是隐喻式的。而且,"无论是在国家政治中,还是在日常互动中,有权势者都会把自己的隐喻强加于人"[②]。隐喻作为话语策略的重要部分是不可忽视的,背后时常隐含着权力、政治与社会关系的复杂互动。

值得注意的是,在新冠疫情防控期间,我国主流媒体大量使用了军事隐喻的手法。2020年1月23日,新华网发表了《以非常之役迎战非常之疫》,其中首次提出了"战疫"的概念,随后我国各大主流媒体纷纷使用类似的隐喻修辞。将抽象的"抗疫"比作一场"没有硝烟的战争"。事实上,军事化的隐喻并非疫情中的话语创新,按照苏珊·桑塔格(Susan Sontag)的说法,19世纪后期军事隐喻在医学中开始广泛被使用,尤其在20世纪早期,"疾病常常被描绘为对社会的入侵,而减少已患之疾病所带来的死亡威胁的种种努力则被称作战斗、抗争和战争"。军事隐喻提供了一种看待疾病的方式,"即把那些特别可怕的疾病看作外来的'他者',像现代战争中的敌人一样"[③④]。就我国而言,主流媒体在报道各种突发危机事件,尤其是在对自然灾害进行救援和抗

---

① 陈嘉映.语言哲学[M].北京:北京大学出版社,2003:368,378.
② LAKOFF G,JOHNSEN M. Metaphors we live by[M].London:The University of Chicago Press,2003:157.
③ 桑塔格.疾病的隐喻[M].程巍,译.上海:上海译文出版社,2003:60,87.
④ 高原.社交媒体疫情话语的军事隐喻[EB/OL].(2020-03-17)[2020-08-03]. http://www.360doc.com/content/20/0326/14/ 32872179_901795356.shtml.

争时,对这种隐喻的使用是十分常见的,背后与我国的社会制度、社会公共危机治理思路甚至近代历史有着极为密切的关联。危机状态下,这种隐喻手法不仅在主流媒体中十分常见,在社交媒体和自媒体中也屡见不鲜。清研智库最新公布的研究报告显示,截至2020年2月底,包含军事隐喻内容的微博文章数量(含转发)占所有相关微博文章的48%(见图1和图2)。① 由此可见,军事隐喻作为一种风险建构,也深刻影响了公众的风险认知模式。

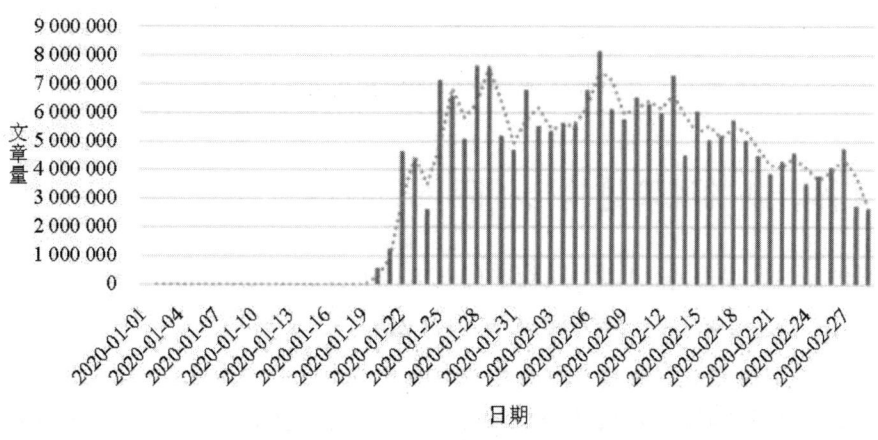

图1 疫情中军事隐喻内容文章发布量

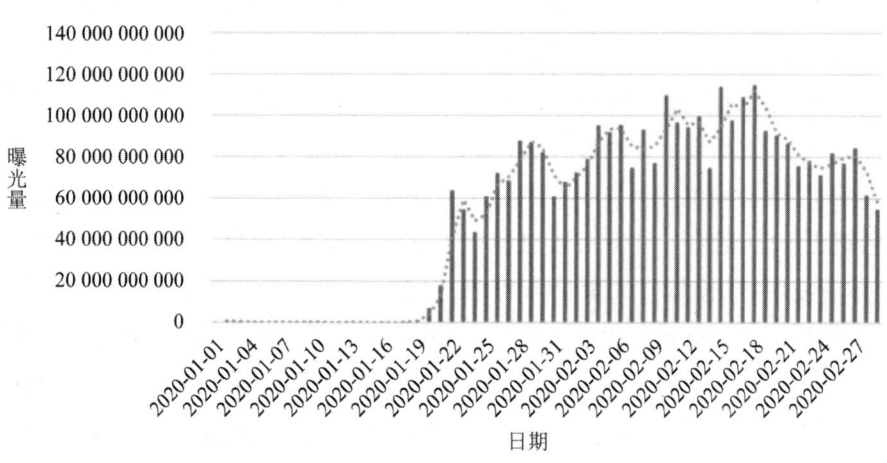

图2 疫情中军事隐喻微博曝光量②

在军事隐喻的建构下,全社会积极配合,公众舍弃个人利益服务于大局,为国家和

---

① 高原.社交媒体疫情话语的军事隐喻[EB/OL].(2020-03-17)[2020-08-03].http://www.360doc.com/content/20/0326/14/ 32872179_901795356.shtml.
② 高原.社交媒体疫情话语的军事隐喻[EB/OL].(2020-03-17)[2020-08-03].http://www.360doc.com/content/20/0326/14/ 32872179_901795356.shtml.

社会服务、共度时艰,效率得以提高,我国社会制度的优越性得到充分发挥。但正如桑塔格所批判的,媒体同样应该警惕隐喻建构的强大力量。军事隐喻提供了这样一种认知方式,即把疾病看作外来的"他者",如同两军对垒中的敌对一方,公众可能将耻辱印记和敌视态度从疾病本身,扩展到患者个体、地区甚至民族国家身上,从而再一次陷入传统"现代性"的理性主义和个人中心主义的桎梏之中,并且还有可能带来一种新的国际风险政治。

从媒介框架到隐喻修辞,都可被视为一种话语和意义的建构过程,同时在传播学上揭示了媒体建构与公共危机的关系,这背后是我国社会治理观念、国际传播方式的深刻变化,同时体现了风险与媒体建构之间的紧密关系。

二、媒体传播的风险建构与国际风险政治

媒体通过改变修辞,可以对风险进行根本性的重新界定,从而实现风险与话语之间的认知勾连。因此,一个重要问题就是风险建构中语言的歧义。在"风险社会"这个概念被提出的时候,安东尼·吉登斯(Anthony Giddens)等人就提出,人们无法运用现有的话语体系去精准地描述层出不穷的社会风险,这也正是媒体进行风险建构时要面对的重大挑战。如今,人类不但找不到与自然环境危机相适应的词汇,而且难以找到和所见到的外在风险相匹配的语言。结果是当人类感觉到危险和灾难正在逼近时,往往很难通过科学、法律和政治等正常手段找到证据、分析原因进而做出应对。

在这种模糊的情况下,媒体或多或少会成为替罪羊。比如,在食品安全危机中,公众经常听到的是"长期、大量食用或有致癌风险";在空气污染环境危机中,一般的媒介语言是"雾霾有可能导致青少年和老年人呼吸疾病";在公共卫生事件中,人们听到的信息就更具迷惑性——"双黄连对新型冠状病毒或有'抑制'作用"……然而,在这里,媒体所使用的"长期""大量""有可能""或",本身就是意义含糊的词语。危机事件中,专家给出的解释本身就具有极大的含糊性。在类似的"双黄连事件"中,专家和媒体给予公众的,是意义不明、反复变动的意见,这不仅不能消除公众对不确定性的焦虑,反而使人们在莫衷一是的情况下手足无措。于是,突然之间不是危机或者病毒本身,而是那些道出危机的话语造成了普遍的社会不安。在这种情况下,媒体很容易被冠上"炒作"的帽子,或被斥为"无良"媒体。

更进一步来说,媒体建构的风险定义之模糊性与争议性,在涉及民族国家间的博弈时愈加显著。不同国家之间的风险定义存在不平等性,没有一个国家和组织可以从根本上主导对其的定义。从国际关系与国际政治的角度来看,风险的建构博弈本身就是全球风险社会下大国博弈的焦点所在。2020年,美国总统特朗普多次在公开场合

发表言论,将新冠病毒称为"中国病毒",这也是一种风险知识的建构,但明显别有用心,背后充满了政治意图。这当然不是一个科学上的病毒命名问题,而是国家间的风险博弈。这种风险性的国际博弈所反映的仍旧是现代性工业社会下传统的"民族国家共同体"思维习惯,以单一民族国家利益的视角看待和理解风险。正因如此,个别国家才在中国积极"抗疫"时隔岸观火,甚至幸灾乐祸,却完全没有料想过"人类命运共同体"如今不再仅是一种构想,而早已成为客观事实。个别国家不仅对于即将到来的风险无知无觉,还企图利用眼前的风险去达成政治目的,即使是在本国情况已经非常严峻的时候,还沉醉于传统的国际斗争,希望通过"中国病毒"这样一种惯用的话语建构方式达成政治目的。这种别有用心的媒体建构颇具危害性,不仅会给中国带来损害,还会误导相关研究,不利于全球。

危机博弈与定义之争客观上已经成为国家利益博弈的重要组成部分,随着风险的全球化蔓延,甚至还会成为大国博弈的主要方面。如今,全球范围内风险的存在已经普遍被世界各国所接受,国家间风险与权力的博弈很大程度上是风险政治的博弈。在工业社会中,主要的社会风险冲突是民族国家内部的劳动力与资本的经济冲突,以及民族国家间、不同意识形态间、不同政治制度间的交锋。在全球风险下,冲突又具有文化政治的性质,表现为话语间的争斗。新出现的社会风险的定义权从未被真正掌握在公众手中,风险构建的真正主体是政府、专家和媒体组织。因此,在国家层面上,风险冲突的主体应该还是国家政府,冲突的根源还是国家利益的分歧,博弈的负面结果则是"有组织的不负责任"(贝克提出的术语,指的是现代社会中,公司、政府和专家形成的联盟制造了当代生活的种种危险,然后又建立起一套话语来推卸责任)在国家层面上的体现。典型的例子就是哥本哈根气候大会上的闹剧,以美国为代表的发达国家拒绝签署《京都议定书》,并要求中国等发展中国家承担更多责任;而以我国为代表的发展中国家则推行"共同但有区别的责任制",例如我国虽然在碳排放总数上居高,但人均碳排量还不到发达国家的三分之一,且从历史的角度看,目前的环境问题主要也应由发达国家买单。风险的建构之争的背后是风险的责任承担之争,是国家利益和国际关系的博弈。

如今,不论是在社交媒体发展迅速、舆论日趋多元的民族国家内部,还是在剧烈的国际风险话语争夺中,语言都像一件捉襟见肘的衣服一样几近解体。它所对应的现实,同样面临崩溃。如果说语言和媒介所抵达之处就是人类认识世界之"界"[①],那么找不到或者回避用合理的语言来描述风险,自然也无法面对未来可能发生的危机,更无法化解危机。"我们的世界的现实某种程度上是以我们所使用的词语、符号或其他

[①] 黄旦.听音闻道识媒介:写在"媒介道说"译丛出版之际[J].新闻记者,2019(9):46-50,22.

形式的介质为基础而设定、领会或建构出来的东西"①，那么，媒介的危机也是现实的危机，如同斯特凡·格奥尔格(Stefan George)的诗句——词语破碎处，无物可存在。

三、作为社会治理方式的媒体传播

现代工业社会的分工，一方面使得原子化的个体难以采取社会行动，给社会治理带来困难；另一方面，知识变得专门化，越分越细，文艺复兴式的博学者愈加不可能存在，取而代之的是各个领域的专家。当风险来临，人们既无力行动，又缺乏知识，这只能导致灾难。应对全球风险，已有的民族国家的治理模式越来越乏力，亟须多方乃至全人类合作的全球治理。

现代性社会是以民族国家为中心的，而后现代日益呈现非民族国家的倾向。新的全球性的国内政治的有效性已经超越传统民族国家的边界，发展为一种结果开放的元权力的博弈(meta-power game)，或者说是元权力的新政治。这里的博弈是对风险中的各种概念边界的界定以及对确定其基本方向的权力的争夺——对"定义权力"的权力的争夺。在全球性国内政治中，风险的建构权力是分散的，这种博弈中内在的对抗者们是通过达成同盟来加强博弈筹码的。同时，国际风险的元权力博弈也受到国内权力同盟以及社会共识的影响，欧洲社会学家曾经拿核危机进行举例，在荷兰和丹麦等一些国家内，反核派认为核能既是危险的也是不必要的，且该观点已经在民众和大多数政党中成为共识，成为媒体中具有支配地位的观点；而在欧洲其他一些国家，争夺核问题领导权的斗争还在继续着；还有一些国家，比如法国，反核力量已经明显在争斗中失败了，其在媒体中的声音也逐渐边缘化。②无论在国内还是国外，关于风险定性和传播的元权力博弈从未中止。这种博弈的主体之间——不仅是民族国家内部以及民族国家间，还是 NGO 等超国家组织与国家政府间、跨国企业间、跨国企业与国家政府间、各国公民间、国内媒体与国际媒体间在不断进行着重新协商。在博弈之中，任何参与者或反对者都再不可能通过一己之力赢得胜利，一切都要依靠同盟。在这个过程中，世界仍旧需要用程序性规范(procedural norms)来解决跨国风险冲突。③

再进一步说，"正因为西方政治哲学的研究不能超出国家这个思考单位，因此不能正确思考以世界为单位的政治问题，不能给出从世界出发的政治理想"④。现代社会工业分工导致原子化的个体行动者和其他单位(包括民族国家)都难以单独行动去

---

① 贡克尔,泰勒.海德格尔论媒介[M].吴江,译.北京:中国传媒大学出版社,2019:69.
② 克里西,库普曼斯.西欧新社会运动—比较分析[M].张枫,译.重庆:重庆出版社,2000:179.
③ 贝克,邓正来,沈国麟.风险社会与中国:与德国社会学家乌尔里希·贝克的对话[J].社会学研究,2010(5):208-231,246.
④ 赵汀阳.天下体系:世界制度哲学导论[M].北京:中国人民大学出版社,2011:12.

应对风险,与其他现代性要素一同产生的民族国家,在后现代特征显露的当今已不能继续作为支撑全球治理模式的基础,其只会走向衰落。这是因为,将以民族国家为单位的社会治理方式扩展到其边际之外,势必造成国家间的竞争和冲突。在旧观念的惯力下,如果有国家依然企图利用不平等的世界传播秩序来控制关于风险的话语和意义,只能给人类带来更大的灾难。

媒介技术的发展为全球治理带来了可能,当大众传媒、互联网、社会化媒体不仅构成了信息交换的平台,也使人们产生了这种交换带来了"正在发生的危机"的意识时,想象的全球风险共同体就此形成。正如本尼迪克特·安德森(Benedict Anderson)所指出的,当一个人与其他人同时追踪同一事件的发展,与他们受到相同影响的意识得到承认时,民族主义(即"想象的共同体")的雏形就产生了。全球化已经带来一个社会行动者的共同体(a community of social actors),这些人重视民主文化并将自己视为世界公民。在曼纽尔·卡斯特(Manuel Castells)看来,正是数字媒介网络使得这些认同的共同体聚集在一起。在世界范围内,由风险的焦虑驱动而产生的风险的共同体,其凝聚力以及具体的行动机制如何,都还需要时间的检验,但这种雏形及其倾向已经为我们思考风险与危机策略提供了新视角。

而且,与风险社会同现代性的关系相似,媒介和传播实践的发展同样对现代性(尤其是主体主义和人类中心主义)产生了某种逆反;这既表现为智能媒介已经开始打破心与物、主体与客体、文本与行动的二元对立的主体,也表现为将分散的个体行动者(以及非人的技术物、数码物)纳入行动者网络(actor-network),从而消解了原子式的主体。这无疑有助于全球治理所需的合作场域和合作体系的形成,"整个场域、整个体系既可以以分散的无数单元行动体独立行动的形式出现,也可以以一个整体而开展合作行动"①。如今,我们不宜再把传播仅视为符号或文本,视为对某种实在的镜子式的反映、再现,而应探讨其作为社会行动方式参与全球治理的潜力。如果借用文化研究和语言学中的"述行"(performative)概念,会比较清楚地看到这一点:"符号再现、表征或表意本身就是一种行为实施过程……所有符号使用都是在做事、行事、表演或'述行',符号活动本身就嵌入和参与了社会文化过程,它塑造现实和被现实所塑造,是整个生活构成中的一部分,而不是外在于生活、对生活反映或不反映、正确反映或歪曲反映的另一独立系统。"②传播不是纯然的文本内容,媒介也不是僵死的工具,传播本就有塑造现实的能力,某些传播就是社会行动。媒体作为社会行动者可以也足以参与全球治理,成为生成新的全球治理模式的一股力量。

---

① 张康之.论从竞争政治向合作政治的转变[J].浙江社会科学,2019(3):22-30.
② 汪民安.文化研究关键词[M].南京:江苏人民出版社,2007:321.

四、结语

按照吉登斯的说法,风险只是一个到 16 世纪才出现的概念。在那之前,人们将种种危险归于命运、运气或上帝的意志等神秘莫测的力量。随着现代性的主体主义和人类中心主义的发生和发展,人类逐渐有能力去把握和控制世界,也认为能够以理性对世界事务进行控制,让一切有条不紊、符合预期,才有了作为理性和确定性之负面的风险观念,"风险观念的出现是与计算的可能性紧密联系在一起的"①。当今世界一系列的全球性风险与灾难,证实了全球已然进入三十年前贝克所说的"风险社会"和吉登斯所言的"失控的世界"。

就我国来说,2003 年的"非典"疫情"突出暴露了中国长期忽视社会建设和管理所带来的不良后果"②,现在看来,"非典"疫情客观上推动了我国社会治理现代化的进步与突破,是我国危机传播与社会治理研究的关键性事件。不确定性也是创造性的来源,新冠疫情作为规模更大、影响遍及全球的又一次重大风险,也应是推动我国社会治理进步的一个契机;不仅如此,我们还要看到,社会治理模式不能适用于民族国家内部,还应该有全球眼光。全球性风险带来了一种新的全球治理的可能性,且风险的建构性特征越来越明显③,中国媒体作为风险建构和社会治理的参与者是可以大有作为的。

当今世界呈现的高度复杂性和不确定性,已经成为讨论"现代性"的关键。"命运,即任何事物总有其法则的观念,重新出现在世界的核心。"④面对不可预知的"命运",人类被紧密地联系在一起,没有任何民族国家可以在全球风险社会中置身事外,只有探索新的全球治理模式、打造人类命运共同体才是出路——人类"除了冒险,别无选择"⑤。

---

① 吉登斯.失控的世界[M].周红云,译.南昌:江西人民出版社,2001:24.
② 何增科.从社会管理到社会治理:话语体系变迁与政策调整[M]//俞可平,海贝勒,安晓波.中共的治理与适应:比较的视野.北京:中央编译出版社,2015:257.
③ 龚维斌.当代中国社会风险的特点:以新冠肺炎疫情及其抗击为例[J].社会学评论,2020(2):21-27.
④ 吉登斯.失控的世界[M].周红云,译.南昌:江西人民出版社,2001:117.
⑤ LUHMAN N. Risk:a sociological theory[M].Berlin:Walter De Gruyter,1993:218.

AI时代媒介治理的伦理体系内涵、特征及实践原则[*]

◎ 龙　耘　吕　山[**]

摘要：人工智能技术的更新迭代和社会的快速发展催生出一系列与伦理相关的问题，信息传播领域更成为算法、隐私等核心议题交汇的主场和平台垄断的关键地带。媒介治理经历了从管理、规制到治理、共治的伦理转向。智媒时代，媒介治理面临算法干涉、信息茧房、隐私侵犯、信息失真等伦理挑战，媒介治理体系的伦理特征、运行机制及实践原则相应发生改变。媒介治理须遵循道德伦理的基本特性，完成从市场逻辑走向公益逻辑、从粗放走向集约的机制迭代与价值转型。

关键词：人工智能；媒介治理；伦理特征；机制；原则

建立一套与现实发展相适应的规范性系统，形成与受众、用户良性互动的运行机制，营造健康的生态环境，这是媒介治理的本质特征和基本诉求。伴随互联网的发展和人工智能时代的到来，隐私泄露、算法黑箱、后真相、假新闻等现象层出不穷，信息传播领域成为争议与交锋的汇流之地，遏制互联网科技公司的"平台垄断"正在成为世界性的难题。这些都使得伦理在媒介治理系统中的核心作用更加凸显，建构相关的伦理体系与实践原则成为新形势下媒介治理的关键。

---

[*] 本文原载于《现代出版》2021年第4期，收入本书时有改动。
课题：国家社科基金重大项目"我国新闻传播业人工智能应用现状与发展趋向研究"（19ZDA327）；中国传媒大学高精尖科研培育项目"智媒时代的传播伦理研究"（CUC18A014）。

[**] 龙耘，中国传媒大学国家传播创新研究中心主任、数字伦理研究所所长、教授、博士生导师；吕山，中国传媒大学传播研究院2020级博士研究生。

一、从管理、规制到治理、共治:媒介治理的伦理转向

(一)政治学意义上由统治到治理的转换

"治理"一词源自政治学,原意为"控制""操控",带有深刻的统治色彩。20世纪80年代以来,伴随全球化进程中人类社会分工、政治生活与信息传播方式的巨变,西方国家普遍出现了"治理转换"的趋势。纵向上,政府的权力与功能超越了国家层面,向国际组织和超国家机构(欧盟等)延伸;横向上,权力由行政部门更多地向司法、公共领域转移。上述趋势的背后体现着人类政治过程的一种规范要求——由统治向治理的转变。统治向治理的转变不仅意味着政府不再是唯一的权威主体,还意味着权威性质的变化由强制服从转向对话协商;权威来源的主体由国家立法转向社会契约与认同;权力也从自上而下的单向度管控拓宽为多元化、多向度的运行。[①]

除了上述政治学释义,随着越来越多以治理为题材的理论著作的问世,"治理"一词日益为多学科所征用,其内涵和用法也逐渐转移了方向。作为治理研究中有代表性的学者,英国的罗兹教授将被广泛运用的"治理"一词的含义概括为一种理论,将其总结为统治的一种新的过程、有序规则的一种新的条件、管理社会的一种新的方法[②];而格里·斯托克强调,治理视角的价值并不是提供了一个因果关系的规范理论,而是提供了一种组织框架,人们可以据此了解统治过程中的变化图景[③]。治理的内涵还包括使目标不同的行为主体之间保持协调一致的过程,这里的行为主体不仅包括政府机构,也涵盖企业、社会组织、公民团体等,治理意味着能够更好地调节和规避市场失效、管理失能带来的风险。用全球治理委员会的观点表述,治理是各类公共部门与私人机构管理共同事务方式的总和,目的在于让有着不同利益属性、相互存在冲突的机构得到调和并走向联合。[④]

(二)信息传播领域从管理到治理的转型

伴随全球化背景下从统治到治理的范式转变,媒介规制的基本理念也开始从管理转向治理。最早对"媒介治理"进行概念界定的爱尔兰学者肖恩和吉拉德认为,媒介的善治包括三个维度:媒介对于公民社会的自我管理与完善,媒介对于政府的监管与

[①] 俞可平.中国的治理改革:1978—2018[J].武汉大学学报(哲学社会科学版),2018(3):49-60.
[②] RHODES R A W.Understanding governance: ten years[J].Organization studies,2007,28(8):1243-1264.
[③] 斯托克.作为理论的治理:五个论点[J].华夏风,译.国际社会科学杂志(中文版),2019(3):23-32.
[④] 塞纳克伦斯,冯炳昆.治理与国际调节机制的危机[J].国际社会科学杂志(中文版),1999(1):91-103.

共治,媒介对于超国家机构与组织的跨文化治理。① 肖恩对于媒介治理内涵的概括超越了大众传媒内部自治的特点,转向更为广阔的公民社会与民族国家场域。

社会治理理论学家丹尼尔·考夫曼指出,"随着社会多元化系统的形成,社会网络联系与作用的异质性也大大提升。随着信息通信技术的不断演进,社会网络联系与作用的复杂性也大大增强……媒介作为社会的调节器,是社会由集权系统转向多元共治的核心协调力量"②。与社会政治领域的转型相对应,媒介与传播领域的治理更加关注复杂性及对该领域产生影响的多元主体、多层次行动者、相关机构和其原则,此种治理模式在时空上更趋分散,正式与非正式的结构与步骤都能够发挥作用。至此,媒介治理研究的关注重点开始更多聚焦于考察不同权利主体、体制及行动者如何互动并展开话语交锋,继而如何影响传播政策与媒介政策的制定。③

随着互联网的更新换代,我国的网络治理由过去门户时代的"媒介管理"逻辑转为寻求多元主体共治的社会治理思维。在以"人与内容"为核心的互联网门户时代,只要管控信息传播的上游入口,便可形成可控的传播环境。然而,当互联网进入社交时代后,网络环境日益复杂,传统的媒介管理逻辑已然式微,单一依赖政府的媒介管理时代开始转向多元主体参与的社会共治时代。

作为社会治理的中介系统,媒介治理系统某种程度上成为各种社会生态系统的连接点和社会网络协调的中枢与核心。技术驱动的社会变革不断塑造着权力与传播的关系,信息传播格局呈现多元态趋势,多重主体共同参与信息治理,由此构建出全新的传播共治格局,基本完成了从管理到治理的模式转型。

(三)媒介治理的伦理转向

基于社交媒体时代形成的上述治理理念,媒介治理强调更多关注媒介系统对于社会的影响,以及各类传播主体、利益相关者作用的发挥,如社会舆论与舆情、公共危机与风险、新兴媒介与传播等。反观当下,5G、大数据、区块链、人工智能等新技术蓬勃发展,为信息自由流动创造了更大可能,也带来了技术消费、信息异化、阶层区隔等日益严重的社会问题。

对传播技术依赖程度的加深,往往伴随着伦理风险的加大。从20世纪80年代的电视人、容器人到社交媒体社会的"GIFT"(Google、iPhone、Facebook、Twitter)使用者,以至进入如今智能媒体裹挟下的算法社会,某种意义上,人类正在陷入技术迷失,在对

---

① GIRARD, BRUCE.Global media governance[M].Oxford:Rowman and Littlefield,2001:12-20.
② KAUFMANN D.Media, governance and development, challenging convention: an empirical perspective[M]. Washington,D.C.:The World Bank Institute,2006:24-28.
③ 赵永华,王硕.全球治理视域下"一带一路"的媒体合作:理论、框架与路径[J].国际新闻界,2016(9):86-103.

技术(媒介)客体的沉迷中消解着自身的主体意识。数字化社会带来的一系列不确定性要求新闻传播活动更多着眼于伦理层面的审视,将其放入人类历史发展和社会关系总和中加以考察,探讨媒体发展过程中价值理性和技术理性的融合。信息传播领域媒介治理的伦理转向由此开启。

历时地看,中国语境下的媒介管理模式与政府行政架构大体一致,呈现着层级分明、各司其职、条块分割的格局特征,治理权能也从中央到地方呈逐渐下沉、弱化之势。媒介治理的传统手段与形式主要来源于各种媒介政策,如法律法规、规章制度等。面对社会转型和智媒时代的挑战,如何形成新时代的社会规范与主流价值,以伦理视角平衡媒介治理,有效弥合群体分裂、实现价值引领,成为涵养媒介生态和维系国家、社会稳定的首要议题。

刚性政策难以应对技术驱动下层出不穷的新问题;调动媒介与用户之间的能动性,激发个体带动群体成员,进而实现内部自治、提升公民素养,成为有效的治理方案。比如,面对智能媒体中存在的虚假新闻现象,强调提升公众对于信息的质疑能力与批判能力;针对信息茧房问题,在更多提倡兼听导向的同时,提升技术平台对用户异质性信源的包容度等。

随着技术的演进,智能传播中的伦理问题早已成为国内外共同关注的核心议题。2017年7月,国务院发布《新一代人工智能发展规划》,倡导建立与完善人工智能法律法规与伦理政策体系;同年12月,习近平总书记强调了数据安全、数据隐私与数据伦理等相关问题;同年,各大监管部门逐渐完善相关制度,国家网信办发布的相关规定中将智能传播算法风险纳入监管行列。除此之外,国外也对智能传播伦理加大了监管力度。总之,智能化社会中的媒介治理正在聚焦于解决信息污染、自我净化、技术异化及媒介使用主体性的恢复等问题。建构规范的媒介治理伦理体系,营造良好的传播生态环境正当其时。

二、智媒时代的伦理挑战与伦理治理

技术在提升人类生存的价值意义的同时,给人类带来了日益严峻的伦理挑战。首先,在人与技术的关系上,智能算法正在逐步消解人的主体性与个性化地位。人类个体犹如在网络筛子上被各种组合排列的代码,犹如置身福柯提出的"全景监狱",被裹挟、暴露在社会中。其次,在技术与社会的关系上,技术迭代的冲击带来了大量社会不平等现象。人工智能与智能化技术的发展给就业带来巨大冲击,"机器换人"情形的剧增激化了社会群体的不平等①,技术变革和平台垄断引发的公平、正义等伦理议题凸显。智媒时代的来临正在改写信息传播的基本版图,并从某种意义上颠覆着传媒行业的运行法则。智能技术在丰富媒介产品形态、提升内容生产效率、强化传播效果、开创新的传播模式乃至商业模式的同时,给传媒生态系统带来了一系列新的挑战和伦理、法律议题。

(一)算法干涉与信息茧房

人工智能时代,算法技术取代了传统媒体以进行议程设置,改变了新闻的分发模式。算法作为人工智能的核心,能够对图像、语音进行识别,由此取代了传统新闻分发制度中有主导地位的专业媒体人。算法推荐的运作逻辑看似提高了用户的满意度,实则隐藏诸多伦理风险。第一,算法的设计往往来自未经新闻素养训练的程序员,这意味着算法的推荐可能源于技术考量和工具理性,因而从本质上挑战了新闻专业主义的行业价值;第二,算法推送的内容同质化,长此以往可能固化用户的视野与思维,导致信息茧房现象。信息茧房某种程度上类似李普曼的"拟态环境",都不利于人们更加全面真实地感受信息环境。虽然这一效应的强弱乃至真伪尚存争议,但"算法黑箱"引发的一系列现实问题依然值得警惕,倡导价值理性与工具理性并重、人文关怀与技术发展交融的"算法安全"正在成为信息传媒行业乃至全社会的共识。

(二)隐私侵犯

技术型社会中,数据即存在。数据记录着社会生活和个体生活的轨迹。数据智能让社会的每个个体与群体都裹挟其中,被动或主动地成为数据贡献者。大数据作为人工智能的基础之一,导致无论是算法推荐还是传感器新闻,都必须以数据浏览为前提对数据进行二次加工。在传媒领域,技术赋权下的新闻生产更加广阔,生产方式更为多元和隐蔽。从信息的自动采集到机器人写作再到资讯的精准投放,背后都依托数据库,很容易产生数据泄露问题。当新闻生产借助人工智能技术非法收集、过度分析用户数据时,其对用户个人信息和阅读偏好的挖掘也就在一定程度上侵犯了公民隐私权。

(三)信息失真

真实性是新闻业的刚性规则,科瓦奇与罗森斯蒂尔强调"发现真相"应是媒体从业者的首要使命。然而,智能技术的加持使得新闻业的事实边界模糊不清。技术的加

---

① 吴鼎铭,吕山.数字劳动的未来图景与发展对策[J].新闻与写作,2021(2):29-35.

持看似提升了信息核查能力,增进了表象真实,但也混淆了真实的边界,给新闻真实带来消极影响。具体而言,在新闻生产层面,数据平台的不准确或数据错误带来的自动化预判导致了假新闻的生成。2019 年,柯林斯收录的年度热词"深度伪造"(deepfake),是由"deep machine learning"与"fake photo"组合而成的,其本质上是一种深度学习的技术框架,能将图像进行组合与转化。① 此技术依托自媒体平台,将其他图像与视频嫁接在源图像与原视频上,生成假视频。此类人工智能技术在新闻生产领域的应用正在以前所未有的形式消解新闻的真实性。在新闻传播层面,原本中立的技术应用实则受到利益相关者的操纵。研究显示,有人会利用算法在社交平台上有目的地分发不实信息,干扰舆论场与政治话语。除此之外,有研究显示,机器人加速了虚假新闻或不实信息的传播速度,其影响力更广。②

综上所言,人工智能技术给传媒业带来的挑战既伴随技术发展的进程,又事关技术的价值选择与社会应用。对商业利益的追求和伦理规范体系缺失导致的技术滥用,虽然迫使许多国家都出台了伦理准则和道德规范,但在更多受工具理性驱动的技术创新及产业应用方面,利益相关者及行动者极易做出偏离价值目标、追求利润最大化的道德失范行为,伦理程序和制度安排的缺失,也使得伦理规范的支持难以奏效,缺乏现实层面的执行力。上述局面要求我们在媒介治理中不仅要关注"技术行为是否应当",还要进一步探讨如何通过伦理规范乃至制度安排,来协商各主体的价值选择并注重技术实践中的沟通问题。正是在这个意义上,媒介治理伦理体系建设的重要性得以凸显。

三、媒介治理伦理体系的功能特征

面对复杂和迭代速度不断攀升的技术,新闻传播业人工智能的发展与应用让人充满期待,但也隐含忧虑与变数,由此凸显着伦理在媒介治理乃至整个社会治理、国家治理实践中的功能与价值。当前,媒介治理伦理体系的功能特征主要体现在如下方面:

(一) 内在性与先导性

作为传播环境和媒介系统的内在调控机制,伦理治理既渗透于媒介治理大系统之中,又具有自身独立的地位和作用。与此起彼伏的媒介现象和传播景观相比,这种"大象无形"的内在化伦理功能一直发挥着潜在的基础性作用。伴随社会发展和"法

---

① Language lovers:collins word of the year 2019 shortlist[EB/OL].(2019-11-07)[2021-06-15].https://www.collinsdictionary.com/word-lovers-blog/new/collins-word-of-the-year-2019-shortlist,580,HCB.html.
② 张梦,陈昌凤.智媒研究综述:人工智能在新闻业中的应用及其伦理反思[J].全球传媒学刊,2021(1):63-92.

治中国"的推进,以相关政策法律为准绳的媒介治理理念和实践得以强化,但面对迅猛的科技进步和社会转型,利益主体及利益诉求多元化导致社会矛盾日益复杂,加之技术的"双刃剑"效应等,法律规制难以及时应对很多新现象、新问题,伦理治理的角色功能难以体现。智能传播、平台算法等新型技术是否遵循了"科技向善"的愿景?舆论报道、流量经济是否彰显了"公平正义"的诉求?虚拟主播、娱乐网红等的行为规范是否符合"公序良俗"的原则?近年来,类似的伦理追问和价值评估始终伴随传播政策与法规制定、出台、实施的全过程,助力舆论冲突及传播乱象的治理,体现着伦理规范所蕴含的永恒的内在性价值功能。

对于人工智能社会关系的调整,伦理规范还具有一种先导性的作用。[①] 鉴于立法的滞后性特征,有必要建立以伦理为价值引领的社会规范调控体系。政策法规与道德律令是媒介治理体系中两种基本的调控手段,二者借助不同的机制,以不同的方式发挥功能。然而,法律规范受立法过程的时间限制,意识形态领域的特殊性又使相关立法往往处于滞后境地;伦理道德的超越性和内在价值,则使得其规范可以预设与先行,从而及时回应深刻变迁的社会与媒介环境。在这个意义上,伦理规范的预设与调整功能显现了独到的先导性价值,为后续政策的跟进和法治建设提供了重要指引。一旦时机成熟,伦理道德规范即可转化为法律规范,逐步实现媒介治理的法治化和可延续性。

(二)道德赋能与权力赋能

伦理系统更多地将权力和能力赋予子系统,使之更加自主地投身到环境改变与维护之中,在增强技能与专业素养的同时强化责任意识。这种基于技术变革与理念创新的赋能形式在当下媒介治理中具有特殊重要意义。

首先是多元参与的伦理原则,即多元主体共治基础上的道德能力、协商机制与能力;其次是科技引发的技术赋能、技术赋权。人工智能带来的技术赋权有效提升了社会主体的参与能力,激发了不同主体及其治理资源、社会自组织等参与媒介治理。道德赋能将有效提升治理主体的数字素养、媒介素养和道德能力,增强治理主体对媒介伦理相关议题的敏感性,进而强化其应对复杂舆论、议题的自主判断能力和行动能力,进行自我规约并辐射周边环境,形成以伦理为导向的道德话语交流机制与对话协商氛围,为媒介治理伦理体系的形成奠定基础。

(三)建构共识性

共识性指伦理系统在治理共同体的文化认同、心理认同等方面形成共识的功能与

---

① 吴汉东.人工智能时代的制度安排与法律规制[J].法律科学,2017(5):128-136.

作用。这种认同是对治理文化、传统背后的基本理念及价值观的认同,媒介治理伦理体系的建构将有效塑造这种认同并增强共识性。

东西方文化和价值观的差异在伦理系统中塑造了不同的特征:前者强调私权公域等方面的权界,而后者更注重德治、仁治之"以德治国"。充分利用传统文化中的道德资源,是我国媒介治理伦理取向的鲜明写照,如人本意识作为中国特色新闻伦理的内核之一,从新闻传播活动的表现形式上看,媒体人员应坚持以人为本,以公正、全面、均衡的报道反映社会各阶层的整体面貌,对于弱势群体应给予人文主义关怀。媒体人应具备他者思维、秉持人本意识,以满足社会大众信息需求为己任。然而,现代意义上的制度及法治建设已然成为媒介治理中更具根本性的内容。开放思想市场,引入多元观念竞争机制,警惕以媒介审判、道德训诫取代法律,理当成为媒介治理伦理体系的底线共识和实践引领。①

(四) 指向实践性

时代背景下鲜明而强烈的实践内涵与指向,是媒介治理伦理体系的又一重要功能特征。这里的实践性出自亚里士多德倡导的"实践智慧","主要是指政治、伦理领域里的行动智慧,行为者在变动不居的环境中能够迅速地做出准确的判断,并诉诸明智的行动"②。作为亚里士多德伦理学的核心概念,实践智慧强调伦理判断的过程与结果都来自实践,甚至其衡量标准也依赖时间、情境变化的动态的量。实践性源于哲学、伦理学,但并非停留在象牙塔里的道德学说,而是走出书斋的理论实践。面对媒介融合的业界现实,新的价值理念、道德规范和行为准则正在嵌入智能传播的各个环节,渗透相关组织与个体的思考和行动。

实践性要求媒介治理更多关注信息生产与传播领域利益相关者之间博弈与合作的新型关系及其复杂性,注重知识、容错、灵感等实践智慧的价值。国外有研究论述了古代哲学中实践智慧的概念与现代复杂系统科学之间的一致性,认为实践智慧作为一种"自适应算法",能够持续评估其处理规则,保持与操作环境的适应性,同时不断产生新颖性。该研究对伦理体系功能的理解从根本上保证了道德操守在算法中不被边缘化,因为它"可靠地创建了使创新和长期成功成为可能的网络拓扑"③。无独有偶,归纳算法作为大数据最为核心的要义,同样强调由实践操作层面得来的普适性规则,其所依赖的逻辑与伦理学实践智慧的概念不谋而合。由此,在算法设计的原理上,可

---

① 龙耘,赵春光.中国媒介治理中的泛道德主义:成因与影响[J].现代传播,2013(10):63-67.
② 俞吾金.从实用理性走向实践智慧[J].杭州师范大学学报(社会科学版),2014(3):36-43.
③ MAI P T, CASTILLO E A. Practical wisdom as an adaptive algorithm for leadership: integrating Eastern and Western perspectives to navigate complexity and uncertainty[J]. Business ethics: a European review,2020(29): 45-64.

适时加入对道德伦理因素的考量,比如在新闻算法推送的内容中根据用户需求对数据进行分级评估,保证其有效性与合理性等。

四、AI 时代媒介治理伦理体系的运行机制与实践原则

(一) 媒介治理伦理的运行机制

1. 动力机制:从市场逻辑走向公益逻辑

当今时代,智能化发展作为重要的生产力因素,改变了现代社会的生产与存在方式。在技术开发与市场应用层面,国内外互联网巨头纷纷收购智能公司,优先考虑高技术能力型人才,背后实则是在遵循着资本与市场逻辑的商业运作模式。人工智能的发展和应用带来的便捷与效益有目共睹,但其在伦理及精神价值层面的影响一直是开放且充满争议的。

从人文价值角度而言,世界各国作为人工智能安全的命运共同体,理应达成一致的伦理共识,即关注人类整体利益;警惕技术外衣包裹下的滥用行为,如规避大数据带来的隐私泄露与隐私窥探、人工智能技术在生物医疗领域的滥用等。学者高奇琦在《人工智能:驯服赛维坦》一书中提出"善智"的概念,他认为善智即良善的智能,技术的目的是为公平正义提供更好的物质基础,以人类共同福祉为根本落脚点。① 遵循从善智到善治这一根本,媒介治理的动力机制也同样需要警惕单纯借助技术实现资本赋能、提高生产力的商业化发展,从资本主导的市场逻辑向追求人类福祉的公益逻辑转变。

2. "软着陆"机制:从粗放型向集约化、审慎化迭代升级

所谓软着陆机制,最初是指科学技术与社会伦理价值体系之间应存在缓冲地带。② 随着智能技术的发展与创新,该机制在社会管理中的应用范围越来越广,制度与法律具有滞后性特征,在技术标准、安全标准等刚性规则有待完善的情况下,适当的"软法",如企业共治、行业规约等,能够让伦理在科技应用中实现软着陆。在时机尚未成熟的情况下,软着陆机制能够起到一定的规制作用,随着技术的不断升级而越来越符合技术创新的伦理要求。

软着陆作为缓冲机制,同时意味着治理理念和规范从原先的懒政、一刀切的粗放式治理向更加集约、审慎的治理模式转换与升级。例如,为了应对人工智能技术带来的伦理风险,人们借鉴了金融领域的"监管沙盒"机制,在数据隐私上推出"隐私监管

---

① 高奇琦.人工智能:驯服赛维坦[M].上海:上海交通大学出版社,2018:58-60.
② 刘大椿.在真与善之间:科技时代的伦理问题与道德抉择[M].北京:中国社会科学出版社,2000:45-47.

沙盒"机制,并将之应用于解决人脸识别、数据共享、未成年人保护等问题上。"敏捷治理"也是研究者为解决前沿科技领域的创新与监管之间弹性平衡问题而提出的治理理念和工具概念,目的在于提升治理的及时性、灵活多样性和有效性,强调解决问题不再仅是政府管理的职责,而应找到社会多元共同体团结应对问题的方法。另外,包括文化宣传、信息安全在内的多个领域都在实行约谈制度。作为一种国家治理方式,尤其在互联网技术的加持下,这种具有中国特色的规范手段在媒介治理领域发挥了颇具成效的调和作用。2021年3月,阿里巴巴、腾讯、字节跳动等互联网巨头因开发语音社交软件和涉"深度伪造"技术的应用被国家网信办约谈,网信办督促其按照相关法律法规及政策要求,完善风险防控机制和措施,履行企业信息内容安全主体责任。事实证明,中国语境下的约谈制度作为一种软性规范,在维护健康信息秩序与营造良好传播环境乃至产业生态上发挥着特殊重要的作用。

(二) 媒介治理伦理的实践原则

1. 构建智能时代的责任伦理体系

马克斯·韦伯曾提出责任伦理的命题,他认为每一个人都是独一无二的个体,都应该为自身行为承担相应的后果,这是人类作为个体应承担的责任,并且在行动前要权衡且理性对待之,考量风险与不良后果。[①] 韦伯的责任伦理强调人类在预判未知风险时要承担相应的责任,尤其在数字时代,责任伦理意识应是媒介环境下传播共同体亟待建立的大局意识,如何识破数字陷阱成为作为道德主体的公众的首要关切。同时,有别于规章制度的"外调控"手段,建构与传播责任伦理意识作为内在性的价值规范行为,能够深化公众的道德意识,指导其行动。因此,责任伦理更应外延到人类当前的任何行为都必须对社会及未来负责的原则之上,这一原则对构建当下媒介治理的责任伦理体系有着重要的借鉴意义。

对于媒介组织及互联网信息平台从业人员而言,面对人工智能技术提高媒介生产力的现实,审视技术带来的传播效果与影响、及时通过自身使用与用户反馈进行沟通,进而建立日常互动联络机制,是其履行责任之首要路径;对于用户而言,强化责任伦理意味着不断加强自身的媒介素养和数字素养,提升信息处理的敏感力、质疑力与批判力。智媒时代的用户概念涵盖了所有公民,在这个意义上,个体参与内容生产和媒介治理、净化舆论环境的过程,也就是公民社会成长的过程,这要求公民超越个人层面去关注公共空间和社会正义等,有助于提升公民的政治道德,是责任伦理价值体系的重要组成部分。

---

① 韦伯.新教伦理与资本主义精神[M].彭强,黄晓京,译.西安:陕西师范大学出版社,2002:65-67.

2. 成立媒体/平台伦理委员会、规范伦理守则

作为共治共同体中的核心成员,新传播环境下的传媒行业自组织既包括传统意义上的媒体机构,也涵盖社交媒体、自媒体以及互联网科技平台等诸多组织,基于上述背景下的媒体伦理委员会建制将体现伦理治理的公平性、系统性和与时俱进理念。委员会的成员除了媒体/平台从业者以外,还应涵盖科学家、企业领袖、伦理/法律界相关人士及科研人员等。针对不确定性、风险性以及传播伦理失范等各类情形,委员会具有提供咨询建议、审查监督的功能。2018年,今日头条成立的技术战略委员会就有着与上述组织相似的结构配置。此外,应倡导各相关组织根据自身特点和运行实践,编制出台相应的伦理守则,从组织设置与规范文本两方面入手,探索并完善伦理治理体系的基本架构和实践路径。

3. 强化以数字伦理为基准的职业道德培训

伴随传统的新闻专业主义的消解式微,建构具备数字素养和公民意识的媒体人职业道德培训机制势在必行。媒体职业道德是媒体从业者及媒体机构自身遵循普遍性的社会公德(工作观)和特殊性的专业标准(专业规范),对其职业行为进行的自我约束和自我管理。[1] 为促进人工智能技术在媒体行业的发展与应用,相关机构一般都会对员工进行以知识更新、技能操作为主要内容的业务培训。与此相比,专门针对数字伦理和媒体职业道德开展的培训并不多见。这方面的培训还需强调对伦理议题的敏感性和统筹解决复杂事物的能力。另外,在全社会广泛开展数字伦理教育活动也是全媒体时代职业道德培训的题中应有之义,如通过各种调研、科普讲座、专题研讨等方式,吸引包括平台型媒体、受众/用户等在内的各方利益相关者。

4. 建立跨学科的传播政策研究智库

近年来,媒介政策与治理方案的制定与出台开始更多依赖智库的力量。技术对媒体及智库的影响也越来越大。2018年的《中国社会组织报告蓝皮书》指出,自2015年我国提出建设中国特色新型智库以来,媒体智库表现良好,通过"媒介+智库"融合,不仅激活传媒行业在内容生产方面的优势,还将传媒的社会号召力转化为智库的决策影响力。[2]

此外,应该建立跨学科的研究智库,聚焦传播与社会、科技发展现实,开展问题导向和政策导向型研究。强调问题意识,开阔学科视野,探索不同领域概念和分析框架的共性及其应用,遵守科研伦理规范,进行友好协商对话,是开展跨学科合作、完成政策导向型研究的基本要求。

---

[1] 展江.我为什么主张区分媒体伦理与媒体道德?[J].新闻论坛,2014(5):71-75.
[2] 黄晓勇.中国社会组织报告[M].北京:社会科学文献出版社,2018:31.

互联网媒体平台企业履责实践与社会期望差距研究*

◎ 邓理峰　谷素梅**

摘要：以传媒公共性和组织公共性的理论作为理解互联网媒体平台企业承担社会责任的动因，区分媒体平台企业主体责任的两种类型，即传媒社会责任和企业社会责任。在此基础上，建构一个分析互联网媒体平台社会责任的整合性分析框架，以案例研究为研究策略，并以内容分析作为具体的研究方法，通过对腾讯、百度和字节跳动三家互联网媒体平台企业社会责任的企业履责实践、社会期待，以及两者差距的比较分析，发现互联网媒体平台企业社会责任的履责实践的两个基本特征：一是媒体平台企业普遍淡化媒体平台作为传媒的社会责任（内容责任），而凸显环境、员工和公益等与媒体平台作为企业的社会责任相关的维度；二是媒体平台企业的履责实践与社会期待的错位现象显著。由此提出，媒体平台企业对内容责任的淡化和错位履责的策略，所带来的社会、文化和政治影响及其非意图社会后果，是政府监管部门在媒体平台责任治理中需要高度重视的问题。

关键词：互联网媒体平台；传媒公共性；媒体社会责任；企业社会责任

一、互联网媒体平台企业的兴起及其社会责任的履责困境

对于互联网企业信息管理的主体责任问题，习近平总书记于2016年4月19日在《在网络安全和信息化工作座谈会上的讲话》中曾提出两个重要论述。第一个是互联网企业在信息管理方面要承担主体责任。在该讲话中，习近平总书记指出，"网上信

---

* 本文原载于《现代出版》2022年第5期，收入本书时有改动。
** 邓理峰，中山大学传播与设计学院副教授；谷素梅，中山大学传播与设计学院2019级传播学硕士研究生。

息管理,网站应负主体责任,政府行政管理部门要加强监管"。"主体责任观"是我国就网络媒体管理现状提出的新型网络规制思路,随着主体责任的落实,监管部门的职责从"管内容"转变为"管主体",开启了互联网企业信息管理从承担"管理责任"到履行"主体责任"的转变。① 由此构建的新型网络治理模式,凸显了"党管媒体"的原则在互联网信息管理领域中的运用和延伸。②

第二个论述涉及互联网企业社会责任的具体构成。习近平总书记指出,互联网企业要坚持经济效益和社会效益并重,"一个企业既有经济责任、法律责任,也有社会责任、道德责任。企业做得越大,社会责任、道德责任就越大,公众对企业这方面的要求也就越高"。这个论述既回应了学术界对企业社会责任界定和分类的经典框架③,也呼应了公司法的前沿话题,即超越私法视野里对企业性质和使命的界定,超越将利润最大化作为企业唯一责任的理解,企业要对其所处社会的各方践行社会责任和道德责任④。这两个重要论述都涉及互联网平台企业的兴起及其作为关键基础设施的社会责任议题。

互联网科技革新推动了现代社会向平台化和深度媒介化社会的转型。与平台化和深度媒介化进程相伴而生的是互联网平台企业权力的崛起。互联网平台企业通过在市场里的自然竞争而获得市场权力,而企业的市场权力既表现为主导企业对产品和服务的定价权力,也表现为社会影响力。这种影响力超越了市场边界,延伸为塑造平台用户和公众的认知和偏好,从而获得社会影响和舆论动员的能力。正是在这个意义上,信息检索、社会交往、新闻信息、视频直播、电子商务等互联网平台,被认为具有媒体属性,并不仅是普通的科技企业。只不过其媒体属性在功能和程度上,会因平台类型不同而存在差异。这都意味着互联网媒体平台企业影响力的扩大,凸显了对其进行规范的必要性。

不过,目前对于互联网媒体平台企业社会责任的探讨,仍旧以规范性的、应然何为的讨论居多。关于在企业运行的现实情境里,互联网平台企业作为履责主体如何理解和履行互联网媒体平台企业的主体责任的相关研究却仍旧较为少见。这实际上也凸显了一个问题:对于互联网媒体平台企业的主体责任以及互联网媒体平台企业履责实践中的各种障碍因素,目前尚未有普遍的共识⑤,而基于企业运营现实情境的实证研

---

① 顾洁,吴雪.平台语境下社会责任治理的理论与框架重构[J].新闻与写作,2021(12):10.
② 何勇.主体责任观下的互联网管理模式转型[J].现代传播(中国传媒大学学报),2019(4):4.
③ CARROLL A B. The pyramid of corporate social responsibility: toward the moral management of organizational stakeholders[J].Business horizons, 1991,34(4): 39-48.
④ GREENFIELD K. The failure of corporate law: fundamental flaws and progressive possibilities[M]. Chicago: University of Chicago Press, 2006;29.
⑤ 钟瑛,李秋华.新媒体社会责任的行业践行与现状考察[J].新闻大学,2017(1):10;朱清河.媒介"社会责任"的解构与重构[J]. 新闻大学,2013(1):16-22.

究也不多见①。

互联网媒体平台企业在实际履责情境中如何理解主体责任？媒体平台企业如何平衡和履行各类主体责任？本文以探究这两个问题为使命，聚焦于现实情境中互联网媒体平台企业担责动力和主体责任的内容构成，回应主体责任落实过程中履责的主体与其履责理据，以实证的方法来考察互联网媒体平台企业主体责任的履责现状，并在此基础上尝试提出区分和统筹传媒社会责任和企业社会责任，从而构建协同履责机制的基本思路和解决方案。

本文的结构大致如下。在第二部分，本文以传媒（传播与媒介）公共性和组织公共性的理论作为理解互联网媒体平台企业承担社会责任的动因，并据此区分媒体平台企业主体责任的两种类型，即传媒社会责任和企业社会责任。在此基础上，本文尝试建构一个分析互联网媒体平台社会责任的整合性分析框架。第三部分提出本文的研究设计和方法。第四部分对媒体平台企业社会责任的企业履责实践、公众对媒体平台企业的社会期待，以及两者的差距，做甄别和比较分析；第五部分对媒体平台企业履责实践与公众期待之间的差距成因做解释性分析。最后，是本文的结论。

二、互联网媒体平台的公共性及其社会责任的构成与边界

（一）公共性与媒体平台企业社会责任的构成

充分且完整地辨析和厘清互联网媒体平台的公共性，是理解互联网媒体平台企业社会责任履责动因的逻辑起点，也是各个利害方问责平台企业的基本理据。对传媒公共性概念的讨论已经非常丰富。② 但是，由于互联网媒体平台既是传媒，也是企业，还是联结企业与公众的平台，因而具有多重属性。若只是从传媒公共性的理论概念和视野出发来审视互联网平台公共性，不免会有盲区。鉴于此，本文尝试从两个范畴来理解互联网媒体平台企业的公共性，即互联网媒体平台作为传媒的公共性和互联网媒体平台作为企业的公共性，并提出这两个范畴的公共性是本文将媒体平台企业社会责任区分为平台作为传媒之社会责任和平台作为企业之社会责任的基础。

首先，互联网媒体平台作为传媒的公共性。这一范畴的传媒公共性指引我们从公共传播潜在社会影响的角度，来讨论公共传播实践的公共属性和政治属性。公共传播

---

① 周葆华，范佳秋，田宇.新媒体社会责任表现的实证研究：以腾讯网为个案的量化评估[J].新闻大学，2017(6)：17.
② 例如：汪晖，许燕."去政治化的政治"与大众传媒的公共性：汪晖教授访谈[J].甘肃社会科学，2006(4)：235-248；潘忠党.传媒的公共性与中国传媒改革的再起步[J].传播与社会学刊，2008(6)：1-16.

是一种社会实践,而媒体是一种技术形态,这在本体论上存在差异。因此,传播作为一种社会实践的公共性问题,在内涵、构成和形态上,都不同于媒体作为一种公共组织的公共性问题。公共沟通与传播活动会影响和塑造人的心思、意念。公共传播作为社会活动的实践公共性带来的最原初和直接的社会后果是传播和传媒生成和塑造的社会事实(social fact)和社会现实(social reality)。社会事实是基于社会共享的规则而由人建构和生成的事实。① 社会事实或社会现实又在很大程度上影响着一个社会的资源分配。鉴于此,作为信息承载技术形态的媒体和媒体平台,以及发生在媒体和媒体平台中作为一种社会实践形态的传播活动,天然具有很强的政治属性和公共属性。

其次,互联网媒体平台作为企业的组织公共性。传媒作为企业,其公共性并不是与生俱来的天然禀赋,而是取决于外部条件和人为努力,方才可能得以实现的公共性。有偿新闻、新闻软文等媒体腐败现象,都警示我们,传媒作为企业之组织公共性的实现,既需要法律法规等硬性制度的保障和约束,也需要职业伦理和道德等软性制度的保障和约束。

组织公共性的概念是我们理解互联网媒体平台作为企业之公共性的关键。美国组织理论学者贝瑞·波兹曼(Barry Bozeman)提出,组织公共性是反映组织在多大程度上受到政治权威和公共权威影响的特征。② 波兹曼关于组织公共性的概念,提出了理解组织公共性的三个评价维度,包括组织的身份特征(如法律地位、资本性质和结构等)、所处的政策环境,以及所处的公共价值及文化规范环境。这就不同于传统上主要从组织的法律地位和所有权性质这个单一维度对于组织公共性的理解。因为仅根据组织的法律地位和所有权性质,并不能理解和解释组织领域里的各种复杂现象。鉴于此,基于波兹曼的组织公共性理论,所有类型的组织都在程度不等地受到政治权威/公共权威的影响,因此所有组织都具有公共性。问题不在于组织是否有公共性,而在于不同组织的公共性程度为什么会存在差异。

总之,传媒公共性理论阐述的最大价值集中地体现在两个方面:一是有助于我们理解在不同的社会与政治结构情境里,传媒公共性应然如此的理想和实然如何的实践可能存在显著的差异;二是传媒组织公共性的理想与实践之间的差异或差距,有助于提示我们组织公共性并不是一种与生俱来的天然属性,而是一种需要人为努力方才得以实现的愿景。正如波兹曼组织公共性理论给予我们的启发,组织的法律身份和所有权性质、政策环境和文化环境等都在影响着组织公共性的实现程度。

---

① SEARLE J. The construction of social reality[M]. New York: Free Press, 1995:31.
② BOZEMAN B. All organizations are public[M]. San Francisco: Jossey-Bass, 1987:xi.

(二)互联网媒体平台企业社会责任的分析框架:传媒社会责任与企业社会责任

基于上文分析,本文以互联网媒体平台的"传媒公共性"和"组织公共性"为理论起点,尝试区分互联网媒体平台的传媒社会责任和企业社会责任,对互联网媒体平台的实际履责状况与公众的社会期待之间的差距,尝试做出识别和辨析,并对差距产生的原因和机制进行解释性分析。这将既有助于辨识媒体平台企业社会责任的构成及其边界,也有助于为媒体平台各利益方提供问责的理据,从而更好地推动互联网媒体平台的责任实践。本研究的分析框架如图1所示。

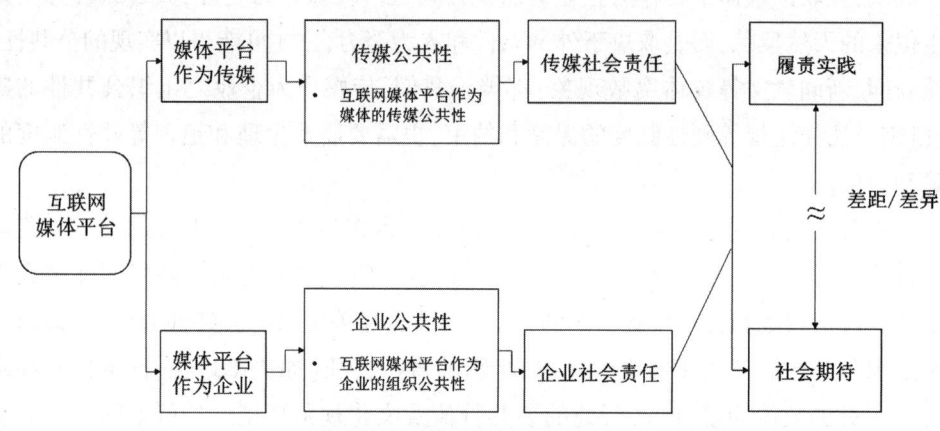

图1 互联网媒体平台企业社会责任的分析框架

三、研究设计

研究对象。本研究选取腾讯、百度、字节跳动三家互联网媒体平台企业作为研究案例。主要原因包括:其一,这三家媒体平台企业在国内各自业务领域里均为行业内的领导性企业,其履责相关问题具有典型性。其二,这三家媒体平台企业均以提供信息内容服务为主,但在具体类型上仍有所差异,形成互补;如腾讯主要为社交平台,百度主要为搜索平台,字节跳动旗下的两款主要产品"今日头条"和"抖音"都是基于算法推荐的内容分发平台。

研究问题与方法。本文关注两个问题:在实际履责情境中互联网媒体平台企业如何理解主体责任,以及媒体平台企业如何平衡和履行各类主体责任。针对这两个问题,本文以案例研究为研究策略,并以内容分析为具体的研究方法,尝试对三家互联网媒体平台企业社会责任的企业履责实践、社会期待以及两者差距进行比较分析。

履责实践与社会期待的数据收集。本文所用主要资料来源于企业官网责任信息披露、企业社会责任报告、政府与企业相关的公开信息、媒体与企业相关的报道和评论、公众与企业相关的舆情事件等。时间范围为2017年1月1日至2019年12月31日。之所以以2017年作为时间起点,是因为当年是我国互联网媒体平台社会责任治理的一个重要节点,互联网平台企业的履责问题突出。

(一)"社会期待"的数据收集

本研究对"社会期待"的操作化界定包括三个方面的内容:第一,与本文案例企业相关的舆情事件。本文通过"知微事见舆情事件库"[①]获取2017至2019年案例企业相关的舆情事件。第二,案例企业相关议题在主流媒体的能见度。鉴于全国性、综合性、权威性等特点,本研究选择"人民日报官方微博"和"人民网观点频道"作为媒体声音的数据来源。第三,政府各职能部门网站里与案例企业相关的新闻与监管信息。鉴于政府各职能部门的职责不同,对互联网媒体平台企业的关注会有所侧重,因此本研究选择八家政府网站[②]作为信息来源。经过以上搜集和筛选,共获得三家企业的社会期待相关新闻事件773件(见表1)。

表1 社会期待库相关新闻事件数量分布(单位:件)

	舆情库	媒体库	政府库	合计
腾讯	166	37	127	330
百度	135	28	49	212
字节跳动	155	42	34	231
合计	456	107	210	773

(二)"履责实践"的数据收集

本文关于媒体平台企业社会责任履责实践的数据,主要通过三家企业定期发布的社会责任报告来获取。分别从腾讯官网获得2017至2019年企业社会责任报告共三份,从百度官网获得2017至2018年企业社会责任报告一份及2019年ESG(环境、社会及管治)报告一份,共两份,从字节跳动官网获得2018年、2019年社会责任报告各一份。

互联网媒体平台企业履责实践的编码表设计以及编码信度检验。综合传媒社会责任和企业社会责任的常用分类方法,本文根据互联网媒体平台履责实践与公众期待这两类资料,将媒体平台的社会责任划分为五个维度:内容、员工、环境、商业和合作伙

---

① 知微事见舆情事件库:https://ef.zhiweidata.com/library。
② 八家政府网站及其网址:网信办官方网站:http://www.cac.gov.cn/index.htm。工信部官方网站:https://www.miit.gov.cn。文旅部官方网站:https://www.mct.gov.cn。版权局官方网站:http://www.ncac.gov.cn/chinacopyright。扫黄打非官方网站:http://www.shdf.gov.cn。民政部官方网站:http://www.mca.gov.cn。新闻出版署官方网站:http://www.nppa.gov.cn。生态环境部官方网站:http://www.mee.gov.cn。

伴、社区和公益等。

对于公众期待的资料库,本研究由两名编码员对上述三家企业共计773件舆情库事件、媒体库新闻、政府库新闻分别进行编码,使用霍斯提系数对编码结果进行信度检验。结果显示,三家企业的编码信度均大于0.9,其中腾讯K=0.91,百度K=0.95,字节跳动K=0.93,符合信度检验标准。对于编码不一致的条目,两位编码员在进一步明确编码要求后进行二次编码,并重复以上步骤,直到编码完全一致。

对于企业社会责任报告的资料库,本研究采用公式为"各维度占比(回应度)=各维度内容所占页面/总页面",同样由两名编码员完成。在前期预编码中,两位编码员分别对七份报告进行维度划分,找出划分不一致的报告页码,共计54页,进一步明确编码要求后,对这54页进行重新编码,使用霍斯提(Holsti)系数对编码结果进行信度检验,编码员互信度K=0.91,符合信度检验标准,并重复以上步骤,直至编码完全一致。

四、互联网媒体平台企业履责实践与社会期待的差距

(一)公众对互联网媒体平台企业社会责任的社会期待

对于媒体平台企业社会责任之社会期待的测量,本研究通过建立三家案例企业社会责任相关新闻和信息的舆情库、媒体库、政府库等来开展。本研究发现媒体平台企业在社会责任不同维度的表现情况,存在较为显著的差异(如图2、图3、图4所示)。

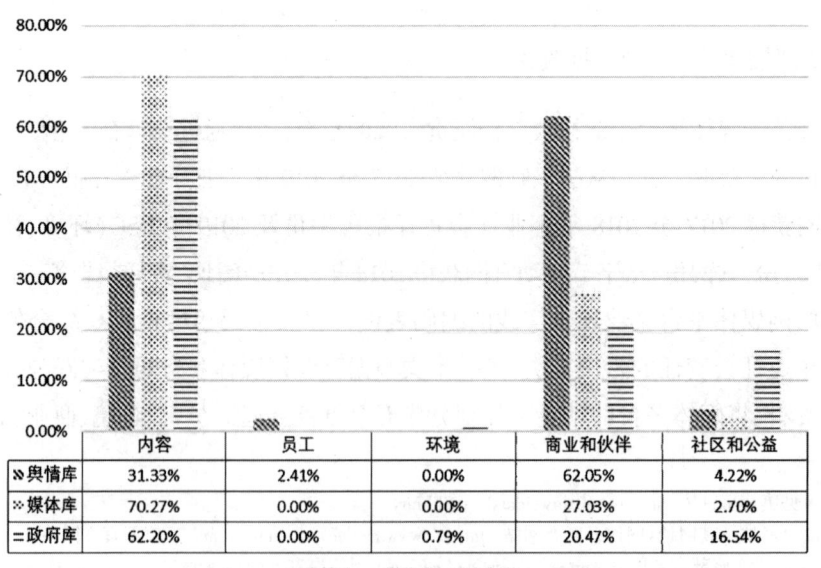

图2　公众对腾讯在各维度社会责任之社会期待的分布情况

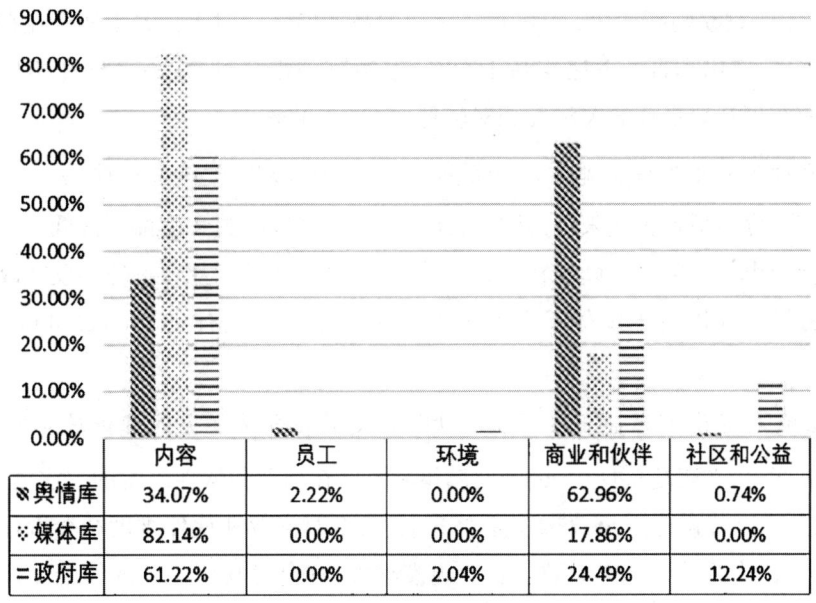

图3　公众对百度在各维度社会责任之社会期待的分布情况

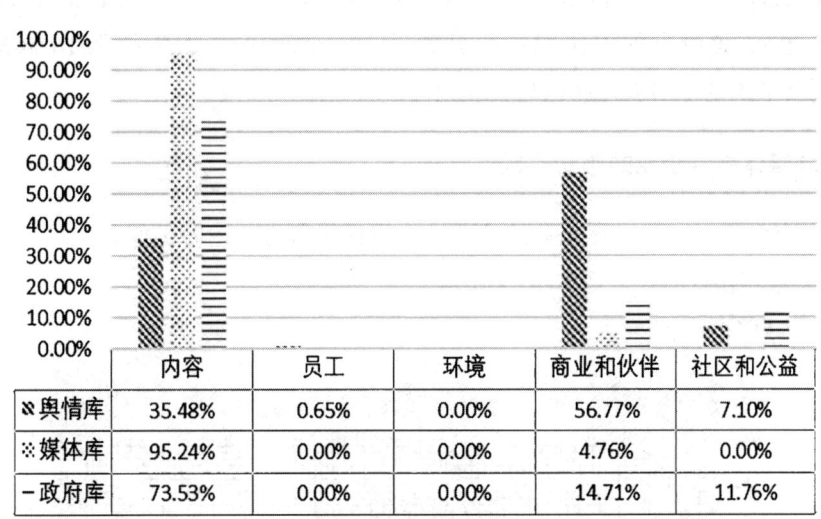

图4　公众对字节跳动在各维度社会责任之社会期待的分布情况

1.公众对媒体平台企业在内容维度的社会责任关注度最高

这尤其表现为媒体、中央政府各职能部门网站对媒体平台企业的关注度较高。具体而言,媒体对三家企业在内容维度社会责任的关注度,腾讯为70.27%,百度为

82.14%,字节跳动则高达95.24%;而中央政府各职能部门对于三家案例企业在内容维度的关注度,腾讯和百度占比均高于60%,字节跳动则超过70%;公众在舆情事件中对于内容维度社会责任的关注度相对较低,大致为30%。

2.公众对媒介平台企业员工和环境维度的社会责任关注度最低

对三家媒体平台企业来说,社会公众对这两个维度的关注度都非常低。公众对员工维度社会责任的关注只体现在少数舆情事件中,环境维度社会责任则仅在政府新闻中有所提及。媒体关于媒体平台企业在环境维度社会责任的新闻数量极少,占比最低。

3.公众对媒体平台企业在商业和伙伴维度的社会责任关注度位居其次

具体而言,在舆情事件中,公众对腾讯和百度在商业和伙伴维度的关注度最高,在60%左右,而字节跳动为56.77%。总体来看,公众对商业和伙伴维度社会责任的关注度,与企业的发展规模基本一致。企业规模越大,社会对其商业和伙伴维度议题的关注度就越高。

4.公众对媒体平台企业在社区和公益维度的社会责任关注度不高

相较而言,中央政府各职能部门对媒体平台企业在社区和公益维度的关注度更高,三家企业在该维度的占比均超过10%,其中由高到低依次为腾讯16.54%、百度12.24%、字节跳动11.76%,这也与企业的发展规模基本一致。

(二)媒体平台企业的履责实践

本研究对三家媒体平台企业的企业社会责任报告进行内容编码和统计分析后,相应的数据统计结果如图5、图6、图7所示。

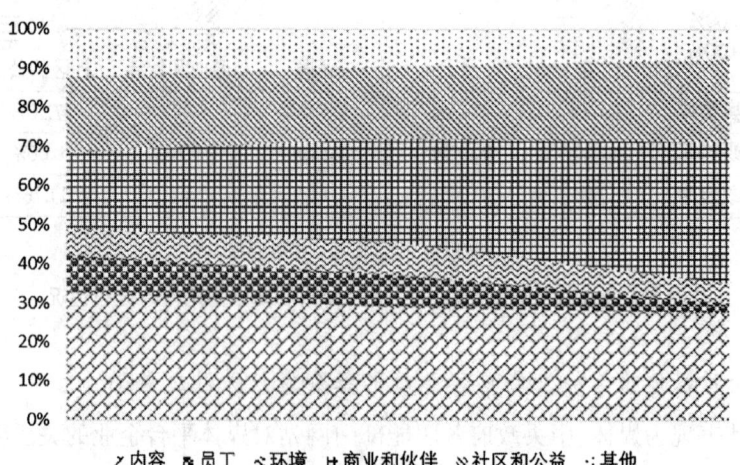

图5 腾讯企业履责实践的各维度占比

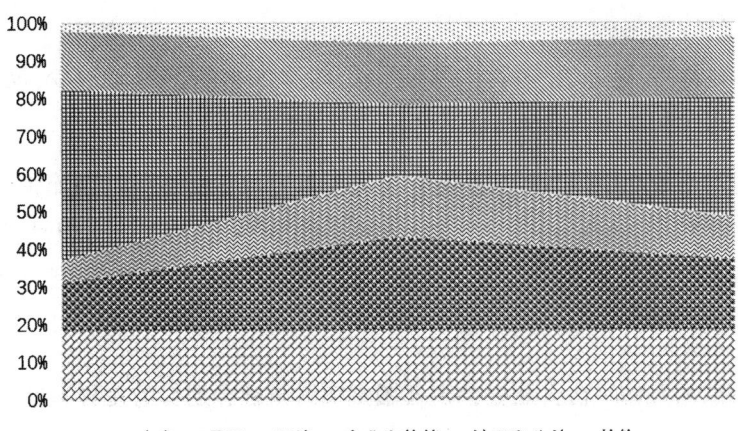

图 6　百度企业履责实践的各维度占比

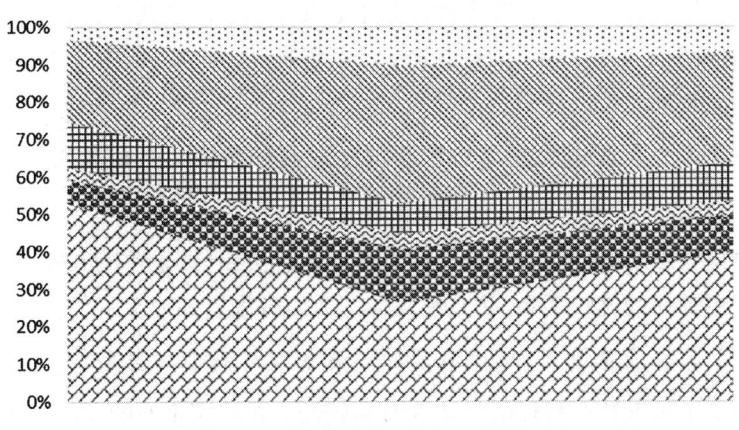

图 7　字节跳动企业履责实践的各维度占比

1.内容维度

腾讯和字节跳动的报告占比基本稳定在 30% 左右;百度的报告占比相对而言最低,不足 20%。

2.员工维度

作为企业社会责任报告的常规维度,三家平台报告比例约为 10%,百度相比较高,接近 20%。

3.环境维度

同样作为企业社会责任报告的常规维度,三家平台报告比例为 5%—10%,百度相比稍高。

4. 商业和伙伴维度

百度占比最高,超过30%;腾讯位居其次,超过20%;字节跳动较少,仅超过10%。

5. 社区和公益维度

三家案例企业2019年的CSR报告实际上都完成于2020年,因而都加入了新冠疫情专题。因此,在2019年的报告中社区和公益维度占比均稍高。但是,从三家平台的报告总体来看,百度和腾讯报告占比基本在15%—20%之间,字节跳动报告占比则在30%左右,高于腾讯和百度。

(三) 互联网媒体平台企业社会责任履责实践与社会期待的差异和差距

腾讯、百度、字节跳动三家互联网媒体平台企业履责实践与社会期待在各个维度上的差距或差异,如图8至图22所示。其中虚线条代表社会期待,从左至右依次为公众、媒体、政府的关注度;实线条代表企业履责实践,从左至右依次为2017至2019年的占比。结果显示:

1. 媒介平台企业在内容维度的履责实践与社会期待之间的差距和差异均较为显著

公众对内容维度的社会责任关注度普遍较高,但是三家企业的实际履责实践则显得薄弱。从更具体的比较来看,政府和媒体均对内容维度的社会责任有更多的关注。

2. 媒体平台企业在员工、环境维度的履责实践远高于社会期待

公众对员工维度社会责任的关注度普遍较低。在三家企业的456件舆情事件中,仅有8件和员工相关,占比1.75%;而企业在员工维度社会责任的实际履责实践的占比在10%左右,百度甚至更高。环境维度是各维度中社会期待关注度最低的主题,企业的回应度则远远高于社会期待。

3. 媒体平台企业在商业和伙伴维度的履责实践与社会期待基本保持一致

从数据来看,三家企业履责实践与社会期待存在交织,公众舆情对"商业和伙伴"维度的关注显然更多,媒体和政府关注则相对较少,企业回应基本与媒体和政府期待保持一致。

4. 媒体平台企业在社区和公益维度的履责实践远高于社会期待

从三家企业的"期待—回应"对比图来看,在社会责任报告中平台企业在"社区和公益"维度的履责实践占比,远远高于媒体和公众的期待。

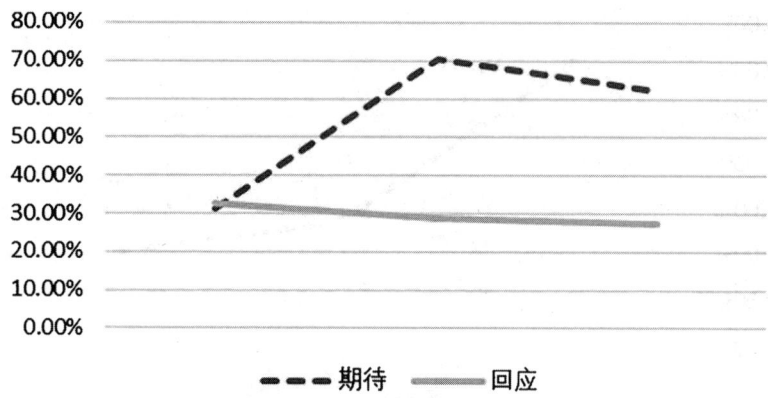

图 8　腾讯内容维度期待—回应差距

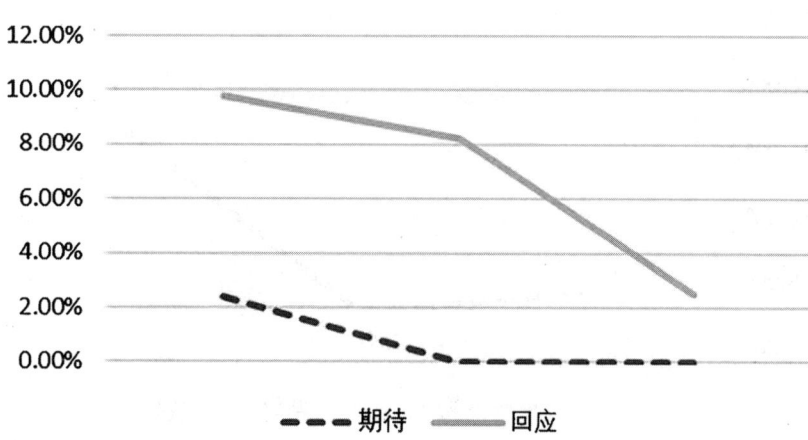

图 9　腾讯员工维度期待—回应差距

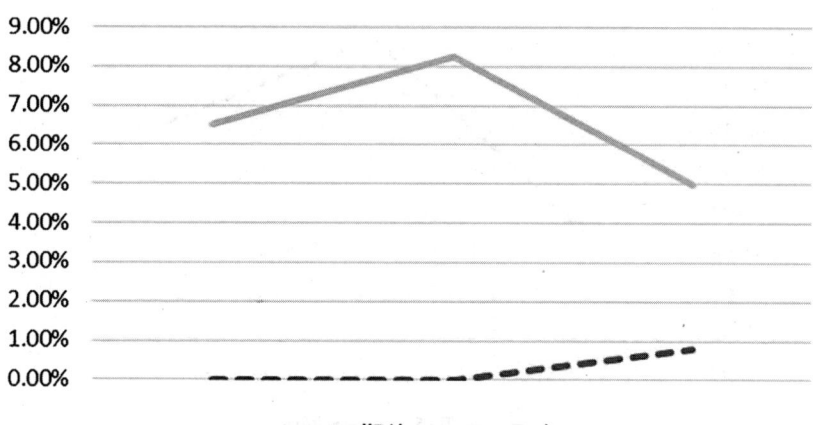

图 10　腾讯环境维度期待—回应差距

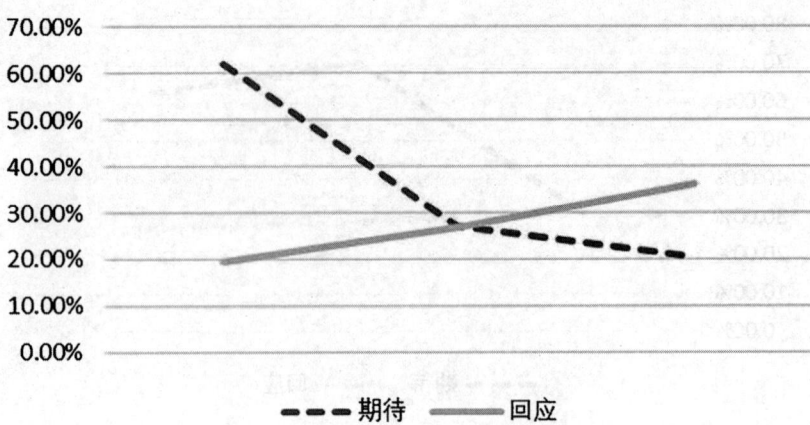

图 11　腾讯商业和伙伴维度期待—回应差距

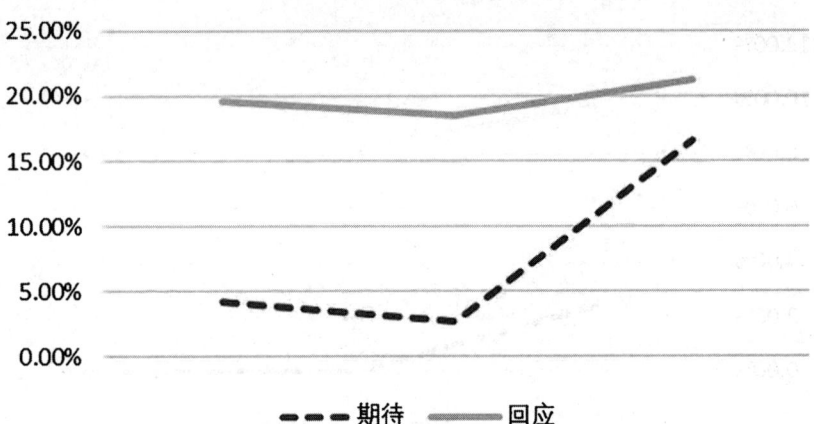

图 12　腾讯社区和公益维度期待—回应差距

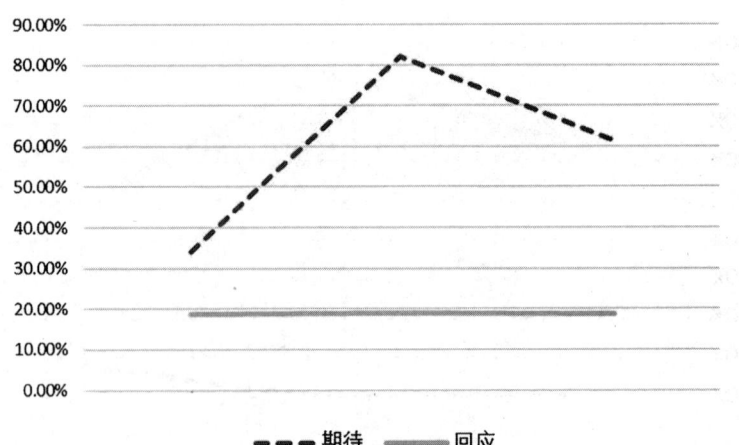

图 13　百度内容维度期待—回应差距

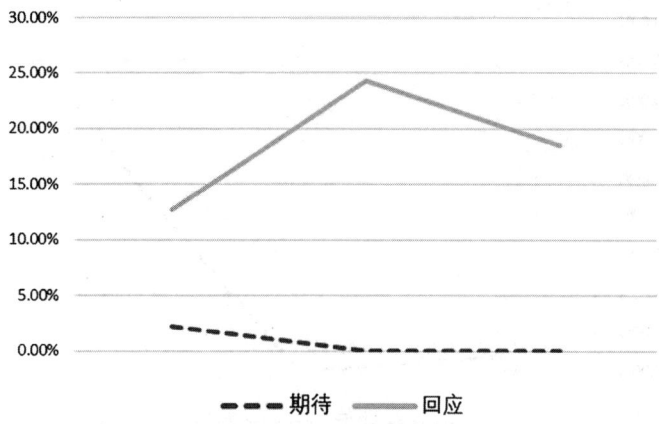

图 14　百度员工维度期待—回应差距

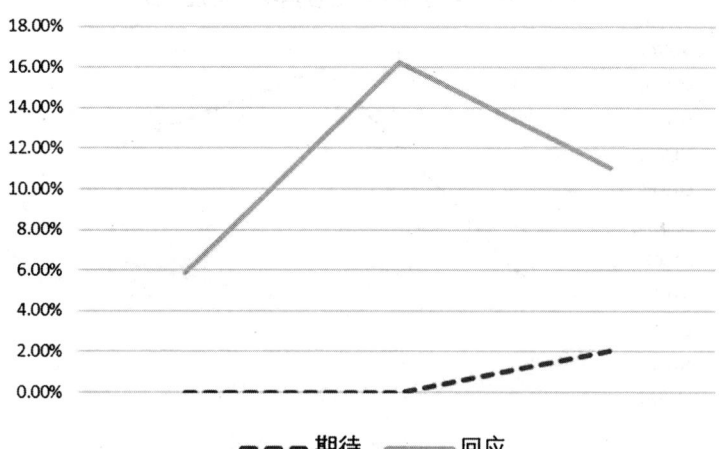

图 15　百度环境维度期待—回应差距

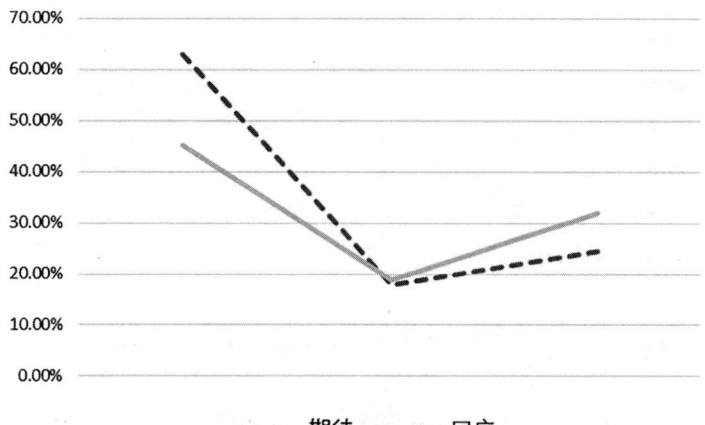

图 16　百度商业和伙伴维度期待—回应差距

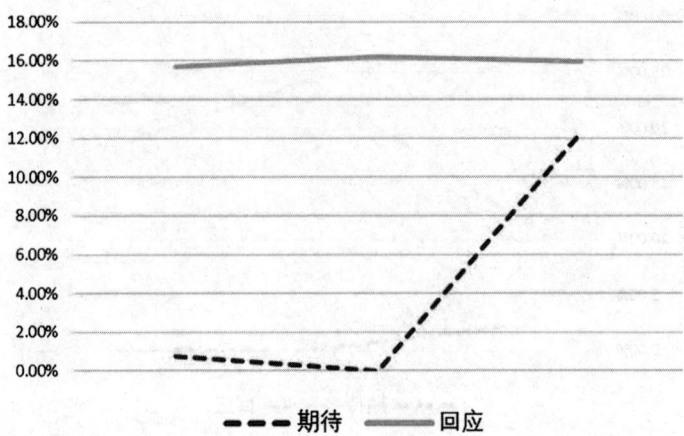

图 17　百度社区和公益维度期待—回应差距

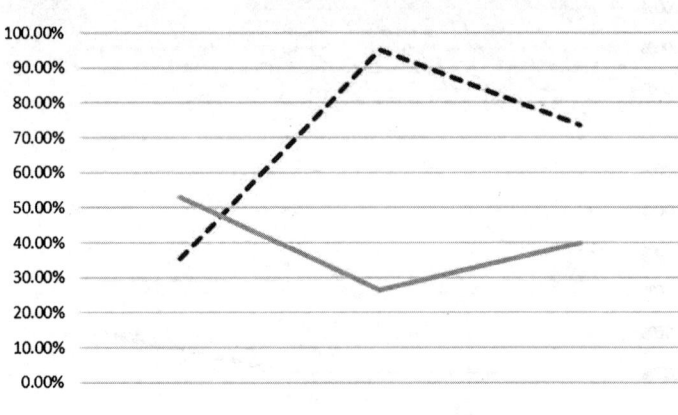

图 18　字节跳动内容维度期待—回应差距

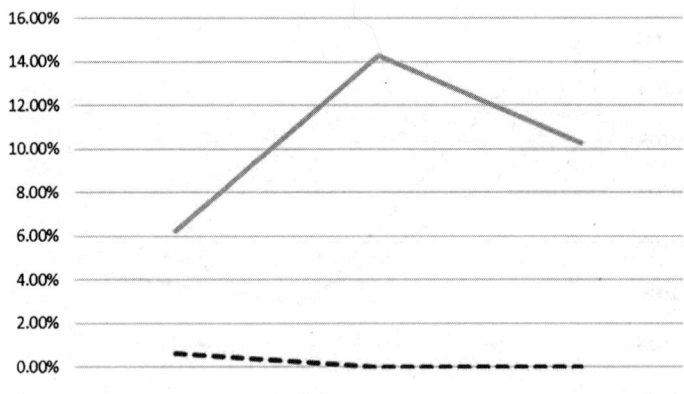

图 19　字节跳动员工维度期待—回应差距

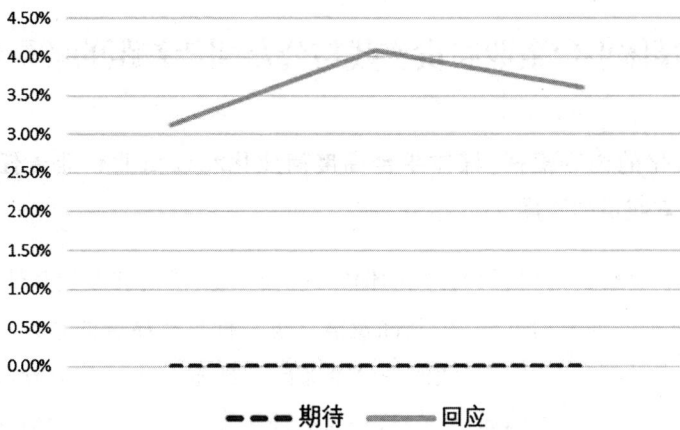

图 20　字节跳动环境维度期待—回应差距

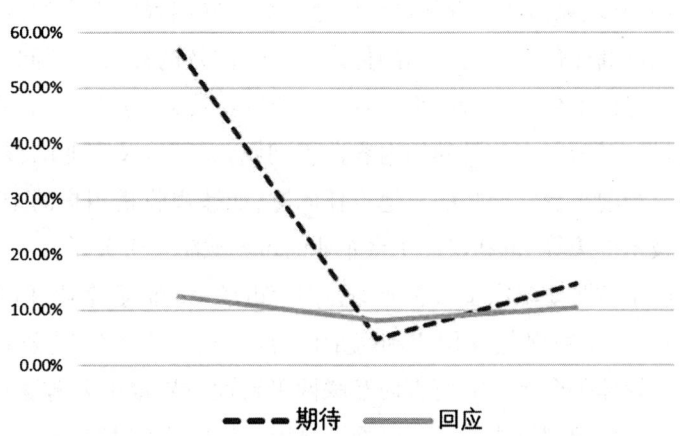

图 21　字节跳动商业和伙伴维度期待—回应差距

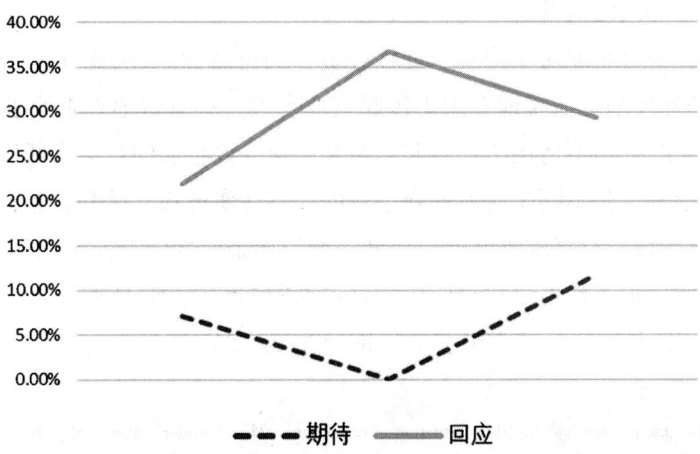

图 22　字节跳动社区和公益维度期待—回应差距

五、互联网媒体平台企业履责实践与公众期待差距的解释性分析

（一）被淡化的内容责任：媒体平台高度商业化和以商业企业责任标准套用于传媒企业成为其履责的障碍

新闻和信息会塑造消费者和公民的偏好，也会界定、渗透和改变其他生产要素，甚至会改变生产、消费或政治过程。① 新闻及信息是一种具有显著的意识形态外部性从而具有公共属性的特殊商品。互联网平台企业出于规避一些行政监管和伦理责任的考量，往往不承认自己的媒体属性。② 这是我们理解媒体平台企业为何淡化其内容责任的一个重要背景。

首先，在内容领域承担社会责任之所以会成为互联网媒体平台的薄弱环节，是因为媒体平台的高度商业化。不良不当的传媒内容所涉及的社会责任问题近年来日益凸显。这是当前媒体平台企业所面临社会诟病的主要领域。具体而言，腾讯的游戏问题、百度的广告发布问题、字节跳动的内容监管问题，无不涉及企业的核心业务，是其主要收入来源。当前平台所面临的其他责任问题，如违规收集用户的个人数据、同业竞争加剧互设技术屏障等，也和媒体平台企业的市场战略紧密关联。

腾讯、百度、字节跳动三家平台企业均为高度市场化的商业企业，但由于其开放性和连接性，又成为汇集数以亿计用户和海量内容的"公共空间"，其公共属性不言而喻。这也意味着媒体平台企业需要直面互联网平台性质界定中公地逻辑与私产逻辑之间的价值冲突。公地逻辑指的是互联网平台用户数据乃一种稀缺的公共资源，不是某一家企业的私有财产。鉴于此，互联网媒体平台企业必须遵循共有、共建和共享的原则，服从公共部门的监管。

其次，媒体平台企业对于内容维度社会责任的忽略，和目前媒体平台企业将商业企业社会责任标准削足适履地套用于传媒企业有关。尽管普通商业企业社会责任的各类标准相对完善，但不适用于理解和解释互联网平台企业的社会责任实践。互联网平台作为传媒企业，其不同于普通商业企业的独特性使传媒产品和服务在社会价值观念和意识形态领域具有高度外部性。这和一般商业企业社会责任重在环境保护、合规经营、劳工权益保护等都不一样，社会对其的期待也不同。而且无论是全球报告组织的标准（GRI），还是国际标准化组织的标准（ISO26000），都没有对在意识形态领域具

---

① BABE R E. Communication and the transformation of economics [M]. Boulder: Westview Press, 1995:1.
② NAPOLI P M. Social media and the public interest: media regulation in the disinformation age[M]. New York: Columbia University Press, 2019:64.

有高度外部性的传媒企业,提出更具针对性的企业社会责任标准。这方面的缺漏在相当大程度上框限和束缚了媒体平台企业在内容领域承担社会责任的想象力和自觉性。

2005年之后,我国沪深两个证券市场推动上市公司,以及国资委推动国有企业承担社会责任的行动,其共同背景是回应企业带来的环境污染等外部性问题。传统媒体作为事业单位始终都不在其中,但是互联网平台企业的兴起及其传媒属性的凸显、功能的升级和影响力的扩张,使得尽快制定系统和规范的传媒企业社会责任国家标准,而不再简单地套用或误用普通商业企业的社会责任标准,督促媒体平台企业履责和问责成为紧迫问题[①]。

(二)错位的履责实践:互联网媒体平台履责实践的策略及其问题

媒体平台企业在社会责任领域里的实际履责与社会期待的错位现象非常显著。具体而言,即公众对内容维度的社会责任给予了非常高的关注度,而媒体平台企业在内容维度的社会责任履责实践则显得薄弱,并与公众期待存在显著差距。与此同时,在员工、环境、社区和公益等常规的企业社会责任领域,社会期待没有那么高,却是各大媒体平台企业承担社会责任的重心。

如何理解媒体平台企业这种错位的履责实践?这和媒体平台企业作为经济主体的性质密切关联。企业是在控制成本条件下以利润最大化为策略性目标的经济主体。在完全的市场逻辑的主导之下,媒体平台企业在承担社会责任过程中往往倾向于选择履责成本低,收益高的项目。不同于企业的法律责任和经济责任等具有强制性约束,目前企业社会责任的各类标准都是指导性的,并非强制性的。各类标准对于企业应对社会责任履行到何种程度没有非常严格细致的界定。因而企业履责到何种程度,很大程度上取决于企业与各个利益方的沟通互动,企业以此来确定其履责的领域及履责的程度。

首先,平台企业往往选择成本更低的履责方式。媒体平台企业淡化在内容领域承担社会责任的重要性,旨在降低因履责而增加企业运营的成本。如前文所述,广告治理、内容治理等传媒内容领域,正是平台企业核心业务和核心收入来源领域。在内容领域里履责容易触及媒体平台企业的核心利益。

在内容之外的其他领域履责,对于媒体平台企业而言是成本更低、收益更高的履责实践。这种收益既因为在员工、环境、社会公益等领域开展社会责任活动,和媒体平台企业的核心业务、市场活动冲突性不大,也因为这类履责活动有助于企业借助社会责任话题来塑造企业形象和声誉。因此,媒体平台企业在员工、环境和社会公益等领

---

① 邓理峰.传播主流价值:互联网媒体平台企业的社会责任[J].新闻战线,2021(18):35-39.

域的履责活动往往更为活跃。

其次,平台企业更倾向于选择更高收益的履责方式。企业社会责任宣传往往有助于带来良好形象、声誉、口碑等非财务收益和无形资产。这类非财务收益恰恰是企业构建合法性和正当性的微观基础。企业合法性在企业管理中的重要性之所以被日益重视,和企业非市场战略在企业竞争中的效用日增有关。[①] 如今企业要想在竞争激烈的市场环境中生存和发展,仅仅依靠效率和绩效并不够,企业的经营目的和手段还必须和习俗、价值观以及社会期望相一致[②],即被认为是合法的、能够受到社会认可的。

以承担社会责任作为一种修辞和话语策略,从而服务于企业正当性和合法性的构建,并谋求躲避更为严苛的监管,这在传媒史上早有先例。19世纪末,美国黄色新闻泛滥时期,报刊等传媒企业提出传媒社会责任的理念,以期使传媒企业更加自律,从而构建传媒企业的合法性和正当性,以防范和规避更严苛的监管,进而降低企业成本。传媒社会责任论一百多年前在美国兴起的社会历史背景,同样存在于当下互联网平台兴起的中国。目前,我国互联网平台社会责任履责实践的错位之处,是媒体平台企业不愿意和不能直面媒体平台在公共领域里的意识形态外部性,而力图通过响应中央和地方政府在国家战略落地(如乡村振兴、精准扶贫等)、协助政府提供公共服务(如新冠疫情防控时的健康码、行程码等)等,以保证互联网平台企业的效用合法性和文化认知合法性。

但是,媒体平台企业外部性恰恰主要体现在传媒内容及其扩散所带来的广泛社会影响。[③] 鉴于此,互联网媒体平台企业在承担社会责任时的错位履责策略,不是由于媒体平台企业管理者的认识不足而出现的偶然失误,而恰恰是媒体平台企业管理者带着策略性目标刻意为之的结果。对于监管部门而言,媒体平台企业这种对内容责任的淡化和错位履责的策略所带来的社会、文化和政治影响及其非意图性带来的社会后果,是在媒体平台责任治理中需要高度重视的问题。

六、结论

本研究发现,目前媒体平台企业的履责实践有两个基本特征。第一,公众对于媒体平台企业社会责任的社会期待以内容责任最为突出,但是媒体平台企业在实际的履责实践中,普遍存在淡化传媒内容责任的状况。本研究提出,媒体平台高度商业化和

---

① BODDEWYN J J. Understanding and advancing the concept of "Nonmarket"[J]. Business & society, 2003, 42(3): 297-327.
② DOWLING P J. Organizational legitimacy: social values and organizational behavior[J]. Pacific sociological review, 1975(18):122-136.
③ BAKER C E. Media, market and democracy[M]. Cambridge: Cambridge University Press, 2002:69.

将商业企业责任标准削足适履地套用和误用于传媒企业,是媒体平台企业在内容领域承担社会责任的两大障碍。第二,媒体平台企业在社会责任领域里的实际履责与社会期待的错位现象非常显著。媒体平台企业在环境、员工、公益等企业社会责任领域里着力甚多,但是公众最期盼媒体平台企业承担的社会责任集中在传媒内容领域。

媒体平台企业之所以会进行这种非常显著的错位履责实践,与媒体平台企业社会责任标准不够清晰和系统有关,而且,在传媒企业社会责任标准不具有强制性压力的情形下,平台企业倾向于选择更低成本且更高收益的履责方式,这些是媒体平台企业选择错位履责策略的根本原因。但是,媒体平台企业这种履责策略所带来的社会、文化和政治影响及其非意图性社会后果,却是监管部门不能不正视的。

本研究还存在一些局限性和不足需要改进。首先,在案例企业选择上,本研究所选的三家媒体平台企业在主营业务上存在显著差异,而这可能会影响企业社会责任报告中各个维度的呈现差异。因而本研究发现所呈现的企业间差异,不应被理解为各企业在社会责任各维度表现上的优劣。其次,在研究资料的选取上,本文所选取的部分研究资料,如企业社会责任报告等,是企业宣传文章和材料,这可能会影响到本文的研究结论。未来在研究资料的汰选和甄别上可以使用更为缜密的方法,并使用深度访谈、德尔菲专家法等不同的研究方法,来对数据和发现做三角互证,以期提升研究结论的信效度。

新闻生产中算法运用的技术路径与价值逻辑*

◎ 陈昌凤　张舒媛**

摘要：智能算法运用于新闻自动化生产，因不同的自然语言生成技术的不同特性而产生了不同的结果。分析算法运用于新闻生产的两大技术路径，有助于探讨其价值逻辑及风险。算法运用于新闻生产，涉及人在生产中的创造性和主体性、算法的权力关系与道德责任，以及工具价值与终极价值的矛盾等价值观问题。这些问题的解决无法一蹴而就，只有意识到并重视这些风险，才能发挥算法的工具价值，以使其更好地为人类服务。

关键词：智能传播；价值理性；工具理性；算法伦理；媒介伦理

人类发展离不开技术。但是仅就技术的有效性而言，人类与其他许多物种相比，很长时期内始终是落伍者；仅就工具制造技术而言，难以证明人类的特殊性。是人类的大脑而不是双手，使人类具备了语言符号、审美形象，以及可以在社会群体中传播和共享的知识，这才使人类真正与众不同。① 因此，从本质上来说，技术的工具价值带来有效性的那部分价值，并不是技术的全部价值，而其终极价值——人类文明中的根本价值，即带来知识和智慧的那部分价值，才是突显人的尊严的。马克思·韦伯将人的理性行为分为工具理性行为和价值理性行为。工具理性是认识和改造世界的过程中指导人类"如何去做"的理性，而价值理性是告诉人类"为什么要做"的理性，二者的有机统一才能对满足人类需求的生产实践活动进行有效指导。人类对生产工具的需求并

---

* 本文原载于《现代出版》2021年第3期，收入本书时有改动。
　　课题：国家社科基金重大项目"智能时代的信息价值观引领研究"（18ZDA307）；"文化名家暨四个一批"人才项目（2020）。
** 陈昌凤，清华大学新闻与传播学院常务副院长、教授、博士生导师；张舒媛，清华大学新闻与传播学院2017级博士研究生。
① 芒福德.机器的神话：技术与人类进化（上）[M].宋俊岭，译.北京：中国建筑工业出版社，2015：3-4.

不像动物一样出于生存本能,而是存在目的性需求,因此在面临算法这种新的"生产工具"时,我们需要兼顾其工具理性和价值理性,考虑其作为一种技术或者工具的"工具价值"。但在现实中,我们常常会因为新技术的效益欢呼雀跃,而忽略了另一面的价值。

智能技术可谓集人类工具制造能力和知识智慧的最高代表。人工智能就是让计算机完成人类心智能做的各种事情。① 人工智能正在开启新闻传播的智能传播时代,其被运用于数据挖掘与信息采集、自动化写作、算法式分发、自动化事实核查、优化产品以及社交机器人与用户的互动等各个环节,引发了媒体生产与运营、媒体人的角色与技能要求的新转变。② 有学者断言:我们已经进入新闻算法(news algorithms)的时代,自动化和算法已经成熟到能够从事真正的新闻工作。③ 近年来,智能算法在新闻传播领域的应用是学界的前沿和热门议题,关于将智能算法运用于新闻生产,学者们的讨论主要有几个方向:一是从新闻生产的过程入手,探讨人工智能在新闻内容采集、新闻制作与分发、新闻接收、用户画像等层面为新闻业带来的全新变革;二是从现实性、前瞻性的方向探讨智能化新闻生产的应用现状及前景,一些学者还以目前已经问世的写作机器人或算法推荐的产品为案例,分析其在新闻生产过程中的实际应用与未来发展;三是从伦理的角度出发思考算法作为一种新兴技术所带来的算法黑箱、算法歧视、隐私让渡与侵犯等问题,并试图解释算法伦理问题的成因、影响与对策;四是讨论在新闻智能化生产环境下新闻从业者的可替代性和再定位,算法仅是在"抢饭碗",还是能够实现对行业的融合与重塑? 本文以智能算法在新闻生产阶段的应用为例,通过分析算法运用的技术路径,探讨其价值逻辑及风险。

一、算法运用于新闻生产的技术路径

算法(algorithms)指的是为解决问题而设计的计算机操作规则中的一系列步骤。④ 计算机运用的技术主要是自然语言处理(natural language processing, NLP),主要包括自然语言理解(natural language understanding, NLU)、自然语言生成(natural language generation, NLG)两个方面。

---

① 博登.人工智能的本质与未来[M].孙诗惠,译.北京:中国人民大学出版社,2017:3.
② 陈昌凤,石泽.价值嵌入与算法思维:智能时代如何做新闻[J].新闻与写作,2021(1):54-59.
③ DIAKOPOULOS N.Automating the news: how algorithms are rewriting the media[M].Cambridge,MA:Harvard University Press,2019:1-2.
④ LATZER M,HOLLNBUCHNER K,JUST N,et al.The economics of algorithmic selection on the internet[M/OL]. Zurich: University of Zurich, 2014 [2021 - 03 - 15]. http://www. mediachange. ch/media//pdf/publications/Economics_of_algorithmic_selection_ WP.pdf.

以新闻文本的生产为主要目的,由机器学习或者神经网络为技术基础生产和分发的新闻被称作算法新闻。① 算法新闻的流程包括三个阶段,也被称为算法新闻的"I-T-O模式":数据输入(input),即从公开或私人的数据库中抓取信息,作为算法新闻生产的"原材料";数据吞吐(throughput),即通过监督式机器学习(人为预先设定规则)或无监督式机器学习(机器自动学习形成一套人无法清晰了解的规则,并将其运用到之后的新闻生产中),根据既定的语法和句法规则,经过半自动或全自动的自然语言生成,将输入的数据整理成一定的结构;新闻产品输出(output),指的是实现对自然语言生成的新闻产品的线上和线下分发。② 机器学习是人工智能的核心技术,包括监督式和无监督式两种。监督式学习有固定的模板,输入和输出的都是已知信息,将数据"喂"给算法后,算法自动按照给定的规则填充公式化的表达,生成稿件;无监督式学习没有固定的输入—输出模板,以大数据为基础,主要寻找相关关系和趋势、表面奇异值等,不追究因果关系,机器自动从数据中抽取知识。③

智能机器已经具有在复杂情境下进行语义理解和文本生成的能力,可以同时承担简单的替代性劳动和复杂的创造性劳动,依托不同的情境进行多元灵活的新闻生产。④ 内容生成属于自然语言生成算法领域的一个应用分支,其历史、发展和自然语言生成基础算法的历史、发展基本保持一致。自然语言生成是以模仿人类书写以及说话的方式来产生有意义的短语和句子的过程,其应用领域包括内容生成、机器翻译以及聊天机器人等,目的是通过预测句子中的下一个词语来传达信息,它以每秒数千页的速度,自动生成回复、描述、总结或者解释输入结构化数据的叙述性语句。⑤ 目前有两类主流的自然语言生成方法:基于模板的静态算法和基于上下文的动态算法。⑥ 到目前为止,只有后者被认为是"真正"的自然语言生成算法。两种算法在实际应用中各有优劣,业界内比较成熟的算法往往是两类方法的结合体。

(一)基于模板的静态算法

基于模板的静态算法主要将模板填空式算法作为主流算法,模板填空式算法可谓

---

① 仇筠茜,陈昌凤.基于人工智能与算法新闻透明度的"黑箱"打开方式选择[J].郑州大学学报(哲学社会科学版),2018(5):84-88.
② DÖRR K N. Mapping the field of algorithmic journalism[J].Digital journalism,2015,4(6):700-722.
③ 仇筠茜,陈昌凤.黑箱:人工智能技术与新闻生产格局嬗变[J].新闻界,2018(1):28-34.
④ 陈昌凤,石泽.价值嵌入与算法思维:智能时代如何做新闻[J].新闻与写作,2021(1):54-59.
⑤ REITER E,DALE R.Building natural-language generation systems[J].Natural language engineering,1997,3(1):57-87.
⑥ 11GATT A, KRAHMER E.Survey of the state of the art in natural language generation: core tasks, applications and evaluation[J].Journal of artificial intelligence research,2018,61(1):65-170;SANTHANAM S, SHAIKH S. A survey of natural language generation techniques with a focus on dialogue systems-past,present and future directions[J].ArXiv,2019:1906.00500.

最古老最简单的自然语言生成方法之一。早期的系统代表有 Eliza①、PARRY②、天气预报系统③以及体育运动播报系统,其最初主要被使用在对"预定义结构"的填充上。预定义结构俗称"模板",类似完形填空式的内容,对于具有预定义结构且只需要填充少量数据的文本可生成一段完整的描述。例如,天气预报播报的预定义结构是:

> 明天[城市][天气状况],最高气温[最高气温]摄氏度,最低气温[最低气温]摄氏度,[风向][风力]级,适合[活动类型],天气预报祝您开心每一天。(中括号内为填充内容)

填充相应数据之后,便可以生成以下两条天气预报的播报内容:

> 明天北京晴,最高气温 25 摄氏度,最低气温 17 摄氏度,东南风 1—2 级,适合户外运动及出游,天气预报祝您开心每一天。
> 明天天津晴转多云,最高气温 16 摄氏度,最低气温摄氏度,北风 3—4 级,适合居家及进行室内休闲活动,天气预报祝您开心每一天。

对于具有预定义结构且只需要填充少量数据的文本,这种方法便可以批量生产出符合人类语言规则的内容,且在内容上也可以实现一定程度的差异化。然而,该方法并不被认为是"真正"的自然语言生成,主要因为其"预定义结构"。预定义结构由句子模板和词汇模板组合而成,句子模板包括若干个含有变量的句子,词汇模板则是句子模板中的变量所对应的所有可能的内容。

静态模板运用在自动新闻写作过程中,"规则"掌握在人的手中,应当是先有规则,后有新闻产品。从上面的例子可以了解到,无论是句子模板还是词汇模板,基本上都来源于人工总结提取,并形成固定模板,但模板的丰富性和实时性都很难得到保证。在以往的各类内容中存在着大量规范化的句式,如果能从先前的文本数据中自动将这些句式模板提取出来,将极大地减轻人工负担。因此,在后来的基于模板的静态算法研究过程中,大量的工作集中在如何自动从数据中挖掘和生成句子模板,减轻人工负担,增加模板的多样性。例如,使用聚类算法对内容进行聚类,然后利用先验规则将抽

---

① WEIZENBAUM J.Eliza-a computer program for the study of natural language communication between man and machine[J].Communications of the ACM,1966,9(1):36-45.
② KENNETH M.Artificial paranoia:a computer simulation of paranoid process[M].Oxford:Pergamon Press,1975.
③ GABOR A,PERCY L,DAN K.A simple domain-independent probabilistic approach to generation[C].Trier:DBLP,2010:502-512.

象的模板挖掘出来①,或者使用两步迭代的方式逐步从内容中生成句子模板和词汇模板②。基于模板的静态算法后期考虑了逻辑规则处理可能出现例外情况,这些规则的加入使得计算机更容易生成语法正确的文本,编写更加复杂的模板。模板填空式算法的优点在于简单、可控和严谨,因为每一个模板都是人工总结出来的。

这种算法的缺点也显而易见,其使用场景十分有限且生成内容的重复性高,由于过度依赖人类知识和经验,模板的丰富性和实时性都很难得到保证。基于模板的静态算法只能处理特定场景下的语言生成,且话术千篇一律,其受众很容易产生审美疲劳,其"智能性"难以体现人类的智慧和能力。

(二) 基于上下文的动态算法

基于模板的静态算法由于其单一性和过度依赖人工经验的缺点,在如今的大数据时代已经不能够满足人类的需求。在此背景下,一种基于上下文的动态算法逐渐流行起来,该方法通过上下文语法、语义结构信息来动态地创建句子。上下文信息指已经完成书写的段落、开始写作时输入的内容类别以及内容关键词等信息。动态创建意味着系统可以在不寻常的情况下自主做出反应,不需要技术员为每个边界情况显式地编写模板和规则。它还允许系统在语言上以多种方式优化句子,包括引用、聚合、排序和添加连接词。同时,基于上下文的动态算法可以生成篇幅更长的文章,而基于模板的静态算法由于编写模板的限制在全文生成方面存在困难。基于上下文的动态算法可以在"微观层面"生成句子,也可以在"宏观层面"生成与读者相关、结构良好的有用的叙事性文档,能否做到这一点取决于文本的目标人群及个性化信息体系是否完整。

自然语言生成从模板生成到动态生成,经过了多年的技术试验才取得了令人满意的结果。作为自然语言处理和 AI 的一部分,自然语言生成依赖于一些算法来生成文本,近年来主流的基于上下文的动态算法主要有以下几种:

1. 马尔可夫链(Markov chain)

马尔可夫链是最早用于语言生成的算法之一,其名称来源于俄国数学家安得雷·马尔可夫。该模型通过考虑当前词语以及不同词语之间的关系来计算下一个出现的词语的概率,从而预测下一个在句子中出现的词语。这种算法在早期版本的智能手机输入法上经常出现,在用户主动输入一些词语后,句子中可能出现的下一个词语会被

---

① RAVI K, BLAKE H, FRANK S.A statistical NLG framework for aggregated planning and realization[J].Proceedings of the association for computational linguistics, 2013:1406-1415.
② LU W, CLAIRE C.Domain independent abstract generation for focused meeting summarization[C]//SCHUETZE H. Proceedings of the 51st annual meeting of the association for computational linguistics.Berlin:Springer, 2013:1395-1405.

联想出来,从而为用户生成内容建议。基于马尔可夫链的语言模型在数据驱动的自然语言生成中有着重要的应用,但研究人员必须为每一个场景以及领域设计特有的输入特征,例如为体育领域设计的输入特征无法适用于其他领域。

2. 循环神经网络(RNN)[1]

神经网络是试图模仿人类大脑运作的模型。循环神经网络通过前馈网络传递序列中的每一项,将模型的输出作为序列中下一项的输入,同时储存着历史信息。在每次迭代中,模型将前面遇到的词语存储在内存中,并计算下一个词语出现的概率。对于字典中的每个词语,模型为前一个词语分配一个概率,选择概率最大的词语并将其存储在内存中。循环神经网络的"记忆"使该模型成为语言生成的理想模型,因为它可以随时记住对话的背景。然而,随着序列长度的增加,循环神经网络不能存储句子中相距太远的词语,只能根据最近的词语进行预测。由此,循环神经网络很容易忘掉前文生成的内容进而生成前后逻辑不一的内容。

3. 长短期记忆网络(LSTM)[2]

为解决远程依赖问题,人们引入了循环神经网络的一种变体——长短期记忆网络。虽然与循环神经网络相似,但长短期记忆网络模型包含三个门信息以及当前单元状态的神经网络,三个门分别为遗忘门(forget gate)、输入门(input gate)、输出门(output gate),它们允许神经网络在任何时间间隔通过调整该单元的信息流来记住或忘记单词。当遇到句号时,遗忘门识别出句子的上下文可能发生变化,可以忽略当前单元状态信息。这就使得该网络能够选择性地只跟踪相关信息,同时使梯度消失的问题最小化,该模型也能够在更长的时间内记住信息。尽管如此,由于从上一个单元到当前单元的固有复杂的串行路径,长短期记忆网络内存的容量被限制在几百个单词内,长度有限。其模型复杂度带来了高计算需求,这使得长短期记忆网络难以训练或并行化,内容生成速度慢。

4. 自注意力模型(transformer)[3]

2017年,谷歌首次提出了一个相对全新的模型,该模型使用了一种名为"自注意力机制"的新方法。自注意力模型由处理任意长度输入的一组编码器和输出生成的句子的另一组解码器组成。与长短期记忆网络相比,自注意力模型只执行少量的、固定数量的步骤,同时应用了一种自注意力机制,直接模拟句子中所有单词之间的关系。与以前的模型不同,自注意力模型能够处理较长的句子,同时其计算量并未激增。因

---

[1] SUTSKEVER I, VINYALS O, QUOC L. Sequence to sequence learning with neural networks[J]. NIPS, 2014:3104-3112.

[2] HOCHREITER S, SCHMIDHUBER J. Long short-term memory[J]. Neural Computation, 1997, 9(8):1735-1780.

[3] VASWANI A, SHAZEER N, PARMAR N, et al. Attention is all you need[J]. NIPS, 2017:6000-6010.

为自注意力模型在训练时可以并行化,所以其内容生成速度远远领先于长短期记忆网络。

用于语言生成的自注意力模型中最著名的例子之一是 OpenAI,即其 GPT-2 语言模型①,该模型通过关注先前生成的文章来预测下一个词语。GPT-2 语言模型是学界和业界生成模型中最为领先也最具代表性的一个,其不仅在很多任务上超越了此前的最高水平,还可以根据一小段话自动补充大段连贯的文本,并模拟不同的写作风格。同时,GPT-2 被冠以最强假新闻生成器的称号。OpenAI 设想,人们可能出于恶意目的利用 GPT-2 来生成误导性新闻、在网上假扮他人进行欺诈、在社交媒体上自动生产恶意内容和伪造内容、自动生产垃圾邮件或钓鱼邮件等。所以,OpenAI 在发布 GPT-2 的同时就宣称"这种强力的模型有遭到恶意滥用的风险",选择不对其做完整开源。后经过一年多的时间,GPT-2 谨慎地开源了一部分源代码以供开发者尝鲜。但不可否认的是,作为谷歌最新升级的算法,自注意力模型双向编码器(BERT)为各种自然语言处理任务带来了最先进的结果。

基于上下文的动态算法由于不需要过多的人工干预,克服了基于模板的静态算法的诸多缺点,已经越来越受到业界的重视。然而,基于上下文的动态算法也有其缺陷:不可控性以及前后逻辑矛盾。不可控性主要体现在生成的内容可能会超出人类预期的一些结果,比如违背道德和法律的内容以及虚假新闻。因其不需要人工干预,完全由上下文来决定要生成的内容,所以很容易被训练语料、初始状态或在线学习算法等过程引导到一个错误的方向,进而生产大量的垃圾内容。前后逻辑矛盾主要受制于当前的技术水平,在目前技术水平下能回顾的上文长度不宜过长,否则上文信息就会消失,进而生成和上文完全没关系的内容,生产出的内容会显得非常松散甚至出现前后观点矛盾的情况。这种方式将新闻生产过程推进深深的"黑箱"——新闻生产的幕后,人类现有认知水平难以判断其真实度、可信度、透明度②,人们不需要知晓规则,产品即"不需要推敲"的成品,编辑审稿环节(如果还被保留的话)很难进一步核查事实、追寻真相逻辑链③。但是,对于基于模板的静态算法而言,因为其模板都是人工总结出来的,所以天然不存在以上两个问题。

目前,市面上几乎所有的产品都不局限于某种单一的技术,而是采用基于动态算法的多种技术的集成。例如,今日头条的新闻写作机器人"张小明"(xiaomingbot)可

---

① ZELLERS R,HOLTZMAN A,RASHKIN H,et al.Defending against neural fake news[EB/OL].(2019-05-29)[2021-04-27].https://arxiv.org/abs/1905.12616.
② 仇筠茜,陈昌凤.黑箱:人工智能技术与新闻生产格局嬗变[J].新闻界,2018(1):28-34.
③ 虞鑫,陈昌凤.美国"事实核查新闻"的生产逻辑与效果困境[J].新闻大学,2016(6):27-33,66;陈昌凤,师文.智能化新闻核查技术:算法、逻辑与局限[J].新闻大学,2018(6):42-49.

以在 2 秒内完成稿件并快速上传,在里约奥运会开始后的 13 天内共撰写 457 篇报道,每天生产新闻 30 篇以上,内容涵盖羽毛球、乒乓球、网球等领域,发稿速度几乎可以与现场直播相媲美。[①] "张小明"通过语法合成,结合最新的自然语言处理、视觉图像处理和机器学习等技术,不仅可以模仿人类语气进行新闻稿件写作,还可以自己选择新闻配图。国外的主要新闻写作机器人和智能编辑审稿机器人有美联社的 Wordsmith、《纽约时报》的 Blossombot、《华盛顿邮报》的 Heliograf、《卫报》的 Open001、路透社的 OpenCalais 等;国内的除"张小明"外,还有新华社的快笔小新、腾讯的 Dreamweiter、第一财经的 DT 稿王等。

语言生成从使用简单的马尔可夫链生成句子向使用自注意模型生成更大范围、更连贯的文本演变,再到如今新闻生产机器人多种算法的技术集成,这是一个从机器学习到深度学习的过程。然而,我们正处于生成语言模型的开端,自注意力模型只是迈向真正的自主文本生成的第一步,其生成模式也被开发用于其他类型的内容,如图像、视频和音频,这为将音视频生成模型与文本生成模型集成在一起,开发出具有音频及可视界面功能的高级个人助理提供了可能。同时,为了增加可控性以及逻辑一致性,目前大量的研究开始探索如何将人类经验和生成模型统一结合起来,使人类只需要提供少量的监督信息即可规避上述问题,这个领域在未来肯定会有更好的发展。

二、算法运用于新闻生产的价值逻辑

在人类创造、使用技术和工具的过程中,技术和工具也会承载着特定社会中人的价值。随着算法的逐渐发展与强大,作为一种技术或者工具,算法也不可避免地会陷入技术伦理价值的善恶之争。算法运用于新闻生产,涉及人在生产中的创造性和主体性,算法的权力关系与道德责任,以及工具价值与终极价值的矛盾等价值观问题。

(一)人的主体性与创造性

计算机不可或缺的四大思维,包括精准的沟通、记忆和计算能力,具有计算的通用性和特定的结构,以及能够按大脑核心算法进行创造性思考。[②] 运用计算机科学的基础概念去求解问题、设计系统和理解人类的行为,首次从物理空间对人体的延伸、思维的嫁接与嵌入进行革新,最终以取代人类大脑为目标。算法思维将成为一种空前的技术思维,推动社会向未来变革。算法的本质是抽象和自动化,抽象是人类以理性把握

---

① 赵禹桥.新闻写作机器人的应用及前景展望:以今日头条新闻机器人张小明(xiaomingbot)为例[EB/OL].(2017-01-11)[2021-04-27].http://media.people.com.cn/n1/2017/0111/c409691-29014245.html.
② 库兹韦尔.人工智能的未来[J].盛杨燕,译.杭州:浙江人民出版社,2016:170-189.

世界的重要方式,数学、计算和逻辑则是抽象思维的最高境界,从20世纪中期开始,伴随着生物学和计算机科学的发展,人们就尝试着以计算的抽象思维去认识和把握世界。①

人工智能不仅是计算机科学发展的产物,还是特定媒介文化前提下的人机混合物。传统上,人们认为人工智能模拟人类功能,重现人的智力能力,但从控制论的视角来看,人工智能并不是重现人的智力能力,而是通过捕获人类的认知能力将人类嵌入自身,成为混合的人机设备②。其中,人的主体性与创造性是值得关注的重要问题。基于计算机智能的生产者和研究人员降低了人性。笛卡尔主张的客观和中立的真实性、真正的知识是无语境的抽象,基本预设了事实和价值的分离,预设了信息技术是中立的。对于人工智能新时代的传播理论与实践而言,如何保持人的独特性是首要问题。③

计算思维已经大量地运用于新闻产品中,而且要设计得具备智能思维——人类思维的模拟化,这就需要足够的"新闻的想象力"④。不同的算法意味着不同的价值观考量。⑤ 仅从上述自动化写作的技术之中,我们就可以发现算法技术存在的缺陷。首先,写作模式固定,缺乏举一反三的创造性。人类的写作,即使遵循一定的"模式",也是以思维的载体的形式出现的,记者并非按部就班地遵循闭合的规则来进行事实推敲和文本写作;而基于数据统计的 AI 在过去的数据中进行归纳总结,难以产生人类的推理、灵感。目前的 AI 技术不会联想,是缺少想象力和个性的,但是人类具有灵感。因此,自动化写作仍需要人的创造力的弥补,并为文本的发展和多样性提供更多的可能。其次,原生创造力缺失,应对突发情况能力差。无论是传统的基于规则模板的方法,还是目前的统计学方法,都缺乏创造力,基于规则模板的方法也只能创造给定场景和条件下的内容。基于统计学的方法只能从过去的新闻内容中学习文法规则、事件实体以及已生成的内容。一旦遇到全新的新闻,包含大量新的事件、场景以及描述词语时,目前 AI 的创造能力基本是不足的。因为 AI 只能模仿以往的新闻写作习惯以及用词,对没见过的事物基本无法处理,其所有内容都来源于海量数据,不可能产生训练数据没有涉及和覆盖的内容。最后,知识和感知可能无法自洽。基于数据的 AI,无论是一代的知识型 AI 还是二代的感知型 AI,在知识和逻辑中都还未达到自洽的程度,如果人

---

① 李凌.算法人文主义:智能时代信息价值观的哲学论纲[J]//陈昌凤,李凌.算法人文主义:公众智能价值观与科技向善[M].北京:新华出版社,2021:3-112.
② MÜHLHOFF R.Human-aided artificial intelligence: or, how to run large computations in human brains? Toward a media sociology of machine learning[J].New media & society,2020,22(10):1868-1884.
③ 克里斯琴斯.哲学视野中的人工智能:语言的视角[J]//陈昌凤.智能传播:理论、应用与治理.北京:中国社会科学出版社,2021:75-86.
④ STEPHEN R.培养数字时代的新闻记者:新闻学的想象力[J].全球传媒学刊,2017(4):70-74.
⑤ 师文,陈昌凤.社交分发与算法分发融合:信息传播新规则及其价值挑战[J].当代传播,2018(6):31-33.

类没有提前告诉它男性女性生理构造的不同,AI 有可能写出女性患前列腺癌的文章。想要以人工智能完全替代人类的诸如新闻写作这样的智力劳动,还是难以实现的。

(二)权力关系与道德风险

这里有两层权力关系。一层是算法对新闻业的介入引发的"权力迁移",算法使权力从公共机构迁移到资本驱动的技术公司①,相比传统媒体清晰的操作流程,算法使传播的操作后台化,资本权力扩张,垄断传播资源,内容采集、投递、营销难以受到公共力量的监督,拥有技术和数据的公司就拥有更多的公共权力。② 算法除了在控制信息生产、流通的过程中体现着权力,还通过制定行业规范彰显统治力。③

另一层是在人工智能系统的生产过程中,存在两种不平衡的权力关系——决策权和技术知识的联手。一方面,管理者首先为人工智能系统运行提出要求;另一方面,技术人员在技术决策过程中保留必要的自主决定权。因而,在工程师的职业想象中,其在法律规则、组织规范和用户要求的基础上构建 AI 系统,人工智能系统的道德责任是分散的,工程师事实上扮演着人工智能系统、用户、决策者之间协调者的角色,无法独自为人工智能系统的道德状况负责。④

内容生产中的权力,与信息分发中用户的"网络分层"密切互动,内容公司需要全部的用户行为数据,特别是用户的"关系数据"⑤,通过机器学习、神经网络、定位服务等技术,向精细化导流的方向发展。现阶段人工智能属数据驱动型,机器主要是通过模拟人类的感知进行计算的,这代技术先天地具有不可解释性、不透明性。⑥ 算法包含技术人员的价值观和意识形态取向,如果技术员心术不正,刻意写出有问题的算法,那么算法生产出的内容就会存在伦理问题。内容生产会受到互联网信息服务类公司的控制,在专业性、独立性上向服务商做出让步。价值观和意识形态一旦被事先嵌入算法之中,就会带来算法偏见和伦理问题,即使并不存在有意为之的行为。目前,已经有相当多的案例证明通过已有数据集做决定的算法存在偏见,这里包括数据集的不全面和先天缺陷,比如关于少数族裔的内容,因为其数据数量的不足,算法常常得出先天

---

① 陈昌凤,霍婕.权力迁移与关系重构:新闻媒体与社交平台的合作转型[J].新闻与写作,2018(4):52-56.
② 吕新雨,赵月枝,吴畅畅,等.生存,还是毁灭:"人工智能时代数字化生存与人类传播的未来"圆桌对话[J].新闻记者,2018(6):30-44.
③ 师文,陈昌凤.新闻专业性、算法与权力、信息价值:2018 全球智能媒体研究综述[J].全球传媒学刊,2019(1):82-95.
④ ORR W,Davis J L.Attributions of ethical responsibility by artificial intelligence practitioners[J].Information,communication & society,2020,23(5):1-17.
⑤ 喻国明,姚飞.试论人工智能技术范式下的传媒变革与发展:一种对于传媒未来技术创新逻辑的探析[J].新闻界,2017(1):39-43.
⑥ 师文,陈昌凤.信息个人化与作为传播者的智能实体:聚焦 2020 智能传播研究[J].新闻记者,2021(1):90-96.

性的不公正结论;也包括以过去的数据预测未来而带来的价值偏见风险,比如美国历史上犯罪记录导致的算法种族偏见;还包括将整体数据集的结论投射到个体身上的问题,比如美国单个黑人可能要承受因算法夸大黑人犯罪率而被错误标记的风险。

(三) 工具价值与终极价值的矛盾

在新闻选题策划方面,记者通过大数据的方式获取新闻线索,将语音识别技术及文本转化技术作为工具来管理稿件、组织采访并回复电子邮件等。以"机器人记者"代替"人类记者"的自动化新闻写作技术,使得新闻出稿数量大幅增加;报道速度大大加快,在一些对时效性要求较高的领域具有显著优势;形式更加多样,不仅限于文字信息处理能力,图片和视频的识别、编辑能力也在迅速增强。

对于商业媒体而言,以最有效的方式增加受众和产出是其重要目标。哥伦比亚大学的专家认为,社交媒体和技术平台对新闻生产有一定影响,Facebook、Snapchat、Google 和 Twitter 这样的技术平台在加速全面接管传统的新闻生产发行工作,并努力进化,以适应激烈的同行竞争。社交媒体和互联网公司不满足于只占有新闻内容分发的渠道,他们逐渐掌握了让受众看到什么、感觉到什么、关注到什么的操纵技能,甚至改变了新闻的格式。① 此外,监控流量的技术公司、追求精准导流的媒介运营商、外包商协作网络乃至金融资本,都以各种方式参与新闻生产,追求效益最大化。其结果可能是用户成为被权力工具宰制的对象,成为机构实现商业化目标的手段。

智能技术具有工具价值,即它可以被应用于特定的目的。但是,技术的积极意义还在于其使用户认为它代表了一个"良好"社会的价值观②,也就是不只强调技术的工具理性,还关注技术的价值理性。技术对于人类而言,其终极价值——关乎人类生存的意义、生命与宇宙起源等——是极为重要的。从其诞生开始,技术就与人类本质属性互相联系——一开始就是以生命、生存为中心,并非以劳动生产为中心,更不是以权力为中心③,技术始终是文化的一部分。强调工具价值,是以目的、手段和后果为其行为取向的,其目的和后果之间可能是相互竞争和冲突的,是目的至上的;而价值理性行为是人根据自己的信念(包括义务、尊严、美、宗教训示、孝顺、某事的重要性等)和要求所做出的行为,是价值观至上的④。

此外,基于既有数据(包括非理性用户)的智能技术,有时会走向反智的一面,进而反人类价值观。2016 年 3 月 23 日,微软公司的智能聊天机器人 Tay 上线还不到一

---

① HANSEN M,ROCA-SALES M,KEEGAN J,et al. Artificial intelligence:practice and implications for journalism[EB/OL].(2017-09-14)[2021-04-27].https://doi.org/10.7916/ D8X92PRD.
② 格伦瓦尔德.技术伦理学手册[M].吴宁,译.北京:社会科学文献出版社,2017:302.
③ 芒福德.机器的神话:技术与人类进化(上)[M].宋俊岭,译.北京:中国建筑工业出版社,2015:11.
④ 韦伯.经济与社会:上卷[M].林荣远,译.北京:商务印书馆,1997:57.

天,就被下线了。Tay 基于上下文和动态数据的算法,导致其生成不可控的内容,被"坏用户"引入歧途,生成大量反人类伦理的对话:诋毁黑人,发表/转发种族歧视、性别歧视和反犹太人的言论。对于机器人 Tay 而言,它其实根本不理解自己所输出内容的内涵。就本质而言,技术对人类的危险来自人而不是机器。控制论创始人之一维纳曾经指出:"作为科学家,我们一定要知道人的本性是什么,一定要知道安排给人的种种目的是什么……我们一定得知道为什么我们要去控制人。"①

算法运用于新闻生产的业界技术探索和学界对智能算法的探讨方兴未艾,而算法与既有社会结构进行互动并对新社会秩序具有中介作用,在这个过程中,算法对既有社会秩序的延续与重构、算法与人的复杂交互过程值得关注②,算法并非仅以技术工具的角色存在于社会生活中,它已然在人与世界的交互中扮演起重要角色。在智能算法发展的过程中,解决人类的主体性与创造性、权力关系与道德风险,以及工具价值与终极价值的矛盾,都不是可以一蹴而就的。但不管最终结果如何,我们现在已经进入了一个智能算法强大到足以引起关注的时代。

---

① 维纳.人有人的用处[M].陈步,译.北京:商务印书馆,2019:144-166.
② 师文,陈昌凤.信息个人化与作为传播者的智能实体:聚焦 2020 智能传播研究[J].新闻记者,2021(1):90-96.

新媒体技术下传播可供性的变化及其影响

◎ 彭 兰**

摘要：可供性是研究新媒体技术带来的新传播现象及其影响的重要视角，它体现在多种维度。从大规模传播权力维度的可供性看，新媒体带来了分权、再集权以及权力中心的不断流动过程；从空间维度看，新媒体的可供性意味着信息生产与消费空间的重构和全新数字空间的生产，也造成了各种空间的冲突；从时间维度看，新媒体可供性带来了私人化的"媒介时间"，媒体与用户在时间节奏与规程上发生分化，多重时间轴、多道任务与时间策略的交叠，成为人们的生存常态；从资源维度看，新媒体时代带来了设备、数据、内容等方面的新可供性；从关系维度看，新媒体提供了多种对象间连接的可供性，但这既可能走向真正的连通，也可能导致断连的后果；从体验维度看，新媒体提供了从文本到多媒体再到沉浸式体验的可供性演进。无论是从哪种维度来研究可供性，都需要意识到，新媒体技术的可供性不只取决于技术本身，还取决于使用这些技术的人。

关键词：新媒体；可供性；媒介时间；连接；沉浸式体验

"可供性"（affordance）这个概念来自美国学者詹姆斯·吉布森（James Gibson），这一概念指的是环境所能够给予动物的相对于其行为机会的信息，吉布森主要用这一概念来讨论环境与动物之间的关系。[①] 可供性是既指向环境又指向动物的，它指出了动物与环境之间的互补状态。可供性既不像物理属性那样是一种客观属性，也不像价值

---

* 本文原载于《现代出版》2022年第6期，收入本书时有改动。
** 彭兰，中国人民大学新闻与社会发展研究中心研究员，中国人民大学新闻学院教授。
① 王义,李兆友,曹东溟.可供性测量蕴含的"尺度转换"及其科学意义评析[J].自然辩证法研究,2018(7):96-101.

和意义那样是一种主观属性,它既客观又主观。①

这一概念被提出后一直存在很大的争议,不同学者也做出了不同的解读。美国学者 M.T.特维(M.T.Turvey)将可供性解释为环境的属性或环境的倾向属性(dispositional properties),其属性决定了它是否可被动物利用的倾向性。同时,可供性必须虑及动物的能力属性,即功效性。美国学者托马斯·斯托夫壬根(Thomas Stoffregen)则认为可供性是动物—环境系统的浮现(emergent)属性,动物—环境系统而不是环境的属性更可能引发可供性。爱德华·里德(Edward Reed)的观点是:可供性是环境中的资源,也就是动物与环境互惠的信息,往往是动物察觉和使用行为规制信息的能力,赋予了动物显著的进化优势。②

无论学者们如何界定可供性,都存在一个共识,即对可供性的研究不只是对环境单方面的考察,而更多是对环境与动物关系的一种综合分析。

这个概念被引入传播学领域后,也存在着不同的解释。较为典型的一种解释来自潘忠党,他用可供性来衡量媒体的"新""旧",并提出了可供性的三个维度,即信息生产的可供性(production affordances,包含可编辑、可审阅、可复制、可伸缩、可关联)、社交可供性(social affordances,包含可致意、可传情、可协调、可连接)和移动可供性(mobile affordances,包含可携带、可获取、可定位、可兼容),在三种可供性上水平越高的媒体,往往就是越"新"的媒体。③ 这一解释框架给研究者们带来了启发,得到了不少研究者的认同。但我们也不能拘泥于此框架,而是需要不断拓展理解新媒体可供性的维度。

我们更需要意识到,新媒体技术的可供性,不只取决于技术本身,还取决于使用这些技术的人。从这个角度看,新媒体技术的可供性既涉及专业媒体,也涉及用户或非媒体机构等不同类型的使用者。可供性的变化,不仅对公共内容生产与传播产生影响,也对公共内容消费、媒介使用等行为产生影响,同时导致大众传播、人际传播、群体传播等之间的边界线日益淡化,即传播的融合化。可供性的研究,也需要基于多主体、多层面、融合性的视角。

同时,新媒体本身在不断发展与进化,因此,在不同阶段,它所带来的可供性也有所不同。除了关注新媒体与传统媒体的可供性差异外,本文也会梳理新媒体本身可供性的演进过程。

---

① 孟伟.涉身与认知:探索人类心智的新路径[M].北京:中国科学技术出版社,2020:22.
② 罗玲玲,王磊.可供性概念辨析[J].哲学分析,2017(4):118-133.
③ 潘忠党,刘于思. 以何为"新"?"新媒体"话语中的权力陷阱与研究者的理论自省:潘忠党教授访谈录[J].新闻与传播评论,2017(1):2-19.

一、分权—再集权—权力中心更迭：权力维度的可供性变化及其影响

无论什么年代，拥有大规模传播能力或公共信息生产能力都是一种权力，在大众传播时代，这种权力集中在媒体手里。新媒体技术在很大程度上打破了原本集中的、垄断的传媒业的权力格局，较低的内容生产门槛以及传播网络、平台的技术依赖性，为传统媒体行业之外力量的进入以及权力获得提供了可能。尽管新媒体应用方式的更迭使得不同阶段的主流传播渠道与模式不尽相同，但无疑，在某个阶段成为主流应用的新媒体产品或平台，获得了一定的渠道控制权，这种权力也会冲击甚至削弱专业媒体自有渠道的权力。权力分化是新媒体环境下传播权力"可供性"变化的一个重要表现。

同一阶段或同类型产品或平台之间，也会产生权力的分化或落差。比如在门户阶段，几大商业性网站最受关注，它们成为最具影响力的"大众门户"，在渠道控制方面的权力也更为突出。在社会化媒体兴盛时期，能吸引亿级用户的社交平台也是少数。进入移动互联网时代后，各类 App 进入了公共信息系统，一些大型的综合性 App 由于其内容与服务的丰富度、对用户多元需求的满足能力，以及对用户行为习惯的塑造等，成为内容生产与传播的超级中心。尽管这些超级中心的起点不尽相同，但最终都完成了内容、社交、服务的全链条扩张，从而增强了对用户的黏性，强化了自己的地位。

值得注意的是，原本在大众传播中占据垄断地位的传统媒体，却并未能成为今天的巨型平台，无论在国内还是国外。除了媒体本身的属性、机制等约束，我们还有必要从互联网带来的新的社会结构角度去分析。

互联网时代的社会，已经演变为曼纽尔·卡斯特所说的"网络化社会"。在卡斯特看来，网络化是新经济所带来的与信息化、全球化相平行的一种社会结构的变化。网络是一组相互连接的节点，是开放的结构，网络化逻辑的扩散实质性地改变了生产、经验、权力与文化过程中的操作和结果。① "流动的空间"是网络社会的空间特征，流动空间由三个层次构成：第一个层次由电子交换的回路所构成；第二个层次由其节点（node）和核心（hub）所构成；第三个层次是占支配地位的管理精英（而非阶级）的空间组织。② 那些商业化的大型平台，之所以能成为网络空间结构的"核心"，是因为它们提供的不只是内容和服务，还有各类网络"节点"（包括用户个体）的连接与互动，以及各种资源的汇聚与交换，而传统媒体及其网站、客户端还主要停留在内容供给这样相

---

① 卡斯特.网络社会的崛起[M].夏铸九,王志弘,等译.北京:社会科学文献出版社,2009:434-435.
② 卡斯特.网络社会的崛起[M].夏铸九,王志弘,等译.北京:社会科学文献出版社,2009:386.

对单一的功能上,即使它们也想做社交、资源的连接,但总会由于种种因素未能成功。因此,它们也只是网络中的"节点"而非"核心"。新媒体可供性带来的不只是内容生产方面的变化,更是社会结构的变化,而媒体对后者的领悟力不够,再加上既有属性与体制的限制,也就失去了很多机会。

当一个平台占据中心地位时,由于马太效应,其他同类型应用对它形成挑战会越来越难,中心性平台会越来越强势。但当技术应用走到新的阶段时,这种权力格局会被打破,新的技术会带来新一代的平台,用户也会随之向这些新的平台迁移,新平台可以较快地瓦解旧一代平台的中心地位。新媒体技术的快速更迭,也意味着传播权力中心有较大的流动性。

不过,每一种产品或平台的用户,同样会因为使用活跃度、应用能力等种种因素产生影响力落差,这也意味着他们在公共信息生产与传播中存在话语权落差。在平台发展早期,会形成去中心化的格局,但久而久之,大多也会"再中心化"。这同样与用户对机器的理解与驾驭能力直接相关。当然,用户中的权力中心同样会流动,且这种更迭与流动比平台的权力流动更快。

二、重构、新生产与冲突:空间维度的可供性变化及其影响

传播与空间有着天然的密切联系。在传播与空间的关系研究中,加拿大学者哈罗德·伊尼斯(Harold Innis)无疑是极具代表性的学者,他在《传播的偏向》一书中提到了传播的时间偏向与空间偏向的区分,也对古代传播与空间的关系做了详细阐述。[1]

在传播学研究中,对空间及其相关因素的重视,并非伊尼斯独有。20世纪30年代前,许多西方学者研究的传播同时包含"信息交流"和"物理交通"双重含义,"传播"与"交通"不分家。[2] 究其原因,主要是信息载体(如报纸等)需要通过交通运输才能得以扩散,信息也才能得以传播。因此,在早期的传播研究中,空间以及相关的交通、运输等也是需要关注的要素,但那个时候学者重点关注信息传输、信息消费与空间的关系。

从信息传输环节看,今天数字化技术已经完全突破空间的限制,数字传播的普及使得交通运输以及空间距离对信息传播的影响显著下降,但是,空间与传播的关系并没有简单化,反而变得更为复杂。技术的可供性也会体现在空间维度,既体现为空间因素对各种传播活动及内容生产的影响,也体现为新媒体自身对空间的影响。新媒体

---

[1] 伊尼斯.传播的偏向[M].何道宽,译.北京:中国人民大学出版社,2003:77-95.
[2] 袁艳.当地理学家谈论媒介与传播时,他们谈论什么?——兼评保罗·亚当斯的媒介与传播地理学[J].国际新闻界,2019(7):157-176.

在重构旧有的空间概念与实践,也在促成全新的空间生产,而多样化空间之间的冲突也日益突出。

(一)信息消费与生产空间的重构

传统媒体的生产机制、传播渠道与模式,也建构了相应的内容生产与消费空间,而新媒体在很大程度上实现了对这些空间的重构。

1. 信息消费空间的重构

信息消费空间的变化,首先体现为从无差异的"广域空间"向流动的"微空间"的转变。广播、电视等技术实现了信息在"广域空间"的覆盖,但这种覆盖是无差异的,也就是对于所有信息接收者来说,自身获得的信息都是一致的。但互联网发展特别是移动互联网的兴起,改变了人们的信息消费空间。

移动互联网不仅可以向移动状态的人们提供信息和服务,还可以利用LBS等技术向不同位置的人们提供不同的信息和服务。它可以跟踪人们的移动轨迹,理解人们在不同位置的需求,把位置作为向其提供个性化服务的重要依据,因此,它关注的是随时都在变化的"微空间"。微空间的坐标成为移动互联网用户的一个重要的自变量,这个自变量发生的变化,包括微小的变化,都可能导致与它相关的"函数"(信息、服务、社区等)发生变化。当然,这种空间并不仅是地理位置意义上的概念,也是一种包含了时空情境、社交氛围甚至个人需求的综合场景。这反过来对信息与服务的提供者提出了新的挑战。了解用户所处的场景,理解不同场景下个体的需求,并提供相应的内容或服务,成为移动传播的新思维之一。

信息消费空间的第二个典型变化是"共享性"空间被"私人化"空间逐步瓦解。

报纸的消费空间大多数时候是私人化的,但广播、电视使得信息消费的空间走向共享或公开化,电视尤其如此。早期,只有少数家庭才能买得起电视机,电视很多时候也成为邻里间共享的媒体资源。即使后来普及了绝大多数家庭,电视仍然主要被放在客厅这样的家庭公共空间里,甚至室内装修也往往会用电视背景墙这一方式强化电视的中心地位。家庭成员会因为电视播放而聚集,围绕电视话题进行交流。有些家庭也会为争夺电视频道的控制权而产生矛盾,电视的控制权在一定程度上体现着家庭成员的地位。

在一些公共场所,电视制造了共享的媒体空间,不仅为同一空间的人制造了注意力焦点,也制造了共同交流的话题。

但是,移动互联网的普及使得家庭里的公共媒体空间面临瓦解。电视不再是家庭媒体消费活动的中心,电视收看本身很多时候变成了伴随性行为,而人们的手机成为个体的媒体中心,构建了私人化的媒介空间。有时,几个私人化空间会相互干扰。当人们为了避免声音的干扰而戴上耳机时,私人化空间就会变得更为突出。

私人化媒介空间的形成,使得家庭内的交流模式发生了很大变化,人们依靠共享媒体的话题进行的交流会日趋减少,即使家庭成员间通过社交媒体分享一些内容,这样的分享也并不一定会带来有效的交流。

在公交车、公共场所等公共空间或者聚会这样的公共场合,人们同样可能用移动终端来制造个人的媒介空间。虽然很多时候这意味着个体的自主性得到尊重,但是对于本应该进行面对面交流的聚会来说,如果人们都沉浸在自己的媒介空间里,也会带来咫尺变天涯的距离感。

2. 信息生产空间的重构

信息生产空间既表现在生产者所处的空间,也体现为生产内容所涉及的空间。

新媒体促成了信息生产空间的开放与平民可达性,这是重构生产空间的首要表现。

以往的信息生产空间,主要是媒体机构的内部空间,这些空间以相应的技术设施作为支持,这些设施是公共信息生产与大众传播的基础设施,平民无法接触更不可能拥有。

但是,随着数字时代信息采集设备的平民化,信息生产空间也不再局限于媒体内部空间,而是不断向外部延展。人们可以在自己的家中、新闻发生的现场,或者其他各种空间里,参与公共信息的生产与传播。空间的开放也是权力分化的具体体现。

平民在信息生产空间中的可达性,不仅意味着信息源的多样化,也意味着多种信息源生产的内容之间可能产生相互补充、相互冲突、相互校正等多种关系。

在空间开放的同时,新闻生产的现场化成为常态。

新媒体时代,信息生产设备的便携性大大提高,这使得在新闻现场的新闻生产也变得便捷,以往只有大型事件、活动才启用的现场直播,可以随时随地被启用。同样,新闻现场的新闻生产主体也不仅是专业媒体,很多情况下,普通人也可以参与生产。这重新定义了现场报道,今天的现场报道,是来自多种主体、多元视角、多个层面、多重时间点的现场信息的汇聚。

尽管生产主体极大扩展,但人能到达的信息采集空间仍是有限的,能采集的信息维度也是有限的;而机器的加入,将在这两个方面提高生产能力。

无人机便是当下典型的新信息采集设备,它可以到达人不能涉足的一些空间,捕捉一定的关键信息,或者拓展报道领域与题材。同样,在社会空间中广泛布置的摄像头,虽然其目标主要是安全保障,但也成为一种信息采集的常规手段,可以在一定程度上填补因人在某些空间缺位而形成的信息空白。来自这些机器的信息,有些时候也会成为公共传播的内容或媒体资源。在各种领域里的传感器,也会进一步延伸信息采集空间,带来全新的信息采集维度,尽管它们不可能完全替代人的信息采集。

(二) 多重数字空间的生产

新媒体在挑战传统的信息生产与消费空间概念的同时,构建了全新的数字空间。数字空间一开始被认为是纯粹虚拟的,但技术的发展使得现实线索不断进入数字空间,数字空间成为现实空间的多重映射,未来还将出现现实与虚拟交融的全新数字空间。多层面的数字空间本身也是媒介空间,直接影响着各种传播活动。

1. 作为赛博空间的数字空间

在早期,人们普遍认为互联网等技术建构的是摆脱了现实空间约束的虚拟空间,它可以脱离物质与身体而独立存在,是纯粹的信息与符号空间,这一空间在当时多被称为赛博空间。

起源于加拿大小说家威廉·吉布森(William Gibson)的科幻小说《神经漫游者》(*Neuromancer*)的"赛博空间"的概念,曾开启人们对互联网发展走向的想象,人们期待赛博空间可以体现心灵支配身体并日益巩固纯粹离身性的梦想。[①]

赛博空间是对现实空间的解放,也是对空间的一种全新生产,它可以克服现实空间的天然局限,释放人们对空间的想象力,也给予人们超越空间的行动力。人们在信息网络中跳转与徜徉,寻求着精神上的碰撞与慰藉,获得了某些超现实、梦境般的体验。但人们也逐渐意识到,赛博空间中仍然体现着人们的现实欲望与需求,折射着现实社会的生存与关系。正如保罗·亚当斯指出的,赛博空间不仅是一个技术现象、一个技术景观,它也是一套异质的符码、机构和使用者,它们以某种特定的社会、心理、符号和物质关系结合在一起。[②] 尽管赛博空间意味着人们更加关注的是信息层面的"模式(有序)/随机(无序)"的辩证关系而非身体的"在场(有)/缺席(无)"[③],但赛博空间并非纯粹的代码或信息空间,而是成为另一种社会空间。

今天,人们已经较少使用赛博空间这一概念,这或许是因为数字空间与现实空间、虚拟社会与现实社会已经纠缠在一起,物质、身体等元素也越来越多地体现在数字空间里。但无论是否被称为赛博空间,新媒体建造的数字空间,都是对传统空间思维的一次大挑战。

2. 现实与虚拟关系交织的数字化社交空间

对社交需求的满足是新媒体发展的重要动力,技术的不断发展,也构建了新的数

[①] 冉聃.赛博空间、离身性与具身性[J].哲学动态,2013(6):85—89.
[②] 亚当斯.媒介与传播地理学[M].袁艳,译.北京:中国传媒大学出版社,2020:113.
[③] 海勒.我们何以成为后人类:文学、信息科学和控制论中的虚拟身体[M].刘宇清,译.北京:北京大学出版社,2017:333.

字社交空间。

人们的社交范围打破了地域的限制,跨地域的社交变成常态。很多新媒体中的社交也是淡化了空间概念的社交,在这样的社交平台上,应按照拓扑关系——关于连接和节点的结构关系——而不是地点关系来理解世界。① 这样的拓扑关系,也就是人们在社交网络中的关系。但人们在新媒体中往往处于多重社交网络而非单一的社交网络中。

在互联网早期,人们对远方的关系有更多期待,这背后是人们摆脱现实束缚的动力,因此,数字空间的社交网络与现实空间的社交网络出现了较大的偏离,甚至成为一个全新的关系网络。但随着 Facebook 等一些实名制、熟人关系的社交平台的兴起,数字化空间中的社交网络与现实社会中的社交网络的重合度越来越高。

人们的社交网络不仅影响着人际传播,也在很大程度上影响着公共信息的传播,因为这些社交网络已成为公共信息传播的新的"基础设施"。社交空间的公与私之间的边界线也越来越模糊。人们在私人空间中的交往行为与内容可能转化为公共传播的一部分,而公共空间中的信息也会作用于私人互动层面。

同时,群体的形成、群体内部的互动、群体间的交流,都与社交网络相关。当下,人们正越来越多地受困于同质化的社交网络,也越来越多地被局限于同质化的群体中。

从宏观上看,数字空间中大大小小的关系网络,在很大程度上映射着社会结构,也可以说,社会结构的形成与运动,越来越多地受到新媒体传播的影响。

3. 作为"拟态"地理空间的数字空间

在早期的数字空间中,地理空间概念被大大淡化,即使涉及地理空间,其大多也是以抽象的文字符号方式出现的。但随着移动智能终端的发展,数字空间与现实地理空间出现了越来越多的交集,图片、视频等在新媒体中的广泛分享,使得数字空间呈现了更多物质化的空间样貌。

但是,就和以往大众媒介只是提供了一种"拟态环境"一样,新媒体中呈现的地理空间也可以被看作一种"拟态空间"。并非所有空间在新媒体中都会得到同样的"显示度",也并非所有空间都能获得同样的关注度。各种文字、图片、视频所呈现的空间,也可能与真实空间存在一定的差距,既可能是对空间的美化,也可能是对空间的选择性呈现或扭曲。

新媒体中的"拟态空间",会对人们的地理空间认知产生影响,包括人们心理感知的空间的远近、空间的重要性,以及空间的真实性等。一些遥远的空间在新媒体中似乎触手可及,反之一些近在咫尺的地理空间却让人感觉很遥远,甚至被人忽视。一些

---

① 亚当斯. 媒介与传播地理学[M]. 袁艳,译. 北京:中国传媒大学出版社,2020:69.

"网红"城市唤起了人们旅游打卡的热情,而人们到了实地后却发现现实空间并不那么美好。

"拟态空间"也是一种空间的再造,它不仅在数字空间中形成了不同地理空间的落差,也反过来影响了现实地理空间获得的注意力与资源。

4. 虚实空间相融的数字空间

正在兴起的元宇宙概念,激发了人们关于虚实相融的新空间的畅想,其中,作为现实空间"孪生"对象的数字空间更是代表了一种典型的虚实相融的发展方向。

源于制造业的数字孪生是指与现实世界中的物理实体完全对应和一致的虚拟模型,它可实时模拟物理实体在现实环境中的行为和性能。[①]虽然数字孪生概念很早就被提出,但近年关于元宇宙的讨论使得数字孪生这一概念变得更普及。在关于元宇宙的设想中,人们也开始从空间的角度来探讨数字孪生的可能方向。孪生空间意味着将自然实体(物理)空间的元素、关系、过程和格局映射到虚拟空间,从而建构起对自然实体空间进行模拟、仿真、重构、调控和优化等智能化操控的数字空间。[②]

空间不仅是地理性的,也是社会性的,它对应着生存能力与策略、社会关系、权力、阶层、共同体、文化、情感、记忆等诸多社会因素。孪生空间同样是一种社会空间,虽然它不会完全继承现实空间的所有社会要素,但它会继承哪些要素,又会创造哪些新要素,都将是未来空间研究的新课题。

虚实相融的新空间会进一步消解现实与虚拟空间的界限,使人们的空间感知与认识、体验发生变化。人与内容、人与人、人与环境等多种关系也将基于新的空间情境展开。

(三)空间交织下的冲突

新媒体构建了多重空间,而这些空间之间,常常会交织、叠加甚至融合,这也会带来一些冲突。

空间冲突的常见表现之一是今天已经司空见惯的"在场的缺席"——人们身在现实空间注意力却在虚拟空间,或者反之。未来,在 VR/AR 等营造的空间里,身体的参与度会大大提高,身体会面临着现实空间与虚拟空间之间的冲突,有些冲突甚至会带来危险。同时,线上、线下社会场景间的冲突会不断出现,正如今天我们在网络会议、网络课堂中所面临的情形。

[①] 庄存波,刘检华,熊辉,等.产品数字孪生体的内涵、体系结构及其发展趋势[J].计算机集成制造系统,2017(4):753-768.
[②] 李双成,张文彬,陈立英,等.孪生空间及其应用:兼论地理研究空间的重构[J].地理学报,2022(3):507-517.

公共空间与私人空间之间界限的模糊,也会带来一定的冲突。人们很多时候并不希望私人性表达或互动成为公共话题,或者让公共话题过多进入私人空间,但是,对此他们并没有完全的控制力。私人生活的公共化,对普通人而言会逐渐成为常态,由此带来的风险也会不断增加。

在认知层面,现实空间与"拟态空间"的冲突会影响人们对社会环境、生存环境的认知。进一步,空间带来的冲突,也可能体现为人们在社会角色、自我认知、身份认同、生存实践等方面的冲突或纠结。

三、私人化、分化、交叠:时间维度可供性的变化及其影响

新媒体技术赋予了用户在媒介使用时间上更多的个人权力,同时人们的时间感知变得日益复杂;现实时间与媒介时间交叠缠绕,编织了一个个时间迷宫,人们的传播活动也不时被困在迷宫之中。

(一)私人化"媒介时间"的出现

在媒介广泛渗透日常生活的现代社会,人们往往会感知到两种时间:一种是在现实里的时间,或者说自然时间,这种时间始终如一地按照自己的节奏往前行进,人们无法对其进行任何控制;另一种是媒介空间在进行内容呈现时所建构的时间,即基于媒介内容而形成的时间轴,这种人为安排的时间虽然与现实时间有关联,但未必是同步或同构的。

对媒介中的时间的控制,也是一种权力。在大众传播时代,这种权力无疑掌握在大众媒体手中。因此,以往人们研究的"媒介时间",都是指媒体建构的时间。媒体建构的时间轴上的内容是公共性的,媒体时间也成为一种能吸引大众注意力的公共资源。

社交媒体的不断发展,使用户可以在自己的账号里建立起私人化的时间轴,这也是一种媒介化的时间,人们既可以在自己的时间轴上转发公共信息,也可以记录自己的活动与状态。这种私人化的时间轴,也是公共信息与私人信息交织、现实化生存和数字化生存混融的时间轨迹。

(二)媒体与用户的时间分化

个体不仅获得了建构自己的媒介时间的权力,也可以开始挑战、对抗媒体的时间节奏,主要体现在以下两方面:

1. 信息生产与信息消费的"时态"分化

从信息生产角度看,新媒体技术大大提高了信息采集、加工、发布的时效性,内容

的实时化、进行时式生产越来越趋向常态。同时,相比以往传统媒体的出版周期、播出时段的限制,新媒体信息的发布可以被看作全天候的。

时间的可供性改变了信息生产的"时态",也会无形中增加内容生产者的压力,时效性竞争变得更为激烈,因为时效性竞争而生产错误信息的概率也会增加。

尽管生产"时态"发生了变化,但从用户角度来看,他们未必需要对正在进行中的内容生产与传播做出实时的回应,他们的信息接收与消费可能存在延时。相比传统媒体时代,这种延时概率甚至会大大增加,内容生产者生产的很多新闻,到消费者那儿已变成"旧闻",变成"过去时"。但这些延时内容会被一些人当成实时内容,他们对环境的感知也会因此产生偏差。

2. 媒体的时间规程与用户的媒介时间规程的分化

以往的大众媒体,形成了自己的时间惯性与规程,并因此影响与约束着用户。例如,黄金时段就是媒体制造出来的一种可以约束用户的媒体时间规程,它也造就了用户的行为共性。除了黄金时段外,整个媒体的时间节奏与规程,也在很大程度上影响着人们的行为及时间观,甚至塑造了一些统一的行为模式。

但是,在移动时代,媒体制造的行为共性被逐步打破,用户的个性与意志得以彰显,他们可以制造专属于自己的私人化媒介使用时间规程。虽然传统媒体时代形成的媒体时间规程及时间观念的影响并没有完全消失,但其在用户身上的作用力在逐步弱化。媒体的时间意志与个体的时间意志在分化,后者甚至可以与前者形成一定的抗衡,这对媒体的广告模式等也会产生一定的冲击。

媒介时间规程私人化的另一个表现,是用户可以自己设置媒介内容的播放速度。在一些视频网站,人们不仅可以用正常速度来观看视频,也可以选择用加速(如2倍速)或放缓(如0.5倍速)的方式来观看。虽然内容的生产者并不想看到这种结果,但用户在对媒介时间的自由操纵中,获得了对媒介内容的控制快感,同时在不同的倍速中实现了对内容的解构或重构。

虽然公共化的媒体时间规程受到了冲击,但这并不意味着它应该消失。当人们都沉浸在自己的时间坐标中时,难免会产生与他人及世界的疏离感,而一些实时活动可以让人们的时间轴产生交叉,使人们更多关注彼此。在一些重大事件或活动中,大众媒体仍有必要通过直播等方式统一人们的行动,调动人们的在场感、参与感,营造群体性氛围与仪式感。但是在如今,完成这项统一用户的时间与注意力的挑战的难度比在传统媒体时代完成它要大得多。

(三) 多重时间轴、多道任务与多种时间策略的交叠

人们在新媒体空间中拥有了一系列自己的媒介化时间轴,同时面对着各种公共性

的媒体时间轴,这些时间和现实时间还会产生复杂的交叠,人们的时间感知也会变得混乱。总体来看,新媒体时代,人们生活在时间的迷宫里,现实的与媒介化的、自然的与虚拟的、过去的与现在的时间轴交叠在一起,正如卡斯特指出的:"在同一个通信频道里,并且依据观看者—互动者的选择,媒体中各种时间的混合创造了一种时间拼贴;不仅各种类型混合在一起,它们的时间也在同一个平面……上同时并存,没有开端,也没有终结,没有序列。"①各种不同类型、不同起点与刻度的时间轴在用户那里交织在一起,某些时候也会模糊人们对时间的感知,进而影响到人们对信息环境与现实世界的感知。

移动终端的普遍使用,还使另一种时间的交叠变得突出,那就是来自移动终端的多道任务的并发处理,人们因此常常处于"多线程"(线程是计算机操作系统中的术语,指操作系统所处理的进程中的一个执行单元;多线程指从软件或者硬件上实现多个线程并发执行的技术)任务中。对于内容生产者来说,他们要赢得用户大脑的"多任务处理系统"中的有限资源竞争,难度变得更大。

另外,就像计算机在并发运行多道程序时可能会出现问题一样,人的处理器——大脑在多道任务中不断跳转进行处理时,也许同样会发生"内存"和"CPU"等资源不足甚至"死机"的现象。即使大脑不"宕机",注意力涣散的问题也可能会加深。

德国哲学家韩炳哲指出,人类在文化领域的成就,包括哲学思想,都归功于我们拥有深刻、专一的注意力。只有在允许深度注意力的环境中,才能产生文化。然而,这种深度注意力日益边缘化,让位于另一种注意力——超注意力(hyperaufmerksamkeit)。这种涣散的注意力体现为不断地在多个任务、信息来源和工作程序之间转换焦点。②

多线程模式,也意味着不同功用的时间之间的模糊性,如工作时间与生活时间、学习时间与生活时间等。当时间界限的模糊与空间界限的模糊交融时,更会使人们在多种不同类型任务的切换中顾此失彼。

人们在面临多道并行的任务时,也会选择不同的时间应对策略,这种策略与个人状况和心境、任务属性、互动关系属性、社会资本需求、群体融入需求等多种因素相关。在多重时间应对策略的选择与应用中,人们未必总会成功。人们生存所面临的挑战,越来越多地来自时间管理。

---

① 卡斯特.网络社会的崛起[M].夏铸九,王志弘,等译.北京:社会科学文献出版社,2009:427.
② 韩炳哲.倦怠社会[M].王一力,译.北京:中信出版集团,2019:22-23.

四、设备、内容、数据:资源维度可供性的变化及其影响

无论是对于专业的内容生产机构,还是普通个体,新媒体都带来了内容生产方面的资源可供性扩展,涉及设备、数据、内容等不同的资源方面。

对于普通个体来说,这种资源可供性首先体现在内容生产设备的"可得性"。以往的公共信息生产只能依赖专业媒体机构拥有的专业化的生产设备,但今天,个人化的、移动化的便捷设备为用户参与内容生产提供了基础。

在媒体内部,新的数字化设备的引入,促进了内容生产的全面数字化,包括内容产品形态的数字化,这也是媒介融合的前提。数字化内容资源的可复制、可伸缩、可关联①,也给媒体带来了内容加工的新方式。

数据在内容生产中的作用越来越突出,甚至开始作为一种独立的资源被媒体所认识与利用。这些资源部分来自用户,例如,社交媒体中的内容可以成为媒体反映社情民意的数据,也可以成为媒体衡量传播效果的数据。智能设备、传感器以及其他物联网设备等,也为媒体带来了新维度的数据。数据在成为新闻报道的新要素,或作为用户分析、媒体决策的重要依据时,也带来了媒体生产模式与思维的变革,基于数据的智能技术,包括算法,也开始进入媒体的生产流程。但是,媒体旧有的工作惯性、数据资源的不足、相关人才的缺乏以及外部环境、用户需求等方面的问题,都预示着媒体的数据化之路"道阻且长"。

对个人来说,当自身数据变成一种资源,这些资源就会被平台等机构轻易占有或掠夺,个人隐私被侵犯的风险也在加大。

从用户角度来看,内容资源的可供性发生了极大变化,既包括内容供给与消费的个性化,也包括用户对内容利用方式的变化,下文将对后者进行进一步分析。

五、从连接到连通/断连:关系维度的可供性变化及其影响

新媒体的核心功能之一是关系的连接,新媒体技术也带来了多种方向连接的可供性,这不仅指人与人之间的关系,也指内容之间、内容与人之间、人与资源及服务之间等其他关系。

但是,连接只是前提,结果却有两大走向,既可能实现真正连通,也可能最终出现断连,取决于如何认识与利用连接。

---

① 潘忠党,刘于思. 以何为"新"?"新媒体"话语中的权力陷阱与研究者的理论自省:潘忠党教授访谈录[J]. 新闻与传播评论,2017(1):2-19.

(一)内容与内容的新关系

万维网的重要特性之一,是超链接的应用,这使得内容与内容之间的连接得以实现。各种内容之间相互关联,构成无限联系、扩张的内容网络。内容的超链接关联的表象下,还包括其内在逻辑的关联,其可能基于文本或语义、基于人物、基于事件、基于知识等不同逻辑线索。

目前内容之间的超链接,主要还是由人来添加的,因此,内容之间的关联性主要基于人的解读与判断,有时人为添加的超链接不准确或数量过多,会导致人们对超链接的无视或排斥,连接也会走向无效化。

未来的一些内容关联,会由智能技术来进行分析,并自动生成。但同样,如果滥用智能关联技术,人们就可能被一些关联所误导,或被过多关联分散注意力,最终可能导致人们对连接的抗拒。

(二)人与内容的新关系

新媒体带来的人与内容的新关系可能,在用户这端表现得尤为明显。

以往大众传播中,受众只是内容的被动接受者,而在新媒体中,作为用户的人与内容的关系变得更为多元。

用户附加在内容之后的评论,可被视作"编辑""审阅"或"关联"的一种形式,它们为内容带来了更多的延展空间,比如提供了新闻的其他线索,或是提供了对新闻的反馈。内容的可"复制"特性在用户这端更是被极大利用,转发就是最常见的一种复制。用户的大规模复制,对于内容的传播具有至关重要的意义。转发网络通常是人们的人际网络,这又强化了社交关系对内容传播的作用。用户在复制过程中,还可能对相关信息进行"增"(如加上自己的评论)、"删"、"变形"等各种操作,这也意味着用户在进行内容的再生产。用户还可以以制度化或非制度化方式直接参与公共性内容的生产,这更指向人与公共性内容的一种新关系。对于部分用户来说,内容生产已成为他们生存的手段。

此外,内容也成为人们建构自我,以及建构与他人、社会环境关系的重要方式,内容促成了人与媒介、社会更广泛的连接。

但也需要看到,在新媒体广泛连接的环境中,人与内容之间、人与社会环境之间仍有可能产生不同形式的"断连",主要体现在三方面:一是内容过载带来的人们对内容的抗拒,也就是人对内容的主动断连;二是碎片化内容造成的人对事实全貌或信息整体的认知缺失,这是一种被动的认知断连;三是个性化内容分发(包括社交分发、算法分发等)带来的人与某些类型信息之间的断连,以及人们对他人、其他群体或整体社会环境了解的缺乏,这种断连既具有被动性,有时也具有主动选择性。

(三) 人与人的关系发展

新媒体中人与人的关系发展,需要以连接也就是关系链条的形成为基础。无疑,新媒体技术为人与人的连接带来了极大的便利,连接规模、连接方式也有了极大扩展。新媒体带来的人—人关系扩展,不只是一对一连接链条的丰富,也是多对多连接空间的丰富,人们被广泛嵌入整个社会关系网络中。也正是人与人关系的扩展,使人在内容生产与传播中的作用得以增强。

新媒体中人与人的连接关系的形成,不仅是人们主动选择或建立连接的结果,有时也是技术建构的结果,正如何塞·范·迪克所言,友谊不仅是自发的,而且是被"你可能认识的人"按钮和"朋友的朋友"算法程序化了的社会关系的结果。[1] 社交媒体不可避免地成为设计和操纵连接的自动化系统。[2]

但是,连接只是基础,连接链条的存在,并不意味着人们一定会产生直接互动,互动的形成,还取决于人们对关系发展的愿望。互动可以是一对一的,也可以是一对多、多对多的。新媒体技术使得一对多、多对多的互动更易实现。

在互动基础上,一些人可能会形成协同、合作的关系,也可能形成对立或对抗关系。新媒体技术的可供性,带来了不同于以往的协同、合作或对抗形式。新媒体互动也在更高的层面影响着社会结构,在相似的人群不断汇聚的同时,不同人群之间的区隔也可能被强化。因此,某些人群之间可能会出现断连。

(四) 人与服务的新关系

新媒体不仅可以将很多传统的服务线上化,也可以形成新的服务形式,并且在人与服务之间提供更多样化的连接通道。

在人与服务的关系中,数据成为一种重要的联结、匹配纽带,也成为提高服务精确度的依据。另外,这种数据会强制人们接受与平台、服务商进行连接,对此人们能不能形成主动断连,有时取决于其对技术的了解及应用程度,比如是否有能力关闭某些设置。但某些时候,这甚至不是个人能力可以决定的。强制的连接、连通,对用户也可能是侵犯与伤害。

今天,越来越多的新媒体用户成为服务的提供者,如网店卖家、外卖骑手、网约车司机,以及其他共享经济模式中的用户等。这些服务也是新的劳动,而拥有规模化用户的网络平台,为供需双方的连接与匹配提供了基础,没有这一前提,很多劳动无法完

---

[1] 迪克.社交媒体批评史[M].晏青,陈光凤,译.北京:中国人民大学出版社,2021:52.
[2] 迪克.社交媒体批评史[M].晏青,陈光凤,译.北京:中国人民大学出版社,2021:12.

成,但平台也因此会对这些劳动者强加各种连接,并对其形成控制。

总体而言,对新媒体中的各类关系来说,在连接的前提下,是走向连通,还是走向断连,都取决于很多因素。连通未必总是好事,断连也未必都是坏的。如何更好地判断不同情境下连通或断连的价值,让谁掌握连通或断连的控制权,都是在连接这样一个新可供性下需要进一步探究的问题。

六、文本—多媒体—沉浸式体验:体验维度的可供性变化及其影响

人们接收的信息形式会影响相应的传播体验,这既和身体与媒介间的交互手段及模式相关,也和信息对人的感官刺激范围及程度相关。

从发展之初到今天,新媒体中的体验环境经历了从纯文本环境到多媒体环境的演变,图片、音频、视频以及复合性手段的运用,成为今天的常态,偏好不同信息形式的用户,都可以获得相应的满足。

新媒体时代也产生了数字化的多媒体艺术,带来了不同于文字、传统图片或影像艺术的新叙事方式和思维模式,在数字化的前提下,各种艺术元素的拆解、拼贴、重构变得轻而易举。数字技术也可以制造大量超现实的、非现实的视听效果,更重要的是,计算机程序和数据本身的逻辑也可以成为创作的逻辑,计算机语言的元素性也带来了艺术的革命性[1],用户由此可以产生全新的艺术体验。

在新闻生产中,多媒体手段的运用,为新闻内容的呈现提供了更丰富的手段,将各种手段整合在一起的"融媒体"报道也开始出现。但这并不意味着融媒体应该成为标配,人们也并非在所有情况下都需要融媒体内容,融媒体内容生产的投入与产出往往不成正比,有时效果甚至不如"单媒体"。"可供性"只是一种趋向,这种趋向是否一定要实现,还需要考虑与用户行为或需求的适配问题。

文本、多媒体的体验环境,都只是主要调动了人们的眼睛、耳朵等感官系统,虽然它可能带来大脑及其他身体部位的兴奋,但仍然是有限的。

3D、VR、AR 等技术将带来沉浸式体验环境的兴起,推动体验维度的创新,包括触觉、位置感知甚至嗅觉等新的身体体验会被激发。这不仅为内容提供了新的表现形式,也会使身体体验本身成为一种传播目的,而不仅是手段。

人们对虚拟空间中身体体验的需要,很大程度上基于突破现实身体局限的愿望。例如,体验戏剧表演式的多重人生、到达现实中无法到达的空间、挑战现实中不敢尝试

---

[1] 刘阳.新媒体与数字化叙事[J].艺术与设计(理论),2010,2(10):158-160.

的冒险、在不同时代穿越、逃避现实压力等。

技术的发展也可能使这些沉浸式体验朝着个性化、定制化的方向发展,使人们可以通过虚拟空间或虚实相融空间中的新体验获得某种可控的快感。但是,这种体验是否会变成麻醉剂,影响人们在现实生活中的生活方式,还有待未来的进一步研究。

从新闻报道角度看新媒体技术下传播可供性的变化及其影响,沉浸式体验环境将改变用户与现场的关系,让观看者在三维空间里直接"到达"现场,360度沉浸于现场,实现"身体性在场"。这样一种现场感除了带来感官上的刺激外,还意味着用户可以依据自己的主观视角,从现场发现更多的个人兴趣点。他们对于现场的理解与认知,也基于他们从现场观察中所获得的信息。当"一千个人眼中有一千个现场"时,究竟该如何衡量新闻的客观性、真实性,也会变成一个新的问题。

传播的体验,不仅会影响人们与信息的关系,也会影响人们的思维模式与思维能力。尼尔·波兹曼(Neil Postman)曾对电视兴起对人们思维方式的影响忧心忡忡,他指出:"我们现代人对于智力的理解大多来自印刷文字,我们对于教育、知识、真理和信息的看法也一样。随着印刷术退至我们文化的边缘以及电视占据了文化的中心,公众话语的严肃性、明确性和价值都出现了危险的退步。"[1]每一次新的传播技术变革也都会伴随着类似的担忧和质疑。当然,信息形式与体验环境对人的思维方式、行为方式等的影响,或许不是简单地用"进步"或"退步"、"进化"或"退化"就可以评判的,但其带来的长远影响无疑值得我们关注。

对于新媒体可供性在传播领域的体现及影响的研究,让我们意识到,新技术带来的可供性变化,既体现为人的机会与能力的增加,也体现为相应模式、思维、行为等的变化。人对新机会的理解与利用能力、思维与行为调适能力,决定了他们在全新的传播格局中的位置,无论是对于机构还是对于个人而言。

当新媒体技术的可供性深刻改变了传播实践时,传播学科也面临着一次再出发的新征程。出发前,我们要解决的一个基本问题是:我们的起点应该在哪儿?要回答这一问题,我们甚至要对媒介与传播的基本概念进行新的理解与诠释。

---

[1] 波兹曼. 娱乐至死[M]. 章艳,译. 桂林:广西师范大学出版社,2004:36.

逻辑与场域：透视信息传播新秩序*

◎ 黄升民　刘　晓**

摘要：数字浪潮中，既有线性、稳定的信息传播秩序被瓦解，传者、受者、渠道和信息等信息传播要素呈现多点离散的失序表象。然而，基于技术和工具路线，以数字技术为起点可以抽象建设出失序表象背后隐含的新秩序发展逻辑，即信息数据化解构后形成融合潮，并由信息平台承载后通过智能决策机制展开有序管控，从而回应信息传播因何离散、如何重聚。其中，作为逻辑中心的"人"的意义发生了变化，其经由数字化解析具备了双重身份，并与信息、平台之间形成了松散耦合关系。技术革新和人的游离则加速了信息场域的变革。虚拟信息场域的架构升级和现实信息场域的数字化再造持续推进，并催生出虚实一体的"元宇宙"信息新场域。但是，数据、算力价值在信息传播中的不断放大，致使人机博弈问题成为难以规避的发展矛盾点。

关键词：信息传播；数据智能；数字化转型；元宇宙

互联网和数字技术的崛起，逐渐瓦解了由传者、受者、渠道和信息四要素组成的稳定的、线性的传统"传播公式"，驱使原本因渠道稀缺性、传播专业性等生成的可控的信息传播秩序走向离心、碎片化。无处不信息、处处皆传播的社会表象中，信息传播的主体、模式、规则均被颠覆，似乎开始陷入一种混沌、失控状态。但其中，隐性的信息控制原理依然在运作，即技术和传播工具控制信息形式、数量、速度、分布和方向的原理，以及信息的结构和偏向影响人们观念、价值和态度的方式。[①] 因此，基于技术和工具路线，我们或许可以从信息传播旧秩序的颠覆中寻求建设新秩序的可能性，分析其建

---

* 本文原载于《现代出版》2023年第3期，收入本书时有改动。
** 黄升民，中国传媒大学广告学院教授、博士生导师；刘晓，中国传媒大学广告学院2019级博士研究生。
① 刘永谋.媒介技术与文化变迁：尼尔·波兹曼论技术[J].天津社会科学，2010,6(6):29.

设逻辑与运行场域。这也是本文力图回应的问题。

一、缘起：信息传播失序表象与秩序再造

追根溯源,技术更迭总会引发信息传播新革命。如今,数字信息技术颠覆了长期以来由印刷技术、电波技术等技术体系形成的线性、稳定的信息传播秩序,在凯文·凯利(Kevin Kelly)界定的"失控"环境中推动信息传播新格局的生成。其中,"碎片化""去中心化"等特征形容词层出不穷,呈现着信息传播复杂的失序性。这基于要素的属性、功能可被划分为因果互联的三点。

一是信息传播渠道的多元分支性、互通性。数字信息技术崛起的首要影响在于打破信息传播渠道的稀缺性,基于互联网创造了多元的信息传播窗口。作为渠道介质的各种数字媒体形态层出不穷,并依赖技术接口的开发创新增添新功能分支,致使信息传播渠道无限量膨胀。其中,交互技术和双向网络使渠道传输由单向连接转为双向、多向互通,实现功能优化。这种质变同步引发了其他信息传播要素的一系列连锁反应。

二是信息传受节点的身份交叠与规模扩张。由于渠道变革,原本由传者流向受者的线性传播转变为不同信息节点之间的交互传播。大众传播时代泾渭分明的传、受界限呈现交融趋势,普通大众拥有了各种发声渠道,突破了"受者"的身份限定。与此同时,物联网普及下,信息节点的主体范畴甚至从"人"拓展至"物",通过各式技术体系接收、回传信息。信息传受节点无限丰裕,导致出现了"人人可发声,处处皆传播"的局面。

三是信息的指数级增长和秩序失衡。丰裕的信息渠道和节点开辟了"泽字节(ZB)时代",图文、音视频等各类信息元素交融,呈现爆炸式增长态势。但是,信息过载削弱了把关人机制的有效性,错误信息、虚假信息与恶意信息形成了以危害性和虚假性为维度、以从强到强为序的流动的信息失序图谱。[①] 特别是在智能推荐机制主导信息分发的当下,机器审核的漏洞叠加茧房效应更会加大失序信息的传播范围,干扰信息秩序。多点信息源真假难辨,非黑即白的评判标准难以适用,信息鸿沟的大小与理解深浅又与用户的认知偏差直接相关,影响信息传播的秩序性。

种种迹象均表明,技术驱动下,原本已串联成线性链条的各传播要素在数字洪流中被瓦解并增溢为离散的多点,无数未经提炼的信息碎片不断被创造出来,形成了信息传播失序表象,彰显了信息传播前所未有的变局。学界研究者、业界实践者等各方

---

① WARDLE C. The need for smarter definitions and practical, timely empirical research on information disorder[J]. Digital journalism, 2018, 6(8):951-963.

尝试从各自立场出发概括信息传播发展的新规律,对离散各点的特征性、关联性进行较为清晰的认知、理解和判断,形成了诸如网络传播、意见领袖、媒介融合、信息平台等多种传播理论。不同观点、理论各有依据又相互交叉,在发展更新中衍生出分支理论,层层剖析各信息节点之间的连接状态和规则。其中形成了一条建设信息传播新秩序的清晰目标线,即实现离散多点之间的连接,遏制信息传播失控。这成为信息传播要素离散后再聚合的现实特征。那么,"如何实现各离散信息节点之间的连接"成为解读信息传播新秩序的关键问题。

二、信息传播新秩序的逻辑建构

我们明确了数字技术是引爆信息传播失序的催化剂,并以此为起点抽象建设出失序表象背后隐含的新秩序发展逻辑,解答信息传播因何离散、如何重聚的问题。

(一)基础条件:信息数据化解构引发的融合潮

旧秩序解构而成的离散的信息传播主体要素成为新秩序生成的基础,并在信息时代被赋予了新的数字形态的统一表达方式。尼古拉斯·尼葛洛庞蒂(Nicholas Negroponte)将这个数字化过程视为比特和原子的交换,并一再笃定信息时代的基本粒子是"比特"[1]。这一观念的本质逻辑在于信息传播向数字虚拟世界迁移,各样现实实体通过数字技术被解构为以"1"与"0"为单位的比特代码,构成信息的基本元素。不同比特粒子排列组合,形成了新的单元,即数据。

然而,此数据非彼数据。传统意义上的数据,是在静态抽样统计范围内有前提假设的结构化数据,是发挥统计、测量作用的计算数值。数字技术视角下的数据,则以自由排列的比特代码为基本元素,本身就是承载信息的物理符号和介质,自动承担着信息记录功能。参照马歇尔·麦克卢汉(Marshall McLuhan)"媒介即信息"的观点,数据之于信息的物质载体性,促使数据与信息的意义也能有条件地等同。因此,信息可以被视为基于某种需求进行加工处理的数据。从此定义来看,无论何种数字信息,均能够通过数据离散化被"切片"为细颗粒的比特粒子,再排列组合成数据流、形成新的信息。因此,信息传播科学体系的重新构建被视为一个"数据化"的过程[2],其基本单元从现实世界的文字、图片等原子物质转换为数字虚拟世界的比特数据。"0"与"1"自由排列的比特世界,混杂着各式各样、源头各异的数据,信息无序、离散的特性也就由此凸显。

---

[1] 尼葛洛庞蒂.数字化生存[M].胡泳,范海燕,译.海口:海南出版社,1997:2.
[2] 刘珊,黄升民.人工智能:营销传播"数算力"时代的到来[J].现代传播(中国传媒大学学报),2019,41(1):9.

因此，数字化程度越为深入，数据化范围就越为广泛。原本泾渭分明的信息传播分支体系拥有了数据这一统一的基本单元，并首先体现为图文、音视频等不同信息形态的交融。海量比特数据粒子流动，代表了多点离散的信息传播主体要素实现了数字形态对等，网络、终端、产品等均由此进行转型革新，架构于数字底座之上走向融合，并继而引发产业、制度的调整。这也解释了我们曾经提到的"融合由慢到快由小到大，引爆于技术产品，碰撞于产业组织，结果于政策制度，最终触动社会文化的转型"[1]。因此，由于数字化或者说数据化引发的层层深入且影响广泛的融合潮，整个信息传播系统中的信息资源、生产要素被解构为比特数据并逐渐走向整合，成为信息传播新秩序建设的基础。

(二) 运行动能：信息平台的智能决策机制

信息流通壁垒被打破，数据量无限增长，信息传播前所未有的丰裕性、流动性超越了任何个体的把控能力。因此，必须有新的效率和管控运行动能，来支持信息传播新秩序的建设。开放、共享的数字网络环境下，平台作为建立在海量端点和通用介质基础上的交互空间[2]，成为解决问题的关键工具。平台动摇了传统信息传播体系中稀缺资源最优配置的经济学逻辑，满足了多点离散主体要素的连接，并支持无限信息生产和需求的匹配对接。基于传播主体、信息类型等要素不同，信息平台又被划分为技术平台、内容平台、用户平台等不同的类型层级，通过账号体系和技术接口实现与信息传播主体或不同信息平台之间的连接，支持无序信息传播的有序化。以数据为基本单元的海量信息资源向不同平台汇聚，再经由平台进行组织、管控，并实现其价值转换与流通。由此，平台拥有了信息聚合、拦截、去重的权利，成为信息传播新秩序中的"把关人"。

那么，如何具体实现平台管控？既然平台运行的价值单元被统一为比特数据，其流通、分配就应该依赖于技术体系，毕竟人力无法完成如此丰裕的资源调配。但相似的是，计算机基于特定函数、算法进行数据计算并反馈结果的程序被类比为人类等生命体对外界环境信息的接收、处理和决策的思维过程，因此也被赋予了"人工智能"的界定。并且，这套程序并不是单纯地遵循和执行一组预先安排的程序和规则，而是要自主从任务中学习并持续调整其行为来优化结果。[3] 其中，平台开放性所吸纳的越来越丰富的数据资源，是机器进行学习训练、优化算法模型的基础。平台通过机器智能

---

[1] 黄升民.关于"融合"不得不说的五个问题[J].广告大观(媒介版), 2014(12):1.
[2] 谷虹.信息平台论[M].北京:清华大学出版社, 2012:62.
[3] CHAN-OLMSTED S M. A review of artificial intelligence adoptions in the media industry[J]. International journal on media management, 2019, 21(3-4):23.

来对汇聚于其上的海量比特数据进行分析、处理,通过高速的数据流动性计算,进行供需精准匹配的智能决策,实现信息管控。但是,这种管控机制背后也存在一种"决策黑箱",即平台可以在不同时机和场景下,通过算法模型修改,调整相应数据与权重的运算方式,从而演算出不同的决策结果。可以说,信息平台的智能决策机制宛如一个可以全方位调整的机械齿轮,在决定信息传播速率的同时,影响着信息传播的内容和方向。这也直接体现了信息平台的智能决策机制正在成为信息传播新秩序的运行动能,其在系统性量级运算方面正在超越人类智慧,主导信息传播新秩序的形成与演化方向。

三、以"人"为本的逻辑中心演变

从上述论断中我们可以得知,数字浪潮中看似失序的信息传播,实际上存在着隐藏其中的底层逻辑,即多点离散的信息传播要素经由数字技术解构为比特数据,让真实世界中的万物拥有了与数字虚拟世界统一的表达形态并逐渐走向融合,而拥有智能决策机制的信息平台可以吸纳、承载、管理和分配它们。这回应了信息传播多点离散的连接问题,促使数字时代的信息传播新秩序逐渐成形。但是,信息传播本质上仍要服务于人类社会,其秩序逻辑也是围绕"人"来展开的。在新秩序的生成与发展过程中,作为逻辑中心的"人"的意义发生了变化,促使信息传播主体要素之间的关系发生变化。

(一)人的数字化解析:数据塑造的单体人

思想家汉娜·阿伦特(Hannah Arendt)指出:"人是被处境规定的存在者,因为任何东西一经他们接触,就立刻变成了他们下一步存在的处境。"[①]基于处境的变化,人类会不断地认识世界、改造世界,继而影响人类自身,形成关联闭环。哲学家普罗泰戈拉(Protagoras)曾对此提出著名的"人是万物的尺度"的论断,将人的判断和取舍作为标准。这种信息匮乏时代形成的主观唯心主义论断在工业化、信息化时代被构建于理性之上的科技和制度所取代。新的处境下,"人"的主体性认知也在发生变化。

作为重要的哲学社会学问题,"认识人"的问题在数字浪潮中获得了新的解决途径。数字技术搭建了现实世界与虚拟世界的连接窗口,同时赋予了现实中的人迈向数字虚拟世界的契机。通过各种数字平台,人作为平台信息节点,以各种行为轨迹为基本要素被解析为各种细颗粒的数据,并组合为虚拟世界中的数字形象,此过程也被称

---

① 阿伦特.人的境况[M].王寅丽,译.上海:上海人民出版社,2009:3.

为"用户画像",人继而以该形象接收数字信息。平台所掌握的用户数据越多,所刻画的用户画像就越精准。社会学家克里斯多夫·库克里克(Christoph Kucklick)曾指出:"在这个世界中人是一个分散的存在,分散在很多事物、状态、感觉上。"①信息时代,人的分散性被数据化放大,细颗粒的数据让个体之间的数字形象高度区分化,其差异性由此被定量地凸显。对此,库克里克提出了"单体人"的概念,并将其定义为"因数字化技术测量而呈现出极端差异与独特性的个体"②,解释了数字浪潮中人的高度个性化。

因此,人便具有了双重身份:一个是现实世界中由原子构成的实体人;另一个是虚拟世界中由数据组成的单体人。两者之间经由数字技术实现转化,但由于人在现实和虚拟世界中的行为差异,以及比特数据量和维度的限制,两者身份可能并不对等,也可能因此造成自我或他人的认知偏差,塑造了更为复杂的人的形象。然而,在信息传播新秩序中,数字技术支撑形成的虚拟世界信息传播明显占据较为主导的地位,也经常被称作"互联网主阵地"。这意味着,作为信息传播逻辑中心的"人"在新秩序建设中将会转向数据塑造的单体人身份,重塑信息与人的关系。

(二)人与信息、平台之间建立松散耦合关系

在信息传播新秩序中,数字虚拟世界中的单体人形象经常具象为各个数字平台上的个人账号,也被视为平台信息节点。人与平台达成契约协议进行信息价值共谋,通过账号体系免费或有偿获取平台各项信息服务,而平台圈定权限范围并要求人让渡部分数据权限以便进行数据采集处理,并基于此通过智能决策机制在人与人、信息与人之间构建起连接网络。由此,人与信息、平台之间形成了一种耦合关系,并相互影响。特别是在信息传播新秩序中,信息平台是重要的"把关人",具体表现在:一方面,平台控制着人进入虚拟世界的技术窗口,掌握着平台账号的所有权,可以采取账号审核、封禁等举措,直接影响人在虚拟世界中数字形象的正常塑造、展示,并决定着其所承载信息的类型、内容。另一方面,平台凭借智能决策机制,基于数据形成的单体人形象进行精准的信息分发,控制着人与信息流动的方向性、连接精准性。从某种意义上来说,平台通过对信息生产、分发链条的管控,影响并引导着人对自我、对世界的认知,掌握着舆论走向。但是,平台并不占据绝对主导地位,其运行和生存依赖人和信息,并为提高两者的量级、增强附着性不断完善平台规则,包括倾斜给人一定的利益分配机制并提供优质信息内容、一体化综合服务等,吸纳人的快速入驻,引导其生产、传播、消费平台上的某类内容。

---

① 库克里克.微粒社会:数字化时代的社会模式[M].黄昆,夏柯,译.北京:中信出版社,2017:Ⅵ.
② 库克里克.微粒社会:数字化时代的社会模式[M].黄昆,夏柯,译.北京:中信出版社,2017:7.

但是,这种连接网络形成的耦合关系又具备很强的不稳定性和易变性,主要是平台上形态、类型各异的海量信息内容会导致释放个性偏好的人在海量信息中漂移、流转,在多方连接过程中出现立场失稳,并冲出具有同类信息偏好的小圈层,游离至其他类型的信息甚至其他平台的连接链条中。因此,人的主体性和自主性在信息传播新秩序中的充分释放,会导致人与信息、平台之间出现松散的耦合关系。一般意义上,此三者之间既相互应和,又会在一定程度上保持自身身份和逻辑的分离。这种松散耦合关系成为达成认知经济性和秩序性的一种途径①,在支持信息传播秩序性、结构性的同时,各传播主体要素或分支链条可因具体情景随时变化、调整。因此,人的主体性和自主性在信息传播新秩序中的重要性尤为显著,在松散耦合关系中处于较为核心的位置,也成为信息传播新秩序的逻辑中心。

四、虚拟与现实双重信息场域重构与融合

德国哲学家马丁·海德格尔(Martin Heidegger)曾解释:"人在'世界之中'的存在方式决定了人生活的世界的存在。"②在信息传播新秩序中,人基于双重身份的互换,以单体人身份决定了与现实世界平行运行的虚拟世界的存在,并生成了此世界的信息场域。特别是在不同场域的力量竞争推动数字技术深入发展和平台生态持续完善的趋势下,现实信息场域不断被改造,虚拟信息场域的范围不断扩大,与现实信息场域的对接也逐渐频繁和紧密。

(一)虚拟升级:场域力量竞争驱动网络空间革新

信息传播新秩序的生成起步于互联网的崛起,人通过计算机系统进入了以比特数据为基本单元的虚拟网络空间。网络空间哲学家迈克尔·海姆(Michael Heim)提出,"网络空间是一种由计算机生成的维度,一个由我们的系统产生的信息和我们反馈到系统中的信息所构成的世界……网络行者摆脱了肉体牢笼,在虚拟空间中存储和再现的数据层中航行……这种柏拉图主体完全是现代意义的,他们并非出现在一种无感情的纯概念世界中,而是游荡在一种特殊意义下形成的实体之间"③。那么,所谓特殊意义下形成的实体是什么?从信息传播新秩序的逻辑构建来看,我们似乎可以将其认定为"平台"。但是在实际运行中,平台被拆解并存在于多个层次,通过技术体系和网络

---

① WEICK K.Making sense of the organization[M].Malden:Blackwell Publishing,2001:3.
② 海德格尔.存在与时间[M].王庆节,陈嘉映,译.北京:生活·读书·新知三联书店,1987:68.
③ 海姆.从界面到网络空间:虚拟实在的形而上学[M].金吾伦,刘钢,译.上海:上海科技教育出版社,2000:78-90.

体系,才能构成网络空间中信息流动、传播的基础架构。其中,有三个层次尤为关键:一是后台基础设施层,包括底层服务器设施、芯片硬件和运行于其上的云网络、大数据技术体系、智能技术体系等,发挥基础的网络、技术支撑作用;二是中台智能决策引擎层,包括数据中台、算法中台,基于后台的各项数据、技术体系,进行数据智能处理,推动数据流动,提供决策依据;三是前台业务应用界面层,包括系统软件、智能终端,将画面展示给人、信息传递给人,并接收人所回传的信息数据。

现实中,这些基础架构的正常运行需要实体机构负责,比如谷歌、腾讯等互联网公司,华为、百度等科技公司,由此形成了重要的信息产业,它们也成为虚拟信息场域中的关键力量。社会学家皮埃尔·布迪厄(Pierre Bourdieu)曾提出:"场域的确定充满着不同力量关系的对抗……在场域中活跃的力量是那些用来定义各种'资本'的东西。"①他认为,资本是场域力量竞争的目标,也是用以竞争的手段。对于虚拟信息场域中的信息产业各方而言,"资本"就是数据和技术。信息产业围绕数据和技术展开竞争,将会持续推动个体机构所运行的基础架构升级,并继而带动整个信息产业的数据、技术研发,驱动整个虚拟网络空间革新。例如,字节跳动通过"今日头条"这款应用产品搭建起了以智能分发体系为核心的信息架构,引发信息产业在业务应用界面层的平台革命,创新了虚拟信息场域的信息流转方式。同样,百度的 AI 芯片和百度大脑、华为的 5G 技术和鸿蒙系统、阿里巴巴的中台战略等都在不断从各个层面推动虚拟网络空间的基础架构升级。总结来看,规模扩容和算力提升是两大重要的升级方向。其中,规模扩容包括连接范围、数据量级、传输体积等,算力提升包括数据计算速率、性能、精确性等。由此,信息在虚拟网络空间的传播将会实现大规模、低延时、高精准目标,推动虚拟信息场域进一步发展。

(二)现实再造:数字跃迁中的社会生活与产业

虚拟信息场域的快速发展也影响到了现实信息场域。哲学人类学教授约斯·德·穆尔(Jos de Mul)从技术与人类关系变化的角度解读了虚拟信息场域的渗透,认为人类世界的一部分转变成了虚拟环境,人类日常生活的世界也日益与虚拟空间和虚拟时间交织在一起,人类在"移居赛博空间"(Cyberspace,也被译作网络空间)的同时,接受着"赛博空间对日常生活的殖民化"②。针对这种现象有一个常规性表达,即数字化转型。作为一个改革过程,数字化转型强调通过信息、计算、通信和连接性技术的结

---

① BOURDIEU P, WACQUANT L. An invitation to reflexive sociology [M]. Chicago: The University of Chicago Press, 1992:98.
② 穆尔.赛博空间的奥德赛:走向虚拟本体论与人类学[M].麦永雄,译.桂林:广西师范大学出版社,2007:2.

合,触发实体(entity)属性的重大变化,从而改进实体。① 由此,传统的社会架构将向数字基础设施架构转移,具体落实在支持社会运行、与人类生活密切关联的各产业实体。

但是,现实信息场域中发展多年的传统产业实体通过人、财、物等现实要素已经形成稳固的运作、流转机制,向数字基础设施架构迁移并非易事,尤其是绝大部分实体缺乏足够的技术基础,需要依靠信息产业的"资本"支持才能完成迁移。因此,各产业实体的数字化转型并非一蹴而就的,而是渐进式推进的。其中,关键性举措在于其将人、财、物等物质性生产要素转换为数据,并为数据的流动、处理搭建顺畅的连接网络和运行机制,改变其传统的思维惯性和发展范式。这要求产业实体要具备一定的数据采集和积累能力,主要分为两个方向:一是与他方数据合作;二是自有链条的数据化改造。例如,乳业集团伊利深谙数字化转型之道,一方面借助抖音、微信公众号等媒体平台和京东、淘宝等电商平台向线上营销迁移,获取第三方平台上的消费者数据,另一方面通过制造执行系统(manufacturing execution systems,MES)、云商系统、产品扫码等实现从工厂生产到经销商销售再到消费者购买环节的全流程数字化,实现数字基础设施建设和数据资产的沉淀。在此基础上,产业实体开始搭建数据资产管理平台或称数据中台等核心运营引擎,内嵌人工智能技术,对接各分支业务的数字化平台,通过智能算法重构生产、销售等业务运营和组织管理体系。

产业实体对人、场、货的数据化以及数字化连接,逐步实现了社会生活与产业向虚拟世界的迁移。由此,现代信息场域的运行也开始遵循信息传播新秩序,以数据为基本要素展开广泛连接。尤其是在人工智能与物联网(AIoT)等技术的支持下,现实信息场域的数字化转型逐渐深刻,与虚拟信息场域的捆绑也日益紧密。

(三)虚实一体:元宇宙催生新的信息场域

虚拟世界的拓展和现实世界的改造并行,呈现着不可阻挡的发展趋势:万物皆比特(It from bit)。这个由物理学家约翰·阿奇巴尔德·惠勒(John Archibald Wheeler)于1989年提出的论断正在趋向真实。通过数据,现实世界中的每一个粒子的位置、速度、形态均能被感知,虚拟世界信息流转的模拟环境逐渐成形。在这种趋势下,世界的存在认知方式发生改变。物理学家斯蒂芬·沃尔夫勒姆(Stephen Wolfram)曾直接表示:"宇宙的本质都是数字……我们的世界就是计算,就是一套简单的规则生成的复杂现象。"②而哲学家尼克·博斯特伦(Nick Bostrom)更是推演出现实处于后人类文明基于足够的计算能力来构建的计算机模拟世界中的论断。当现实人类掌握了足够的、

---

① 翟云,蒋敏娟,王伟玲.中国数字化转型的理论阐释与运行机制[J].电子政务,2021(6):68.
② WOLFRAM S.A new kind of science[M].Champaign:Wolfram Media Inc.,2002:51.

可验证的、与物理定律一致的技术能力时,就能够搭建堪比真实的虚拟环境。这种虚拟环境在当下科技发展背景下被赋予了新的概念,即"元宇宙"。

元宇宙本就是科幻概念,它是在人工智能、云计算、虚拟现实和区块链等前沿技术基础上创造、孵化出来的与现实世界映射与交互的虚拟世界,并没有具体的样板形态。但是,其基本的运行逻辑就是遵循"万物皆比特"的规律,将数据作为基本单元,通过强大的计算能力实现数据高速流动,从而在虚拟网络空间内构建起建筑、生物、自然等表现形态,并实现不同实体之间的数据交互。基于世界观差异,其可被分为数字孪生世界和数字原生世界两种。[①] 前者直接复刻了现实世界并采用其运行规则,后者则构建起架空世界并重新制定世界运行规则。其中,无论哪种世界观,均在时空维度方面平行于现实世界,但又在实际运行方面与现实世界紧密关联。因为元宇宙所构建的是一个开放、共享甚至自治的平台式规则架构,其所搭建的虚拟场景需要现实世界的人或机构的实际运营。一般情况下,机构通过资本投入"置办"元宇宙虚拟业务生态,而人通过可穿戴设备等进入其中与虚拟"原住民"(类似游戏 NPC)一起工作、生活。元宇宙以数据为基础,通过底层的智慧合约体系构建起其中人、场、物之间的可信关系。

因此,理想状态下,元宇宙应该是综合各种信息传播技术构建起的一个人机协同、虚实一体的全新信息场域,也成为掌握数据和技术的信息产业巨头争相布局的焦点。但是目前,尽管 Roblox、Meta(Facebook 母公司)已经开始尝试开发元宇宙产品,比如 Meta 推出了 Horizon Worlds,并在 2022 年 4 月允许创作者销售虚拟商品或服务,但由于现有的认知水准、技术普及度和相关法律制度还不足以完全支撑起元宇宙的大范围有序运行,其未来发展仍饱受质疑。不可否认,元宇宙若真的广泛落地,将深刻改变现有社会的组织与运作,实现信息传播的重大变革。

五、难以规避的矛盾点:人机博弈

无论何种信息场域,均在信息传播新秩序运行中将数据、算力的价值不断放大。信息加工、处理、分发的绝大部分工作被交由计算机来完成,甚至在元宇宙的理想场域中,智能机器可以与人类同等对话。对此,社会学家、哲学家经常担忧未来"机器统治人类"的情况会发生,毕竟拥有海量数据运算能力的机器智能已经在很多方面超越了人类大脑。但是,在现阶段的人机博弈问题中,机器智能的发展还面临着许多问题。

首先,现阶段机器智能本身存在技术有限性。机器智能的实现依托于数据和算法,并强调其数理逻辑带来的客观性。然而,实践中的数据从来不是中立的,数据不会

---

① 张钦昱.元宇宙的规则之治[J].东方法学,2022(2):5.

允许我们以客观的视角观察世界,而是将我们导入某种特定的关系。① 数据采集、存储和处理的各个环节,其实均存在或多或少的数据偏见,即基于某种特殊目的或某种特定框架对数据进行筛选。这就导致数据在诞生伊始就可能是非客观的,继而影响后续的一系列决策。同样,基于数据形成的算法模型有明显的数理机械性,其在对现实的抽象和模拟过程中对人的行为进行了"量化",但忽视了人的行为的复杂性和现实世界要素的多重关联。虽然机器可以经过对大量数据集的有监督学习或无监督学习训练来降低训练误差,优化算法效果,但是被用于训练的数据集多为经过特征工程筛选的历史数据,也在一定程度上加大了算法模型的局限性。

其次,现实社会的人性具备较高的复杂性。行为科学奠基人乔治·埃尔顿·梅奥(George Elton Mayo)曾言:"尽管在物质和科技领域我们细致入微地发展了知识和技术,但是,在人和社会政治方面,我们只能知足于随意推测和机会主义探索。"②人的思维、行动是高度复杂的,单纯的数据运算并不能与之比拟。断定"世界就是计算"的斯蒂芬·沃尔夫勒姆也明确提出了其中的"计算不可化约性",即简单的世界底层规则下生成的人类行为却极端复杂、无法化约,之间存在的计算鸿沟导致即使明确了一切规则,也无法预测未来走向。人性的复杂塑造了观点多元、包罗万象的信息社会,冲击了机器智能发展带来的工具理性。由此,信息茧房、价值算法等概念开始浮出水面,从经验、价值观指标性量化等维度去探寻工具理性和价值理性平衡的问题。但是,数理逻辑的直线思维仍然无法比拟人脑的复杂性。Space X 首席执行官埃隆·马斯克(Elon Musk)曾天马行空地表示未来可以将人类意识上传至人形机器人,但是这项技术目前并不存在,而其背后存在的伦理道德问题也难以得到解决。

因为信息的无限、数据的海量,信息传播新秩序在任何信息场域的运作都需要机器智能的支持,也无法逃避人机博弈问题。我们无法预测未来技术的发展是否能够为解决该问题提供手段,但是当下或短期内的未来,人机博弈问题将在信息传播秩序中持续存在。

六、结语

实际上,当下信息传播秩序呈现的多种特点,可以从传播学、社会学、哲学等各种角度进行解读;而我们从技术和工具路线来解读信息传播新秩序的逻辑规则和运行场域,并不是陷入了技术决定论或数据中心主义,而是想抽离出最具革命性、影响力的发展趋势。我们清晰地认识到,互联网和数字技术正在从根本上改变未来数十年的社会

---

① 库克里克.微粒社会:数字化时代的社会模式[M].黄昆,夏柯,译.北京:中信出版社,2017:25.
② 梅奥.工业文明的人类问题[M].陆小斌,译.北京:电子工业出版社,2013:1.

生活、产业竞争方式,尤其是自新冠疫情暴发以来,现实世界的数字化进程加速,数据、算法的重要性日益突出,人、信息和平台之间的松散耦合态势持续深化。元宇宙概念的火热,更是描绘了数字基础设施上数据流动、智能运转、时空再造的未来趋势。以数据化为起点,信息传播新秩序正在形成,并影响广泛。未来,技术革新,信息场域进阶,人与信息、技术工具的关系将会持续发生怎样的变化?科幻作品经常给出两种答案:一种是人的意识以数据流形态被上传至虚拟空间;另一种是数据算法精进、赋予机器等同于人脑的智慧。但是科幻毕竟是科幻,我们承认以数据、算法为基础的人工智能在信息传播新秩序中发挥着辅助决策作用,但现阶段的技术还存在诸多不足。信息传播秩序再造过程中,人类或许应当谨记物理学家霍金的警告:谨慎对待人工智能。

人工智能技术驱动传媒业发展的三个维度*

◎ 黄楚新　许　可**

摘要: 人工智能技术在自身的发展变革中不断嵌入社会,并赋能媒体,对传媒业产生了多样化的影响。理解媒体智能化,应该首先从人工智能本身的技术发展进程出发,结合当下媒体深度融合和发展人工智能两大国家战略的发展逻辑,最终将落脚点放在社会治理范畴。以"内容变革—结构布局—治理模式"的思路,人工智能技术在微观层面变革媒体内容生产,在中观层面重构媒体结构布局,在宏观层面助力媒体参与社会治理。在驱动传媒业发展的过程中,人工智能技术正从技术手段向技术模式转型,传媒业发展趋势也将从当下的媒体智能化向未来的智能传播发展。

关键词: 人工智能技术;媒体智能化;内容生产;社会治理

在媒介形态变化的过程中,技术往往成为重要的驱动力量,媒介和技术的相互交织促成了媒体组织形态的嬗变,保罗·莱文森将媒介技术看作一种"软"决定论,认为"信息技术是一套系统,说明事物之可以然——没有技术,其结果就不可能发生,但不说明,技术必不可免、毫无意义地产生那一结果"①。由此看待人工智能技术对传媒业的影响,也是一种技术变革的应然,而非技术决定的必然。作为当下最前沿的媒介技术形态,人工智能技术在传媒领域的应用,推动的仍然是传媒的渐进式改革,是在媒体组织框架和既有模式不变的情况下进行的。

要真正将技术嵌入媒介生产、产业拓展和生态布局等环节,使人工智能技术成为

---

*　本文原载于《现代出版》2021年第3期,收入本书时有改动。
**　黄楚新,中国社会科学院大学新闻传播学院副院长、教授,中国社会科学院新闻与传播研究所数字媒体研究室主任、研究员、博士生导师;许可,中国社会科学院大学新闻传播学院2020级博士研究生。
①　莱文森.软利器:信息革命的自然历史与未来[M].何道宽,译.上海:复旦大学出版社,2011:3.

一种可推广可复制的发展模式,仍然需长时间探索。由此,学界和业界认为对于智媒传播技术应从"赋魅"走向"祛魅",秉持更为理性和科学的态度。[①]

一、新传播格局下的媒体智能化发展进程

(一)技术发展脉络:从专门性智能到全面性智能

人工智能技术作为传媒业转型发展的重要驱动力量,成为技术分析的重要维度。高盛(Goldman Sachs)的人工智能报告认为当前智能化应用正处于专用人工智能阶段,即协助人类解决具体问题的阶段。媒体业只是采用了以运算和存储能力为依托的运算智能的一部分[②],类似百度新闻和今日头条的个性化推荐属于智能交互的初级阶段[③]。人工智能技术在新闻业的应用只是一个前奏性的初步尝试,并未规模化[④],当前人工智能处于初级产业化阶段[⑤],但传媒技术正经历从数字域到智能域的升级,从而走向全面智能化[⑥]。

(二)媒体深度融合:从生产流程到具体模式

新闻内容生产作为媒体运行的核心环节,已经从单纯的记者活动发展成为系统的生产活动。在这一过程中,人工智能技术发挥着基础而先导性的重要作用。人工智能技术与媒体内容生产、管理、传播乃至传播效果的各个环节都有关联[⑦],从信息采集、新闻编辑制作、新闻认知体验、内容推送等环节出发,人工智能技术在微观上重塑了传媒产业的业务链[⑧]。彭兰认为内容生产、分发与消费之间的界限日渐模糊,相互渗透、相互驱动,而集成了内容生产、分发与消费的平台,逐步构建起全新的内容生态。[⑨] 我国的媒体智能化发展处在媒体融合的进程中,智能技术对内容生产环节进行改造和提升要注重从深度融合的顶层设计思考具体实现路径。

---

① 史安斌,王沛楠.2019全球新闻传播新趋势:基于五大热点话题的全球访谈[J].新闻记者,2019(2):37-45.
② 胡正荣.智能化:未来媒体的发展方向[J].现代传播(中国传媒大学学报),2017(6):1-4.
③ 匡文波.传媒业变革之道:拥抱人工智能[J].新闻与写作,2018(1):77-81.
④ 喻国明.人工智能是互联网下半场核心技术[N].中国出版传媒商报,2017-10-24(7).
⑤ 陈昌凤.以人为本:人工智能技术在新闻传播领域的应用[J].新闻与写作,2018(8):54-59.
⑥ 吕尚彬,黄荣.智能技术体"域定"传媒的三重境界:未来世界传播图景展望[J].现代传播(中国传媒大学学报),2018(11):37-45.
⑦ 范以锦.人工智能在媒体中的应用分析[J].新闻与写作,2018(2):60-63.
⑧ 喻国明,兰美娜,李玮.智能化:未来传播模式创新的核心逻辑——兼论"人工智能+媒体"的基本运作范式[J].新闻与写作,2017(3):41-45.
⑨ 彭兰.智能时代的新内容革命[J].国际新闻界,2018(6):88-109.

(三) 传播价值观照:从技术伦理到综合治理

人工智能技术在推进内容生产流程重构的过程中,以算法推荐技术为基础的智能形式虽然突破和创新了固有的媒体结构,为媒体发展带来了新的动力和契机,但技术要素本身的工具属性在发挥积极作用的同时带来了技术伦理问题,算法偏见、信息茧房、虚假新闻、隐私权益、版权争议、法律规范以及伦理冲突等均受到学界和业界的广泛关注。智能技术的负面效应作为现象,其本质是价值观和伦理问题。智能技术的伦理风险可以分为算法偏见、信息滥用、数据所有权归属不清、隐私侵犯等,在风险基础上应建立以人为本、以政府为主导的系统的信息法律规范与信息伦理体系。[1]

当下智能技术对传媒业的影响研究更多地聚焦于技术驱动内容生产的描述性分析和案例展示,有关智能技术如何创新媒体组织结构布局和生态体系建设,技术与媒介如何互动并推进社会变革等方面的前瞻性、策略性研究略显不足。"技术应用—内容生产—伦理思考"是当下的研究路径,随着智能技术的纵深发展,技术效能在传媒业改革中的作用将持续放大,以"内容变革—结构布局—治理模式"的路径来进一步思考智能技术如何融入媒体深度融合,以新业态和新模式嵌入传媒体系、助力社会治理,具有更深层次的战略意义。

二、技术嵌入媒介,创新智能内容生产机制

人工智能技术对传媒业的影响,首先表现在内容生产和创新表达环节,这与人工智能当前的技术水平和传媒业发展情况具有关联性。

(一) 智能生产的应用领域更加广泛

从人工智能技术的应用程度看,当前参与内容生产较为普遍的就是机器写作(MGC)。机器写作成功的关键是前期大量的数据和素材积累,通过摄像头、无人机、传感器、物联网等方式获取数据信息,再经由机器人根据固定的模型或框架编辑新闻内容。从应用领域看,MGC 模式依托的是这些专业领域前期丰富的信息资源,此阶段可以看作对智能新闻生产的初步尝试。

在智能技术深入推进的背景下,机器写作逐渐升级为机器化写作,即将以机器写作为基础的多样化技术应用于智能化内容生产(AIGC)。新华社在全国两会期间利用

---

[1] 林爱珺,陈亦新.智媒传播中信息价值开发的伦理风险及综合治理[J].山东大学学报(哲学社会科学版),2020(6):1-8.

生物传感智能机器人 Star 以 5G+AI 的声像分析技术进行创新报道,人民日报推出"云剪辑师"创新生成音视频内容。此外,微软发布个人智能助理"小娜",突出与用户对话、为用户提供服务等功能。近年来成为发展热点的社交机器人作为多元主体不仅参与用户互动,更参与新闻生产。当然,智能技术的应用案例不止于此,从早期的机器写作到如今的多元智能创作,新闻报道领域也从早期的专门领域逐步拓展到政治、社会、民生、社交等领域,这一过程中 MGC 也不再是智能新闻生产的唯一方式,从 MGC 向 AIGC 转变成为媒体智能化发展的重要特征,也是智能技术在内容生产体系中应用范围拓展的体现。

(二)媒体智能化表达形式更加丰富

内容和形式在内容生产机制中是相辅相成的,媒体智能化不仅推动内容生产变革,同样带来媒体表达形式的创新和多元。以当下较为流行的虚拟主播为例,2018 年,新华社与搜狗公司合作推出全球首个 3D 版 AI 合成主播"新小微",2019 年又推出站立式 AI 合成主播"新小浩"和首个 AI 合成女主播"新小萌",从坐着播新闻到站着播新闻,AI 合成主播的动作、语言、表达更加人性化,某种程度上虚拟主播的演进是现实主播发展与受众期待的统一。表达形式创新的目的是更好地呈现内容,通过具体的主播、产品、介质进行场景式、沉浸式、具身性的互动与传播。

形式和表达手段创新作为用户体验与交互创新的直接环节,代表了媒体智能化的趋势。但是,"人工智能技术在媒体形式维度的积极影响要显著大于在媒体内容维度的积极影响"[①]。媒体智能化中的形式创新固然具有积极意义,但从技术发展、用户视角和媒体融合逻辑等维度深度分析,可发现当前媒体智能化仍然属于体验式创新、差异化表达,如何在生产和表达中打造核心竞争力并将其转化为优势内容资源,实现媒体在新发展格局中的内容供需平衡,仍需要重点考虑。

(三)智能编辑部整合多元生产要素

媒体融合初期,"中央厨房"成为主流媒体变革内容生产体系的实践路径。"中央厨房"可以实现"一次采集、多种生成、多元传播",目的是在传统媒体和新兴媒体融合初期避免多端口内容生产造成的资源浪费,提高生产效率,汇聚策划、生产和传播的多样化资源。在媒体智能化的深度融合阶段,由内容生产各环节多样化的技术催生的智能编辑部则成为媒体提高生产效率的生力军,央媒及部分地方媒体均在生产机制和流程再造方面进行了尝试。2019 年,新华社"智能化编辑部"、央视网"人工智能编辑

---

① 浙江大学融媒体研究中心发布《2020 中国智能媒体使用研究报告》[EB/OL].(2020-07-01)[2021-04-21]. http://www.cmic.zju.edu.cn/2020/0701/c36015a2161306/page.htm.

部"以及人民日报社"AI智能编辑部"纷纷成立;地方媒体中封面新闻以21个智能产品为基础组建"智能编辑部",通过整合多元的媒介资源与生产要素,推进技术在内容生产环节的深度应用,从而打造智能化的内容生态系统。

技术驱动下,新闻生产流程的策划创作、联动采集、智能制作、算法分发、多元互动与智能审核突破了以往"中央厨房"中简单机械的生产环节。智能编辑部在"中央厨房"的基础上,将多样化的智能产品和智能应用汇聚于一个平台,赋予媒体内容生产以技术基因,强化的是内容生产基础上的产品生成,满足了"集约高效的内容生产体系和传播链条"这一深度融合的发展诉求与传媒政策逻辑。从"中央厨房"的集约化导向到智能编辑部的技术化驱动、产品化思维及智能化应用,媒体智能化内容生产机制逐渐形成,以产品运营逻辑实现了媒体资源的集约利用、共建共享、有效增值甚至产能输出。

三、技术作为支撑,塑造传媒智能结构布局

传媒的结构布局是媒体在内容生产的基础上,通过战略性或前瞻性的具体实践进行的策略调整或创新运营,目的是打破传统媒体时代的组织结构和发展模式,打造适应新技术发展和媒体深度融合的体制机制和运营模式,提高自身造血能力。媒体适应新技术、新环境、新政策实施的结构布局和战略调整,在智能时代显得更加重要。

(一)"人工智能+媒体"实践案例

智能技术影响下的媒体融合,在内容生产机制以上是媒体的战略结构调整和系统布局升级。我们选择技术领先的三大央媒和技术应用突出的地方媒体,考察技术应用在媒体结构调整中的作用。

1. 三大央媒领先营造智能生态体系

新华社和人民日报社在媒体智能化结构布局中具有相似性,都是与技术先进或资本雄厚的公司合作成立智能科技公司,并以市场机制布局智媒生态,提供多样化、成系统的智慧服务,通过提供各种解决方案与社会广泛合作(见表1)。

表 1　新华社与人民日报智能生态体系比较

	新华社	人民日报社
智能产品	媒体大脑 MAGIC	创作大脑
平台属性	智媒体融合平台	全媒体智能创作平台
所属机构	新华智云	人民日报智慧媒体研究院
服务形式及主要功能	智能媒资系统、短视频智能生产平台、游客短视频互动体系、会展赛传播和数据服务、金融内容视频解决方案等	全媒体融合解决方案、新闻大数据解决方案、智慧媒体解决方案、媒体矩阵号解决方案
合作企业	阿里巴巴	百度
合作形式	内容+技术+资本+服务	
主要目的	为宣传系统、媒体机构、企事业单位、融媒体中心等提供便捷、高效、智能的综合服务	

与二者不同,中央广播电视总台立足优势视频资源,提升视觉体验,深度开发互动方式,打造智能视听传播新场景。以"5G+4K/8K+AI"为全新战略格局,在央视春晚、高清直播、影像修复、互动视频等方面积极运用智能技术。与此同时,发力推进平台化建设,打造"央视频""云听"等移动视听智能平台,通过技术嵌入打造旗舰平台,聚合媒体资源与用户。

在构建智能媒体生态的过程中,三大央媒均以打造自主可控的媒体平台为切入点,将内容、数据、用户、企业、资本等多元化要素整合到平台中,形成以媒体内容为独家资源的运营形式,广泛开展社会合作,这不仅是在组织内部创新了业务板块的结构布局,也是在组织外部拓展多元业务的体现。通过智能化与平台化的布局,主流媒体以"资源集约、结构合理、差异发展、协同高效"①为原则,打造内部资源整合、外部广泛互动的全媒体传播体系,以机制创新的形式协调媒体内部各要素、媒体外部各资源的运行方式,提高资源利用效率,打造"一体化"发展的传媒生态体系。

2. 地方媒体强势突围提高竞争能力

抢占技术先机,突出差异化发展,是当下运营同质化加剧背景下媒体实现突围的有效路径。四川封面传媒以"智媒体"为定位,逐渐从内部的媒体融合阶段发展到外部多行业拓展、提供多元解决方案的智能化阶段;山东广播电视台闪电新闻客户端以"智库+AI+4K"的形式打造融媒体资讯平台,以客户端为依托,通过内容生产、多屏互动、视觉体验等逐步打造职能体系;浙报集团通过"媒立方"融媒体传播服务平台,在内容生产、渠道拓展和数据开发等方面逐步探索智能化发展;上海报业集团成立技术委员会,并与华为公司合作开发智能化项目,推进媒体深度融合。相对于中央级主流

---

① 中共中央办公厅 国务院办公厅印发《关于加快推进媒体深度融合发展的意见》[EB/OL].(2020-09-26)[2021-04-21].http://www.gov.cn/zhengce/2020/09/26/content_5547310.htm.

媒体,地方媒体在技术、资金、政策等方面不具备优势,但部分媒体仍然在技术浪潮中抢占发展先机,通过差异化定位和系统化战略,深挖内容资源,布局体系建设,逐步推进媒体智能化进程。

(二)数据价值驱动智媒产业创新

人工智能技术的基础是大数据技术,产业智能化的发展基础是产业数字化,只有正确对待数据资源、挖掘数据潜能、充分利用数据、推进数据价值转化,才能确保媒体智能化的方向不会有偏差。我们在前台看到的是媒体智能化的创新形态,后台则是海量数据采集整理和智能机器算法在发挥作用,中央广播电视总台央视网"积淀了200万小时的视频内容数据、1亿多名的用户行为数据、超过100个优秀的算法模型"[1],在人工智能编辑部的智能化重构下,为用户创造多元而个性化的视听体验。新浪鹰眼系统基于新浪用户数据和微博海量的社交数据进行热点预估与研判,从中发现新闻线索。以上提及的数据价值体现在内容生产环节,人工智能技术的介入让看似杂乱无章的大数据资源更有价值,而如何进一步利用数据资源变革传媒产业的商业模式和发展格局,则是更具现实意义的课题。

对于传媒产业创新而言,数据与媒体的连接更加紧密,信息时代我们需要通过数据时刻关注传媒产业环境和用户需求的变化。在推进数据赋能媒体的过程中,要将内容生产和用户消费结合起来,打造集内容数据、用户数据等于一体的数据分析平台,通过分析用户需求偏好、产业结构布局等趋势,寻找媒体智能表达新形态,进而生产出符合用户需求的智媒产品,重构媒体智能化产业链。智能化应用将带动媒体生产系统升级,应将媒体的数据动能提升至核心生产要素的高度,不断推进智媒产业创新升级。

媒体布局智能化内容生产体系,逐渐将内容生产转化为产业要素进行输出,未来泛内容生产体系将逐渐成为媒体新的盈利模式。这种以内容生产为主要表现,以数据驱动为核心动能,以产业结构调整为战略布局的新型盈利模式将逐步推动媒体智能化向媒体泛化转型。"智能时代的复杂巨系统在泛化连接的基础上推进物理世界和信息世界的交互与融合,从而实现了媒体泛化。"[2]媒体泛化将创新更多内容、打造更多形态、塑造更多场景,实现在更广领域内的应用和跨界融合。

---

[1] 央视网"人工智能编辑部"发布系列创新产品打造主流媒体"智慧+"引擎[EB/OL].(2019-12-25)[2021-04-21].http://news.cctv.com/2019/12/25/ARTIM4iPauPmzIOHHMGJ5KPV191225.shtml.
[2] 吕尚彬,黄荣.智能时代的媒体泛化:概念、特点及态势[J].西安交通大学学报(社会科学版),2019(5):114-120.

四、技术赋能媒体,助力传媒参与社会治理

2016年,习近平总书记在中共中央政治局第三十六次集体学习时指出,"随着互联网特别是移动互联网发展,社会治理模式正在从单向管理转向双向互动,从线下转向线上线下融合,从单纯的政府监管向更加注重社会协同治理转变"①。在这三重转变的指导下,媒体智能化的逻辑应该从治理智能技术向技术助力治理转变,使治理在本质上从"客体"转向"主体"。从智能技术的正面效应出发,媒体的社会治理模式,应该在社会总体框架内,通过智能技术引领主流价值、应对社会变化、助力社会发展、推进社会进步,从媒体治理到网络综合治理,再到国家治理,这是媒体作为社会多元主体参与国家治理体系和治理能力现代化进程的重要体现。

(一)政策引导:媒体借力技术拓展功能

人工智能技术之所以能够参与国家治理体系,与相关政策支撑密切相关。我国在政策层面不断深化认识,将人工智能作为推进经济社会发展的新引擎和新动能,逐渐从认识技术向利用技术发展,推进技术产业化和治理现代化。国务院在2015年发布《关于积极推进"互联网+"行动的指导意见》,将人工智能明确为"互联网+"重点布局的一个领域;2016年《"十三五"国家科技创新规划》将人工智能等技术作为引领产业变革的颠覆性技术;2017年《新一代人工智能发展规划》出台,正式将发展人工智能提升为国家战略。国家对人工智能的重视体现的是技术正逐步成为治国理政的生产要素和创新力量。2017年至今,"人工智能"已经连续四年被写入政府工作报告,"新兴产业""研发应用""智能产业""智能生活""智慧社会""智能制造"等一系列表述的变化,从"互联网+"到"智能+",反映着作为技术主体的人工智能从基础研发到深度应用的转变。

与传媒业相结合,人工智能技术也从具备基础性作用的技术要素升级为推动颠覆性变革的创新动能。2020年,《关于加快推进媒体深度融合发展的意见》进一步提出要以先进技术引领驱动融合发展,人工智能被界定为技术成果。在具体应用中,"智能"与"智能化"成为行业主管部门推进媒体融合技术应用与创新的体现。②

媒体参与社会治理的实践路径,需要在政策引导下落实具体的行动安排。在智能

---

① 中共中央政治局就实施网络强国战略进行第三十六次集体学习[EB/OL].(2016-10-09)[2021-04-21].http://www.gov.cn/xinwen/2016-10/09/content_5116444.htm.
② "智能"与"智能化"在《关于加快推进广播电视媒体深度融合发展的意见》中被提及多次,涉及内容供给、传播体系升级、版权保护、数据创新应用等多个部分。

技术与媒体融合发展双重驱动下,"智慧广电"成为典型示范,这对于我们理解政策具有重要价值。从理解技术、应用技术到研发创新形成产业、参与社会治理,技术赋能媒体拓展了媒体服务社会的功能,创新了社会治理的参与模式。

(二)空间智能:媒体参与智慧城市建设

互联网的发展推进了媒体融合与社会治理的空间化转向。"人类生存和发展的空间,由过去现实空间主导开始逐渐转向网络空间主导。人类社会进入全新的网络空间和现实空间融合与协同的新时代。"[①]在这一过程中,媒体智能化将从媒体自身格局转入社会发展体系,人工智能将转向空间智能。空间交互中的场景应用将逐渐成为社会发展和传媒变革的新环境,交通、医疗、教育、社区、政务等多元场景都将成为社会治理中智慧城市建设的方向。

空间智能不仅需要5G、大数据、传感器、云计算等前沿技术,而且需要移动化、智能化的应用产品。媒体参与智慧城市建设最为可行的方式就是嵌入智能应用产品,以优势内容、传播渠道、互动体验和服务模式拉近政府与民众的关系。虽然移动客户端并不是智能化产品,但它成为民众互联网应用、政府电子政务处理、媒体数据储备的新型空间。这种空间需要技术性、数据性和交互性,具备连接现实空间业务、网络空间数据和复杂用户行为的能力,未来将成为提高智慧城市精准化、科学化程度的必需渠道。

在智慧城市建设中,杭州、宁波、台州等率先尝试"城市大脑"建设,浙报集团等媒体广泛参与其中。"城市大脑"建设主要是从数字化、场景化、智能化的角度出发为民众提供多样化的智慧服务。

(三)数字治理:媒体助力治理模式升级

现实空间和网络空间的交互融合已经成为现实,但距离我们提到的空间智能还存在一段距离。对于媒体参与社会治理而言,空间智能的转向需要的核心要素仍然是数据。数字治理作为技术支撑,是智能传播时代政府必须掌握的治理路径。数字治理需要互联网思维、人工智能技术、丰富的用户数据资源,以及连接民众的互联网渠道,这些对于政府而言是弱项,对于经历媒体融合和数字化转型的智能媒体而言却是强项。

在数字经济市场环境下,媒体的数字化转型将成为未来媒体智能化的发展趋势。在数字化转型进程中,以智能技术为支撑,媒体凭借积累的数据资源和用户资源,能够实现高效收集、分析整理数据及人工智能运算等,为政府治理和社会服务提供精准解决方案。但这种治理模式仍然处于人工智能技术应用的初级阶段,数字治理需要的是

---

① 方兴东,钟祥铭.中国媒体融合的本质、使命与道路选择:从数字传播理论看中国媒体融合的新思维[J].现代出版,2020(4):41-47.

信息化支撑、精准化对接及高效化服务，这对于现阶段的媒体智能化而言是一个挑战。

《中共中央关于坚持和完善中国特色社会主义制度 推进国家治理体系和治理能力现代化若干重大问题的决定》将人工智能技术界定为推进国家治理体系和治理能力现代化的手段，由此可见，人工智能的技术属性和功能属性将发挥重要作用。媒体运用人工智能手段更加精准地助力社会治理，不仅是在"坚持和完善共建共治共享的治理制度"下发挥参与作用，也是在"建立健全网络综合治理体系"中承担主体责任。未来，以数据为核心，以技术为手段，构建起媒体参与社会治理的智能化模式，将为媒体融合的空间拓展和传统媒体的转型升级提供全新的发展空间。

五、结语

"十三五"时期是人工智能夯实基础层的关键时期，人工智能技术已经在社会层面催生了许多新产业、新模式和新业态，以改良性技术的形式嵌入社会各领域。"十四五"时期，随着国家战略和市场环境的双重影响，人工智能将迎来提质增效的稳定发展时期，人工智能技术将从"专用"向"通用"逐步演进，重构社会产业结构，推进社会数字化、智慧化转型。当下的人工智能技术在传媒业的应用是具体化、专业化的基础性应用，从内容生产的智能化改造，到传媒产业的智能化布局，再到社会治理的智能化拓展，人工智能技术从单纯的技术手段逐步发展为技术模式，推进传媒业战略调整和迭代升级。未来的技术赋能将在更深层次、更宽领域影响媒体的传播格局，人机协同、场景化、时空性、泛在化将是未来媒体智能化的趋势，未来的媒体融合也将从媒体智能化向智能传播转变，传媒业将打造一个互联互通、资源共享的生态体系。

社交媒体空间的著作权：
西方的研究视角[*]

◎ 朱鸿军　彭桂兵[**]

摘要：社交媒体空间中的著作权研究既有较强的现实意义又具理论价值，西方相关研究主要聚焦于社交媒体环境中的著作权认知变化、社交媒体作品类型、社交媒体空间新作品的可版权性界定、社交媒体空间许可使用和合理使用、社交媒体平台责任五个领域。对西方相关研究进行梳理，对我国相关研究有借鉴意义，为解决我国社交媒体空间著作权问题也能提供他者的参照。与此同时，西方相关研究也存在诸多不足，留待探讨的研究空间依然很大。

关键词：社交媒体；著作权；西方研究视角

研究社交媒体空间中的著作权，于当下有着较强的现实意义。目前社交媒体空间已成为各种著作权侵权的重灾区，并且不断为主流社会所关注。2019年4月10日，Twitter删除了特朗普在前一日发布的一段视频，因为该视频里有《蝙蝠侠：黑暗骑士崛起》的版权音乐。① 2019年10月4日，Twitter又删除了特朗普上传的一条视频，原因是该视频中插入了一段加拿大摇滚乐队Nickelback的音乐。② 2020年6月6日，Facebook、Instagram、Twitter同时删除了特朗普于6月3日发布的一段所谓向在警方实施

---

[*]　本文原载于《现代出版》2020年第4期，收入本书时有改动。
　　课题：国家社科基金重大项目"媒体融合中的版权理论与运用研究"（19ZDA331）；中国社会科学院创新工程项目"我国在线知识付费平台的运营模式与治理研究"。
[**]　朱鸿军，中国社会科学院创新工程首席研究员，《新闻与传播研究》副主编；彭桂兵，华东政法大学传播学院副教授。
　　华东政法大学传播学院叶晨鑫、吴基祥、张凤逸三位研究生对资料的获取作出了贡献。
① 苗涛.侵权蝙蝠侠！特朗普推特发竞选大片，配乐遭投诉[EB/OL].(2020-04-11)[2020-06-15].https://world.huanqiu.com/article/9CaKrnKjGrv.
② "推特治国"特朗普反被"治"：因侵权问题推特视频被删[EB/OL].(2019-10-04)[2020-06-15].https://baijiahao.baidu.com/s?id=1646441886034578146&wfr=spider&for=pc.

逮捕中被致死的乔治·弗洛伊德致敬的视频,原因同样是存在版权侵权问题,该视频发布未经版权人的授权。①

在我国,仅以微信空间为例,2015年2月1日,新华社连发三文——《微信公众号:"1人原创,99人抄袭",缘只为抄成"大号"挣钞票?》《原创者:面对"李鬼",只能一声叹息》《微信,你真的拿"抄袭"没办法?》,痛批微信著作权侵权现象;紧随其后,2月3日《人民日报》发表时评《别让"抄袭风"毁了微信平台》。社交媒体空间中的著作权研究同样有着较高的现实学术价值。根据初步研究,社交媒体环境中,不仅著作权的基础概念、著作权本体、客体和主体的内涵和外延会发生较大的变化,著作权的基本制度也需要被再认识和重新调整,且著作权立足的基础理论已被置于遭受质疑的境地。② 基于社交媒体空间著作权研究的现实意义和学术价值,我们在对其展开研究时自然会将目光平移至国外,尤其是西方发达国家的相关研究。总体来看,西方发达国家相关研究主要聚焦于如下方面。

一、随着社交媒体的兴起,对著作权的认知应发生相应的变化

佐治亚理工学院(GeorgiaInstitute of Technology)图形可视化与易用性(Graphics, Visualization & Usability, GVU)研究中心学者 Casey Fiesler、Jessica L. Feuston 和 Amy S.Bruckman 提及著作权法与在线互动的关系越来越密切。根据对八个具有不同媒体类型的在线社区中公共论坛帖子的内容分析,他们发现著作权是人们经常谈论的话题。在线互动平台上,利益攸关方经常相互竞争,这些利益相关者不仅包括著作权所有者和内容创建者,还包括技术设计师,技术的进步会加剧现有法律的混乱。③

早在 1983 年,底特律梅西大学(University of Detroit Mercy)法学院教授 Howard B. Abrams 就提出,支撑著作权制度本质和目的的一些前提是构成著作权法的成文法和判例的决定因素,如果著作权的基本哲学、价值和结构发生了变化,那么我们对于各种著作权纠纷的正确解决的理解也可能要变化。④ 进入社交媒体空间中,有较多学者对版权的正当性表达了担忧。James Meese 认为社交媒体中文化产品受众的地位提升重

---

① 刘皓然.又"杠上"了!因版权问题,推特删除特朗普竞选团队发布视频[EB/OL].(2020-06-06)[2020-06-15].https://world.huanqiu.com/article/3yXElIG7BRV.
② 朱鸿军.冲突与调适:微信空间版权正当性的反思[J].国际新闻界,2016,38(12):152-169.
③ FIESLER C, FEUSTON J L, BRUCKMAN A S. Understanding copyright law in online creative communities[C]// COSLEY D, FORTE A. CSCW'15:proceedings of the 18th ACM conference on computer supported cooperative work & social computing. New York:ACM,2015:116-129.
④ ABRAMS H B. The historic foundation of American copyright law:exploding the myth of common law copyright[J]. Wayne law review,1983(29):1119.

置了版权作品创作者与使用者各自的主体身份以及彼此之间的主体关系①,从而使版权制度的哲学根基从个人主义和功利主义转变为社群主义,版权作品创作者和使用者都是这一文化社群中的构成性要素,这才是作者权利和使用者权利的正当性依据②。以此观之,版权规制的根本合法性并不在于为创作者提供经济激励或人格保护,而在于保障人类文化创造的可持续性。③ 在主张开放网络版权的 Lawrence Lessig 看来,版权保护的核心是创造性思想,思想的一个必然特点是无竞争性,对它的使用和分享并不会减少它的数量,由此,他提出了公共版权和自由文化概念。④

此外,为应对社交媒体环境的特殊性,还涌现了有关版权正当性的新理论。社会规划理论的提出者 Neil Netanel 教授认为,版权法的制定应当有助于培育健康的、参与性的和多元化的公民社会。⑤ 为了达到这一目标,版权法应当扩大公共领域范围,如缩短版权保护期限、减少作者专有权利,扩大强制许可制度适用等,从而实现版权的生产性和结构性功能。用户权利理论主张者 Jessica Litman 教授认为,在版权法创造的法律生态中,如果版权法使用户承担过重的义务,则不能实现鼓励作者创作的目的,因此版权法给使用者带来的利益应当同作者及作品发行者持平。⑥ Julie Cohen 教授认为,在版权体系中,用户与作者的角色会发生转化,尤其是品位与才能均未最终形成的"情境化用户"⑦。

二、用户在社交媒体网站上生成的作品具有多种类型

社交媒体作为一种新型的传播媒介,在使作品内容传播渠道去稀缺化的同时,给作品内容产制模式带来了重大变化,出现了一大批新型的作品。为此,一些学者对社交媒体空间中的作品类型展开了研究。墨尔本大学法学院博士 Corinne Tan 提出社交媒体的四个特定类别是合作项目、博客、内容社区和社交网站。不同类型 UGC 的生产与特定的 UGC 发行平台相关联,通过软件平台(包括博客和播客存储库)进行在线分发。产品形式包括音频、图像、视频和多媒体产品,平台包括 Facebook、Pinterest、

---

① MEESE J. Authors, users, and pirates: copyright law and subjectivity[M].Cambridge,MA:MIT Press,2018.
② CARYS J C. Copyright, communication and culture: towards a relational theory of copyright law[M].Cheltenham and Camberley:Edward Elgar,2011.
③ CHRISTOPHE G,GIANCARLO F,OLEKSANDR B. Text and data mining in the proposed copyright reform: making the EU ready for an age of big data? [J].International review of intellectual property and competition law,2018,4: 814-844.
④ ADRIAN V, KARLAN P S, LESSIG L, et al. The supreme court, 2008 term[J]. Harvard law review,2009,123 (1):153-396.
⑤ NEIL W N.Copyright and a democratic civil society[J].The Yale law journal,1996,106:283-387.
⑥ LITMAN J D. Creative reading[J].Law and contemporary problems,2009,70(2):175-183.
⑦ COHEN J E. The place of the user in copyright law[J].Fordham law review,2005,74:347-374.

Twitter、YouTube、Tumblr 和 Flickr 以及公民新闻网站。①

OECD(经济合作与发展组织)科学技术和工业部的 Graham Vickery 和 Sacha Wunsch-Vincent 提到,OECD 对用户生成内容进行定义,认为其是由非专业人员利用非专业设施进行生产的、具备一定创新性和公开性的、被在网络上公开发表的劳动性创作内容。OECD 由此将 UGC 分为八类,分别是文本、图片、音频、视频、公民新闻、教育性内容、移动内容、虚拟内容。②

不同社交媒体网站上作品的主要类型有差别,但是整体上以视频、音乐、文章、照片为主。印度德里 Indraprastha 信息技术研究所(Indraprastha Institute of Information Technology Delhi, IIIT-D)学者 Swati Agrawal 和 Ashish Sureka 提出 YouTube 是互联网上最大的视频共享网站之一,数家音乐媒体公司、唱片公司、艺术家和乐队在 YouTube 上设有官方频道以推广其音乐视频。③ 南加州大学法学院法学博士 Eugene C.Kim 提出 YouTube 注重用户生成的内容,该网站上有音乐视频、体育要闻、新闻剪辑、电影摘录以及当季流行的电视剧集等内容。④ 密西根大学法学院学者 Truan Savage 提出,截至 2012 年 10 月,每天有超过 3 亿张照片被上传到拥有 10 亿活跃用户的 Facebook 上。2011 年,YouTube 的观看次数超过 1 万亿,每分钟有 72 个小时的视频被上传到该网站。超过半数的 YouTube 视频已被用户评级或评论,且在 Twitter 上每分钟有 700 多个 YouTube 视频被共享。Twitter 越来越受欢迎,积累了超过 1.4 亿名活跃用户。根据 Twitter 的资料,其平台上每天有超过 3.4 亿条"tweets"(Twitter 上的帖子)被创建。此外,维基百科被评为访问量排名第六的网站,它以 279 种语言提供了 1 800 万篇 UGC 文章的访问权。⑤

三、作品的可版权性标准随科技发展以及作品使用方式的增加而得以扩张

可版权性是判断作品是否有版权身份的重要依据。社交媒体空间中,新型的作品

---

① TAN C. Regulating content on social media[M].London:UCL Press,2018:20.
② VICKEERY G, WUNSCH-VINCENT S. Participative web and user-created content:Web 2.0 wikis and social networking[M].Paris:Organization for Economic Cooperation and Development (OECD),2007:18-20.
③ AGRAWAL S, SUREKA A. Copyright infringement detection of music videos on YouTube by mining video and uploader meta-data[EB/OL].(2013-12-16)[2020-06-15].https://www.semanticscholar.org/paper/Copyright-Infringement-Detection-of-Music-Videos-on-Agarwal-Sureka/7cfad1c1b784e0662617d54290c1b026c0ed450b.
④ KIM E C. YouTube:testing the safe harbors of digital copyright law[J].S. Cal. Interdisc. law journal,2007(17):139-171.
⑤ SAVAGE T. Avoiding the next napster:copyright infringement and investor liability in the age of user generated content[J]. Mich. Bus. & entrepreneurial L. review, 2015,2(4):261-292.

传播方式和大量新类型作品的出现,使得适用于传统媒体环境和 Web 1.0 环境中的可版权性标准的适用性成为新问题而被研究。美国学者 Pamela K.Mckenna 认为 1976 年《著作权法》的第 102 条概述了可版权性的条件。为了有资格获得这种保护,作品必须是原创的、固定在有形的媒介中,而不能仅是一个想法。尽管 1976 年《著作权法》没有定义"原创性",但立法历史表明,国会打算继续遵循联邦法院根据 1909 年法案制定的原创性标准:如果作品是艺术家的产物、是个人努力的结果,无须证明它是新颖的或独特的就可被认定是原创的,该原创性标准仅禁止实际复制。此外,国会可以授予有形艺术作品著作权,但不授予暂时性的、只有短暂期限的艺术作品著作权。1976 年《著作权法》第 102(b)节规定了著作权法的原则,即著作权保护仅扩展到对某个概念的特定表达,而不扩展到该思想本身,其使用了第二巡回法院和第七巡回法院的两个电子游戏案件的裁决,表明用作艺术表达媒介的新技术受此《著作权法》的保护。因此,即使创作者使用该法案制定时还不存在的媒介创作作品,其也将受到保护。[①]

国立研究大学高等经济学院(莫斯科)学者 Andrey Kashanin 讲到,俄罗斯的司法实践显示着一种趋势,即不同类型作品的独创性标准呈现多样化的趋势。如果受争议的是具有突出创造力的传统类型作品,那么法院将使用较低的著作权保护标准,仅提供独立创作的证据就足以使该作品受到著作权保护。然而,在处理新型创作成果时,法院通常会设定特殊的高标准,以原创性、新颖性和唯一性为条件考量其是否具有可版权性。[②]

欧洲专利局学者 Birgit Clark 根据汉堡法院的判决提出缩略图不具有可版权性,即未经著作权持有者许可,Google 公开展示图片的缩略图版本的行为不会侵犯原始作品的著作权,并且在缩略图中使用照片并不意味着创作了新作品。[③]

用户上传至社交媒体的原创内容的所有权归用户所有。杜克大学法学院法学博士 Ryan Wichtowski 认为,根据大多数美国社交媒体平台的服务条款和使用协议,用户可以保留其创作内容的所有权,因为用户仅向社交媒体平台授予非排他性许可。尽管非排他性许可证可以在用户对抗社交媒体平台时保护用户,但根据 1976 年的《著作权法》,这些许可证使社交媒体平台无法代表用户针对用户内容的侵权提出著作权侵权主张。由于著作权侵权案件诉讼的成本可能高达 200 万美元,普通社交媒体用户无法保护其内容不受侵害。为了解决这个问题,有学者提出,国会应修改《美国法典》第 17

---

① MCKENNA P K. Copyright ability of video games:stern and atari[J]. Loy.U.Chi.law journal,1983(14):391.
② KASHANIN A. Debates on criteria of copyrightability in Russia[J]. Russian law journal,2015(2):57-80.
③ CLARK B. Google image search does not infringe copyright, says Bundesgerichtshof[J].Journal of intellectual property law & practice,2010,5(8):553-555.

篇第501节,允许社交媒体平台针对侵犯其用户内容的用户提起著作权侵权索赔。通过这项修正案,国会将为社交媒体用户提供一种新的保护,同时确保用户保留对其所创建内容的所有权。①

四、社交媒体环境下对许可及合理使用的适用

(一)社交媒体中的著作权许可

随着网络技术的发展,默示许可制度的适用范围也在变化。其一是指著作权默示许可制度的出现和发展减少了当事人的交易成本,其二是它可在著作权人与使用人之间发挥利益调节作用。美国北卡罗来纳大学法学院的 John S.Sieman 就提出,互联网环境下灵活的默示许可原则的优势在于,它有能力在著作权法范围内为不能以任何其他方式有效运作的其他形式的使用创造可能。交易成本会大幅降低,在当事人可以指望其行为基于隐含的许可而被视为合法的时候,他们就可以更加肯定地采取行动。当行业习俗和广泛的公众依赖等都表明这种使用是符合著作权所有人意愿的时,默示许可原则就可以发挥普遍作用。②

社交媒体平台利用格式条款达成许可,被部分学者认为打破了协议双方的平等和平衡。美国哈佛大学法学院的 Michael E.Kenneally 对格式条款提出了质疑,他指出,在线下实践中,著作权人会使用相关技术手段,格式化合同所起的主要作用就是使得使用者需要事先履行著作权法之外的义务,在此合同要求下,使用者不得利用其他技术手段进行规避,并且需在同意相关合同规定的情况下使用作品。这种形式实际上造成了协议双方的不平等,绝对权与相对权的原则界限被模糊,协议条款所具备的实际法律效力已经不复存在。③

(二)社交媒体中的合理使用

首先,社交媒体的创作中,不具有独特表达目的的"二次创作"不被认为是受《著作权法》保护的合理使用行为。美国加州大学洛杉矶分校法学院教授 Neil W.Netanel 提到,合理使用案例法(Fair Use Case Law)给人们留下了不确定性,若被告出于同样的表达目的而高度创造性地将部分受著作权保护的作品合并在一起,那其是否符合合

---

① WICHTOWSKI R. Increasing copyright protection for social media users by expanding social media platforms' rights [J]. Duke law & technology review,2018(15):253.
② SIEMAN J S. Using the implied license to inject common sense into digital copyright[J]. NCL review,2007,85:885.
③ KENNEALLY M E. Commandeering copyright[J].Notre Dame L.review,2012,87:1179.

理使用的标准就很难确定。混搭、混音、同人小说、拼贴画和声音录音的数字采样通常与原始的用途相同。部分二次创作作品具有新颖的内涵，但大多数二次创作不具有独创性。似乎二级作品使用现有作品的部分素材作为原材料来构建一个非常不同的表达产品应该构成合理使用，即使没有不同的表达目的。①

其次，在社交媒体高速发展的背景下，关注合理使用中的"转换性使用"可刺激创作活性。在研究了 Cariou 诉 Prince 案后，美国加州伯克利大学法学院博士 Jonathan Francis 对实务中的"转换性使用"提出如下见解：自做出对艺术领域的著作权合理使用的第一份判决以来，法院一直在与艺术形式的概念作斗争。总之，司法机构所做的工作令人钦佩，往往通过对合理使用原则的空泛性理解，来实现《著作权法》的核心目标——促进艺术。关注转换性使用，对法官在考量第一个法定因素（使用目的和性质）时区分不同概念是非常有帮助的。②

再次，合理使用在社交媒体新技术下有其必要性，它可起到调和法律条文与现实情况的作用。美国美利坚大学（American University）传播学院学者 Patricia Aufderheide 和法学院学者 Peter Jaszi 就认为，在数字时代，原有法律对合理使用的规定凸显了法律的脆弱性与难以适用性。合理使用通过提供改变表达的机会彰显了法律的效用和灵活性，如果这种使用在有影响力的领域，例如新闻和学术领域——它就具有更强大的生命力。③

但也有学者指出，现行法律对合理使用的模糊规定，会让用户的实际操作存在一定的经济或诉讼风险，从而降低其创作热情。美国佐治亚理工学院的学者 Casey Fiesler 和 Amy Bruckman 指出，加深那些被迫参与合理使用的人对这个臭名昭著的、模棱两可的法律的理解，对决策者和社交媒体设计者都有好处。对于用户生成内容的网站来说，法律问题可能是棘手的业务，但能否处理好该问题影响着用户的去留。支付合理使用的模糊性带来的"不必要的"使用费，总比被起诉要好。然而，对于那些不知道如何借助正规媒体许可渠道的业余内容创作者来说，无论何种风险都只会使他们不再热衷于创意表达。④

对具体社交平台展开研究后，Casey Fiesler 认为 YouTube 的"著作权学校"是被侵权者必须观看的视频，如果他们认为自己的视频被错误地标记为"侵犯著作权的"，他

---

① NETANEL N W. Making sense of fair use[J].Lewis & Clark L.review,2011,15:715.
② FRANCIS J. On appropriation: Cariou v. Prince and measuring contextual transformation in fair use[J]. Berkeley technology law journal,2014,29:681-716.
③ AUFDERHEIDE P, JASZI P. Reclaiming fair use: how to put balance back in copyright[M].Chicago: University of Chicago Press,2018:26-32.
④ FIESLER C, BRUCKMAN A S. Remixers' understandings of fair use online[C]//FUSSEL S, LUTTERS W. CCSW'14 proceedings of the 17th ACM conference on computer supported cooperative work & social computing. New York: ACM, 2014:1023-1032.

们将借此知道如何进行反馈。然而,他也指出,采取行动可能是有风险的:"你可能会遇到很多麻烦,因为法律就是这样运作的。"更贴切的例子是维基百科,它在图片上传向导中运用了合理使用原则,具体表现为向上传者询问适当的信息,以表示图像使用的合理性。这不仅有助于解决法律上的模棱两可,而且将一些权利平行转移到二次创作者身上,因为他们能够先发制人地向原著作权人解释他们的创造性使用属于合理使用范畴。①

最后,在社交媒体高度发展的背景下,让合理使用原则得到更广泛的适用会更有利于社交媒体著作权的发展。美国托罗大学雅各布·D.富克斯伯格法律中心(Touro University Jacob D.Fuchsberg Law Center.)博士 Joseph Tromba 指出,合理使用原则自问世以来,对社会的艺术而言一直至关重要。现在比以往任何时候都更重要的是,随着著作权在互联网数字环境中的发展,合理使用原则变得更加清晰。因此,在提出要求时,应更加注重著作权所有人和二次创作者在使用原作时的诚信基础。此外,应当更加关注新作品是否促进了原作品并使作品或作者受益,应当广泛地拓展合理使用范畴,以便使所有人都能得到著作权保护。② 澳大利亚斯威本科技大学(Swinburne University of Technology)法学院讲师 Ezieddin Elmahjub 和昆士兰科技大学(Queensland University of Technology)法学院副教授 Nicolas Suzor 认为,为了更好地保护合理使用的正当性,可将私人财产纳入著作权保护的范畴中。他们指出,司法为打破目前以实质性著作权改革为特征的政治僵局提供了一些指导。在我们无法用数据评估潜在改革——例如引入合理使用——对著作权平衡的实质性影响的情况下,对现有案例的分析是有用的。特别是,应该限制著作权所有者的财产权,以便确保二次创作者的更多权利,即引入广泛的、无限制的合理使用保护措施。③

五、社交媒体著作权责任分析

传统媒体环境中,广大出版社、报刊社、广播电视台等媒体的内容把关,过滤和清除了大量的侵权内容。社交媒体环境中,人人都可以不经过传统的专业建制化媒体的把关而直接公开传播内容,巨量的侵权内容也随之蔓延肆虐。面对此种情形,提供内

---

① FIESLER C. The chilling tale of copyright law in online creative communities[J]. XRDS:Crossroads, the acm magazine for students,2013,19(4):26-29.
② TROMBA J. Is fair use actually fair in the digital age for good-faith creators:a call for a broader interpretation of the fair use doctrine in the digital age[J]. Touro L.Review,2017,33:1283.
③ ELMAHJUB E, SUZOR N. Fair use and fairness in copyright:a distributive justice perspective on users' rights[J]. Monash UL review,2017,43:274.

容分享的平台商被赋予了更多的责任和期待。① 社交媒体平台在版权侵权中有无责任、有哪些责任、责任的边界在哪等问题,自然成为大家所关注的热点话题。

(一)社交媒体平台对侵害著作权有无责任

对于社交媒体平台是否需要承担责任、承担怎样责任的问题,国外学界和司法实践中存在一些差异,引发了学者的讨论。学界大多认为社交媒体平台拥有推卸不了的责任和义务,但实践中有不同的判例,甚至有法院认为社交媒体平台不承担任何责任。

美国密歇根大学法学院 Truan Savage 博士在著作权侵权责任领域进行研究,把侵权责任人分为直接侵权人和次要责任人。如果第三方(社交媒体平台)未经许可行使著作权所有者的任何专有权,则第三方承担直接侵权责任。当第三方协助直接侵权人的行为时,就会产生所谓次要责任。次要责任的形式有替代责任和分担责任两种。根据替代责任理论,第三方可能对直接侵权者的行为负有一定责任,因为第三方对其进行了一定程度的授权。分担责任基于侵权法原则,用第九巡回上诉法院的话来说,"源于一个观点,即直接为另一方的侵权作出直接贡献的观念应受到追究"。故用户著作权受到侵犯时,社交媒体平台可能会承担直接侵权责任或次要责任。②

波士顿大学法学院 Stacey Dogan 认为,在相关司法案件中,网络服务提供者需要对以下两种情形承担证明责任,一是在间接侵权诉讼中"没有为他人非法侵权提供帮助",二是在间接诉讼中"没有以直接或间接形式诱使他人侵权犯法"。网络服务提供者主要负责提供网络传播渠道,因此在相关案件中可以依据技术中立原则持免于承担责任的立场。虽然在具体的实践操作中,技术中立原则并不能使网络服务提供者完全免于承担责任,但至少在一定程度上给予裁判者一个新的判决角度,能使裁判者做出更加实事求是的、经过全面考量的判决。③

在实践中,意大利巴西利卡塔大学(University of Basilicata)副教授 Giuseppe Colangelo 和博科尼大学(Bocconi University)副教授 Mariateresa Maggiolino 具体分析了 Google France 诉 Louis Vuitton 和欧莱雅诉 eBay 案。欧洲法院阐明了一些网络服务提供者应承担的责任:如果非法活动是由第三方即网络服务提供者的用户产生的,而网络服务提供者仅是技术性地提供服务,则其免于承担任何责任;但如果网络服务提供者控制了非法信息,其应该承担相应责任。根据《电子商务指令》和欧洲法院判例法,社交媒体平台仅在知道非法内容存在的情况下才承担责任。但是,社交媒体平台不承

---

① 朱鸿军.社交媒体空间的著作权侵权与平台商的把关补位机制研究[J].科技与出版,2020,36(6):134-140.
② SAVAGE T. Avoiding the next napster: copyright infringement and investor liability in the age of user generated content[J].Mich.Bus.& entrepreneurial L.review, 2015(4):261.
③ DOGAN S. The role of design choice in intellectual property and antitrust law[J]. Colo.technology law journal,2016, 15:27.

担监视其传输或存储的信息的一般性义务,也不承担积极追踪非法活动的义务。①

在比利时,一个代表作曲家的机构 Sabam 对 Scarlet 和社交媒体平台提起诉讼,迫使 Scarlet 安装过滤软件,以限制用户通过 Scarlet's network 传输和共享受著作权保护的音乐。Scarlet 辩称,安装过滤器将违反电子商务指令。Scarlet 只向客户提供互联网接入渠道,不提供文件共享或下载等其他服务。法院驳回了这一论点,并判令 Scarlet 安装过滤软件,以便识别和阻止用户访问受著作权保护的音乐。法院进一步指出,安装过滤器只是为了过滤通过 Scarlet 网络传输的某些信息,这不违反一般禁令或监督义务。法院的裁决表明,网络服务提供商有法律责任和技术能力处理通过其网络传播的侵权材料。

哥伦比亚大学法学院 Jane C.Ginsburg 教授和 Luke Ali Budiardjo 博士对美国杂志《完美十》诉亚马逊案进行分析,该案中 Google 将原告的网站内容存储到自己的网站上,并以缩略图形式呈现。初审法院认为被告的缩略图侵犯了原告的著作权,但链接行为没有侵权。第九巡回上诉法院认为链接和缩略图都不侵权,认为 Google 的缩略图是合理使用,推翻了初审法院的认定。该案件为之后类似案件指明了方向,即除非被告"存储并提供"链接所指向的受著作权保护的材料,网络服务提供者提供任何类型的超链接(不论是简单链接还是深层链接)都不会造成直接侵权。但是,该做法可能忽略了其他不良后果。

在实践中,有些法院认为社交媒体平台无须承担任何责任。伦敦大学法学院的 Marc Mimler 在对德国表演者权利收集组织(GEMA)诉德国电信公司案的分析中指出,德国表演者权利收集组织称电信公司为客户提供了网络访问服务,该网站提供了指向"共享主机"的链接和 URL 的访问权,这些链接和 URL 中的音乐作品未经相关权利人的授权而被上传,从而侵犯了他们的权利。类似的案件不止一起,但是地方法院和高等法院都没有支持原告的诉求,法院认为互联网访问提供商不构成主要侵权人,因为它们既不是侵权者也不是侵犯著作权的参与者。② 但是,一篇牛津大学出版社发表的文章指出,德国的法院对待类似案件持不同的态度。汉堡一审法院审理的另一起相似案件,就裁定未经著作权所有人许可,Google 搜索展示原作品的缩略图即构成对著作权的侵犯。德国联邦最高法院则裁定 Google 的缩略图不构成侵犯著作权,网站所有者并未使用所有可用的技术手段来阻止搜索引擎对其著作权材料进行索引。③

---

① COLANGELO G, MAGGIOLINO M. ISPs' copyright liability in the EU digital single market strategy[J]. International journal of law and information technology,2018,26(2):142-159.
② MIMLER M. First things first: German Federal High Court provides guidance on ISP liability in online copyright infringement cases[J]. Journal of intellectual property law & practice,2016,11(7):485-489.
③ CLARK B. Google image search does not infringe copyright, says Bundesgerichtshof[J].Journal of intellectual property law & practice,2010,5(8):553-555.

(二)平台对侵权作品有无审查义务(注意义务、安全保障义务)

美国杜克大学法学院博士 Ryan Wichtowski 指出美国的社交媒体平台强调对用户权利的保护。以 Facebook 为例,其保留删除内容的权利,即用户若违反 Facebook 的条款政策、发布侵害他人权利的信息,Facebook 就可以采取任何行动来应对侵犯著作权的行为。用户将其发布的内容以非排他性许可的形式授权给平台,平台就在某种程度上具有保护用户权利的义务,其中包括对非法侵害著作权行为的审查义务。同时,作者提出可以赋予社交媒体平台对侵犯用户著作权行为提起诉讼的权利,进一步解决著作权保护方面的矛盾。①

以色列海法大学(University of Haifa)法学院 Niva Elkin-Koren 认为,在线信息的自由流通对于个人自由和公民自由至关重要,因为数字生态系统已成为人际、社会、经济和政治互动的基础。社交媒体平台要想获得豁免权,应履行其义务,并确保用户发布内容、访问内容、行使许可使用(例如合理使用)及其公民自由的权利,也就是要履行一定的审查义务。② 欧美法律中的一般审查义务免责条款[欧洲议会与欧盟理事会关于电子商务的法律保护指令(2000/31/EC)],也仅规定了网络接入和信息传输服务、缓存服务和存储服务三种服务不适用免责条款,即社交媒体平台若在这三种服务之外没有尽到审查义务,将承担侵权责任。

意大利巴西利卡塔大学副教授 Giuseppe Colangelo 和博科尼大学副教授 Mariateresa Maggiolino 对巴黎大审法院审理 L'Oreal 诉 eBay 一案进行分析,认为首先需要对 eBay 案进行责任认定。作为网络拍卖平台,eBay 提供多种网络服务,理应对其服务进行定性分析:在提供信息数据和产品交易数据时,其提供的是信息存储服务;在进行产品出售和广告宣传时,其提供的是信息传播服务。提供服务的形式不同,其所应承担的责任、义务也有差别。该案中,法院认为 eBay 提供的信息存储服务符合《欧盟信息社会指令》(EU Information Society Directive)第 14 条所列的豁免,但其提供的拍卖信息优化和促销服务使销售信息成为已知的,此行为应受到控制,这使得该公司产生注意义务。③

---

① WICHTOWSKI R. Increasing copyright protection for social media users by expanding social media platforms' rights [J].Duke law & technology review,2018,15:253.
② ELKIN-KOREN N. After twenty years:Copyright liability of online intermediaries[M]// FRANKEL S, GERVAIS D. The evolution and equilibrium of copyright in the digital age. Cambridge:Cambridge University Press,2014:29-51.
③ COLANGELO G, MAGGIOLINO M. ISPs' copyright liability in the EU digital single market strategy[J].International journal of law and information technology,2018, 26(2):142-159.

(三)社交媒体平台对侵犯著作权行为的救济措施

相关学者和研究人员都提出使用新兴互联网技术来帮助社交媒体平台履行审查义务或预防著作权侵害行为。香港中文大学法学博士 Danny Friedmann 认为,拥有大量数据的平台(如阿里云平台、百度搜索引擎等)最适合通过人工智能技术来监测侵权行为。这将会对中国薄弱的避风港规则产生致命打击,也意味着平台的过滤能力将不断得到加强,平台将承担更多的审查义务。[①] 印度德里 Indraprastha 信息技术研究所 Swati Agrawal 和 Ashish Sureka 认为,尽管 YouTube 制定了一些政策、实施了一些措施来打击侵犯内容著作权的行为,但 YouTube 还是有大量侵犯著作权的内容。他们通过提取挖掘视频以及上传者元数据来自动检测侵犯著作权的行为,能够以 75%的准确率来区分原视频与盗版视频。他们还指出,上传者的个人资料信息对于检测违规视频很有帮助,但不是可靠的识别原视频的指标。[②]

现代著作权史在一定程度上就是一部信息传播技术发展史。正如美国著名版权专家保罗·戈斯丁所言,版权乃技术之子。[③] 从人类著作权的演变历史看,每一次重大的信息传播技术变革都会带来著作权秩序的重大调整。在以数字交互技术为代表的 Web 2.0 时代,新兴媒体技术成为根本的驱动力。新兴媒体技术与传统媒体技术有着本质上的不同,与 Web 1.0 时代的互联网技术相比也有着重大的迭代更新。基于此,主体建基于传统媒体环境和根据 Web 1.0 时代特征进行调整的现代版权秩序,在进入 Web 2.0 时代的社交媒体环境后,自然会出现较大的不适应。这样的理论推演结果,也在西方发达国家中得到了印证。在"人人皆可产制和传播内容"的社交媒体环境中,内容版权乱象在西方发达国家中也很突出,西方学者也对此做了较多研究。这些研究主要侧重于著作权认知、著作权作品类型、著作权身份判定、许可使用、平台商的责任五大方面。这些研究中有大量成果值得国内的相关研究和治理实践借鉴,如对社交媒体环境中版权正当性的再认识,社交媒体中新作品可版权性标准的调适,社交媒体环境中合理使用的调整,社交媒体平台商在版权侵权中的责任界定,等等。以上也是国内相关研究领域关注的焦点。

此外,西方相关研究并不和人们期待的一样值得称道,其也存在很多不足:一是研究成果滞后于实践,一般都是在实践问题发生后才出现针对性研究,并且经常出现研

---

① FRIEDMANN D. Oscillating from safe harbor to liability:China's IP regulation and omniscient intermediaries[M]//FROSIO G. The Oxford handbook of online intermediary libility.OUP:Oxford, 2020:277-294.

② AGRAWAL S, SUREKA A. Copyright infringement detection of music videos on YouTube by mining video and uploader meta-data[EB/OL].(2013-12-16)[2020-06-15].https://www.semanticscholar.org/paper/Copyright-Infringement-Detection-of-Music-Videos-on-Agarwal-Sureka/7cfad1c1b784e0662617d54290c1b026c0ed450b.

③ 戈斯汀.著作权之道:从谷登堡到数字点播机[M].金海军,译.北京:北京大学出版社,2008:22.

究成果因新的实践情况的变化而很快过时的现象;二是权威成果不多,大量论文成果出现在一般刊物上,较多研究属于就事论事的案例研究,在学理层面进行回应的研究太少;三是系统性研究不足,专著类成果很少;四是创新性研究较少,大多文献集中于对著作权立法司法领域作品类型、独创性、许可权利、合理使用、社交媒体平台责任等的研究,对于社交媒体中的新闻聚合、人工智能、二次创作等相关的著作权问题触及程度不深,特别是对社交媒体中著作权的交易和管理研究、著作权的技术保护创新性研究的成果并不多。由此可见,社交媒体空间的著作权问题,虽然在实践研究中亟待解决,其所涉及的著作权理论影响也广泛而深远,但总体看,这依然是一个新兴且难度较大的研究领域,可供探究的研究空间很大。

当阅读遇上智能技术：
数字时代内容出版的机遇与挑战[*]

◎ 沈 浩 元 方[**]

摘要： 在数字时代，受众的阅读习惯发生了改变。媒体面临着与其他互联网内容直接竞争，以及信息超载和质量下降的局面。在这样的前提下，内容出版机构既面临新技术带来的新机遇，也面临新时代带来的新挑战。梳理这些机遇和挑战，可以发现内容出版行业未来需要颠覆性的变革，而这种变革可能借由区块链和价值互联网而实现。

关键词： 内容出版；数字出版；人工智能；区块链

印刷机的发明促进了知识的传播，自从印刷媒介出现后，出版就成为人类文化知识发展和传播的基础。但是，1983 年现代互联网的基础 TCP/IP 通信协议出现，此后几十年中，信息和通信技术发生了巨变，技术带来了信息数字化，而数字化渗透了人类生活的各个角落，给各个行业带来了翻天覆地的改变。媒体和新闻出版行业自然也难以从这场变化中独善其身，我们看到，报纸似乎开始消亡，图书也在向数字化的方向发展，位于文化产业核心的出版业正面临关键的转折点。

一、技术改变受众阅读习惯

在大众媒介的时代，无论是在受众注意力还是广告资源上，媒体都几乎没有外部的竞争者，因此，媒体效果的衡量指标相对单一，集中于订阅数量、收听率和收视率等。然而，随着数字服务提供商的兴起，消费者把大部分闲暇时间都花费在互联网上，新闻

---

[*] 本文原载于《现代出版》2020 年第 2 期，收入本书时有改动。
[**] 沈浩，媒体融合与传播国家重点实验室（中国传媒大学）研究员，中国传媒大学新闻学院教授、博士生导师；元方，中国传媒大学协同创新中心 2016 级博士研究生。

媒体、出版机构、娱乐业、科技公司、社交网站等不同主体开始争夺同一块注意力资源，这种争夺从个人电脑发展到移动互联网。玛丽·米克尔的《互联网趋势 2019》显示，2010 年至 2018 年，受众每天阅读报纸的时间从 25 分钟减少到 12 分钟，减少了一半以上，而阅读杂志的时间从 24 分钟减少到 15 分钟，减少了 38%。① We Are Social 和 Hootsuite 联合发布的《2019 全球数字报告》指出，2019 年全球有 43.9 亿互联网用户，34.8 亿社交媒体用户，他们平均每天在互联网上花费的时间为 6 小时 42 分钟。② 根据中国互联网信息中心（CNNIC）2019 年 8 月发布的第 44 次《中国互联网络发展状况统计报告》中的数据，截至 2019 年 6 月，中国网民数量达到 8.54 亿，人均周上网时长为 27.9 小时。③ 2019 年 4 月，中国新闻出版研究院发布的《第十六次全国国民阅读调查报告》显示，超过半数成年国民倾向于数字化阅读方式，倾向纸质阅读的读者比例下降。我国成年国民的网上活动以阅读新闻、社交和观看视频为主，娱乐化和碎片化特征明显，深度图书阅读行为的占比偏低。④ 互联网的数字内容成为受众主要的信息来源，越来越多的人开始从网络中获取信息，这使得阅读行为日趋碎片化，媒体内容与其他内容直接竞争。新闻、社交、视频、游戏等各种不同来源、不同类型的内容正在争夺受众的金钱和时间的支出分配。现在，新闻媒体将互联网视为其组织的自然扩展。⑤ 数字化改变了媒体机构的组织结构和新闻出版行业的实践，包括内容生产过程、内容产品以及产品向终端用户的传播过程。传统的媒体—受众模式被打破，在互联网上，任何人都可以生产并自行发布内容。早期的个人主页还需要发布者掌握一定的计算机技术，博客等成熟的应用则降低了个人发布者的技术门槛，任何人都可以注册账户后发布内容。随着推特、微博等社交化媒体的出现，发布难度进一步降低。平台降低了技术难度，碎片化内容降低了思考难度。对受众来说，如何识别出自己真正需要的优质内容也成了一个重要问题。对此，当前主要依赖编辑的人工选择、个性化算法推荐和社交共享等。这样的变化也改变了信息分发的基础。在印刷时代，内容不发表在报纸或者杂志上就几乎不会被人阅读到；而在互联网时代，"发布"只是第一步，相互联系和依赖病毒传播的社交网络使我们进入了一个"富者愈富"的世界。新闻媒体行业发现，他们正面临着一场激烈的竞争，这场竞争的目标是获得更多的个体

---

① Internet Trends 2019[EB/OL]. (2019-06-11)[2020-03-05]. https://www.bondcap.com/report/itr19/.
② Global Digital Report 2019[EB/OL]. (2019-01-18)[2020-03-05]. https://wearesocial.com/global-digital-report-2019.
③ CNNIC 发布第 44 次《中国互联网络发展状况统计报告》[EB/OL].(2019-08-30)[2020-03-05]. https://tech.sina.com.cn/i/2019-08-30/doc-iicezzrq2166612.shtml.
④ 数字化阅读渐成主流，成年人日均"触屏"近 85 分钟[EB/OL]. (201904-17)[2020-03-05]. http://www.xinhuanet.com/book/2019-04/17/c_1210110954.htm.
⑤ PASKIN D. News publishing across platforms: gatekeeping for print, web, Facebook and Twitter[J]. Newspaper research journal, 2018, 39(4): 376-388.

用于信息消费的时间和可支配收入,而带来这种竞争的,正是数字化。

二、内容出版的数字化时代

"出版"这个词本身其实并不和介质相关联,在对它的定义中,不会出现"印刷"或者"纸张"这样的词汇。① *Merriam-Webster* 词典对该词的解释是"文学、信息、音乐唱片或艺术商品化生产和发行的行业或专业"②。"数字出版"这个词现在给人的第一印象可能还是以数字化方式呈现的书籍和报纸等印刷品,但是随着越来越多的内容都以数字化方式出现,"数字出版"一词可能会成为"出版"本身,在更广泛的层面上表示将内容发布到数字化媒体的过程,以及在发布过程中使用的设计、编辑、内容管理和内容分发平台与技术。这是一个融合的概念,我们可能不再需要区分报纸出版、图书出版、期刊出版,而是将它们统一为"内容出版",这里的"内容"代表了一切可以数字化的信息,不只文本,也包括跨媒体的更丰富的内容。数据同样可以反映媒体数字化的趋势,世界报业和新闻出版协会(WAN-IFRA)发布的《2019年世界新闻趋势》显示,2019年所有新闻收入的增长都来自数字出版。③ 对很多新闻出版机构来说,2019年是付费订阅成为主流的一年。《纽约时报》公布的 2019 年第四季度及全年业绩报告显示,其订阅总数超过了 525 万,其中仅数字订阅数就净增超过 100 万,全年数字收入超过 8 亿美元。④ 同年,《华尔街日报》数字订阅数首次突破了 200 万,它的出版商道琼斯公司宣布 2019 年第四季度数字订阅量的增长率为 17%,数字化业务占消费者流通收入的 57%。⑤

图书也受到数字化的深刻影响。从亚马逊公司 2007 年推出第一代 Kindle 阅读器,到亚马逊成为一个自助出版平台,科技一直在推动数字化书籍的发展。在数字自

---

① 6MICHAEL D S. Publishing in the era of fake news[J]. The journal of the American dental association, 2019, 150 (1): 1-2.
② Publishing | Definition of Publishing by Merriam-Webster[EB/OL]. [2020-03-05]. https://www.merriam-webster.com/dictionary/publishing.
③ World Press Trends 2019[EB/OL]. (2019-10-28)[2020-03-09]. https://www.wan-ifra.org/reports/2019/10/28/world-press-trends-2019.
④ The New York Times Company Reports 2019 Fourth-Quarter and Full-Year Results and Announces Dividend Increase[EB/OL]. (2020-02-06)[2020-03-09]. https://investors.nytco.com/press/pressreleases/press-release-details/2020/The-New-York-Times-Company-Reports-2019-Fourth-Quarter-and-Full-Year-Results-and-Announces-Dividend-Increase/default.aspx.
⑤ News Corp Announces Record-Setting Subscriber Performances at Dow Jones and The Wall Street Journal[EB/OL]. (2020-02-07)[2020-03-10]. https://newscorp.com/2020/02/07/news-corp-announcesrecord-setting-subscriber-performances-at-dow-jones-and-the-wallstreet-journal/.

助出版平台问世之后,可供消费者使用的新书数量几乎翻了一番①,学术出版行业也在积极迎合开放式出版。

根据《2018—2019中国教字出版产业年度报告》,2018年国内数字出版产业整体收入规模为8 330.78亿元,比上年增长17.8%。2019年12月31日,国家市场监督管理总局(国家标准化管理委员会)批准发布了《新闻出版知识服务系列标准》(7项,GB/T38376-2019~GB/T38382-2019),此前,2019年7月国家新闻出版署批准发布的14项行业标准中也有10项属于数字出版行业,涉及多个领域,促进中国数字出版产业实现规模化和标准化。

毫无疑问,媒体和出版行业发生了变化。印刷读物开始逐渐脱离公共空间和受众的视线,星巴克开始与《华尔街日报》《西雅图时报》和《洛杉矶时报》等媒体合作,当顾客连接到店内无线网络时就可以免费访问这些报纸的数字新闻。② 但是,这并不意味着阅读新闻的行为消失了,行为随着技术的发展而发展。建立和维护受众习惯是出版机构一直关注的事情,出版机构在信息传播过程中和曾经一样重要,只是需要了解受众不断变化的需求,并设计出最能满足这些需求的产品。

三、以个性化为中心的智能技术

如前所述,在互联网和媒体融合的语境下,对注意力资源的抢夺变得尤为重要。许多研究者开始将信息时代描述为"注意力经济时代",在其中吸引受众是实现经济、社会或政治目标的先决条件。③ 媒体环境的改变很大程度上重新配置了受众使用媒体的方式、时间和地点,这些变化的核心是两个关键现象:媒体/受众碎片化和受众自治。④ 前者代表传统意义上的"大众"的瓦解,无论是媒体内容还是受众偏好,多样化都导致了碎片化的出现,"长尾效应"越来越明显。后者则指在媒体与受众的互动关系中,受众对这种互动关系控制性的日益增强。这些现象破坏了传统媒体的运营模式,传统媒体对受众的了解多基于抽样调查或者对面板数据的分析,但若想让样本提供长尾信息就需要巨大的样本量,这带来了超高的执行难度和执行成本,而受众控制

---

① PEUKERT C, REIMERS I. Digital Disintermediation and Efficiency in the Market for Ideas[J/OL]. SSRN electronic journal, 2018[2020-03-06]. https://www.econstor.eu/bitstream/10419/176899/1/cesifo1_wp6880.pdf.
② Starbucks, No Longer Selling Print Newspapers in Stores, Now Offering Free Digital Access to Several Newspaper Websites[EB/OL]. (2019-10-01)[2020-03-10]. https://www.chicagotribune.com/business/ct-biz-starbucks-newspapers-free-digital-access-20191001apvlhfojuzhh5htsoehfolmlmy-story.html.
③ WEBSTER J G, KSIAZEK T B. The dynamics of audience fragmentation: public attention in an age of digital media [J]. Journal of communication,2012,62(1):39-56.
④ CHAMBERS T. Audience evolution: new technologies and the transformation of media audiences[J]. Journal of communication,2011,61(4):E1-E4.

力的增强则提升了他们避免广告的能力,这有力增强了受众对媒体消费过程的破坏性影响。① 因此,媒体和出版机构需要新的途径和方式了解和评价受众,为了广告商也为了他们自己。

数字化的一大优势是促进了可分析资料的累积。对纸质报纸和书籍来说,受众的阅读行为是无法被获取的,而在线阅读不一样。访问、注册、登录、阅读、分享、评论等一系列行为都会留下数据记录,而相关分析技术的发展又提供了对这些记录更多的探索可能。数据分析成为一种理解受众的方式,在路透社发布的报告《新闻、媒体和技术趋势与预测 2020》中,2020 年新闻编辑室最关注的人工智能应用在于更有效的推荐系统,其次是其商业用途,例如使用人工智能定位潜在的订阅用户并优化付费专区。② 出版市场研究公司 State of Digital Publishing 也表示重新关注受众的需求是 2020 年主要数字出版趋势的核心,这意味着出版商需要通过受众想要的渠道为受众提供想要的内容服务,并通过提高受众忠诚度和提供更令人满意的体验将其货币化。③ 这些目标都依赖于对受众数据的深入分析,我们可以把媒体和出版机构中应用分析的主要思想概括成以受众为中心,以内容为基础,以数据科学和人工智能的建模分析技术为工具,以个性化为目标。对受众进行个性化建模能够帮助出版机构深入了解受众,建立起受众行为和偏好模型,这些洞察既能指导出版的策划和选题,又可以帮助营销和推送,为受众提供个性化内容和更好的交互式体验。统计数据也表明,个性化的营销活动具有更高的参与度和投资回报率。麦肯锡公司的报告显示:"个性化可以将购置成本降低多达 50%,将收入提高 5% 至 15%,并将营销支出的效率提高 10% 至 30%。"④

(一)受众个性化分析的三个方面

受众行为:web 分析中有一系列经典的指标可以用来衡量用户行为,通常以访问次数、时长等为基础,可以按照受众类别(新的或留存的)、内容类别、时间标志、位置等不同维度进行钻取以得到更细化的行为描述。

受众兴趣:识别受众的内容兴趣,如果说受众行为描述的是有多少人访问了某个数字出版物,那么受众兴趣分析可能会告诉出版机构其中多少人喜欢阅读烹饪相关的内容。与之相关的一个重要问题是首先需要识别内容的主题,一些智能技术就可被用

---

① NAPOLI P M. Audience evolution and the future of audience research[J]. International journal on media management,2012,14(2):79-97.
② Journalism, Media, and Technology Trends and Predictions 2020[EB/OL]. (2020-01-01)[2020-03-03]. http://www.digitalnewsreport.org/publications/2020/journalism-media-and-technology-trends-andpredictions-2020.
③ 2020 Digital Publishing Trend[EB/OL]. (2020-03-13)[2020-03-20]. https://www.stateofdigitalpublishing.com/features/digital-publishingtrends/.
④ Marketing's Holy Grail: Digital personalization at scale[EB/OL]. (2016-11-01)[2020-03-09]. https://www.mckinsey.com/businessfunctions/mckinsey-digital/our-insights/marketings-holy-graildigital-personalization-at-scale.

来进行内容管理。例如,文本分析技术可以自动从媒体内容中提取元数据,并对内容进行分类和主题提取,针对视频和语音的相关技术也能够处理更多跨媒体内容。在得到受众的兴趣主题后,就可以在更高水平上进行推荐。

受众细分:根据属性把受众划分成小群体,可能用来细分的指标可以包括前述相关的行为和兴趣数据,以及来源渠道、地理位置、人口统计学资料等。如果识别出对一组受众来说非常重要,但对另一组受众而言不太重要的内容或产品偏好,就可以通过产品设计实现差异化营销。不过,随着媒体分析和营销能力的提高,受众细分的程度可能也会提高,具有针对性的群体越来越多,群体中的个体越来越少,最终每个受众都可被视为一个细分群体,达到个性化的最终形态。

将这三方面结合起来,形成一个整合的平台,出版机构可以在其中查看完整的受众360度视图,分析消费者的行为和兴趣并在这些数据的基础上实现细分,然后从中发现机会,例如探索新渠道、向上销售或者关注优质内容。对受众的了解可以为出版机构组织数据策略和盈利模式提供依据,从而实现高度相关的内容分发和广告定位。

(二)将分析应用于媒体工作流程

内容出版机构正在将受众数据整合到自己的工作中。《卫报》创建了名为Ophan的受众数据实时分析系统,这个系统可以按照不同的属性细分受众并检索数据,包括时间、区域、设备、浏览器、国家/地区、来源、忠诚度(已注册用户)和关注时长等。[①]《卫报》还把受众群体细分情况提供给广告客户,广告商只需要为相关的特定受众付费。

《赫芬顿邮报》使用了一系列不同的工具,除了用于行为分析外,也专门使用点击和模块跟踪以及A/B测试技术,基于受众的行为反应对文章版本、标题、图片等网站布局进行优化。受众分析也可以和内容分析的技术相结合,例如使用自然语言处理技术阅读、分类和排序新闻内容,然后对新闻与社交网站上最有可能带来收益的受众进行匹配。有公司利用出版机构的历史发布数据训练人工智能模型,以优化社交媒体上的信息,最大化浏览量。值得注意的是,这种过程可以完全自动化。

在更广泛的领域,可以看到互联网公司如何使用用户数据进行个性化推荐。Facebook根据用户行为分析用户兴趣点,进而决定信息流的呈现顺序;而奈飞和亚马逊等品牌也在使用人工智能和推荐技术保持用户的参与度。奈飞在制作著名剧集《纸牌屋》时借助了受众数据的力量,其通过平台定位到主演的粉丝,直接将预告片推荐

---

① Behind the scenes: Ophan— how the Guardian democratised data[EB/OL]. (2015-12-05)[2020-03-20]. https://medium.com/@ GuardianComms/behind-the-scenes-ophan-how-the-guardiandemocratised-data-36cde3967062#.wqk08qbep.

给他们。更为我们所熟知的应用应该是类似"今日头条"的 App,它们建立用户画像、为用户推荐感兴趣的文章,用户所能看到的内容完全由算法决定。还有一些基于人工智能的工具可以通过用户发表在社交媒体上的内容分析个体用户的人格特征、消费倾向、兴趣爱好等,使用这样的工具,出版机构可以对自己的内部数据进行补充,了解更多有关消费者的信息以进行推荐。

除受众智能化分析技术之外,未来可能成为主流的技术还包括虚拟现实和交互式人工智能等,5G 的大规模推行使得更大数据量的传输成为可能,更多新技术将被融入媒体互动平台中,在内容消费期间,受众可以体验到更友好的用户界面和更便捷的实时协作;在媒体使用期间,多种内容格式将通过多种感觉融合,给受众更多元的体验。

四、数字时代的新挑战

数字化和技术变革带来了新的发展和新的机遇,也带来了新的挑战。出版机构必须做到:意识到其内容和商业模式必须进行根本性的改变,在此基础上发展一套符合新商业模式的评估指标,以应对新的外部环境。

(一)明晰新的商业模式

对新闻出版机构来说,传统的印刷媒体环境中,新闻媒体占据主导地位,广告+订阅模式已历经悠久的历史。在这种环境下,受众则选择较少,出版机构对广告商的市场控制力很强。到了在线的数字环境下,受众则具有较大选择权,出版机构对广告商的控制力较弱,再加上流量可能会受到技术平台的限制,新闻媒体的位置边缘化。这样,行业逻辑开始被颠覆,原始的盈利模式逐渐发生变化,尝试新的策略并重新定义商业模式就变得至关重要。新的收入模型可能包括广告和活动、订阅服务、数据产品、流量平台公司和创新的合作伙伴关系等。如果媒体不改变自己的收入模式,就可能会难以为继。出版机构正在进入一种以软件为主导的业务范围,至少应该将重心从广告收入转移到订阅收入中,但这其实是有难度的。因为互联网上的信息太多,大部分受众已经习惯免费的信息,要让他们为内容付费就需要更好的内容以及对习惯的培养。

(二)制定新的行业指标

我们已经看到受众分析在内容出版行业中越来越多的应用,但是这些应用也面临着一些挑战。当前内容项目的经济价值仍然主要源于其受欢迎程度,即它产生的点击(或观看)次数。因此,年轻偶像的专辑可能比公共作品创造更多的收入。这就是以流量作为评价标准的不合理之处,基于点击量和访问量的指标没有考虑实际阅读者、阅读时间等。一篇深入报道的调查性新闻更具独创性,生产成本也要高得多,但是点击量不一定会高于娱乐新闻。在实体商品的世界中,商品的生产成本可以转移给消费者,可是在按点击量付费的系统中,无论实际内容质量如何,向广告商收取的价格都是相同的。问题就在于错误的行业指标:出版机构应该以受众细分群体来盈利,而不是向广告商出售流量。在受众注册阅读器或者进行订阅时,内容提供者很容易就能得到受众特征,因此可以通过一些算法对受众进行识别。深入洞察可以使广告更有效,从而得到更高的广告收入。另外,将参与度指标纳入评价体系也是一个有效的手段,例如《金融时报》根据最近访问+频次+阅读量构建的"北极星指标"。对受众洞察和参与度指标的关注标志着出版机构从基于点击量和不分流量的数字内容经济转变到重视质量和关注度的数字内容经济。

(三) 应对新的外部环境

媒体和内容出版行业最重大的变化实际上是朝向技术行业的大规模转型,从而带动了所有生产环节领域技术的不断提升。对于媒体而言,真正至关重要的是新兴的"媒体技术"领域。许多强大的数字颠覆者都属于这一领域,它们都是科技公司,更可怕的是,它们还把持着流量,Facebook 和谷歌合在一起占据了美国大约 75% 的数字广告份额,并占据了增长量的 95%。① 某种意义上,互联网并不是完全开放和免费的,而更像是被这些大型科技公司所把持的带有围墙的花园。由于内容出版机构需要平台带来的流量,所以它们不得不依赖平台,但是这样一来就不得不在受众和流量平台间的夹缝中求生存,平台对推荐算法的不断调整也会影响到媒体信息的呈现以及收益。它们最终只有两种选择,或者"退化"为第三方平台的内容提供商,把分发的职能让渡给平台,自身的业务规则也由对方指定;或者真正独立起来,争夺用户、提升用户参与度、针对受众需求优化自己的核心数字产品,同时保留对独立新闻的追求,这样也有助于强化品牌形象,增加受众信任度。

五、区块链带来内容出版行业的未来

每一种新的颠覆性技术在出现的初期都仿佛是隐形的,也许是出于人类念旧或者不愿改变的心态,我们总是试图让新技术靠近我们熟悉的东西。例如互联网发展初期,大型门户网站就像过去的大众媒体,只有当互联网进入 2.0 时代,社交性得到进一

---

① Quality News Shifts to a Paid-for Model. And That's Good Thing. But…[EB/OL]. (2017-02-06)[2020-03-11]. https://mondaynote.com/quality-news-shifts-to-a-paid-for-model-and-thats-good-thing-but1b72a86a3b35.

步加强时,互联网才被赋予了新的意义。内容出版行业也是如此,单纯的数字化并未带给我们颠覆,人们也一直在试图找到当今在线内容生态系统与印刷媒体之间的相似之处,甚至在强制将过去的行业模板套用于在线出版上。这在某种程度上可能是大型出版机构的"惯性"所致,但是行业其实已经在改变,需要一些全新的范式和革命性的创新,我们可以把目光投向一种新的技术——区块链。

(一) 下一代互联网：价值互联的区块链

2019年5月28日,习近平总书记在中国科学院院士大会上发表的讲话中提到以人工智能、量子信息、移动通信、物联网、区块链为代表的新一代信息技术,而后,在主持中共中央政治局第十八次集体学习时他又强调把区块链作为核心技术自主创新的重要突破口,加快推动区块链技术和产业创新发展。2019年8月25日,我国首个出版行业专业知识服务门户网站开始运营,明确提出要通过区块链技术保护著作权。

区块链的本质在于创建一个没有中央权力机构控制的账本,这个账本允许价值在各个节点之间转移而不需要类似银行的金融机构介入。区块链通过使用代币表示价值(最著名的比特币正是一种代币),并使用加密技术将账本在不间断的交易区块链中联系在一起,因此又被称为分布式账本技术。事实上,区块链可以存储交易之外的更多内容,就像以太坊——一个巨大的分布式系统,其中每个节点都根据预先商定好的规则执行智能合约。机器与机器之间可以开展业务,甚至转移价值。价值的民主化和流动的便捷性是该技术的核心,这象征了互联网的新一代范式——价值互联网。过去我们身处的是信息互联网,而未来,转移价值可以和转移信息一样快速和容易,更重要的是,不依赖任何中心化组织。

(二) 区块链技术在内容出版行业中的实践

将区块链技术应用于内容出版行业,核心思想在于传统出版机构所做的许多工作,例如管理版权、分配利润和内容生产流程写作等,都可以使用智能合约和区块链进行记录。

区块链技术实现了一种自由经济,在其中,个体工作者不依赖中心化平台,而是被技术赋能。这和内容出版行业生态类似,第一个去中心化数字出版平台创立于2016年[1],它推出了自己的代币,使用委托权益证明保护区块链,保证发布的内容不可更改。当作者的内容被推荐时,作者将获得奖励,投票者则通过管理和投票支持内容参与从而获得代币。作为一个创新平台,它具有许多区块链的典型特点,例如,完全由社

---

[1] Steemit Vs. PublishOx：Where Should You Publish？[EB/OL]. (2020-01-12)[2020-03-10]. https://hackernoon.com/steemit-vs-publish0x-myhonest-review-8l2i36e1.

区成员驱动的真正去中心化，社区还可以在没有明确协调的状态下自我运行，具有完全的透明度，所有信息都可以在区块链中进行查看，其中还出现了资金可以被完全控制的私人钱包。更值得一提的是，该平台有一个蓬勃发展的去中心化应用体系，其中有视频网站、图片社交等多种应用的去中心化替代品，可以用于日常社交互动并分发奖励，提高了平台的交互程度。

自身发行代币的平台可能存在的问题是代币的发展会限制平台的发展。另一种方式是直接引入其他已经发行的加密货币，这样用户不必给平台提供任何个人信息就可以使用之，受众和作者之间的付款过程也可以成为即时过程，这在当前其他出版平台上都是难以想象的。在其他平台上，受众阅读优质内容也可以获得加密货币，这种模式使得内容创建者和内容消费者保持共同的兴趣，提高了受众参与性，并使用户更容易被集成到更大的加密货币生态系统中。但是，此类平台本身并不是完全去中心化的，而是更接近一种与代币无关的半集中式平台。

还有一些区块链出版平台允许机构加入，例如福布斯已经与一家使用区块链技术构建独立新闻机构网络的公司合作，该平台由类似 Medium 的出版平台和类似 Kickstarter 的众筹平台组成，福布斯在其网络中发布一些文章元数据，以确保存档的完整性。美联社也通过该平台跟踪内容流向并使用基于区块链的技术实行许可。韩国的一家公司则建立了更广泛的区块链驱动新闻发布平台，为出版机构提供了一种实用且经济可行的模型。平台中的发布者和编辑者扮演了新媒体中把关人的角色，并通过去中心化治理和多层参与式编辑系统提高透明度和自治性，系统中还包括来自代币系统的广告商。代币化是一种趋势，将加密货币应用到媒体系统中可以聚合受众，同时减少自身对广告收入的依赖。

区块链的一个重要特性是，内容一旦在上面发布就无法删除，而且附有来源和修改、发布时间的信息。对于内容出版机构来说，这样的系统可以建立具有高度透明性的问责制度，尤其是对于非常看重信誉的新闻出版机构来说，区块链有助于事实核查，建立受众信任。基于区块链的照片和视频验证系统，可以为真实拍摄的视频创建和存储数字签名，从而使内容更易于被验证，这也使得区块链特别适合于管理版权数据。已经有平台将这种新的方式用于音乐版权交易。这种平台本质上是一种以区块链为基础、以版权为中心的娱乐系统，版权所有者可以提前将版权未来的使用权货币化，歌迷则可以投资版权资产，分享创造的价值。另一个去中心化数字内容保护、交易和跟踪系统，将焦点集中在跨区块链的确权技术上。数字化内容很容易被复制，压缩和变换会使得其哈希值产生变化，该系统就通过记录嵌入在内容中的数字基因解决版权侵权问题，为数字内容提供链上和链下的版权保护与追踪，减少用于版权的人工成本，并让版权所有者更有效地获利。

交易平台和版权保护平台之外,传统数字广告领域,类似谷歌和 Facebook 的大型科技公司占有主导地位,小型出版机构几乎没有什么话语权。区块链技术挑战了这种现状,它通过创建出版机构、广告主和受众之间基于区块链的数字广告市场,提高效率,增加透明度和信任。由于减少了中介和骗取点击量的欺诈行为,三方都可从中收益。区块链还可以在一定程度上解决隐私问题,个人数据可以在区块链上完全加密,只有数据主体和出版机构拥有密钥。使用区块链框架跟踪个人数据记录的使用,可确保只有内容出版机构确切地知道个人数据的存储位置、用途以及谁可以访问该数据,这大大简易化了其符合合规标准的流程。

区块链在内容出版行业的实践可被分为四个类型:基于加密货币的区块链出版生态系统,在这个系统中,出版者与作者实时分享收入,受众只需要为消费的内容付费,还可以通过参与内容生产过程获得奖励,从而改变当前的出版者/订阅者模型,该生态可以同时包含个人和媒体组织;在区块链文件系统中保存受保护的公共数据,使用区块链存储公共数据,可以防止篡改,提高可信度,也可以在一定程度上解决隐私问题;基于区块链的版权管理系统,主要的目的是对数字资产的确权和追踪;利用区块链减少中介和欺诈行为,典型的应用是数字广告系统。

六、结语

区块链带来了下一场变革,如果说人工智能和深度学习为媒体和内容出版机构带来了自动化变革的话,那么区块链带来的实际上是自治。自动化变革依然在当前的行业范围中,它不会改变行业本身,但自治不一样,这是一种根本性的变革,是一种制度性的创新。区块链包含用于价值生成、转移和存储的全新数字模型;包含允许以代码方式进行基于规则的价值转移的智能合约;还包含可以跨越现有组织边界,打破集中式组织约束的去中心化。它会改变内容出版行业内生产和服务的各个方面,内容背后的价值都出现在区块链上,代码和智能合约都在区块链中被创建和执行。在分散的世界中,没有巨型中介拦截价值,也没有中心组织累积利益。智能技术使实际意义上的内容出版流程自动化,区块链则为行业的去中心化系统创造、转移和存储价值,人工智能为这一切提供学习动力,新的模式必将给内容出版行业带来新的未来。

加速与离散：数字时代的广播生态考察*
——基于时间的视角

◎ 张红军　刘　煜**

摘要：数字媒介给广播带来了全新的时间秩序，它一方面加速了广播的生产效率，另一方面使得新型时间客体成为广播的主流产品。在两者的作用下，广播全面迎来了新的生态空间，生产主体的离散性、内容产品的离散性以及收听的离散性是这一生态最显著的标签。与此同时，数字广播生态的形成对整个社会产生深刻的文化影响，这表现在数字媒介一方面为广播注入了"进行时态"，另一方面为用户打造了个人化的广播时间经验，这堵塞了人们经由广播发现意义的通道，同时瓦解了广播在公共利益中所可能发挥的价值。

关键词：数字媒介；广播；社会加速；媒介生态

时至今日，广播仍然是人类社会最重要的大众媒介之一。然而有趣的是，这种为人熟知的功能定位其实并非广播的先验特征，相反，在刚被发明的那几年里，人们仍更在意作为社交媒体的广播如何提升私人信息传递的清晰度和隐蔽性。广播能够实现从社交媒体向大众媒体的转型，其背后固然有着深刻的政治经济动因，但此间更为深远的缘由其实还与当时广播所依附的技术支架——无线电技术的物质性特征密不可分。关于这种潜在的形塑机制，来自媒介环境学、可供性理论、行动者网络理论等技术范式的理论主张为我们提供了理解框架。它们的基本共识在于：在特定的技术环境中，宰制性技术所内置的媒介逻辑对于人的行为习惯和社会的文化形式具有隐秘但显著的建构作用。从这一共识出发，无线电广播的大众媒介属性与其说导源自资本与权

---

* 本文原载于《现代出版》2022年第4期，收入本书时有改动。
课题：国家社科基金重点项目"全媒体传播体系构建与发展路径研究"（项目编号：20AXW005）。
** 张红军，南京大学新闻传播学院执行院长、教授、博士生导师，江苏紫金传媒智库执行主任；刘煜，南京邮电大学传媒与艺术学院讲师。

力的博弈,毋宁说是由无线电技术固有的公共性使然的,"电磁信号向四周放射,发给'任何收到此信的人'(to whom it may concern);它绝对不会对人毕恭毕敬,而是像雨水一样洒在每个人身上,无论接受者正义(just)与否"①。彼得斯(John Peters)的描述启示我们,媒介技术对于包括广播在内的传播业态,绝不只意味着效能的提升,更大的可能性还植根在信息生产流程的重塑与传播生态的再造上。

今天,数字技术造就的媒介环境正为渐呈式微之势的当代广播打开新的场域,广播事业也正面临充满不确定性的未来,而最初的广播认识论或可在当下以新的面目觅得机遇。正是基于这一系列事实,本文尝试从宏观层面探讨作为基础设施的数字媒介如何以一种结构性力量对当下的广播生态形成影响,同时思考在新技术所带来的愈加深刻的文化影响面前,我们该如何从制度建设的层面保障中国特色广播事业的良性生态和健康运转。

一、广播时间的数字化重塑

法国哲学家贝尔纳·斯蒂格勒(Bernard Stiegler)擅于从政治经济学和技术哲学的角度来揭示隐藏在大众传媒工业中的"时间秘密"。在《技术与时间》第三卷中,斯蒂格勒用程序工业来指代传媒业,并坚信"程序工业,尤其是广播电视信息传媒工业,大量地生产着时间客体,它们共同的特征是被上百万个,有时是上千万、上亿乃至十几亿个'意识'同时收听和收看;这种时间上的大范围重合使事件具有了新的结构,与这一新结构相对应的,是集体意识和集体无意识的新形式"②。他也对这里的"时间客体"作了解释,"当某一客体的时间流与以该客体为对象的意识流相互重合(如音乐旋律),那么该客体即为'时间客体'"③。斯蒂格勒把"时间"看作破解工业资本主义政治经济学秘密的关键,本文则是要抓住斯蒂格勒指示的那个险些被遗忘的事实,即包括广播行业在内的传媒工业其实是高度依赖"时间"的文化工业模式的。在这里,一切政治的、经济的利益活动都需要布展在"时间"向度上,"时间"成了需要被谨慎对待的竞争要素。今天,数字媒介的迅猛发展正挑战着人们原有的时空感知和时空观念,"时间"的概念日渐充满不确定性,这显然会深度波及以此立身的广播事业,促使广播事业进入风险与机遇并存的新生态场域。

(一)生产加速:空间对时间的解放

在过往的实践经验中,传统广播媒体机构对时间资源的竞争式开发主要依靠两种

---

① 彼得斯.对空言说:传播的观念史[M].邓建国,译.上海:上海译文出版社,2017:299.
② 斯蒂格勒.技术与时间3:电影的时间与存在之痛的问题[M].方尔平,译.南京:译林出版社,2012:1.
③ 斯蒂格勒.技术与时间3:电影的时间与存在之痛的问题[M].方尔平,译.南京:译林出版社,2012:174.

途径:一是竭力延长广播节目的播出时长;二是大幅增加新电台和新频率的数量,从而增加单位时间里的内容总量。与前者相比,后者遵循典型的时间加速逻辑。于是,当全天播放的广播成为传媒业的"标配"时,增加频率数量的时间加速逻辑就成为广播领域展开竞争的主要方式。作为加速逻辑的结果,到2020年底,全国县级及以上广播电台数量已经超过200个,同年制作和播出的广播节目时长更是达到了821.04万小时和1580.72万小时。①

从形式上看,数字媒介对广播的渗透更像是对加速逻辑的回应。出于经济成本和规制的考虑,传统广播机构以增设电台和频率的加速逻辑来开发时间资源的方式不可能无休止地进行,但数字媒介所操持的广播实践却无须顾虑这一点,这使得其生产效率的提速从理论上看是无上限的。比如,同一台手机上可以同时装载多个带有广播属性的电台App,而对于每一个几乎具有无限网络存储潜力的App来说,无论是单位时间内所能够承载的广播内容量,还是所有广播栏目的内容总量,往往都是庞大到难以计数的。以中央广播电视总台音频App"云听"为例,它拥有166个细分频道,内置了超过150万小时的版权内容,同时集聚了全国主要地区的超过300路的地方广播频率。这种竞争优势显然是传统广播媒体所无法比拟的。在如此夸张的速度和效率面前,唯一能够产生限制作用的可能就只有听众个体每天24小时的生物时间上限了。

那么,容量扩增所带动的生产加速对于广播实践来说究竟意味着什么?擅长从时间维度对现代社会进行批判性诊断的社会学家哈特穆特·罗萨(Hartmut Rosa)曾在他那本著名的《新异化的诞生——社会加速批判理论大纲》中指出:"现代社会的特征,就是事务成长量与科技加速命中注定般地结合在一起。"②这一论断的逻辑在于,技术加速让生产加速成为可能,又进一步刺激着需求的增长及对"需求"本身的界定。在这一过程中,由于满足需求的过程常常伴随着消费,所以资本完成了它的利润收割。从中可得到的启示是,当数字媒介让广播的生产速度趋于无限大时,其造成的改变不仅是产品总量的增长,更预示着围绕广播所展开的所有竞争环节的调整——会有更多的"需求"被"生产"出来,更多满足需求的生产加速手段也随之出现。关键在于,什么样的广播产品、生产主体和接受模式能够跟上与新"速度"相匹配的节奏。因此,从表面上看,数字化为广播带来了一种新的"速度",但更为深刻的影响,则是其带来的广播生产关系的调整,新的生产逻辑和新的生态将伴随着新的"速度"而出现。

(二)时间再造:碎片时间与新型时间客体

随着新自由主义和信息传播技术革命对全球影响的加深,齐格蒙特·鲍曼

---

① 该数据由笔者根据《2020年全国广播电视行业统计公报》和尼尔森网联《全国广播媒体融媒传播影响力EMC榜单——总榜TOP100》整理得出。
② 罗萨.新异化的诞生:社会加速批判理论大纲[M].郑作彧,译.上海:上海人民出版社,2018:29.

(Zygmunt Bauman)所描述的"液态现代性"正成为当下社会的主流形态:"固态现代性"曾不懈追求的"永恒"与"持续"被完全地消解掉了,"'短期'取代了'长期',并把瞬时理解为它的终极理想"①。在更具体的时间层面,"液态的现代性液化了持续性,并让持续性失去价值,从而毁灭了它的意义"②。一切稳定的和可预测的时间节奏正不断向着偶然和流动转变,并最终让各式各样的碎片时间成为随处可见的文化景观。

在斯蒂格勒的时间解密中,大众广播媒体所生产的时间客体在形式上只会表现为"一个连续不断的媒体节目流",人们熟知的节目时间表通常是其直观的表现形式。在这个被编制成程序的"巨流"体系中,所有广播节目将不可逆转地按照线性时序依次在成千上万个听众个体的生命时间中被同时打开。因此,在传统的制播观念中,广播看重有计划的内容生产,期待与听众之间定时、定点的收听"约会",而"碎片时间"在这一逻辑下很难找寻到其价值所在,因而不得不面对被忽视、被抛弃和被遗忘的命运。与大众媒介输出的时间客体不同,数字媒介的时间客体是一种"可导航"和"可点击"的"新类型的时间客体"③,正是这种新型时间客体的出现,使得"碎片时间"获得了"生机"。首先,存储在数字媒介中的信息和数据流本就是在不同的时间节点被上传的,而这些具有不同文化属性的信息和数据又总是被数字媒介不分等级地放置在一起,无序列的排列方式消解了广播节目时间表所表征的"媒体节目流"。其次,在数字媒介所营构的广播场中,听众可以随时随地按自己的需求从任意"入口"进入,任意点击收听已经上传的内容、"回听"正在直播的内容,亦可在下载收听和在线收听之间做出选择,因而真正实现了广播的"去时间化"④。这就意味着,听众可以自由地进出广播场而不必付出额外的时间代价。换言之,广播可以轻易地在任意时间、依照任意顺序在个体的碎片时间里被打开、被体验。

就这样,依附数字媒介的广播内容以一种悄无声息的方式占据了听众的碎片时间。随着碎片时间取代完整的、连贯的时间而成为听众经历的主要时间形态,这种可以随时打开与退出的声音景观也成了人们新的日常生活经验。与之相对应,广播实践的发展模式也将围绕着"碎片时间"而做出调整:最大限度地识别和利用好碎片时间,确保广播所输出的时间客体可以在个体随意的、不稳定的、不确定的碎片时间中被打开、被遍历,并最终被消费。这将和生产速度的提升一样,为广播带来新的可能。

---

① 鲍曼.流动的现代性[M].欧阳景根,译.北京:中国人民大学出版社,2018:213.
② 鲍曼.流动的现代性[M].欧阳景根,译.北京:中国人民大学出版社,2018:213.
③ 斯蒂格勒.技术与时间3:电影的时间与存在之痛的问题[M].方尔平,译.南京:译林出版社,2012:42-43.
④ 罗萨.加速:现代社会中时间结构的改变[M].董璐,译.北京:北京大学出版社,2015:121.

二、离散性:广播实践的数字化生态

应当说,当数字媒介成为广播发展的技术驱动力时,与广播有关的一切实践活动都将随之变化。广播不再是被伊尼斯所反复指认的那种依赖连续性时间的媒介,不再迫切需要关注"官僚主义、计划安排和集体主义"[①],而是转向不连续、碎片化和个人化的时间结构并不断进行着自我调整。数字媒介对于广播意味着一种新的时间节律和时间制度,它将重新制定与广播相关的一切秩序,并最终引导广播的整体生态向着离散化的方向重建。

(一) 生产的离散:民众与精英的权力竞合

基于速度和时间客体两个维度的时间再造,数字媒介也在向外界询唤着专属的广播生产主体。传统广播机构显然已经不能在新的情景中延续以往的主导性地位,即便是在其已经意识到数字媒介的强大并开始自觉转型之时。数字媒介仅凭自身也不能完全担当这一角色,因为这种日趋以"平台化"为核心逻辑的新媒体技术物虽名为"媒介",但其组织架构在更多时候也只是"由各种人工智能技术组织起来的空间或场域",它"没有任何形式的内容生产"[②]。数字媒介的超越性就在于,它通过将平台对接外界的接口免费开放给公众,就可以很轻易地调动来自全社会的专业、半专业甚至是非专业的生产力量,从而将海量内容引入它所连接的时间"银河",以此打通从技术加速到生产加速的"最后一公里"。事实也证明,生产主体的迅速膨胀的确带来了相当可观的内容生产潜力,这种巨大的潜力带来的海量内容经由数字媒介的吸纳、保存和转译,最终成为公众在碎片时间里的最佳填充物。以喜马拉雅FM为例,作为国内领先的音频分享平台,喜马拉雅FM的主播数量已经突破1 350万,共计输出了3.4亿体量的音频产品[③],这是任何一个传统媒体机构都不曾拥有的生产力量。数字媒介正是通过这种对民间生产主体的强势询唤,不仅让传统广播所培育的生产力量逐步失去了它原本的主导地位,同时让原本严格、规范且排外的把关机制失去了它的强制性,广播生产开始突破专业的界域而成为用户日常生活的组成部分,整个广播行业的内容生产生态就这样走向了离散化和"颗粒化"。当然,生产权力的"下放"绝不意味着来自民间的生产力量会完全取代传统广播机构而成为新广播生态下的绝对主导,但数字媒介

---

① 伊尼斯.传播的偏向[M].何道宽,译.北京:中国传媒大学出版社,2013:227.
② 胡翼青,李璟."第四堵墙":媒介化视角下的传统媒体媒介融合进程[J].新闻界,2020(4):57-64.
③ 喜马拉雅更新招股书:营收、付费率双增长但2021年仍亏损51亿[EB/OL].(2022-03-30)[2022-06-20]. https://baijiahao.baidu.com/s?id=1728710363925978754&wfr=spider&for=pc.

的确为广播生态锚定了一种可以被经验和感知到的文化动向,即在数字媒介所建塑的时间情境内,广播生产实践日益显现的民间话语与精英话语之间的竞合形态。

(二)内容的离散:细分领域的深挖

如前所述,数字媒介对旧广播生态最强有力的冲击之一,是它极大扩充了广播作为时间客体的存储容量,改变了时间客体的运行方向,并且打破了广播对连续性时间的依附。传统广播机构在如此复杂的时空场景中失去了其垄断地位,海量个体生产内容通过数字媒介的推送进入用户的日常生活。于是,大到关乎人类命运的重大新闻,小到娱乐八卦奇闻趣事,这些体量庞大又离散多元的内容急速地填补着碎片时间留下的缝隙,并最终构成了数字时代独特的广播内容格局。这样的生态格局更有利于小众和非专业团队的生存,在消解了技术壁垒和传统广播机构把关后,这些个体和非专业团队能够通过对垂直领域的深度内容开发来吸引细分领域的受众关注,并借助数字媒介所给予的无限时间资源和碎片时间留下的空白来满足自己发展的需要。从2015年上半年开始,移动音频市场头部App——喜马拉雅FM、蜻蜓FM和荔枝FM纷纷开始了它们大刀阔斧的商业化布局,2015年也因此成为移动音频商业化的元年。如今,移动音频从UGC、PGC发展到了如今的PUGC,内容领域持续精细化,可以满足不同的兴趣需求。例如,喜马拉雅FM和蜻蜓FM的频道分类里就包含了小说、儿童、相声评书、人文、历史、娱乐、情感、知识、广播剧、戏曲、二次元、影视、旅游等多个领域的细分内容;荔枝FM在包含上述频道的同时,更加侧重对UGC的呈现,其声音节目也多以10分钟左右的短时长内容为主。这些来自移动端的垂直内容,几乎覆盖了受众生活中的每个收听场景,并足以填充其间的一切碎片时间。用户不断地沉浸在音频世界里,在离散化中找寻个性化,这些无疑都会加速广播内容的去中心化。

(三)收听的离散:新主体性的生成

不同的技术装置不仅会询唤相应的生产主体,定制专有的内容布局,同时必然塑造相对应的接受行为。按照斯蒂格勒的说法,时间客体最重要的形塑机制之一,是"以时间客体为对象的意识一旦接受了该客体的时间,意识的时间就是该时间客体的时间"[①]。这种"时间秘密"在不同技术所统摄的广播场域中常常有着不尽相同的表现。在传统广播时代,大众媒介的技术逻辑力图实现的是经由严格管理的时间客体来统摄所有进入广播场的"声音流",因此大众广播尽管也在极力营造个人化的收听氛围,但其实质不过只是维护了行为层面的收听"个人化",实则真正强化了意识层面的

---

① 斯蒂格勒.技术与时间 3:电影的时间与存在之痛的问题[M].方尔平,译.南京:译林出版社,2012:3.

"非个人化"。然而,数字媒介可以让更彻底的个人化成为可能,这涉及与数字媒介紧密相关的两种智能技术——"对信息生产内容的机器识别系统"和"对信息生产内容分发的算法系统"①。这两种技术足以让离散化的生产主体和同样离散化的听众之间实现近乎精准的对接,这也使得在用户个性化需求得到极大满足的同时,海量且异质的在线内容也有了归宿。在数字媒介参与的广播场景中,个体不仅可以通过点击广播App而随时随地进入定制化的广播场,他们在点击界面的那一刻,以广播为对象的个体时间也即刻就会变成另一种时间——数字媒介为个人定制的专属广播时间。在与专属广播时间的"同行"中,用户与世界搭建起某种排他性的意义勾连,进而重新确认自身的存在。以这一隐秘的心理"接受"机制为出发点,数字媒介所特有的个性化(抑或伪个性化)广播收听主体正在成为可能,这与大众广播的集体性主体期待完全不同。从这个角度看,数字媒介对广播生态的改变,同时覆盖了对用户更为离散的主体性塑造,并且这一趋势正愈演愈烈。只需想象一下——此时此刻仍有无以计数的声音内容存储在云端,它们或等待着被激活为拟真的时间在场,或正在以秒为时间单位与细分后的用户展开一对一的精准接合——就能发现数字广播将对用户的主体性塑造产生何等程度的影响与改变。

三、反省停滞与公共性衰落:数字广播生态的社会影响

数字媒介对广播生态的改变,无疑会对用户和整个社会文化产生巨大的影响。如今,数字媒介垄断下的广播生产正呈现泥沙俱下的生态样貌,在这样的形势面前,我们的论述决不能止步于描摹和分析,更应致力于批判和反思。

(一)"进行时"的广播对反省活动的阻滞

事实上,以广播为代表的声音媒介曾一度被速度主义理论家们报以很高的期待,甚至将其认作人们短暂逃离被速度支配的晚期现代性的一种手段。比如,罗萨就尤其重视"声音"的功能,他认为通过声音建立起的共鸣关系能够同时存在于身体与"灵魂"之间以及主体和世界之间。并且,他认为在这两个层面上,物理和象征意义上的共鸣是彼此作用的。因此,"在沟通和治愈主体与世界的关系方面,没有比声音更有效的了"②。广播在声音方面具有得天独厚的优势,沉浸在广播中的人们同样可以暂时远离技术装置的干扰,"凝思"于当下独有的声音体验。但遗憾的是,在一切事物都

---

① 胡翼青,王聪.超越"框架"与"场域":媒介化社会的新闻生产研究[J].福建师范大学学报(哲学社会科学版),2019(4):138-144.
② HARTMUT R. Resonance: a sociology of our relationship to the world[M].London:Polity Press,2019:75.

在不断"媒介化"的今天,广播这种难得的"凝思"功能却也不得不面对消解殆尽的局面。这是因为,今天为包括广播在内的文化实践赋予时间节奏的,是我们一再提及的数字媒介,它在帮助广播扩充体量、改变运动方向进而加快生产和传播速度的同时,其造成的扩容、无序和加速的时间节律不可避免地动摇了大众传播时代为广播注入的稳定性,"流动性"与"进行时态"成了广播新的标签。

那么,一个失去了稳定性的广播生态究竟又意味着什么呢?至少有一点可以肯定,那就是它严重堵塞了人们通过反省活动来获得广播经验的通道,从而也就剥夺了人们通过广播这种途径来发现意义、理解世界进而建构自我的机会。美国学者阿尔弗雷德·舒茨(Alfred Schütz)认为,意识是与时间绑定在一起的,而对意识的体验又只能借助反省活动才能达成,"在反省的活动中,我跳脱纯粹意识流程,跳脱单纯前进生活的生命流程。此时,我的体验被理解、被区别、被凸显,而与其他体验有所不同……因为意义无非就是意向性的成就,唯有在反省的目光之下成就才是可见的"[①]。由此反观数字环境下的广播生态,当今天的人们已经习惯用手机而非收音机来收听广播时,当人们直接面对手机界面——在手机上打开"喜马拉雅"App 等在线音频软件时,就会不可避免地受到软件上近乎无限的音频内容的诱惑。事实上,很少有人能够抑制住这种触及无限的冲动而只专注于某一内容,在"丰盛"的声音景观面前,"浅尝辄止"抑或"伴随收听"才是人们日常更为普遍的收听状态。如果说在斯蒂格勒那里,大众媒介的程序工业逻辑会力图促成广播这种时间产品被成千上万的"个体"同时打开,进而急速地达成"诸多意识的时间流共时化"的目的,那么数字媒介的逻辑则是让日渐"丰盛"、多样和细分的广播时间客体一刻不停地侵入个体的意识,使其生命时间的一分一秒都历时性地沉浸在程序工业所加工过的"他者"时间中。在这种趋于无限的历时性中,反省活动以及通过反省活动而再造广播体验的机会将始终被"用户们"未曾停歇的数字终端所遮蔽、所阻挡,于是,广播成了人们一直"正在经历的体验",而不再能够被"注意力的专注"构造为"已经经历的体验"[②]。这种永恒的"进行时"正是数字媒介隐藏在广播时间里的"秘密",它让作为时间客体的广播以"缺乏叙事张力"的方式与听众的意识之流汇合,如此,广播便"不能够持续性地约束注意力"并且"不允许有什么凝思性的逗留",不再具备"把诸时间彼此结合起来"的能力,相反还会造成一种"弥散性的恐惧"。[③] 于是,当数字媒介越是促逼着人们或主动或被动地拒绝停滞、拒绝专注、拒绝透过反省活动来发掘对广播的认识性经验,甚至拒绝对这种不专注的状态本身进行思考,广播就越是无法在绵延不绝的意识之流中被凸显,也就越是无法

---

① 舒茨.社会世界的意义构成[M].游淙祺,译.北京:商务印书馆,2018:66-67.
② 舒茨.社会世界的意义构成[M].游淙祺,译.北京:商务印书馆,2018:66.
③ 韩炳哲.时间的味道[M].包向飞,徐基太,译.重庆:重庆大学出版社,2018:40-41.

像学者们所期待的那样,在"沟通和治愈主体与世界的关系方面"发挥出其应有的作用。

(二)个性化的广播经验及其公共性的瓦解

在数字媒介营造的广播生态中,极强的离散性是另一个显著的特征。在这种生态中,数字媒介为普罗大众提供了认知与表达自我的新平台,但与此同时,"用户被包裹于流媒体提供的个性化视听内容中,往往习惯性地选择调用业已固化的审美框架,这大大降低了新的审美框架产生的可能性,将自身置于'审美茧房'之中"①。进言之,在新的广播生态中,由于每一位数字用户都得以沉浸在极尽多样的广播时间客体中,因此广播很难再像大众传播时代那样谋求到意识时间流的共识化,恰恰相反,以数字广播为对象的意识时间经验将在最大程度上被推向个性化。因此,今天的实际情况是,尽管人们生活在同样的时空里,彼此却持有着不尽相同的时间经验。在此基础上,倘若说数字媒介通过时间的扩容、加速和变向消解了广播本应具有的"凝思"意义,那么在这里,被数字媒介所锚定的个人化时间经验则在很大程度上又进一步瓦解了广播的公共性特征,因为在个人化时间经验之上形成的广播群体,其类型更为复杂,数量更为庞大。同时,这种小圈层通常带有很大程度的排外性,圈层内的人们更愿意在共同体成员组成的收听社区里"圈地自萌"且志得意满。然而,当拥有不同广播时间经验的用户在互联网深度社交属性的催动下相互交流时,其各自异质性的时间经验带来的结果通常不是多元主张并存下的理性对话,而是隔阂的进一步加深。这一结果的负面意义在于,这种圈层化的审美和交往使得听众对私域议题的看重超过了对公共议题的关注,对偏执的强调超过了对共识的期待,由此容易引发公共性的衰落,甚至有可能引起令人担忧的文化危机。在此情形下,消除与防范时间经验个人化所导致的潜在文化危机,应当成为国家相关部门治理广播生态的重要任务之一。要解决的重点问题是:如何在复杂的话语场中提供权威和直观的内容?如何将生僻抽象的术语转换成通俗易懂的公共话语,从而唤醒广泛的社会共情?对这些问题的思考与实践,不仅是政府媒介治理中的重点和难点,也是对广播人职业素养、沟通技巧和职业认知度的考验。

四、结语

数字媒介固有的时空压缩特性为广播制定了新的时间结构,它一方面加速了广播的生产效率,另一方面使得新型的时间客体成为广播的主流产品。在这两方面的作用

---

① 常江,田浩.间性的消逝:流媒体与数字时代的视听文化生态[J].西南民族大学学报(人文社会科学版),2021,42(12):137-145.

下,广播进入了数字媒介所给予它的新的生态空间。在这样的生态里,一切的连续性都被取代,生产主体的离散性、内容产品的离散性以及收听的离散性成了广播新生态中最显著的标签。这当然是一种全新的广播发展图景,但潜藏在这一图景之下的问题同样不可忽视:如果一种广播生态不能引导公众触发本真的情感、深刻的反思,不能在公共利益上有所作为,那么如何指望其能进入一种良性的发展轨道并为人类的文化事业作出贡献呢?事实上,高度离散化的广播生态在表面上建塑了人的碎片化接受习惯,沉淀下来的却是"阻滞反省活动"和"遮蔽公共性"的生态现实。从媒介治理的角度来看,相关部门必须充分认识到这一点,并在媒介规制实践中寻求对潜在文化危机的破解之道。对于中国主流广播媒体而言,广播生态可能的负面效应或许也意味着一次自我重新定位的机会,在这种负面效应愈加猛烈之前,主流广播媒体应努力担负起引导的责任,尽快"建立以内容建设为根本、先进技术为支撑、创新管理为保障的全媒体传播体系"[1]:在内容生产上守正创新,提高参与度,增加公共性;在传播渠道上不断拓展,抢占新阵地,扩大覆盖面;在管理方式上改革创新,建立新机制,整合新资源。当下,媒介技术在迭代更新的道路上大刀阔斧前进的同时,不断瓦解和重塑着我们既有的关于广播与理想社会之间关系的认知与思考。因而,我们的认识也应随着技术的迈进持续更新,只有与时俱进,正视、理解并反思技术在时间—速度层面带给我们的改变,并在此过程中谋求健全的制度设计和准确的主体定位,才能引导广播事业真正向着谋求全人类福祉的方向迈进。

---

[1] 中共中央关于坚持和完善中国特色社会主义制度推进国家治理体系和治理能力现代化若干重大问题的决定[EB/OL].(2019-11-05)[2022-06-20].http://www.gov.cn/xinwen/2019/11/05/content_5449023.htm.

"城市即平台"：
城市生活经验的数字生产

◎ 姬德强　蒋效妹

摘要："城市即平台"（CaaP）的理念随着平台研究和媒介地理学的双重浪潮而出现，被认为代表了城市数字化进程的新阶段，也就是"平台型城市"。首先，通过梳理有关平台型城市的前沿文献，回溯城市研究与平台研究在整合和演进过程中期望回应的现实问题，包括平台的基础设施化、金融化与城市化的交织，以及城市的数据生态系统。其次，城市生活经验的数字生产是平台型城市崛起的突出表征，基于此，以"经验"为线索，摸索平台化运作逻辑在城市日常生活中的层层贯穿，并结合我国平台社会发展现实，通过对经验生产之维、经验互动之维和经验循环之维的具体阐释，尝试搭建一个对平台型城市的初步分析框架。

关键词：平台型城市；日常经验；城市权；基础设施

随着平台研究和媒介地理学的兴起，"城市即平台"（City as a platform，下文简称CaaP）或"城市平台主义"（platform urbanism）的理念日益升温。在移动互联网、智能终端、基于GPS技术的位置媒介中，人人都成为沃尔特·本雅明（Walter Benjamin）笔下"有处可循"的城市漫游者，经由城市塑造的同时再生产着城市新的精神气质。然而，问题在于，一旦从特定的学术概念出发，将平台化（platformization）窄化理解为数字化进程的一个必然阶段，将其移入别的领域进行概念性阐发，就容易丢失在地化历史

---

* 本文原载于《现代出版》2022年第5期，收入本书时有改动。
　课题：国家社科基金重大招标项目"传播主体多元化的群体传播对网络行为与社会关系的影响研究"（项目编号：20&ZD315）；北京市社科基金重点项目"可沟通性视野下的北京城市国际传播能力建设研究"（项目编号：21DTR041）。
** 姬德强，媒体融合与传播国家重点实验室（中国传媒大学）研究员，教授、博士生导师；蒋效妹，中国传媒大学传播研究院博士研究生，数字伦理研究所研究员。

经验提示我们的关键线索,进而陷入一种按图索骥的思考模式。换言之,我们需清楚城市与平台的理论整合究竟回应的是什么样的特定经验问题,在位置型平台服务的设计和操作中嵌入了不同社会的何种假设和期望,基于制度支持和资本配置的"平台型城市"究竟能够推动哪些部门机构的重组。对以上问题的廓清无疑会让我们对已然到来且正在迅速演进的数字城市建设产生预估和期待。因此,本文将综合梳理相关理论谱系,在此基础上结合可感的城市生活经验,标示出目前我国在这个全球性城市平台化进程中的实际刻度。

一、城市何以为平台?

数字化在今天的城市日常生活中呈现着越发重要的战略意义,其中平台服务被视为城市资源交换的一个重要基础设施,它通过交通、购物、住宿、约会等活动构建其中移动主体之间的交往关系。在此背景下,城市生活频繁地由数据驱动,城市空间也通过无数种途径被重新标示为社会空间领地。一种"城市即平台"(CaaP)[1]的观念兴起。这一观念最初在城市治理语境下被使用,随后,萨拉·巴恩斯(Sarah Barns)等在此基础上提出"平台城市主义"[2],总体指出这套扎根于城市的新的数字化社会组织,使新的社会和物质的交易关系成为可能。尽管有关平台型城市的理论研究已经由来已久,任何想从当下的城市生产中剥离出平台的行为都是不切实际的,但我们仍有必要回过头来索要一份说明,明确"平台"这一概念究竟是如何逐渐渗透我们所处城市的层层肌理,搭建起新的经验互动空间的。

(一)平台在城市中的基础设施化

平坦、自由而开放——对于平台的感受可以追溯到古老的城邦。在希腊普尼克斯山上,至今还保留着公元前 5 世纪雅典人修筑的能同时容纳 6000 人的平台(platform)[3],雅典的民主制度理想由此发端。另一个案例是 19 世纪脱粒机问世之前,糠秕与种子的分离往往需要依靠人工踩碎,于是人们开始在通风的、宽敞的高地上用砖铺砌出圆形的平台,利用风的"神力"来加速谷物脱粒和晾晒[4]……人们在打谷场社交休

---

[1] 转引自 REPETTE P, SABATINIMARQUES J, YIGITCANLAR T.The evolution of city-as-a-platform: smart urban development governance with collective knowledge-based platform urbanism[J]. Land,2021,10(1):33.
[2] BARNS S.Platform urbanism: negotiating platform ecosystems in connected cities[M]. Singapore: Palgrave Macmillan.
[3] MARK C. Speaker's platform, athens assembly, pynx, Athens [EB/OL]. https://www.pinterest.com/pin/476326098063099228/.
[4] Understanding the meaning and importance of the threshing floor [EB/OL]. (2022-01-26) [2022-09-30]. https://cabiojinia.com/what-is-the-threshing-floor-and-its-importance/.

憩,后来一些非农业活动(如祭祀)也逐渐转移到平台上完成。彼时的平台还只是某种朴素的空间人造物,却在有限的范围里创造了公共领域景观的雏形,使它成为后来互联网开放平台的修辞和实践方式。互联网革命伊始,米切尔(William Mitchell)在其所著《比特之城:空间·场所·信息高速公路》第一章便以"拉线"为题,暗喻了彼时建立数字化电信网络的技术愿景①。在经历了数字化进程后,具备更高渗透性和扁平化程度的平台进一步成为互联网的代表架构和理想类型。可见,我们所熟悉的平台概念并不是突然出现的,它自诞生之初就携带着公共和聚集性质,并且在其从未间断的历史演进里,与城市生活始终保持紧密联系。

今天,我们几乎处在一个由各种类型的数字平台串联、搭建和整饰的,物理与虚拟空间全方位衔接的城市里,大到城市管理和基础设施运行,小到租房、买车、缴纳水电费、订外卖、网约车、校园健康打卡,平台无声亦无形地提供各项基础服务,组织我们的城市,激活我们的机构,决定我们的习惯。它鼓励用户随时参与平台世界并实现最大化的交互,继而围绕数据、算法、定位、所有权、界面、协议等形式,在信息个体化管理的经济模式上对用户实行严格的全天候管理。比如,阿里巴巴开发的基于云计算架构的"杭州城市大脑"就是典型的例子,它致力于成为数字城市集约化建设平台,该平台包括警务、交通、文旅、健康等11大系统和48个应用场景,日均流动数据可达8000万条以上②,在优化杭州整体城市运行效率方面发挥了重要作用。

塔尔顿·吉莱斯皮(Tarleton Gillespie)指出,今天我们在基础设施意义上使用"平台"时,实际上是既依赖又抛弃了平台作为可编程的操作系统所具备的更加具体的计算含义(就像游戏机或者电脑的处理器),而强调了平台作为一种机会组织架构的抽象功能。③ 平台是一个经常被使用但很少被定义的术语。有研究者梳理了平台一词的概念基础和理论路径,指出尽管平台研究与基础设施研究一直保持紧密联系,可二者在早期存在相对独立的历史。④ 我们需要在认识这点的基础上再讨论平台在城市中的基础设施化进程,也就是重拾其公共性的进程。只有这样,我们才能理解,为何原有的社区服务被转移到线上,杂乱无章的街道是怎样通过软件界面有序地被我们理解

---

① 米切尔.比特之城:空间场所·场所·信息高速公路[M].范海燕,胡泳,译.北京:生活·读书·新知三联书店,1999:1.
② 城市大脑:打造城市数字治理金钥匙[N/OL].杭州日报,2019-08-20[2022-09-30].https://zjnews.zjol.com.cn/zjnews/hznews/201908/t20190820_10841501.shtml.
③ Digital society blog 在2017年邀请全球顶级的社交媒体研究者,以"数字社会中的隐喻"为题撰写了十篇随笔。塔尔顿·吉莱斯皮以"Is 'platform' the right metaphor for the technology companies that dominate digital media?"为题反思了当下平台作为隐喻被随意使用的现状,详见:https://www.niemanlab.org/2017/08/is-platform-the-right-metaphor-for-the-technology-companiesthat-dominate-digital-media/。
④ 姬德强,朱泓宇.传播与媒体研究的平台化转向:概念基础、理论路径与动力机制[J].现代传播,2021(11):33-38.

并指导我们的行为的,日常生活又是从何时起开始被置于虚实空间交叠、新旧叙事胶合的交叉路口的。换言之,即重新讨论如何理解平台重构城市基础生态中的过程性。

(二)平台金融化与城市化的循环交集

一些学者已经揭示平台化和金融化在过去半个世纪的共同生产关系①,这一结合的关键是,数据和算法对于经济实践,或者说社会广泛的商品化而言变得越来越重要,而平台就在其中扮演了关键角色。尼克·斯尔尼切克(Nick Srnicek)于2017年出版的《平台资本主义》(*Platform Capitalism*)一书便从政治经济学的角度揭示了平台作为数据提取设备的资本化过程。② 如今,平台生态系统已形成一个全新的竞赛蓝图,资本与数据裹挟的一大结果,便是加速了城市中的价值循环,如城市闲置房屋在Airbnb平台上的长短租行为③,Uber公司给城市车主们提供了灵活上线和增加报酬的再就业机会④等。在空间和劳动的加速商品化进程中,平台的金融化水平也达到历史的最高点。

回顾20世纪70年代,福特制生产方式在资本主义国家的扩张到达周期拐点,一些制度分析学派学者呼吁,城市管理者应该在整个住房生产、分配、消费与交换过程中发挥社会保障作用。但在随后兴起的以亨利·列斐伏尔(Henri Lefebvre)、曼纽尔·卡斯特(Manuel Castells)、大卫·哈维(David Harvey)为代表的政治经济学学者眼中,它并不能解决空间不平衡发展的根本矛盾。在彼时严重的滞胀危机导致的资本和劳动力的双重过剩背景下,后者认为只有将空间生产与资本循环相结合才能缓解这一时期的城市化困境⑤,也就是城市治理的新自由主义化转向。时至今日,我们已普遍认同城市提供了多种解决资本问题的空间方案,资本可通过投资于城市再造来收获持续增长的时代红利。大卫·穆律罗(David Murillo)⑥、朱塞佩·格罗斯(Giuseppe Grossi)⑦等城市研究学者将金融化与数字化在城市范围内的合谋视为一种新自由主义实践,因为它以一种半可见、半可控的方式影响着城市中持续不断的区域筛选和聚合进程。今天,基于位置数据的设备和软性平台日益普及,商品和服务的交换越发依

---

① WAGNER J R. Circulating value: convergences of datafication, financialization, and urbanization[J].Urban transformations,2021(3):4.
② SRNICEK N.Platform capitalism[M].Cambridge: Polity,2017:48.
③ MARA F, ROMOLA S.Platform economies and urban planning: airbnb and regulated deregulation in London[J].Urban studies,2018 (15): 3353-3368.
④ CALO A, ROSENBLAT A.The taking economy: uber, information, and power[J]. Columbia law review,2017(6): 1623-1690.
⑤ 谢富胜,巩潇然.城市居住空间的三种理论分析脉络[J].马克思主义与现实,2017(4):27-36.
⑥ MURILLO D, BUCKLAND H, VAL E.When the sharing economy becomes neoliberalism on steroids: unravelling the controversies[J].Technological forecasting and social change,2017(125):66-76.
⑦ GROSSI G, PIANEZZI D.Smart cities: utopia or neoliberal ideology? [J].Cities,2017(69):79-85.

赖数字化的调度,在一个全面覆盖的物联网(IoT)环境下,城市经验的生产逻辑不停发生变化。有意义的地点标识、潜在的增值途径、对外可吸附的触点都成为当下城市规划与建设中需要被首要考虑的重要问题。这不仅是基于某种经济数字增长的考量,而且代表着一整套关于物流、评价、数据、地图、人员的算法体系在城市范围中不可阻挡的扩张趋势①。总而言之,理解城市化和金融化的循环交集是思考平台对现实的作用力与反作用力的重要环节。

(三)平台型城市的核心即城市的数据生态系统

当今世界就是一个本体模型与算法邂逅的结果②,人们或许还未意识到,他们为平台提供的数据交换的价值已经远远超越他们享受到的各平台提供的服务价值,而前者恰恰是平台系统中剩余价值的来源。人们的数据生产和交换构成一个相互依赖的"数据生态系统"(data ecosystems),从而构成日常生活的方方面面。③ 在这样的背景下,商业、治理和社会生活都面临了巨大的复杂性,费德里戈·卡坡蒂(Federico Caprotti)等人总结了城市平台主义的三大特征④:混杂的主体(hybrid agency)、平台的空间性(the spatiality of platforms),以及物质性和基础设施(materiality and infrastructure)。这些特点无一例外都反映了一种社会有机论的观念,也就是说,思考平台型城市就是思考每一种扎根于城市的平台类型与所有参与者之间可能的动态组合,厘清人与平台、平台与城市以及人与城市之间的复杂互动,而这些互动正日益通过数据化来实现。

在这一整体性视角下,有学者从具体的平台活动样态切入对平台型城市进行分析。国外有 Airbnb、Uber、导航地图 Citymapper⑤ 等,在国内,我们也可相应通过百度地图、滴滴及各类点评团购 App 等平台观察到个中问题。丽兹·理查德森(Lizzie Richardson)认为,平台为城市提供了"灵活的空间安排"⑥,因此,我们研究的便是软件如何"调节社会空间组织运行的条件"⑦。有学者通过提取和分析大量数据的经济学手

---

① FOURCADE M, HEALY K.Seeing like a market[J]. Socio-economic review,2017(1):9-29.
② 亚卡托.数据时代:可编程未来的哲学指南[M].何道宽,译.北京:中国大百科全书出版社,2021:68.
③ BARNS S.Re-engineering the city: platform ecosystems and the capture of urban big data[J].Frontiers in sustainable cities,2020 (8):1-8.
④ FEDERICO C, CHUN C C, SIMON J.Beyond the smart city: a typology of platform urbanism[J].Urban transformations,2022(4):4.
⑤ GUNES T.Data/infrastructure in the smart city: understanding the infrastructural power of Citymapper app through technicity of data[J].Big data & society,2022(2):1-15.
⑥ RICHARDSON L.Coordinating the city: platforms as flexible spatial arrangements[J].Urban geography,2020(3):458-461.
⑦ KITCHIN R, DODGE M.Code/Space: software and everyday life[M].Cambridge: MIT Press,2011:65.

段勾勒出"城市—平台"系统持续保持活力的内因及动力机制[1],揭示了资本的目的就是通过提供城市生活的免费服务获取数据价值的未来回报,其发展依赖于其数据资本中积蓄的爆发力。还有学者从媒介伦理的角度总结了维护城市平台主义的一些重要面向[2],如选择自由、商业可供性、便利程度、社会互动、程序正义、隐私保护等,为规范化城市空间中的数据运作提供具体可操作的伦理指南。

总之,无论是"城市即平台""城市平台主义",还是本研究在中文语境和历史脉络中所使用的"平台型城市"概念,它的运行都依赖无处不在的数据、复杂多变的算法机制,以及充满角力的制度支持和资本配置。不过,平台并不是外在于人和社会系统的力量,而是渗透了个体与社会结构;同样,它并非总以某一固定的形态在城市中扩散。在此过程中,它会随着社会权力的分配不断调整自身的形状边界、透明度和颗粒感。组织理论家克劳迪亚·西伯冉(Claudia Ciborra)曾将平台组织描述为一个没有形状的实体,可以根据需要转化为许多不同的东西,它是"交叉、渗透的组织安排"和"半实现的解决方案和愿景"的集合。[3] 可见,从概念到方法,再到流程,平台都是理解当代城市运行方式的有力隐喻,它在日常实践中出现并通过新的变种不断地给予我们新的阐释空间。因此,城市研究的一个重要出发点是活生生的、密实的可感事件,是能够被理解为集体文化想象的社会经验。

二、经验:桥接在城市与平台之间

"如果说大众媒介时代的基础设施概念还是一种宏观的理论想象,那么平台化时代的基础设施则是微观的经验现实,具有唯物主义和结构主义的视野导向。"[4]经验,是一个在所有场景下都适用的深刻术语,它泛指人们在与事物接触过程中获取的感受或信息。段义孚指出,一个人可以通过经验了解现实,也可以通过经验建构现实,它意味着一种学习和增长能力。[5] 如今,经验的概念早已和传统意义上发生于物理世界中的经验相去甚远,我们能够在平台世界中与任何跨越时间和空间的人、事、物产生关联,即便不通过具身接触也能交流经验,提升从外界学习的能力。因此,必须在一个复

---

[1] LANGLEY P, LEYSHON A.Platform capitalism: the intermediation and capitalization of digital economic circulation [J].Finance and society,2017(1):11-31.
[2] RIANNE R, CAROLIN N, PETER P, et al. An assessment framework for safeguarding public values on mobility platforms[J].Urban transformations,2021(3):7.
[3] CLAUDIA C.The platform organization: recombining strategies, structures, and surprises[J]. Organization science, 1996,7(2):103-118.
[4] 姬德强,白彦泽.作为数字平台和基础设施的短视频:一个传播政治经济学的视角[J].广西师范大学学报(哲学社会科学版),2022,58(3):71-82.
[5] 段义孚.空间与地方:经验的视角[M].王志标,译.北京:中国人民大学出版社,2017:7.

合环境的框架下理解有关数字经验的生产、传递及组织链条。

用户是平台上以数据形式存在的最重要人口,我们今天的生活经验往往通过平台获取再通过平台表现,通过媒介,我们实现"个人经验普遍化"和"普遍经验个人化"的循环往复。[1] 从另一角度说,经验一旦以媒介物的形式出现,便拥有了不附着于我们的独立生命,图像、文字、音频进入社会文化专门为媒介开辟的城市空间,与其他媒介物展开互动,进而重新作用于经验的世界。怀特·米尔斯(Wright Mills)早已对这一现象进行了描述,揭示了我们感知与体验到的经验与经媒介加工过的城市之间的错综复杂的关系:

> 我们身处一个"二手世界"(second-hand worlds)里,经验的实际厚实度取决于这个世界中的"二手"文化,不仅是某些直观再现的遥远文本(如好莱坞电影制片厂的出品),而且包括由意义交织的世界所决定并维持的经验现实。后者凸显了城市文化的不透明现象和中介现象,我们对城市的真实体验正是处于密织的隐喻意义的网络之中。[2]

移动互联网和智能终端引入了一种新的转换范式,人们随时随地可以生产丰富的经验文本。作为沟通生态的一部分,数据的数量、质量和可用性正在迅速发展,它带来了参差有别的局部信息网络,对城市转型的方向起着至关重要的引导作用。[3] 人们对于生活体验的拍照、上传、存档、共享,便是以自身方式参与城市编码的过程。每个人都能够借助媒介对物理城市之上悬置的象征序列进行修改,这种调整就像沃尔特·本雅明(Walter Benjamin)所说的——表现着一种"绘图"的技巧[4]——这是任何想要把知识转变为可见形式的尝试都具备的共性。

我们可以借鉴地图艺术研究者爱德华·凯希(Edward Casey)的看法。他将人们生活场域的地图绘制分为"绘进"(mapping in)和"绘出"(mapping out)两个面向[5]:"绘进"强调,场所的形成依赖身体的栖居,新的制图方式必须将"个人对于某地的独特经验"和"经历它们的独特方式"嵌入地图,由此与纯粹的科学化或功能化制图区别

---

[1] 亚当斯.媒介与传播地理学[M].袁艳,译.北京:中国传媒大学出版社,2020:149.
[2] WRIGHT M C.The sociological imagination[M]//汪民安,陈永国,马海良.城市文化读本.北京:北京大学出版社,2008:80.
[3] CREUTZIG F, LOHREY S, BAI X, et al. Upscaling urban data science for global climate solutions[J]. Global sustainability,2019(2):1-25.
[4] 基思,本雅明.都市研究与城市生活的叙事[M]//汪民安,陈永国,等.城市文化读本.北京:北京大学出版社,2018:69.
[5] CASEY E.Earth-Mapping:artists reshaping landscape[M].Minneapolis & London:University of Minnesota Press,2005:189-191.转引自张昊臣.视差中的城市:位置媒介与场所营造[J].建筑学报,2020(5):101-107.

开来;而"绘出"强调,当独特的具身化经验以某种可见的图绘形式呈现并再度成为人地关联或人际关联的中介时,它便会带来"新秩序的涌现",进而让人们的经验向着"充满可能性的新领域"行进。在城市中,每一个空间标识(建筑、街道、公告栏甚至未名路段)都具有其特殊的生产和再生产能力,这一现象属于米歇尔·德·塞托(Michel de Certeau)所提出的"行走的修辞学",意味着任何空间性的细微设计都会像磁场一样干扰人们的行动轨迹,也将重新规定人游走在城市中的方式和目的。

我们的经验都是真实的。无论是基于LBS系统的校园跑应用,还是关联商铺定位的大众点评、小红书、马蜂窝笔记分享及为之提供技术支持的GPS导航地图,我们借由媒介的渠道进入具体的城市空间,同时通过鲜活的城市经验触摸新技术下的媒介化生产机制,经历着双向的"媒介—空间"互动。

毋庸置疑,现实—虚拟—现实界面的混杂加上参与者的共同创造,改变了城市交往景观和城市基础设施运行的前提条件,这一趋势也影响了媒介中用户交往的内容、频率、相关性和有效性等。如果我们将城市之中的多种经验对话看作一种开放资源的城市主义的体现,那么它所产生的就不是简单文本或意见的集合,而是一种集体智慧,是群体在无数积累和细微的转换中而做出的共同选择。城市景观学中流行的一项"城市新陈代谢研究"(dynamic metabolism)便是将城市看作有机的身体,挖掘细小的日常生活经验对城市特征的冲刷。[1] 这些学者相信,通过实时的位置感知平台和日益深入日常生活的服务,就有潜力对复杂的城市流动和资源密集度进行高还原度的分析。

综上,本文认为,平台型城市并非托靠在媒介技术之上的某种应景理论,而是由生活中种种经验所揭示的平台研究和城市研究天然走到一起的结果。马克·谢珀德(Mark Shepard)曾说,"最小的城市主义"就是理解技术是如何以复杂多面的方式与日常生活纠缠的。[2] 同样,巴恩斯也强调,"如果我们不能关注到那些更日常的、更具表演性和参与性的平台媒介,我们就可能会无意间将城市空间变成一个由算法管理的智能基础设备"[3]。研究平台问题就是要回到平台的运营模式,研究它可以连接什么样的人、形成什么样的组织结构、聚合什么样的资源和需求以及如何保持源源不断的动力,这为我们深入观察当下平台型城市中的技术现实提供了特定视角。因此,我们必须将平台运转逻辑和城市生活常规看作密不可分的整体,回答最基础可能也是最重要

---

[1] BARNS S.Re-engineering the city: platform ecosystems and the capture of urban big data[J].Frontiers in sustainable cities,2020(8):1-8.
[2] SHEPARD M.Minor urbanism: everyday entanglements of technology and urban life[J].Continuum,2013,27(4):483-494.
[3] BARNS S. Negotiating the platform pivot: from participatory digital ecosystems to infrastructures of everyday life[J]. Geography compass,2019,13(9).

的问题。具体来说,有关经验的问题可以归结为以下三点:

(1)在平台型城市中,人们的城市生活经验如何生产?

(2)围绕经验所形成的新社区通过哪些方式聚集起来又遵循哪些新的原则?

(3)经验作为重要的城市数据资源,如何实现循环流转和系统性整合?

三、由经验的视角进入平台型城市

承前所述,平台型城市处于一种阶段性的状态,要回答以上问题,我们就需要结合当下平台设施的具体使用情况,从日常经验出发;同时,这是一项利用不同程度的经验感知来构建平台型城市分析框架的初步尝试。

(一)经验生产之维

平台的引入通常是随着移动互联网技术和城市密度、移动需求的变化而不断进行的。在国内语境下,最早一批城市性平台当数 21 世纪初期涌现的,提供特定地区招聘服务信息的 PC 端门户网站,人们可以在上面找到各种类型的用人信息,也可在线预约家或公司附近的专业化服务,如联系管工、电工和锁匠等。一方面,用人单位在平台上发布用工需求;另一方面,个人自行投放简历,等待或主动联系雇主。他们就像过去传统集市中的走商和行商,既是空间的产物,也是人口密度的产物。[1] 经济生活非常聪明地借由平台实现了当地需求和当地资源的双向互换,劳动力、消费者、平台各得其所,构成平台型城市里人们经验产生的最初方式。

如今,大部分平台都以软件应用的形式转移到移动设备,人们随时随地可以接入网络,分享经验、发布需求或搜寻想获取的信息,平台也通过提供一系列方法来鼓励人们进行这样的价值创造。但是,如今这样的方法往往是基于大量用户和他们的输入环境的相互关联来实现的,换言之,我们在享受平台免费服务的同时为算法程序提供了一个结构化的、有利的环境。在此背景下,我们的一部分经验呈现在媒介之上,通过可见的方式传递,而由于平台的"专有不透明性"(proprietary opacity)[2],我们的另一部分经验会被折叠,故我们可以将平台型城市中的经验生产简单地分为可见的直接经验生产和不可见的间接经验生产。电子导航地图是今天数字城市中的一项重要工具,它是完全基于用户的身体定位和移动需求而诞生的工具性数字应用。在这类平台中,地理信息从某种城市的内容变为组织其他信息的基础,实现了自身的多重再生产,又通过

---

[1] 郑也夫.城市社会学[M].2 版.北京:中信出版集团,2018:67.

[2] MACKENZIE A. From API to AI: platforms and their opacities[J].Information, communication & society,2018(6):1989-2006.

多种方式改变我们的日常习惯,我们可以这类平台为例进行分析。

就直接经验生产而言,电子地图会提供驾车、步行、骑行、打车、公共交通等多种选项,与之相关联的如路线对比、班车实时到站时间、关联虚拟钱包的乘车码,或者关联用户车牌号的当日限行车辆提示等,平台都会先于用户考虑之。在新冠疫情防控期间,百度地图、高德地图等平台还推出核酸检测快速定位服务,包括人流密集度的热力图显示等,用户可直观查看各核酸检测网点的人流密集度情况,合理安排时间或更换检测机构。长远来看,在一个对数据驱动服务、综合效果解决方案越来越依赖的世界里,电子导航地图有能力成为城市中所有经验活动的基础,充当城市日常生活的操作系统。

城市经验往往要求个体长时段的积累,就像老一辈的人能记住生活区域内每一班公交车的运行路线,而平台往往被视为一种打破了时间与空间的发明,可见在平台型城市里,经验既被压缩了又被扩张了,既被公开地指导又谨慎地被隐藏了一些,关于后者的实例就是电子地图会告诉我们,"到达某处预计步行需要 17 分钟"。我们从来不是孤立地使用某项工具,在数字背后,电子地图并不那么清楚我们每个人步速的快慢,而是基于其他无数人在路上的平均耗时计算出来了结果。在平台型城市里,这些经验变得更好被收集、更易被处理、拥有更多能被转换为有效信息的渠道。于是经验成为一种语境化的生产资料,我们的直接经验变成他人经验的间接来源,尽管在此处发生,又能够把不在场的人和物都动员起来。思想家汉娜·阿伦特(Hannah Arendt)曾说,"正是有了媒介,某人可以既是故事的行动者又是故事的遭受者,唯独不是故事中唯一的主角"①,这句话形象指出平台型城市所特有的经验生产和转化能力。

(二)经验互动之维

平台创造了一种隐喻——每个人都相信能平等开放地与他人互动。归溯到 20 世纪 70 年代初,是剑桥 BBN 技术公司的计算工程师雷伊·汤姆林森(Ray Tomlinson)无意中规定了现在用户地址的格式,即"名字'在'地址"(username @ address)的固定结构。② 这便从本质上决定了平台用户与城市居民的相似性:没有地址的人会被当作平台中的流民。长期以来,我们默认数字交往中该地址所指即平台,我们进入微博,注册一个身份便可以展开交往;对于那些散落的图片视频,我们也可以通过 logo、水印等数字线索在网络世界觅迹寻踪。

尽管手段先进了,但这仍然是某种地缘社会的聚集模式在平台中的投影。自互联

---

① 阿伦特.人的境况[M].王寅丽,译.上海:上海人民出版社,2021:144-145.
② SIMANAITIS D. Where's th@t @t? [EB/OL].(2018-05-26)[2022-09-30]. https://simanaitissays.com/2018/05/26/wheres-tht-t/.

网诞生起,基于匿名性的云端互动是亲密的也是疏离的,是通俗的也是驳杂的,如果它的互动场景从网络扩展、叠加到城市空间,这一特征更甚。媒介地理学研究的核心问题是"媒介的空间生产"与"空间的媒介化解释"①,它的关键价值就在于它将媒介和空间两种主体同时作为自变量和因变量融入分析框架,这个双向分析路径同样有助于我们对平台型城市中的经验互动进行理解。

一方面是平台中的城市生产。如果说导航地图是基于空间地理信息实现了对人的活动轨迹及活动方式的直接调度,那么小红书、大众点评等生活方式平台就是通过特有的图文、视频上传功能勾勒出城市持续更新的形象、样貌,使城市不断具象地出现在人们的视野中,调整人们对城市的感知和体验。威廉·弗卢塞尔(Vilem Flusser)称,围绕着我们的技术图像表述着一种模型,它是一种指引性的程序。② 在这个意义上,这些平台已经从原本集合商家或生活方式的数字市场变成真实就餐或旅游经验的创造者。

平台的城市生产热情还不止如此。现代社会是一个与陌生人接触最多的熟人社会,平台在扩张过程中都或曾有意无意地暴露自己对跨国公民社会设想,如"脸书国家"(Facebookistan)③或"爱彼迎公民"(Airbnb Citizen)④等。在国内,情况自然大有不同,这是由不同国家在发展与治理框架上的利益立场、现实底板和价值导向等方面的多重异质性决定的。⑤ 相比西方,我们更注重平台是否鼓励成员的创造性参与,是否能以此重构现代社会稀薄的群体生活、承诺和归属感。因此,我们组织起微博超话社区、小红书种草社区等,不定期安排有趣的社区服务活动,增进人们在平台型城市中的多元化认同与归属感。

另一方面是城市中的平台化解释。曾有学者对南京马拉松的赛程路线设计进行研究,发现媒体的转播不仅影响观众的消费体验,也直接影响主办方对城市路线的规划设计。后来的路线既囊括作为历史文化经典的总统府、秦淮河,又囊括现代化程度很高的奥体中心和河西CBD等,就是要在媒体转播中展现六朝古都的现代风貌。⑥ 还有学者以高校学生使用的校园跑平台为例,探索这种"被动式自我追踪"技术如何将

---

① 谢沁露.从空间转向到空间媒介化:媒介地理学在西方的兴起与发展[J].现代传播(中国传媒大学学报),2018(2):81-87.
② 弗卢塞尔.技术图像的宇宙[M].李一君,译.上海:复旦大学出版社,2021:33.
③ MACKINNON R.Consent of the Networked: the worldwide struggle for internet freedom[J]. Politique étrangère, 2012,50(2):432-463.
④ NIELS V D.A new institution on the block: on platform urbanism and Airbnb citizenship[J]. New media & society, 2020,22(10):1808-1826.
⑤ 陈富国,潘胜楠.公共精神生成的中西比较:现代国家治理视界的观照[J].南昌大学学报(人文社会科学版),2017,48(3):8-14.
⑥ 胡翼青,汪睿.作为空间媒介的城市马拉松赛:以南京马拉松赛为例[J].湖南师范大学社会科学学报,2018(4):127-134.

用户的身体、位置媒体自身与用户所处的校园环境空间紧密结合起来,制造新的规训。① 还有许多具体的案例都说明我们已经进入一个随时要通过平台交流的世界,在这样的环境里,人们已经将平台内化到自己的思维方式中,也随之调整了城市的生产倾向,使城市本身开始看起来像一个"扩展的平台生活实验室"。②

平台中的城市生产与城市中的平台化解释,共同建立了一种平衡,长期维持着平台型城市的运转。作为平台型城市的居民,对这一环境本身的认同和惯性能够作为某种更加隐蔽的权力发挥作用,增强我们沉浸于数字世界中时所产生的持续主观意识。2022年初,微博和微信公众平台做出公布IP地址来源地的调整,也提示了我们这种平衡并非固定不变的。这一措施要求数字世界回归地理所在地,继续给用户提供基本的信任,但平台型社会发展至今,这样做究竟意味着一种革新还是复古?"平台,就是平台在做的事情"(Platforms are what platforms do)③,本杰明·布拉顿(Benjamin Bratton)简练地区分了计算意义上的平台和作为基础设施的平台,这也侧面说明:不同的社会基因必然蕴含着不同的基础设施需求,继而培育出不同的平台应用景观。突破一般性想象,将平台纳入具体语境进行分析变得日益重要。因此,我们更需要反思的是,在这一融合趋势的背后,我国的平台化发展遇到了什么棘手的问题,新的制度安排和资源调配想要实现怎样一种新的互动模式,以及其是否折射出长期以来政府与技术公司不断协商的用户数据管理方法。

(三)经验循环之维

长期居住于某地使我们能够熟悉它,然而仅仅基于自身的经验在此地生活是不够的,还需同时从外部对其运行进行审视。如今的情况是,我们几乎授权了各大平台连点成线、连线成面地控制我们的所有生活场景。如前所述,我们行走或驾驶的经验会悄悄变成导航地图中对路程所需时间的估算,我们观看短视频的同时"喂养"了平台的算法推荐机制。并且,我们时常发现在微信中与朋友聊到的、在微博中感兴趣并搜索的东西会立刻出现在手机购物平台的首页;一旦我们在某楼盘销售处留下电话,各种线上贷款业务就会主动涌向我们。

经验都是连续的、嵌套的,它可以向自身学习进而创造出新的经验。借鉴马克思的"资本循环"理论,我们相信单个主体的经验循环和社会总经验再生产之间也存在着千丝万缕的联系。区别于传统福特工厂制的生产经营模式,平台的获利方式来自数

---

① 许同文."媒介特性"与"数据实践":基于位置媒体的"校园跑"[J].国际新闻界,2019(11):46-69.
② VEECKMAN C,VAN DER GRAAF S.The city as living laboratory:empowering citizens with the citadel toolkit[J]. Technology innovation management review,2005(5):6-17.
③ BRATTON B.The stack:on software and sovereignty[M]. Cambridge,MA:MIT Press,2016:41.

据、分析和算法预测,因此,对于"经验"的大量累积和精确计算成为决定包括平台型城市在内的所有平台结构进步的核心。在这一过程中,人的经验已不再是单纯的实践积累,而变成商业平台眼中的"行为化数据"(behavioural data),作为一种流动性商品在"行为控制市场"(market in behavioural control)上进行循环交易。[1]

并且,在平台型城市里,基于经验的竞争并不是孤立的"软件应用之战",也不再是孤立的"城市设施之战",而是打通了所有线上与线下机构、组织及其实践的整体生态系统之战。例如,作为西方"城市即平台"语境中的典型案例,Airbnb宣布退出中国市场后,随即与多家中国本土民宿短租平台建立"信息迁移通道";线下本地房屋信息、线上用户消费点评等多项经验内容都将被移植到新的平台,这也是一种资源重新选址的表现。

总而言之,经验是调节平台型城市运行的关键要素。以上涉及经验生产、经验互动和经验循环的三维框架有助于我们理解平台运营者的设计思路,它们分别对应着工具性、连接性和积聚性三种设计导向,三者首尾相连,互相促进,最终让城市的平台化程度不断加深。另外,中国社会的平台化性质并不能完全用资本主义的市场逻辑去解释。在新冠疫情防控期间,阿里和腾讯研发的健康码迅速覆盖全国用户,成为该时期的关键举措。国内有学者认为,它代表了在特殊背景下的一次公私权利合作的典型[2],其在地化的公共性以及对社会主义国家治理体系变革的驱动,尚需要更长时间和更多实践来显示。

如今,尽管平台有时也会违规逃避监管或被政府限制操作,但在获得制度方面特权的途径上,它们越来越多地依赖政策和监管领域。可以预见,未来的平台型城市发展将持续面对多重挑战:既要处理公众的极高开放度和包容度,避免平台不加筛选地涌入城市生活或造成过度监控,又要更加积极地应对或配合政府的监管,发挥好城市服务型平台的在地化优势;既要保证平台的创新设计不断朝着有利于城市生活的更便捷、更智能的方向发展,同时,对于政府而言,又不能丢失对于"城市"这一最根本概念的监督与把握,无论是物理上的还是平台上的。正如安提诺克(Ari - Veikko Anttiroiko)所言,或许到某天平台真正成为城市发展的常态,政府、企业和公众都参与其中,不仅在宏观政策和经济调配上对其有所支持,在微观现实层面也能看到公民的团结,这样一个城市我们才真正代表着"城市即平台"[3]。

---

[1] ZUBOFF S.Big other: surveillance capitalism and the prospects of an information civilization[J]. Journal of information technology, 2015,30:75-89.
[2] 方兴东,严峰."健康码"背后的数字社会治理挑战研究[J].人民论坛·学术前沿,2020(16):78-91.
[3] ANTTIROIKO A. City - as - a - Platform: the rise of participatory innovation platforms in finnish cities [J]. Sustainability,2016,8(9):922.

四、结语

平台型城市创造了地方决策、城市行动主义和数字生活之间的交叉点，本文以经验为线索勾勒了一幅平台运转逻辑和城市生活常规密不可分的技术图景。从古老的平台作为城邦中公共领域的隐喻，到如今在本文研究视域里，看到平台带着某种程度上前所未有的"能渗透进各种线上/线下机构从而塑造社会的潜力"重新回到城市的范畴，它持续地要求我们对与之相关的城市行动模式进行重新评估。

强调城市和平台的相似性，既是探讨城市的一种方式，又可用来展示概念化城市故事本身之局限。落脚于经验的好处便是我们可以结合自身所处社会的具体现实，判断我们在这个过程化、语境化历史进程中的实际位置。具体而言，本文从经验生产之维、经验互动之维、经验循环之维分别阐释了：第一，人们在平台型城市中的经验生产可分为可见的直接生产和不可见的间接生产，这是由平台技术逻辑所特有的不透明性决定的。第二，在平台型城市的复合生态中，可围绕"平台中的城市生产"和"城市中的平台化解释"探讨新群体、新社区的形成路径。在这一过程中，我们必须考虑平台趣缘联结和城市地缘联结之间的张力平衡。第三，平台型城市中生活经验的流通与竞争必然发生在打通了线上与线下机构的整体生态系统里。在此，我们应思考商业技术平台和政府公共部门如何更好地发挥合力。

总而言之，城市生活经验的数字生产是平台型城市崛起的突出表征，它将离散的日常生活方式进行整合，将应用软件的服务架构进行模块化重组，带来新的城市治理秩序。列斐伏尔曾经革命性地呼吁，人民要有"住进城市，在城市中生活与快乐"的权利[1]，如今他的"城市权"已经演化为"数字城市权"甚至"平台城市权"，故理解当下的日常生活、经验、市民权、社区归属都需要崭新的视野。我们必须站在新的技术现实和历史阶段上处理新的人—地关系，也只有从人类城市境况与平台化城市管理的复合生存现实出发，才能满足我们对未来平台也即未来城市的期待与想象。

---

[1] LEFEBVRE H. Writings on cities[M]. LEBAS E trans. Oxford: Wiley-Blackwell, 1996:173-174.

从媒体融合与传播主体多元化共构看传播学本科课程改革*

◎ 杨　帆　隋　岩**

摘要：传播技术的迭代与其对社会运作的介入，使媒体融合和传播主体多元化成为传播学本科课程改革的技术语境和传播环境语境。具体可表述为，媒体融合改变了大众传播属性、更换了对传媒人的职业要求，使培养复合型、全媒型人才成为传播教学改革的目标；传播主体多元化则重构了传播格局，传播研究和传播取向更加注重"产消合一"的主体对社会转型的多样化参与。二者的影响既着眼于狭义上对未来传媒人的"通识化"培养，又落脚于广义上每一个传播者对网络社会各领域发展的"通识性"建构。由此，在两种语境的共构下，寻找传播学诞生源头与传播学发展过程中的通识因素，继而增设通识课程，成为传播学本科课程改革的重要一环。

关键词：媒体融合；传播主体多元化；传播学；课程设置；通识教育

一、传播学学科演变与反思

作为一门学科，传播学滥觞于20世纪初的美国，建制于20世纪40年代末。20世纪初期，美国刚刚进入工业化大生产阶段，社会环境相对宽松、市场经济发展自由，基于商业推广的传播业开始独立；而此时，与美国一洋之隔的欧洲正笼罩在一战的阴影下。迫于战争局势和经济困境，一大批欧洲人选择迁入美国，其中的知识分子流亡者，

---

* 本文原载于《现代出版》2020年第2期，收入本书时有改动。
　课题：新文科建设背景下新闻传播学科人才培养体系及模式创新研究（CUC19ZD013）；"双一流"建设背景下新闻传播学本科基础课程（201JG190080）。
** 杨帆，中国传媒大学互联网信息研究院2018级博士研究生；隋岩，通讯作者，中国传媒大学国家传播创新研究中心研究员，中国传媒大学新闻学院教授。

例如拉扎斯菲尔德、勒温等社会科学家,在美国传播学的学科发展中发挥了关键的作用。二战期间,为了瓦解敌军、鼓舞盟军,美军及相关机构、财团大量拨款给社会学、心理学、政治学等领域的研究者,支持他们以战事宣传为切入口,进行战时宣传方法和效果的研究。其中最具代表性的研究者是传播学四大奠基人,他们的研究成果奠定了传播学理论基础,后经集大成者施拉姆的整理、提炼,创立了传播学学科体系。1947年,施拉姆在美国伊利诺伊大学创办世界上第一个建制化的传播研究机构,标志着传播学作为一门学科的诞生。

传播学在美国诞生之后,西欧及东方国家的传播学建制也接踵而至。其中,我国的传播学,主要起于改革开放后高等教育跨越式发展的黄金期,西方传播译作不断出现,西方传播理论和研究方法逐渐被国内学者接纳、运用。20世纪与21世纪之交,我国高校纷纷开设相关本科专业,传播学学科规模不断扩张、学科建制不断完善、知名度不断提高,传播学进入快速发展时期。然而,我国传播学的引入,主要嫁接于新闻学,除了建制性质的外延式发展外,我们似乎很少驻足思考"传播学本身是干什么的""传播学本身研究什么"等关乎传播学本体性的内涵式问题。加之技术场景不断切换、时代环境不断变迁,无论是传播学研究抑或传播学本科教学,都面临着如何重新科学地认识、理解、发展传播学的问题。本小节将从传播学学科发展范式出发,对该问题做出溯源和反思。

传播学建制早期的大众传播研究,是在市场经济的推广和总统竞选的需求下,依托媒介传播课题进行的经验主义学科范式研究。其中,尤以麦奎尔所言的受众"行为性研究"为核心,其采用实证分析法,观察受众的媒介使用态度和选择倾向,进而测量媒介传播效果,旨在为利益方的传播决策提供借鉴。经验主义范式下的受众行为效果研究,经历了从拉斯韦尔的"魔弹论",到拉扎斯菲尔德、霍夫兰等人的"有限效果论",再到诸如"议程设置""沉默的螺旋""知沟假说"等理论描画的"适度效果模式"的三个阶段。然而,作用于受众的大众传播效果的程度性研究,一直占据着早期美国传播研究的主流位置。然而,经验主义范式下的行为与心理研究,是基于资本主义意识形态下的社会控制和社会管理手段。在早期缺乏体制探讨的微观语境中,研究者容易忽视"传播活动中极端复杂的、共有的社会过程,仅仅将传播窄化为说服性信息传播"①,在研究层面出现描述性调查较多而理论分析较少的研究状况。

20世纪60年代末,媒介效果研究者试图跳出微观上的强弱之争,思考宏观视角下大众传播作用于社会文化的意义,伴随这一进程的是批判研究范式的成熟。批判研究是以西方马克思主义为理论框架发展起来,基于社会政治、经济等宏观发展进程,从

---

① 辛普森.胁迫之术:心理战与美国传播研究的兴起(1945—1960)[M].王维佳,刘扬,李杰琼,译.上海:华东师范大学出版社,2017:70.

批判而非实用的维度,警醒人们关注资本主义社会结构中的权力支配和不平等的研究。该范式涉猎流派广泛,包括从所有制关系和社会结构维度批判资本主义的政治经济学派、采用文本分析和受众调查方法的文化研究学派、基于社会哲学和语言哲学的哈贝马斯批判理论学派等经典分支。其中,法兰克福学派的批判学者认为,大众传媒是资本家垄断意识形态、操纵受众认知的工具,受众在传播过程中处于麻痹、被动的屈从境地。学者们试图从社会哲学角度出发,为受众的解放而呐喊。由此,在不同社会观的引导下,批判研究范式逐渐走到了经验主义研究的对立面。

在经验主义范式和批判研究范式被引入我国的过程中,建构传播学研究范式的二元对立框架逐渐成为研究者的牢固共识。直到21世纪来临,中国的传播学走上了专业化的发展道路,学者们才开始质疑和反思二者对立存在的意义,随之而来的是解构二元对立和寻求多元范式并存的改革呼吁,这表现为技术主义范式崛起。随着互联网的普及,传播技术的重要性脱颖而出,以多伦多学派为代表的传播学研究,多以媒介技术发展和社会进步为主题,探索现代传播媒介对社会进程的影响。人类用了3万多年时间从语言时代走进文字时代,又用了三四千年时间走进印刷时代,用了近四个世纪的时间走进大众传播时代,而只用了不到百年的时光便步入网络传播时代。若引用传播学者威廉斯的24小时人类浓缩史,则20世纪的传播技术发展只用了这24小时的最后几分钟。

由此看出,在人类传播的加速曲线上,新旧媒介迭代的时间被技术发展急剧压缩,但基于元媒介的包容性,新旧媒介的集合程度越来越高,这也直接决定了传媒界迅速开展媒体融合实践,以适应技术嬗变下的传播进程的现实。其间,传播平台的不断丰富和信息过剩,使以往被动的受众开始产生自觉意识、拥有媒介使用权,其话语空间、选择空间、参与空间不断扩大。社交媒体的出现,更大大加快了受众自主化、分众化、个性化的进程,描画出传播主体多元化的传播生态。由此,多元传播主体的传播活动、传播行为、传播现象、传播方式、传播情绪等快速地显露、变化并极端复杂化,现代社会结构进入快速的转型和变迁期。因此,传播学发展首先面临着技术范式的改革呼唤。此外,由技术变革带来的传播主体多元化及其再生产的社会结构的变化,启发一些学者从批判范式中抽取一支受到符号学、叙事学等学科影响,采用人类学研究方法,强调理解而非批判的研究,并将之归结为诠释主义研究范式,主张从人的主体性视角和体验出发,致力于探索人类行动的内驱力和自反性,激活传播学发展中的人文主义关怀。

基于以上对传播学范式的探讨,不难看出,无论是经验范式下的传播效果研究,还是批判范式下的大众传播工具理性,又或者是技术范式下媒介功能的脱颖而出,其研究出发点多集中于大众传媒本身,但隐藏的重心终究逃不出对于受众能动性的分析。从受众毫无媒介操控能力的"魔弹论""文化工业"到受众主动性得到关注的"使用与满足""选择性编解码"理论,再到社交媒体时期受众主体性崛起的"互联网群体传播主体",说明传播学研究始终围绕着作为媒介接触者的"人"及其能动性在开展。由此可以总结出,传播学是研究人类传播行为、传播过程以及人与社会关系的科学,在基础硬件上,传播研究需要以介质、符号为表意载体;在研究取向上,传播以"人为焦点,研究范围辐射人的能动性程度及其作用的传播活动、传播历程和传播资本"。由此,基于信息社会发展的快速流变可知,传播学是一门需要紧跟社会前沿、与时俱进的显学。传播技术社会化所表征的媒体融合和传播主体多元化态势,成为直接影响新时代传播学科反思和课程改革的媒介语境和社会语境。

二、传播学课程改革诉诸的媒介语境和社会语境

出现于20世纪七八十年代的媒体融合,首先表现着技术条件驱动下介质的多功能、一体化趋势,这是在新旧媒介生命力博弈、交替的历程中,趋于元媒介的包容和收编过程,伴随它的是媒介形态分界线的逐渐消融。

在这一技术趋势日渐明朗的21世纪,大众传媒机构感到焦虑,并开始寻找发展的新思路——试探性入网、试探性联合,进而在试探的过程中逐渐兴起一场媒体融合革命。2000年3月,美国坦帕新闻中心成立全球最早的"媒体融合实验"模型,成为媒体融合的国际性事件。随着网络技术的全球化发展,融合概念在媒体领域的运用愈演愈烈,我国传统媒体的危机感和变革意识也日益增强。从2001年"三网融合"的提出,到2010年针对"三网融合"建立统一协调机制和明确的时间表,再到2014年对"媒体融合"和"互联网思维"进行顶层设计,我国媒体融合的进展在逐渐明朗后,四处开花。其间,从具有时空传播偏向的语言文字、印刷成品、电子媒介,逐渐转向兴趣传播偏向的互联网、移动互联网、智能媒体的介质融合,到电信产业、传媒产业、信息产业的互联互通,再到传媒文化、传播观念的网络化,媒体融合在大众传媒业的变革使传媒界风起云涌。

在大众传播时代,媒体是一种稀缺资源。报社、广播电视台等媒体机构分别基于自身的垄断地位,根据所采信息内容,针对受众设置议程,推出报纸、广播、电视等相互独立、泾渭清渭的传媒产品,以形成对受众长期、持续的浸润性影响;而在以互联网技术为特征的群体传播时代,社会化媒体的撒播突破了传统媒体的垄断,人人都可以成为自媒体的使用者、信息的生产者和舆情的影响者。顷刻间,网络舆论场众声喧哗,稀释了传统媒体的独立价值。由是,传统媒体有效整合起各媒体的采编作业,实行资源共享、集中处理,进而通过不同平台分众发放,应时当令地深化媒体融合。在该态势的牵引下,新旧媒体的共存伴随着不断的冲撞、整合、借力、融合,引致信息传播的多渠道

化、传播内容的多样化、传播主体的多元化和传播效果的驳杂交织。基于此,传统媒体单向浸润式的传播模式被彻底颠覆,媒体融合的触角也在不断内卷,成为"一场涉及思维、内容、组织和经营等方面的系统性的创新革命"[1],其中,思维的转变至关重要。过去传统的媒体机构是基于工业社会的组织化、规模化、科层化特征运行的,信息传播层次分明、流程稳定。如今,互联网的自发性、去中心化、扁平化的运转特性使得传统媒体受众纷纷入网,社交媒体的崛起引致信息运载量骤增并快速、多向传播,信息生产和资源配置方式急剧变化,整个社会都在快速地互联网化。经济基础的发展需要与之相应发展的上层建筑,此时,互联网思维的内爆,将使媒体融合在机制改革和经营转向中更加深入。

依据以上的融合态势,媒体融合已不仅是技术融合,其外显于对传播 5W 模式的解构,内含着传媒观念和思维方式的转变,是全面解构大众传播属性的融合。这实际上是一种主体性质的革命,也就是说"人类而非技术是传播活动的原型,人类在以技术为中介的传播活动中占据着关键位置"[2]。媒体融合是互联网时代传媒实践的历史性变革,其给传播属性带来的每一点变化,最终都将落脚于媒体人的转型。过去被奉为圭臬的标准已无法满足时代对思维、技能全面发展的"通识化"人才的诉求,媒体融合的技术语境和行业语境,正倒逼着传媒教育的改革和传媒人才培养课程的创新。

需要注意的是,在社会化媒体牵引下的融合格局中,传播者不再仅是专业的媒体从业者。网络传播中的传播节点可以是任何人,每个人都有自己的秉性、态度、情绪和观念,人们交织在一起,编织出一张 21 世纪的素人传播网,重新建构基于多元传播主体的群体传播格局。由此,传播学课程改革,还在于传播主体的多元化延展之于传媒生态的"通识性"建构。

互联网群体传播时代,传播主体的多元化首先表征于媒介的使用者存量。据我国第 44 次《中国互联网络发展状况统计报告》,截至 2019 年 6 月,我国网民人数达 8.54 亿,较 2018 年底增长 2 598 万。其中,手机网民人数达 8.47 亿,占比 99.1%。以年龄结构为分类标准发现,10—39 岁网民群体占比最高,达 65.1%。40 岁以上网民的数量不断提升,互联网持续向中高龄人群渗透。此外,考察网民学历结构、职业结构、收入结构等结构图谱发现,随着互联网尤其是移动互联技术的快速迭代、网络人口的不断上涨与网民间传播形态的交融,网络社会结构多出现代际差异的逐渐消弭、职业种类的网络化、传统权威的弱化以及普通群体自由类聚/离散等新现象,浮现了去中心化、非制度化和缺乏管理主体的群体传播特征[3],与之相伴随的是新兴生活方式的出现和

---

[1] 陈刚.数字逻辑与媒体融合[J].新闻大学,2016(2):100-106.
[2] 延森.媒介融合:网络传播、大众传播和人际传播的三重维度[M].刘君,译.上海:复旦大学出版社,2018:4.
[3] 隋岩,曹飞.论群体传播时代的莅临[J].北京大学学报(哲学社会科学版),2012(5):139-147.

群体传播格局的日渐清晰。

这种清晰在主体复杂性与能动性的交织下,表现为传播形态的融合与传播功能的延伸。在大众传播时代,基于身体在场的人际传播、基于规章制度的组织传播、基于同一目标的群体传播和基于传播效果的大众传播,分别依赖不同的传播特质和传播对象而存在。然而,在传播主体多元化的互联网群体传播时代,极具包容性的社会化媒体集多元传播主体、多种传播特性、多个传播形态于一身,无论是具备大众传播特征的主流媒体、具备组织传播特征的网络红人,还是具有群体传播特征的次元团体、具有人际传播特征的普通素人,在"广场式"的传播环境中都无法各自为政,各传播形态不再封闭、隔离、不可见,各传播主体在数字技术的话语赋权下开始以或大或小的传播单位在共享的平台上互相观望、分享和交流。于是,基于数字逻辑中传播形态的网络化、传播主体能动参与的积极化,媒介功能不断丰富与下沉,新的传播格局逐步形成。

这主要表现在,以主流媒体为代表的大众传播深感数字逻辑的重要性,开始突破过去狭隘的媒介中心视角,一改居高临下的话语姿态,借力微博、微信等网络互动平台,运用多模态叙事风格传播信息,旨在激发媒介使用者的积极参与与反馈。在这一过程中,社交媒体用户也一改过去被动的受众角色,摇身变成社会事件的参与者、民生利益的诉求者,拓展了新格局下的民意表达主体。与大众传播联系紧密的是组织传播,组织传播一般存在于政务单位、现代企事业当中;而在互联网技术浪潮中,组织传播也无法置身事外。政务单位开始借助社会化媒体开展网络服务,并鼓励网民参与政务监督,协同提升政务公开性与透明性。现代企业则得益于网络营销,实现颇为理想的组织外创收。值得一提的是,以 KOL 为核心的营销组织开始出现,借助短视频、直播等平台中人际和群体的传播力量,创造带货机制,建构了网络新消费模式。其中,人际传播和群体传播形态倚赖熟人偏向和兴趣偏向,在社交媒体中崛起并协作成长。人际传播网络化中的熟人信任,在去中心化、狂欢化、信源不确定的群体传播环境中尤显突出。从信息传播的角度看,这一方面有利于信息的有效传播,另一方面也容易造成谣言的快速扩散。人际传播的情绪宣泄功能和娱乐功能跃然屏上,置网络环境于混沌之中。

以上四种传播形态在互联网群体传播时代纷纷上网并相互作用,以不同的功能视阈架构了传播新格局。主流媒体与新媒体互相借力,提升了媒介使用者的意见表达和政治参与效能;实体企业与网络营销的耦合关系,建构了产销合一的新消费生态;人际资本的网络化与群体资本的再延拓,促进了信息生产机制的快速变革……在多元传播主体的努力下,每一次传播形态的融合,都代表着某个局部结构的嬗变。基于局部与整体的辩证关系,多个局部的相继改变整合在一起,建构了互联网群体传播的总体性格局。传播格局的颠覆性变化不仅引发了传媒业界对大众传播的反思,从传播学角度思考,它也启发了学界对于大众传播学的学科反思。以往的大众传播学多研究传播者之于传播对象的作用效果,而忽略受众的传播体验。基于传播主体的多元化,过去的传播者实际上既是如今的传媒人,又具有互联网使用者的身份,即过去的"受众"。可以说,在互联网群体传播时代,信息传播者同时是信息消费者,他们在提供信息服务的平行时空中也在享用信息服务。由是,当下的传播学研究,更需注重纷繁复杂的多元主体对于传播活动的参与感。传播学改革既需要从媒体融合视角出发,明确"通识化"人才的培养理念;也需要从作为媒介使用者的"本我"出发,注重每一个"我"的传播感受和每一个"我"对传播格局的通识性建构价值——网络社会中的每一个"我"是什么样的?"我"在其中参与了怎样的内容生产?这些生产波及了哪些方面?"我"需要从哪些方面充实自己以适应这样的生态环境?这些疑问回应了传播学的研究旨趣——以人为焦点,将研究的触角延伸至人的传播行为、传播过程、传播间的社会关系等,也使我们想起传播学的学科源头。

传播学诞生之时,美国学者分别从政治学、实验心理学、社会学、经济学等学科角度探索传播理论,建构传播学学科体系。随着网络社会的出现,多元传播主体建构的传播新格局生发于经济、技术的革新,并基于各传播形态的网络化而回馈于政治、经济、文娱、民生等各个领域,即本文所说的通识化地影响社会结构的转型和变迁,传播学者也开始延拓研究领域,创立政治传播、传媒经济、科技传播、认知传播等分支学科,从传播学角度回应母学科。基于吉登斯的社会结构理论,我们将以上传播规律总结为:传播学生发于多学科的架构与支持,随后茁壮成长。伴随着网络技术的全面应用,传播研究开始回馈于多学科来源的社会语境,传播学的发展也在不断回应更多的学科领域。从这一发展趋势来看,传播学的教学和学习,既需要深深植根于支持传播学诞生的通识学科理论,也需要在研究的过程中,不断发掘各学科与传播学的交融点,发展壮大传播学的通识化研究旨趣。由是,在传播学的课程改革中,通识课程设置的必要性引起了学界的关注与重视。

三、传播学本科课程设置与通识教育等方面的改革探索

如果说专业教育的目的是提供对具体知识的深度教育,那么,非专业性的通识教育则有利于拓宽学生基础知识的广度,继而帮助学生建构个人认知体系、培养其独立创造的能力。通识教育概念较早见于19世纪欧美国家对专业人才教育缺陷的弥补,无论是芝加哥大学哈钦斯的通识教育方案,还是哈佛大学的《哈佛通识教育红皮书》,都在强调对人文、社科、自然科学等综合知识的掌握和对跨学科、跨领域学习的重视,并认为"通识教育关系到国家高质量人才的成长"。从传播人才培养来看,传播学本

科通识教育和课程设置的必要性,在于其面临着复杂的技术演变背景和传播形态背景。新旧媒体的持续、动态发展,四大传播形态的交叉、融合互动,是传播学改革的因变量,传统的学科培养目标和课程设置都面临着时代的挑战。在媒体融合以前,传播学的核心课程主要定位于传播理论与传播史等专业领域,课程体系结构不尽合理,课程设置上通识课程、前沿课程开设不足,无法快速回应媒体融合之后业界对人才的通识化要求。当媒体融合成为大趋势,我国高校的新闻传播学本科教育就迫切需要考虑增加通识课程、完善课程体系,继而承担起在新闻传播新语境下的人才培养重任。

媒体融合是"与互联网和人工智能新技术、新应用紧密结合、同频共振的全媒体传播体系建设"①,"学生如果不懂无人机、AR、VR等技术,可能出来找到工作都困难"②。这就要求传播学本科的通识课程设置关注新兴媒体形态,增设一些功能性的新课程和回应社会需求的课程。例如,增加工科的大数据、人工智能相关课程,帮助学生了解数据采集、数据挖掘与数据应用等技术,进而教会他们如何将之运用于数字传播的需求分析、内容智能生产、精准分发、数据监管等领域。当然,传播学本科通识课程的增加不能一味地引入工科思维,传播学不同于新闻学的实务特性,从其诞生的学科基础即可发现,它是一门非实务型的研究型学科,理论基础宽泛且开放。这意味着,传播学发展既需要数据算法的工具性支持,更需要以文史哲为主的通识课程的基础人文观照。这主要表现在传播学与作为通识课程内容的各母学科之间的互动关系和具体的内生连接。

早期传播学依托于心理学视角及其方法论,采用社会学和人类学研究方法,作用于政治、军事研究。20世纪上半叶,欧美工业社会的迅速发展,加速了经济增长、社会结构转型和人口流动。各国依傍地理位置的安全感被打破,社会发展极度不稳定,进而引发了多国角逐世界地位、积极重建世界秩序的局面。其中,在美国的对外开展、对内宣传中,心理学成为早期传播学者看待传播问题的理论视角。在一战的宣传研究中,拉斯韦尔以行为主义的刺激—反应模式为框架,用精神分析理论研究社会群体的接受心理,给美国官方留下了深刻的印象,进而为后来"二战"以至冷战时期的心理战提供价值依据。"二战"期间,美国军方、政界以及多种基金会为传播研究机构提供了巨额资助,并要求研究必须看上去很"科学"。③ 其间,以拉扎斯菲尔德为代表的社会学家深入伊利县等地,运用人口调查访问结合多变量统计分析的人类学、社会学研究方法测验民意,出版了《人民的选择》等著作,明确阐述了两级传播、意见领袖等传播

---

① 支庭荣."互联网+"时代的媒体融合:概念界定、评价标尺与操作路径[J].教育传媒研究,2019(3):26-29.
② 周茂君,罗雁飞.数字时代中国新闻传播学本科核心课程的变化与问题:基于21位院长访谈的研究[J].新闻与传播评论,2019(4):78-90.
③ 胡翼青.大众传播学抑或大众心理学:对美国传播学主导范式的再书写[J].国际新闻界,2019(8):38-51.

效果理论,为大众传播研究开辟了经验主义路径。战事期间,心理学的理论视角和方法论、人类学的田野调查和民族志研究方法、社会学家及其经验主义范式、政治军事学的战略部署等学术研究的发展,直接推动了包括传播学在内的诸多人文社会科学的发展,并以合作、融汇的方式将以多个不同学科为基点的研究者塑造为传播学术共同体,奠定了传播学的多学科基础。由此,从传播学扎根的学科基础看,社会学、心理学、人类学、政治军事学等通识课程的设置,是助力本科生了解传播学、学习传播学的基础。

传播学从诞生起就深植于多种学科,传播学本身的自为性发展,也倚赖于对各学科发展的回馈和满足;即,传播学的结构二重性,勾勒了传播学取之于母学科、用之于母学科的传播学想象。从传播媒介角度看,印刷媒介、电子媒介、移动互联媒介,以及人工智能等穿戴式、嵌入式媒介的融合发展,丰富了政治军事宣传路径、社会参与渠道、人类调研平台、心理研究方法和资源的配置方式;从传播主体角度看,传受双方的产销合一、传播者的极端多元化,促使社会关系发生了结构性变化,社会行为情绪化、社会消费的电商化趋势显现;从传播效果看,社会舆情的触发态势促使民生利益、政治腐败、国际关系等问题备受关注,网络暴力、谣言的肆意弥散驱使关于传播的法律法规的相继出台;从传播研究嵌入的领域看,超越人文社科研究的风险传播、认知传播、健康传播等,都在追求更大范围的学科协同发展。由此,从传播活动对社会的通识化建构和传播学对各学科发展的通识化回馈角度考虑,社会学、心理学、技术哲学、大数据分析、人工智能等通识类课程的设置,将助力传播学子更好地运用传播学知识,进一步拓展传播研究旨趣。

通识课程注重学习的寻根性和整体性,如果没有通识课程作为传播学专业学习的基础,就容易造成"何有不作最下重屋,而得造彼第二之屋"的迷思。当然,落脚于通识基础知识的专业化学习,也将筑牢传播学子的专业能力。二者结合,可以进一步完善课程体系。但值得注意的是,在学科的跨域交叉、融合过程中,传播学本科教学极有可能形成一个庞大的跨学科课程体系,关于传播学的学科正当性和学理正当性或将再次遭到质疑。这一顾虑不无道理,但学科发展不能因为质疑的存在而放弃前行,换个角度思考,多元学科的对话、多种观念的碰撞或许为传播学搭建元理论提供了机遇与方向。

传播学从学科建制到成规模发展,在短短几十年的时间里经历了传播介质的快速迭代、传播模式的极端颠覆、传播形态的借力融合、传播生态的解构与重构。当下,如何在变动的学科发展中沉淀多元传播理论、不断完善课程体系,值得传播研究者和学科改革者持续关注和探讨。

从翻页电子书到融媒体出版物*
——后接受美学视野下融媒体编创的跨界探索

◎ 程素琴　郑志亮**

摘要： 随着网络与移动传播技术的迭代升级，融媒体编创思维与实践在开创数字出版行业新面貌的同时，重塑了新受众对跨屏、多屏、富媒体和融媒体出版物的消费体验。融媒体编创从技术加权、传播更新及内容研发等多个维度向我们指明了数字读物的发展趋势。与传统的翻页电子书的编辑思路相比，融媒体编创思维强调运用图文声像等信息文本对知识进行解构及重组，更加符合新受众移动、场景、即时、社交型的阅读习惯，对媒体深度融合时代的知识传播具有深远意义。从新受众的文化发现与后接受美学的理论视野出发，探讨融媒体出版物编辑思维衍生、发展、形塑与转变的原动力，能够凝练新受众时代的融媒体编创的思维模式与传播规则。

关键词： 融媒体编创；交互设计；数字阅读；媒介融合

媒体融合时代，传统意义上的"观众""读者"已经在信息和技术的加持下成了"新受众"。[①] 新受众对数字文化消费及阅听体验的新要求，催生了融媒体编创思维，也从技术加权、传播更新及内容研发等多个维度向我们指明了数字读物的发展趋势。与传统的翻页电子书的编辑思路相比，融媒体编创思维强调运用图文声像等信息文本对知识进行解构及重组，更加符合新受众移动、场景、即时、社交型的阅读习惯，对媒体深度融合时代的知识传播具有深远意义。

---

* 本文原载于《现代出版》2020年第6期，收入本书时有改动。
** 程素琴，中国传媒大学电视学院副研究员；郑志亮，中国传媒大学电视学院副教授。
① 郭峥.从"受众"到"新受众"：媒体融合发展从转变观念开始[J].大众文艺，2020(17)：131-132.

一、转变原动力：后接受美学视阈的理论审视

20 纪世纪 60 年代，以汉斯·罗伯特·姚斯、沃尔夫冈·伊瑟尔为代表的德国康士坦茨学派提出了接受美学理论，关注创作者的创作与读者接受之间的辩证关系，并以此来关注作者、文学作品、读者之间的互动与交流。新媒体和交互传播的出现，形塑了全新的数字出版环境中的新受众，也见证了后接受美学的理论延伸。

后接受美学在探讨受众、文本与作品生产的三角动力系统时，更为强调内容编创初期对新受众角色的信息认知和文化消费模式的理想预设。这在数字出版物编创过程中，重点体现为新受众的主观能动性和其身份嵌入式阅读的感受。新受众的心理状态和动机经历了从追求功能性到追求自我表达、分享与认同的转变，新受众在阅读过程中不是被动输入的对象，而是在自由状态中获得信息。新受众发挥自身的想象力和创造力，在已有文本的基础上进行再创作。融媒体出版物提供的互动阅读技术和富媒体文本体验，能更好地满足新受众通过自身的介入，创造全新的消费体验的需求。

后接受美学以其理论的开放性和实践的多样态，构建出融媒体出版物的互动消费模式，通过呼唤新受众的主体参与与文化能动性，赋予数字出版物全新的传播形态与知识建构功能。从传统的翻页电子书到融媒体出版物的转变原动力，给数字阅读外在形式变革提供了新的研究角度。在关照技术的同时，更加关注"人"，融媒体时代的数字作品也正应该是"目中有人"的作品。新受众在经历长时间潜移默化的互联网使用训练后，逐渐改变了对其文化身份的自我认知。信息爆炸和同质化催生身份转变带来的新需求，最终在技术可实现范畴内寻求到合适的融媒体样态。

（一）数字出版场景中的新受众群体

随着全球使用移动互联网和智能手机人数的大幅增加，人类阅读依附的载体日益丰富，信息编辑、呈现及存储的方式发生巨大变革，融入 VR、AR 等视听技术的阅读方式层出不穷，飞速改变着人们的行为习惯。以技术为驱动的数字出版推动了新受众阅读场景、阅读习惯及阅读方式的转变，新受众群体中不仅有传统的信息接收者，也有重视在线、移动和交互阅读体验的新群体。新受众群体不仅注重信息质量，更关注信息筛选、呈现方式及阅读体验。在线阅读、移动阅读等概念的出现，体现了新受众对于阅读内容和阅读方式的多种期待。社会生活的快节奏带来了快消费文化，传统翻页电子书已经不符合新受众的阅读习惯，长文本逐渐消亡，沉浸感强、阅读成本低的融媒体出

版物应运而生。①

新受众的身份和期待视野的转变,带给新受众的是更加主动的话语权和更稳固的地位,带给编创者的是更加自由的创作空间,双方都享受到身份转变带来的自由。新受众和编创者之间是平等的互相选择的关系,二者之间的距离也被缩短。

新受众从电子墨水所建构的文本世界中走出,进入色彩更为丰富、互动更为多元的富媒体文本中,成为富媒体文本的"居民"。融媒体出版物给新受众提供便利的交互与反馈渠道,甚至把新受众视为作品的第二创作者。新受众的自主意识和传播能力都得到了提升,在文本阅读和消费的过程中会带入自身的知识和技能,从而与编创者共创数字生态的新景观。

与此同时,融媒体编创的产业链得以延伸,以新受众的日常需求生产周边产品,紧密贴合跨屏传播的使用场景。融媒体出版物的阅听行为被带入新受众的生活之中,进一步激发其在日常生活中的自发性诱导型阅听动力。融媒体出版物的载体移动性强、普及度高,这一方面降低了设备使用成本,另一方面降低了新受众的时间成本。

(二)升级期待视野

期待视野的升级转型基于后接受美学视野,探索接受主体根据自己内心的成式结构所建构的对作品的预测和期待。新受众已经充分体验到如视听结合、指尖交互等各类融媒体作品,新作品只有超越传统模式的融媒体出版物,才能够吸引新受众,在信息洪流中抓住新受众最关键的"三分钟"。

期待视野的升级,也来源于编辑出版技术生态的转变。在传统互联网时代,互联网对于新受众而言是媒体,获取网站提供的信息是新受众使用互联网的主要目的。在移动互联网时代,互联网成为语义更加丰富的社交媒体。新受众之间的沟通交流、共同创造是移动互联网时代最大的活力源泉。依据计算机算法处理新受众行为数据,为新受众推送合适内容的模式应运而生。互联网传统的层级被打破后,权级平等的新受众有了更多的选择,各类网站开始提供去中心化的服务,为新受众的选择、表达、合作创新提供充足的空间,并逐步向 UGC 转向。②

新受众的交流隔阂在技术进步中被打破,新受众的合作创造出了更大的群体智慧。群体智慧需要一个包容度高、准入门槛合适、检索迅速的载体,以期产生更大的社会力量。从内容上看,融媒体平台的生产逐渐多元化、扁平化,调动用户的积极性与参与度;从技术上看,互联网作为融媒体出版物的载体,主要通过代码语言呈现不同语言的文化,为群体智慧提供了开放、平等、共享的平台。

---

① 王一鸣.网络文学叙事圈的动因、过程与叙事制度[J].出版科学,2018(1):90-95.
② 黄先蓉,张窈.数字阅读研究热点与动向:伦理、行为与应用[J].出版科学,2020(2):5-16.

(三) 召唤结构对交互性提出的要求

单纯的文本内容和经简单强化的视觉冲击力在信息竞争中难以胜出,新受众感受不到作品的吸引力就很容易离开,尤其是在内容同质化严重的互联网环境中。从召唤结构角度考虑,优秀的融媒体出版物作品需要留出用户参与的位置与充分发挥其主观能动性的空间,然后才有可能塑造出作品的完整意义。融媒体出版物的交互功能,以一种开放性的结构,十分自然地吸引着新受众。新受众在阅读过程中的交互行为既是内容生产的结果,也是内容生产的延续。交互行为的设计反映的是编创者对新受众的态度,在交互设计中可以展现逻辑的合理性、行为引导的人性化、交互动作的可行性等。做"目中有人"的融媒体出版物需要满足召唤结构,并以突出交互传播的必要性为宗旨。

阅读过程中可以选择是否收听、何时收听、何时停止朗读。AI 朗读本身是对融媒体出版物阅读功能的丰富,使其从视觉转变为视听结合。霍拉勃在《接受美学与接受理论》一书中谈到文本自身"无法自发地响应读者的指示和问题"[1],但融媒体出版物所激发的用户交互行为是在帮助文本重构内容的传播。用户和文本之间由传统的对立关系转变为合作关系。交互实现了新受众与文本之间的对话,使得新受众的阅读行为不再单调,文本的呈现形式更富有张力。

二、基于新受众思维的融媒体编创策略

根据转变原动力的分析可以发现,将新受众置于首位是很有必要的,脱离用户使用感受的融媒体出版物很难在新媒体市场中脱颖而出。融媒体出版物的编创策略要从增强新受众体验的角度来考量。融媒体出版物编创策略的形成逻辑,是通过了解新受众阅读习惯,掌握其消费和阅读心理,在数字阅读传播信息的宗旨之外加入调动感官以进一步交流情感的目标。新受众的阅读习惯趋向碎片化。针对不同用户,要有不同的编创策略。表面上看,融媒体出版物只是不断叠加各种叙事呈现方式,融合不同的媒介技术形态。然而,如何将它们与人的感官连接,创造新的知觉方式,进而将它们勾连到人的社会关系网络[2],才是编创者需要思考的关键问题。

在基础的编创方面,融媒体出版物要解构信息,提升再组合的能力,在动态的铺陈中叙述故事。纵向上,要强调更精准地把握交互设计的触发时机和触发情境;横向上,要从延长融媒体出版物的产业链入手。从不同形态和角度挖掘融媒体出版物的信息

---

[1] 姚斯,霍拉勃.接受美学与接受理论[M].周宁,金元浦,译.沈阳:辽宁人民出版社,1987.
[2] 孙玮.融媒体生产:感官重组与知觉再造[J].新闻记者,2019(3):27-31.

价值,形成 IP,通过 IP 赋能全产业链。

(一) 横向延伸

一是提升视听体验,打破线性阅读习惯。融媒体出版物的目标是基于网页,整合传统纸媒、翻页电子书与新媒体的特点并加以利用,在技术支持下为新受众提供调动视听感官的引导,产生全面升级的阅读体验。为实现并充分发挥融媒体在数字阅读领域的作用,需要综合运用 VR、AR、html5 等技术,并使之自然地结合融媒体平台支持的图文声像等素材资源。这也是媒介融合趋势下数字出版技术驱动力增强的体现。技术先行对出版从业人员提出了新要求,不仅要继续增强传统编辑水平,还要提升影像感受力与对数字技术的了解。

非线性阅读的逻辑内涵不在于内容的连贯性和整体性,而在于用户体验,跟随用户的需求安排内容。对新受众而言,线性阅读的内耗成本太大,作为一种文化消费的性价比不如非线性阅读。比如在融媒体出版物中,增加各种热键、热区是提供非线性阅读的方式之一。通过点击,新受众可以直接进入其最感兴趣的位置,这一方面快速满足了新受众对信息的需要,提升了其阅读效率,另一方面也维持了其专注度。非线性阅读是更易融合其他感官体验的形式,在文本中插入音频、动效、视频等资源,拓展了融媒体出版物的横向知识面。

二是 IP 赋能下的编辑策略。网络 IP 是新媒体时代最大的活力源泉,其内涵高度凝练又具有充分的延伸性,可能是今后新媒体产业创造经济价值的重要来源。融媒体出版物作为新媒体产业中的一环,也要立足于此,深耕 IP 价值,围绕 IP 进行多角度全方位的延展开发。

融媒体出版物自带跨媒体属性,在信息爆炸时代能提供稳定的呈现价值。亨利·詹金斯(Henry Jenkins)将跨媒介定义为:横跨多个媒体平台展开的故事,其中每一种媒体都对我们理解故事世界有独特的贡献。[①] 融媒体出版物的分众化、垂直化和碎片化已经是不可避免的趋势,将一个 IP 尽可能地拆分成不同的媒体样态,就有机会获取范围更广的新受众群体。除了在内容上纵向深挖,横向上的产业链扩展也可以提供新的可能。围绕融媒体出版物,相关内容筛选、阅读屏幕、广告宣传等上下游环节同样有价值。

(二) 纵向进阶

一是"心流体验"理论视域下的交互设计策略。"心流体验"最早由美国心理学家

---

① 詹金斯.融合文化:新媒体和旧媒体的冲突地带[M].杜永明,译.北京:商务印书馆,2012:157.

米哈里·契克森米哈赖(Mihaly Csilszentmihalyi)于1975年提出：在从事某一项事情时，人们不计回报地全身心投入，忘记时间的流逝，进入充满创造力的体验中。他还总结了"心流体验"的九种特征，分别是：清晰明确的目标、准确而即时的反馈、技能与任务挑战的平衡、行为与意识的融合、注意力高度集中、潜在的主控感、自我意识丧失、主观的时间感改变、发自内心的参与感。①

这九种特征启示着我们融媒体出版物的设计原则。首先，交互行为的设计要人性化，符合新受众的思维逻辑和在其以往作品中形成的固定模式，能够正确引导新受众展开交互；面对较为复杂的交互行为，需要使用动效和提示框进一步引导。其次，需要迅速准确地回应新受众的交互行为，这对代码运行的流畅性提出了要求。简洁顺滑的反馈能很大程度上降低新受众对交互行为的反感，卡顿冗杂的交互动作会使新受众的焦躁情绪上升。最后，交互行为难度不宜太大，主要目的是交互呈现内容的创意结构方式、增加乐趣。在人机交互的一来一回间，新受众体会到的游戏感可以使其持续保持专注力。

二是流动版式设计策略。版式设计的主要目的是调整画面中的文字、图片、图形、色彩等元素，从而增强内容的条理性和审美性。相比翻页电子书，融媒体出版物的功能和使用方法具有更多的可能性。融媒体编创使用的流动版式设计中有大量的人性化互动元素。以插图为例，翻页电子书仅仅是将纸面改换成数字屏幕，而融媒体出版物中的图片会跟随阅读中的触发行为、音频的播放等出现。创作者可以不受技术限制，寻找合适的时机放入插图，提升新受众的视听体验。融媒体出版物中的视频、动效、音频等都是传统电子书所没有的新鲜元素，对于它们的编排需要重新考量，寻找合适的规则。融媒体出版物需要个性化强、自由度高的流动版式设计来帮助新受众理解和消化这些新元素，缓解阅读纯文字的枯燥感。流动版式设计能够提供省时省力的阅读体验，是以"人"为本的设计方式。它满足新受众内心更深层的体验需求，使新受众更自然地融入与内容的共鸣之中。融媒体出版物的互动性、趣味性、人性化的实现，都有赖于流动版式设计。

三、融媒体编创对阅读体验的重塑

优秀的融媒体出版物作品都是以人为本的作品，落点都在于对新受众阅读体验的重塑。翻页电子书与纸质书的阅读体验相差不太大，文本和新受众的关系是互相隔离的。新受众需要稳定的环境、成块的时间和一定的文学素养才能完成阅读。对于能够

---

① 契克森米哈赖.生命的心流[M].陈秀娟.译.北京：中信出版社，2009：33.

跨过门槛的新受众而言,这并非效率最高或成本最低的方式;对于不满足条件的新受众而言,这阻塞了他们获得信息和知识的渠道。融媒体出版物对于阅读体验的重塑,重点就在尊重新受众需求、满足期待视野与提升交互性。

融媒体出版物大多以严肃文本为内容,却能赋予其通俗的形式,从整体气质上更加贴近大众。融媒体出版物文本的可拆分性和交互性,配合了新受众的生活节奏和阅读习惯。此外,融媒体出版物传递的人文关怀,在功能上具备搭建适合残障群体的信息沟通桥梁的条件;融媒体传播从机制上保护了创作者,因其在社会上传播知识付费理念,培养了大众的版权意识。在大众传播模式的架构下,融媒体出版物新受众思维的强化将在产品、渠道和新受众多个环节发力。

(一) 传达人文关怀

融媒体出版物对翻页电子书的改造,体现的是互联网时代融媒体出版物以人为本、人文关怀的理念。融媒体编创调动了人的全方位感官,如指尖和声音交互。对于普通新受众而言,这是新奇的阅读体验;对于社会中更加需要被关爱的残障群体新受众而言,这带来了极大的阅读便利。此外,翻页电子书的共享性有限,对于信息的整理呈现还是原始的线性结构,有一定的阅读门槛。融媒体编创者则利用延伸感官体验和增强交互的方法,将知识重组后融入新的结构之中,有利于更多的新受众读懂并进一步理解文本的含义。融媒体出版物解构知识体系,融知识于碎片中,为普及知识、促进教育公平、缩小数字鸿沟带来积极影响。

(二) 沉浸体验的渠道情境营造

在信息爆炸的互联网空间里,新受众的期待视野已经不仅停留在信息量层面,单凭文字吸引新受众的注意力已经很困难,还需要营造阅读情景才能留住新受众。人的大脑对于颜色和动态物体更加敏感,融媒体出版物利用了这一点,合理搭配动静,调动新受众多方面的感官,能够在短时间内引导新受众开始阅读。交互动作能够引导新受众的行为,但新受众对读物始终有主动权,阅读进程可以回溯也可以快进。融媒体出版物编创的非线性特征带来可拆分功能,文本的各个部分都可以单独成为表意段落,其重新组合又能产生新的含义。新受众在碎片化、卡片式的方式中耗费的阅读成本较低,开始和终止阅读的难度小,正常的阅读过程也不易被打断。新受众所处的阅读环境可以是开放的,与社交软件无缝对接。

(三) 新受众集体智慧意识增强

融媒体对信息的编辑方式改变了传统的知识学习过程和知识体系,建立了新的信息结构。每个个体都可以参与知识形成和传播的过程,发表自己的观点,贡献自己对信息的见解。由此,融媒体出版物编创引领了集体智慧时代的出现。当代社会中的主流知识和观点,已经不再囿于上层精英社会,更多的人拥有了话语权。知识需要获得社会上多数人的认可才能有效传播出去,每一项群体认同都是站在巨人的肩膀上达成的。

融媒体编创使阅读的审美群体不断扩大。成本降低和产业链延伸后,融媒体出版物的新受众群体不断壮大,可以向上向下扩展传播优质内容。在融媒体出版物编创有较高稳定水平的条件下,审美人群范围会不断外延,对于审美能力的培养和训练是在日常生活中完成的。"生活"和"艺术"之间的壁垒会逐渐被打破,二者是可以互相转化的。[1] 新受众在日常生活中积累的经验升华为他们对知识的精神理解,生活中的普遍现象可以在审美领域产生不一样的语义,大众的审美能力由此提升。阅读对日常生活的改造,使生活从一种带有生存意义的行为转变成一门值得钻研的学科。在生活中发现美、于平凡处发现不一样的奥秘,提高了人们对阅读的信赖感和生活的幸福感。阅读给人们带来了切身体会得到的"甜",也就能从根源上激发人们对生活的热情。

四、结论

这场数字阅读样态的变革,围绕着未来融媒体编创思维的转变发生;融媒体编创思维则始终会围绕新受众需求求解"怎样变革""如何变革""变革有何价值"这三个问题。新受众的地位逐渐提高,新受众的身份认知和需求也在转变和升级,内容至上不再是唯一重要的信条,信息呈现的方式方法也十分重要,因此需要变革阅读样态,满足新受众的需求。应根据新受众需求明确方向和思路,解决如何变革的问题。沿着新受众需求的角度思考,结合新受众在新媒体时代的媒介使用习惯和社会要求的信息获得方式,借助科学合理的理论确定编辑的策略。变革的价值同样是基于新受众的,对新受众阅读体验的重塑是融媒体出版物的最大价值。

在这场变革中,技术始终在提供各种各样的可能性。技术研发团队和编辑团队应当是一体的,研发者要率先预测现有技术的价值开发空间,编创者在创意创新时可以尝试适当超越技术的限制,以丰富但有实践价值的想象力引导技术的研究方向。

从翻页电子书到融媒体出版物的转变,是中国数字出版宏大版图中的一个切面,是媒体融合深度发展在编辑出版专业的一次实践。对其展开文化语态、传播模式的研究,面向的是未来的新闻出版学的现实所需和时代召唤。

---

[1] 李琦.浅析日常生活审美化和审美日常生活化[J].名作欣赏,2018(6):31.

图书在版编目(CIP)数据

媒体融合与传播/顾洁主编.--北京:中国传媒大学出版社,2025.4
ISBN 978-7-5657-3597-4

Ⅰ.①媒… Ⅱ.①顾… Ⅲ.①传播学—中国—文集 Ⅳ.①G206-53

中国国家版本馆 CIP 数据核字(2024)第 034918 号

媒体融合与传播

MEITI RONGHE YU CHUANBO

主　　编	顾　洁
责任编辑	于水莲
特约编辑	张斯琪
封面设计	拓美设计
责任印制	李志鹏

出版发行	中国传媒大学出版社		
社　　址	北京市朝阳区定福庄东街 1 号	邮　编	100024
电　　话	86-10-65450528　65450532	传　真	65779405
网　　址	http://cucp.cuc.edu.cn		
经　　销	全国新华书店		
印　　刷	唐山玺诚印务有限公司		
开　　本	787mm×1092mm　　1/16		
印　　张	19.75		
字　　数	398 千字		
版　　次	2025 年 4 月第 1 版		
印　　次	2025 年 4 月第 1 次印刷		
书　　号	ISBN 978-7-5657-3597-4	定　价	88.00 元

本社法律顾问:北京嘉润律师事务所　郭建平